高等院校信息管理与信息系统专业系列教材

管理信息系统开发方法、工具与应用

（第2版）

慕静 任立肖 檀柏红 编著

清华大学出版社

北京

内 容 简 介

本书从管理信息系统的学科发展特点及系统开发的基本原理出发,以管理信息系统理论体系为基点,以管理信息系统的生命周期为主线,将"结构化开发方法"与"面向对象开发方法"进行比较分析,并结合具体实例全面、系统地阐述了如何应用这些原理、方法完成管理信息系统的规划、分析、设计、实施和维护工作;从指导"上机实验和课程设计"的角度出发,介绍常用的系统开发工具,包括 Visio 图表工具、UML 建模工具、Rational Rose 需求分析工具和 Visual Basic 软件开发工具等,并且通过具体实例阐述这些工具的具体应用方法。

本书内容丰富,选材适当,以理论为指导,并运用大量实例进行讲解,力求理论与实践相结合,注重培养学生系统化的多向思维方式和在理论指导下解决实际问题的能力。

本书可作为高等院校信息管理与信息系统专业、经济管理类专业本科生、研究生管理信息系统课程的教材,也可作为 MBA、工程硕士等相关课程的参考书。

图书在版编目(CIP)数据

管理信息系统开发方法、工具与应用/慕静,任立肖,檀柏红编著. —2 版. —北京:清华大学出版社,2018
(2023.11重印)
(高等院校信息管理与信息系统专业系列教材)
ISBN 978-7-302-49012-8

Ⅰ. ①管… Ⅱ. ①慕… ②任… ③檀… Ⅲ. ①管理信息系统—系统开发—高等学校—教材 Ⅳ. ①C931.6

中国版本图书馆 CIP 数据核字(2017)第 293524 号

责任编辑:白立军 王冰飞
封面设计:傅瑞学
责任校对:白 蕾
责任印制:丛怀宇

出版发行:清华大学出版社
　　　网　　　址:http://www.tup.com.cn,http://www.wqbook.com
　　　地　　　址:北京清华大学学研大厦 A 座　　　邮　　编:100084
　　　社 总 机:010-83470000　　　　　　　　　　邮　　购:010-62786544
　　　投稿与读者服务:010-62776969,c-service@tup.tsinghua.edu.cn
　　　质量反馈:010-62772015,zhiliang@tup.tsinghua.edu.cn
　　　课件下载:http://www.tup.com.cn,010-83470236
印 装 者:三河市龙大印装有限公司
经　　　销:全国新华书店
开　　　本:185mm×260mm　　　印　　张:24.5　　　字　　数:578 千字
版　　　次:2010 年 9 月第 1 版　2018 年 2 月第 2 版　印　　次:2023 年 11 月第 7 次印刷
定　　　价:69.00 元

产品编号:073804-02

前　言

对于当前的管理信息系统,在课程和教材研究方面有两种不同的观点,即技术观点和管理观点,前者注重管理信息系统的技术路径和实践,后者强调管理信息系统的管理实践。而本书遵循"教材不只是传授知识的载体,也是能力和综合素质的培养"的原则,从管理信息系统的学科发展特点出发,以管理信息系统开发理论体系为基点,重视对信息系统开发实践的经验和规律的总结,注重学生系统化的多向思维方式和信息系统分析与设计综合能力的培养,使学生在今后的工作或进一步的学习中,遇到问题、考虑问题时,能遵循系统的观点,拓宽思路,获得新的灵感或创新性思维。

本书基于系统的思想,以管理信息系统的生命周期为主线,一方面,将"结构化开发方法"与"面向对象开发方法"进行比较分析,并且结合具体实例全面、系统地介绍如何应用这些方法完成管理信息系统的规划、分析、设计、实施和维护工作;另一方面,从指导"上机实验和课程设计"的角度出发,介绍常用系统开发工具的实际应用,包括 UML 建模工具、Visio 图表工具、Access 数据库开发工具、Rational Rose 需求分析工具和 Visual Basic 软件开发工具等。本书特点鲜明,实用性强,书中内容丰富和发展了管理信息系统理论与实践体系。

本书共分 13 章,内容大致可以分为 6 个部分。第一部分,主要介绍管理信息系统的概念与内涵、管理信息系统建设概论、系统规划。第二部分,基于结构化思想,介绍结构化的系统分析与设计思想、方法,以及图表工具的应用和规范文档的撰写。第三部分,基于面向对象的思想,介绍面向对象的系统分析与设计思想、方法,UML 建模工具,以及面向对象的静态建模和动态建模。第四部分,基于系统实现视角,介绍管理信息系统的实施、运行管理和评价,以及常用的系统开发工具。第五部分,基于领域应用和新发展视角,介绍先进的现代化管理理念与模式、办公自动化系统、决策支持系统、MRPⅡ、ERP、CIMS,以及敏捷制造信息系统、客户关系管理系统、电子商务系统、电子政务系统。第六部分,基于三个综合应用实例,结合管理信息系统的规划、分析、设计、实施和维护的理论和方法,全方位地剖析了管理信息系统的管理实践。

本书为天津科技大学管理信息系统精品课配套教材,第 1、6、7 章由慕静编写;第 2、9 章由张臻竹编写;第 3、8、10 章由檀柏红编写;第 4、5 章由任立肖编写;第 11、12 章由张丽编写;第 13 章由武开等编写。本书由慕静任主编,檀柏红、任立肖任副主编。

与本书配套的教学课件由各位作者共同完成,部分图表绘制由汪俊华完成,参加本书编写工作的还有张俊等。

本书可作为高等院校信息管理与信息系统专业、经济管理类专业本科生、研究生管理信息系统课程的教材,也可作为 MBA、工程硕士等相关课程的参考书。对于从事管理信息系统建设、开发以及包括 CIO 在内的各级管理人员来说,本书亦是一本有益的参考书。

由于作者水平有限,书中难免存在疏漏之处,欢迎广大读者批评指正。

作 者

2017 年 10 月

目　　录

第1章　管理信息系统概念与内涵

学习目标和指南

学习目标：

1. 掌握信息的概念、属性以及与数据的区别和联系，深刻理解管理信息的概念。

2. 掌握系统的定义、特征；理解信息系统的概念模型及其活动；了解信息技术在企业管理中的作用以及企业信息化建设的内容。

3. 掌握管理信息系统的概念、功能和特点，了解管理信息系统的结构形式。

4. 理解管理信息系统的发展及其六个阶段代表性系统的特点、服务对象。

5. 了解管理信息系统的学科内容及与其他学科的关系，以及管理信息系统的学科专业特点及发展前景。

学习指南：

1. 从数据的概念出发，结合实例，理解信息的概念、属性以及与数据的区别和联系；深刻理解基于不同业务环境下的管理信息内容。

2. 基于"系统既是具体的物质，又是抽象的组织"的观点，深刻理解系统的概念，进一步理解信息系统的概念模型及其活动要素。

3. 通过案例学习，了解信息技术在企业管理中的作用，以及企业信息化建设的内容。

4. 综合以上关于信息、管理信息、系统、信息系统的知识点学习，结合管理信息系统定义的演变，深刻理解管理信息系统的综合定义。

5. 结合管理信息系统的发展及其代表性系统的特点，了解管理信息系统应用于管理活动和决策支持的功能体现。

6. 通过了解管理信息系统学科专业特点及发展前景，增强学生对本课程的认识程度，提高学生对本课程的学习兴趣。

课前思考

1. 数据与信息是一回事吗？它们的区别和联系是什么？

2. 在"管理信息系统"这个术语中，管理、信息、系统之间的相互关系如何理解？

3. 管理信息系统与人们的日常生活、工作、学习联系的紧密吗？是通过哪些信息技术发生联系的？

1.1 信息、系统与管理

1.1.1 信息的基础知识

1. 数据与信息

1) 数据

数据是人们为反映客观世界而记录下来的可以鉴别的物理符号。数据的含义包括两方面。一方面是它的客观性：数据是对客观事实的描述，它反映了某一客观事实的属性。这种属性是通过属性名和属性值同时来表达的，缺一不可。例如，"某企业某日的机床产量 10台"，是用文字、数字记录下来的反映企业生产成本的一个事实，其中"产量"是这个数据的属性名，"10 台"是这个数据的属性值。另一方面是它的可鉴别性：数据是对客观事物的记录，这种记录是通过一些特定的符号来表现的，而且这些符号是可以鉴别的，常用的特定符号包括声、光、电、数字、文字、字母、图形、图表和图像等。

2) 信息

信息是将数据经过加工处理以后，提供给人们的有用资料，是关于客观事实的可通信的知识。信息的含义包括四方面。其一是信息的客观性：信息是客观世界的客观反映，体现了人们对事实的认识和理解程度；其二是信息的主观性：信息是人们对数据有目的的加工处理结果，它的表现形式是根据人们的需要情况来决定的；其三是信息的通信性：信息是人们交流的基础；其四是信息的知识性：人们是通过获得信息来认识事物、区别事物和改造世界的。

3) 数据与信息之间的联系

人们将数据和信息的关系形象地解释为原材料和产品之间的关系。将数据看作原材料，将信息看作产品。由于原材料和产品是相对而言的，一个部门的原材料也是另一个部门的产品，因此相同的一组数据对一部分人来讲可能就是信息，而对另一部分人来讲可能就是数据。例如，销售单上记录的名称、数量与金额是关于销售业务的数据，然而对销售主管来说，这些并非是信息。只有当这些事实被适当地组织和处理后，才能产生有价值的销售信息，如按产品类别、销售地区和销售人员汇总的销售量。

总之，数据来源于现实世界，经过加工处理形成了信息，对决策过程产生影响再推动现实世界。数据与信息是在人们认识现实世界、改造现实世界的过程中不断地实现转换，这种转换过程如图 1.1 所示。

2. 信息的基本属性

(1) 事实性：这是信息的最基本属性，又称为客观性、准确性。根据 GIGO(Garbage In Garbage Out)原则，虚假信息不仅没有价值，而且会导致决策的失误，造成经济的损失。

(2) 不完全性：反映客观事实的信息是不可能全部得到的，这与人们认识事物的程度有关。

(3) 传输性：通信技术的发展使信息传递更加方便、快捷，信息流加快有利于及时决策，促进物流。

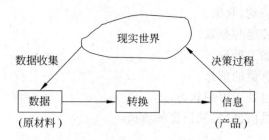

图 1.1　数据与信息的转换过程

（4）等级性：与企业管理系统的层次性相对应，信息的等级性一般分为战略计划级信息、战术管理控制级信息、作业处理级信息三个等级。

战略计划级信息是高层管理者需要的关系到全局和长远利益的信息。例如，国家行业政策，国际上新产品、新技术的动向，新企业的地址选择等都对企业长期发展计划产生影响。

战术管理控制级信息是部门负责人需要的关系到企业局部和中期利益的信息。例如，企业各产品的计划，人、财、物资源的配置等。

作业处理级信息是基层执行人员需要的各种业务信息。例如，每天的产量、销量、原材料的消耗量等。

不同等级的信息在其内容、来源、范围、精度、频度以及结构化程度上都是不同的，如表 1.1 所示。

表 1.1　企业管理系统不同等级的信息特性

信息特性	作业处理级	战术管理控制级	战略计划级
内容	具体	较具体	抽象
来源	系统内部	系统内部	系统外部
范围	确定	有一定确定性	范围很宽
精度	高	较高	低
频度	高	较高	低
结构化程度	高	较高	低

（5）分享性（共享性）：企业信息集中存放，实现共享。

（6）变换性：信息可以转换为价值，企业获得了足够的信息，促进正确决策，进而获得更多机会，取得更好的效益。

（7）价值性：信息是人们劳动创造的，是一种资源，因而有价值。索取一份经济情报，或者利用大型数据库查阅文献所付费用是信息价值的部分体现。

（8）时效性：信息的时效是指从信息源发送信息，经过接收、加工、传递，到利用的时间间隔及其效率。信息时间间隔越短、使用越及时、使用程度越高，时效性越强。

3. 信息的生命周期

信息的生命周期表现为以下六个阶段：

（1）收集：信息的识别、收集。

（2）传输：信息的传递与分发。

（3）加工：信息的加工处理。

（4）存储：存储有价值的信息。

（5）维护：保证信息处于可用状态。

（6）使用：快速提供信息，实现信息的价值。

4. 管理信息的概念

管理信息是反映企业生产经营活动的状况，并对企业管理的控制与决策产生影响的各种有用资料的总称，如计划、定额、标准、产量、成本、销售量和利润等。企业中管理信息流动情况如图 1.2 所示。

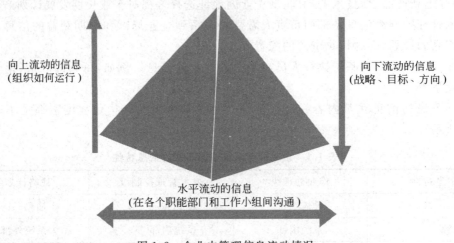

图 1.2　企业中管理信息流动情况

1.1.2　信息系统与管理

1. 系统的概念

系统是由处于一定环境中若干个具有相对独立功能的部件组成，各部件之间相互联系、相互影响，并为共同完成系统的整体目标而存在的集合。它可以是抽象的组织，还可以是具体的物资。

系统的特征包括目的性、整体性、关联性和环境适应性，这些特征的具体含义如下：

（1）目的性：这是系统赖以存在的依据，系统各部件就是为实现系统的既定目标而协调于一个整体之中，并为此进行活动。

（2）整体性：系统实现其目的的机制称为系统的功能。系统的功能应当是系统从集合意义上表现的整体功能，它不是各组成部件功能的简单叠加，而是 $1+1>2$ 的体现，即系统的整体效益大于局部效益之和。

（3）关联性：系统的各个组成部件之间是互相联系、互相制约的。这里的联系包括结构联系、功能联系、因果联系等,这些联系决定了整个系统的运行机制,即系统的功能。

(4)环境适应性:任何系统都存在并活动于一个特定的环境之中,与环境不断进行物质、能量和信息的交换。系统来源于环境,同时服务于环境,所以系统必须适应环境。

2. 信息系统概念模型

信息系统概念模型表达了信息系统构成要素及系统活动的基本概念框架,如图 1.3 所示。该模型强调信息系统要素和信息系统活动间的关系,它所提供的框架强调以下四个主要特点,它们适用于任何类型的信息系统:

(1)人员、硬件、软件、数据与网络是信息系统的五项基本资源。

(2)人力资源包括终端用户和信息系统专家;硬件资源包括机器和介质;软件资源包括程序和步骤;数据资源包括数据库和知识库;网络资源包括通信介质和网络支持。

(3)信息处理活动将数据资源转换成各种各样的信息产品传送给终端用户。

(4)信息处理包括输入、处理、输出、存储与控制等系统活动。

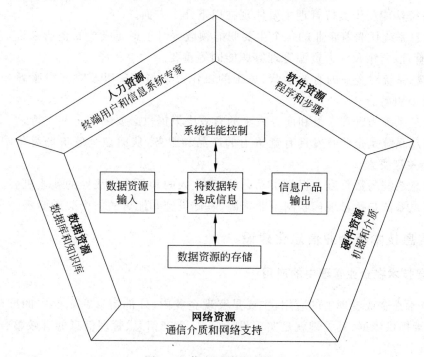

图 1.3 信息系统概念模型

3. 信息系统活动

任何信息系统活动都包括输入、处理、输出、存储和控制等活动。

(1)输入:数据资源输入。

(2)处理:数据转换为信息。

(3)输出:信息产品的输出。

(4)存储:数据资源的存储。

（5）控制：系统行为控制。

表 1.2 给出了每项信息系统活动的企业实例。

表 1.2　信息系统活动的企业实例

活动名称	活动内容
输入	商品条码标签的光学扫描
处理	计算员工的工资、税额及其他工资增减项
输出	生成并显示销售业绩报告
存储	维护顾客、员工和产品记录
控制	产生声音信号以表示销售数据输入正确

4. 信息系统功能与管理支持

信息系统功能用于支持管理主要体现在以下几个方面。

（1）信息系统代表着企业的一个主要职能领域。对于想要成功的企业来说，它同会计、财务、运营管理、营销及人力资源管理等职能同等重要。

（2）信息系统对企业的有效运营、员工的工作效率与士气以及对客户服务和客户满意度等都有重要贡献。

（3）信息系统为管理人员和商务人士的有效决策提供必要的信息和支持。

（4）信息系统是企业开发具有竞争力的产品和服务，从而在全球市场竞争中获取战略优势的一个关键要素。

（5）信息系统为数百万人提供了动态的、高收入的和具有挑战性的就业机会。

（6）信息系统是衡量现代联网企业资源、基础设施和能力的一个关键要素。

1.1.3　信息技术与企业信息化建设

1. 信息技术在企业管理中的应用

信息技术在企业管理中的应用，主要是实现企业内、外部信息在企业中的准确、快捷的流动，为决策提供依据，其关键就是实现设计信息、生产信息、管理信息的有效整合。具体体现在以下四个方面。

（1）对组织和个人的作用和影响来看，信息技术与系统主要是帮助提高工作效率，增进工作效能。例如，对于知识型工作者来说，计算机辅助设计、建模和分析系统与专家系统会帮助完成专业性的工作。

（2）对一个工作群组来说，信息技术和系统用来提供一个交流、讨论与协作的环境。

（3）对于一个部门来说，信息系统是按上面提到的职能组建的，用来完成该部门的职能。

（4）对于企业来说，信息系统把各个职能部门协同、联合起来，为完成企业的总体目标而协同工作。

2. 企业信息化

企业信息可以从信息传播的两个方面来理解,一是信源,它是指反映企业生产经营活动的那部分信息,如产品开发设计信息、生产工艺信息、生产管理和调度信息、产品质量信息、财务信息、人事管理信息、办公文件信息等;二是信宿,它是指企业从外部所接收的信息,如同行企业的经营信息、客户信息、供应商信息、科技发展信息、社会经济信息等。

企业信息化是一项系统工程,该工程以提高企业管理水平、增强企业的核心竞争力为目标,应用先进的计算机网络技术进行企业内外部信息的收集、传输、加工、存储、更新和维护,整合企业内部的生产、经营、设计、制造、管理等职能部门以及外部的客户、供应商等的关系,及时地为企业的高级经理层(战略决策层)、中间管理层(战术层)、基础作业层提供准确而有效的数据信息,以便对市场需求做出迅速的反应。

企业信息化的本质是加强企业的"核心竞争力"。

企业信息化的基础是企业的管理和运行模式,而不是计算机网络技术本身,信息技术仅仅是企业信息化的实现手段,它的关键点在于信息的集成和共享。

企业信息化的实现是一个过程,包括人才培养、咨询服务、规划设计、软硬件选择、系统实施、应用培训、系统维护、二次开发等过程。

3. 企业信息化建设

企业的信息化建设是一个人机合一的有层次的系统工程,包括企业领导和员工理念的信息化,企业决策、组织管理信息化,企业经营手段信息化,设计、加工、生产信息化。具体可分为以下层次:

(1) 单元信息化,如设计部门的 CAD、CAE 应用,生产管理部门的 MRP Ⅱ,财务部门的财务软件等。

(2) 技术部门集成,通过产品数据管理(PDM)、CIMS 等系统对 CAD、CAE、CAPP、CAM 等系统的信息数据进行集成,实现技术部门的数据共享。

(3) 业务管理部门集成,通过企业应用集成(EAI)技术将生产管理、财务管理、采购销售、人事管理等部门的应用系统进行集成,实现业务管理部门的数据共享。例如,大部分商品化的 ERP 系统本身就不同程度地包含以上各部门的相应管理系统。

(4) 动态联盟集成,通过电子商务交换平台技术、客户关系管理(CRM)技术、供应链管理(SCM)技术、协同商务(CPC)技术等,实现企业间的信息共享。

1.2 管理信息系统的概念与结构

1.2.1 管理信息系统的定义

管理信息系统(Management Information System,MIS)的概念起源很早,可以追溯到20 世纪 30 年代,当时柏纳德写书强调了决策在组织管理中的作用,后来不同时期的研究者们从不同的角度对管理信息系统进行研究,分别给出了不同的定义,这些研究标志着管理信息系统的概念演变和发展历程,其中最具代表性的定义有以下几种。

1. 强调信息为决策服务,没有强调计算机(计算机应用水平限制)

1970年,瓦尔特·肯尼万(Walter T. Kennevan)认为:“管理信息系统是以书面或口头的形式,在合适的时间向经理、职员以及外界人员提供过去的、现在的、预测未来的有关企业内部及其环境的信息,以帮助他们进行决策。”

2. 强调信息为各层管理服务,是一个人—机系统

1985年,高登·戴维斯(Gordon B. Davis)提出:“管理信息系统是一个利用计算机硬件和软件代替手工作业,能够进行分析、计划、控制和决策的计算机系统。它能提供信息,支持企业或组织的运行、管理和决策功能。”

3. 强调人的主导作用、现代化工具、支持不同管理层,是集成化人—机系统

1999年,薛华成主编的《管理信息系统》(第三版)指出:“管理信息系统是一个以人为主导,利用计算机硬件、软件、网络通信设备以及其他办公设备,进行信息的收集、传输、加工、存储、更新和维护,以企业战略竞优、提高效益和效率为目的的,支持企业高层决策、中层控制、基层运作的集成化的人机系统。”

4. 强调管理信息系统应用范围超出一个组织或企业边界

管理信息系统通过对整个供应链上组织间的信息流管理,实现业务的整体优化,提高企业运行控制和外部交易过程的效率。这个定义是近几年来互联网技术的发展和电子商务深入应用的结果。管理信息系统已突破原有的界限,成为企业内部业务流程和外部商务流程集成的平台,即跨组织的信息交流平台。

5. 管理信息系统的综合定义

管理信息系统是指以应用数学、管理科学、决策科学、运筹学、控制理论和计算机科学与技术等相关学科的理论为基础的,用系统思想分析、设计和建立的一个由人、计算机等组成的能进行信息的收集、传送、存储、加工、维护和使用的系统。管理信息系统已突破原有的界限,成为企业内部业务流程和外部商务流程集成的信息平台,它能实测企业的各种运行情况,利用过去的数据预测未来,从企业全局出发辅助企业进行决策,利用信息控制企业的行为,帮助企业实现其规划目标。

1.2.2 管理信息系统的功能和特点

1. 管理信息系统的功能

(1) 数据处理。包括数据收集和输入、数据传输、数据存储、数据加工处理和输出,它准备和提供统一格式的信息,使各种统计工作简化,使信息成本最低。

(2) 预测功能。运用现代数学方法、统计方法或模拟方法,根据过去的数据预测未来的情况。

（3）计划功能。根据企业提供的约束条件，合理地安排各职能部门的计划，按照不同的管理层，提供相应的计划报告。

（4）控制功能。根据各职能部门提供的数据，对计划的执行情况进行监测、检查，比较执行与计划的差异，分析产生差异的原因，辅助管理人员及时以各种方法加以控制。

（5）辅助决策功能。采用各种数学模型和存储在计算机中的大量数据，及时推导出有关问题的最优解或满意解，辅助各级管理人员进行决策，以期合理利用人、财、物和信息资源，取得较大的经济效益。

2. 管理信息系统的特点

由上述管理信息系统的概念演变及发展历程，可以看出管理信息系统具有如下特点：

（1）管理信息系统是一个为管理决策服务的信息系统。管理信息系统必须能够根据管理的需要，及时提供信息，帮助决策者做出决策。

（2）管理信息系统运作的驱动力是数据信息。因为信息处理模型和处理过程的直接对象是数据信息，只有保证完整的数据资料的采集，系统才有运作的前提。

（3）管理信息系统不仅是一个技术系统，而且是一个社会系统。管理信息系统是把人包括在内的人机系统，所以它不仅是一个技术系统，还是一个管理系统、一个社会系统。

（4）管理信息系统是一个对组织乃至整个供应链进行全面管理的综合系统。一个组织在建设管理信息系统时，可根据需要逐步应用个别领域的子系统，然后进行综合，产生更高层次的管理信息，为管理决策服务。

（5）管理信息系统的三要素是系统的观点、数学的方法和计算机的应用。管理信息系统面向管理，利用系统的观点、数学的方法和计算机应用三大要素，形成自己独特的内涵，从而形成系统型、交叉型、边缘型的学科。

1.2.3 管理信息系统的结构

1. 管理信息系统的总体概念结构

根据管理信息系统的组成及其相互关系，描述管理信息系统的总体概念结构，如图 1.4 所示。其中，信息管理者负责信息系统的分析、设计与实现，以及系统的运行与维护。信息源是信息产生地，分为内部信息源和外部信息源。内部信息源产生于企业内部自身的系列活动，如生产、人事、销售、财务等方面信息；外部信息源主要产生于企业涉及的外部环境，如国家经济政策、同行业竞争、市场需求等方面的信息。信息处理器担负信息的传输、加工、存储和检索等任务。信息用户是信息的使用者，他应用信息进行决策。

2. 管理信息系统的金字塔形系统结构

管理任务通常分为业务处理、运行控制、管理控制与战略管理四个层次，如表 1.3 所示。管理信息系统进行信息处理所需资源的数量随管理任务的层次而变化，管理任务的层次越高，其所需资源的信息量越小，呈金字塔形。

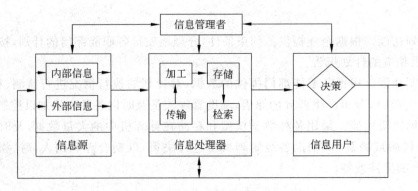

图 1.4 管理信息系统的总体概念结构

表 1.3 管理任务的层次

层　　次	内　　容
战略管理	规定企业的目标、政策和总方针 企业的组织层次；决定企业的任务
管理控制（战术管理）	资源的获得与组织、人员的招聘与训练、资金的监控等
运行控制	有效地利用现有设备和资源，在预算限制内活动
业务处理	涉及企业的每一项生产经营和管理活动

借鉴安冬尼金字塔模型（Anthony's Pyramid），基于供应链管理思想，结合管理任务的层次划分，把企业放在整个经营环境中考察，把企业内外部环境结合起来，提出管理信息系统的金字塔形系统结构，如图 1.5 所示，该图系统地描述了企业内外信息流、资金流、物流的传递和接收过程，反映了包含整个供应链信息管理的全景。

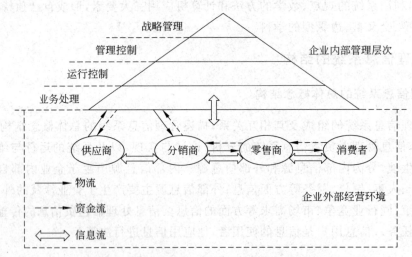

图 1.5 管理信息系统的金字塔形系统结构

3. 管理信息系统功能层次结构

管理信息系统支持整个企业或组织在不同层次上的各种功能，这些功能涉及企业的各个职能部门,每个职能部门都有着自己特殊的信息需求,需要专门设计相应的功能子系统,以支持其管理决策活动,同时各职能部门之间存在着各种信息联系,从而使各个功能子系统构成一个有机结合的整体,所以管理信息系统正是完成信息处理活动的各功能子系统的综合。例如,在制造业企业中,管理信息系统主要由市场、财会、人事、生产和物流五个功能子系统构成,每一个子系统完成对应功能的全部信息处理,包括业务处理、运行控制、管理控制和战略管理,从而构成了如图 1.6 所示的管理信息系统功能层次结构。

图 1.6 管理信息系统功能层次结构

4. 管理信息系统的软件结构

管理信息系统的每个功能子系统都有自己的文件,还有为各子系统公用的数据组成的数据库,由数据库系统进行管理。在系统中,除了有为每个子系统专门设计的应用程序,也有为多个职能部门服务的公用程序,有关的子系统都与这些公用程序连接。此外,还有为多个应用程序共用的分析与决策模型,这些公用软件构成了信息系统的模型库,从而构成了如图 1.7 所示的管理信息系统的软件结构。

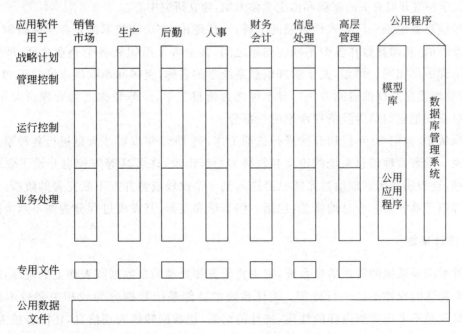

图 1.7 管理信息系统的软件结构

5. 管理信息系统的硬件结构

管理信息系统的硬件结构是指系统的硬件组成及其连接方式,并说明硬件所能达到的功能、物理位置安排。目前对于硬件结构所需关心的首要问题是主机—终端网结构,这种结构是由一台或两台主机通过通信控制器和许多终端相连,也和机器所用的各种外部设备相连。一般主机放在信息中心的机房中,而终端放在各办公室或远离中央办公室的车间中。

1.3 管理信息系统的发展

从一些发达国家看,管理信息系统的最早开发与使用是在 20 世纪 50 年代初,当时主要以单项业务子系统为主,例如财务子系统,继而发展到其他部门,例如物资部门、销售部门等,其特点是单纯地减轻人的重复劳动,提高处理效率。从 20 世纪 70 年代初开始,管理信息系统从以处理事物型子系统为主逐步转向以处理控制子系统为主(即精度、成本等),计算机配置主要是进行集中处理。这段时间里,管理信息系统引起了各界的重视,一些典型的、成功的管理信息系统相继出现,例如美国 IBM 公司的 COPICS 系统就是在这一时期研制成功的。进入 20 世纪 80 年代以后,管理信息系统进入成熟阶段,其特点是在大量收集处理信息的基础上引入决策机制,应用数学模型进行优化处理,大量应用以微型机为主的计算机网络,采用数据库达到资源共享的目的。随着管理信息系统的发展,关于这方面的人才培养问题也引起足够的重视。第一本以“管理信息系统”作为书名的书在 1961 年问世(GALLAGHER),之后在各国大学尤其在美国大学相继开设有关的课程和拟定学位大纲,建立研究中心。

管理信息系统是一门实践性很强的学科,一些理论、方法和技术都是在实际研制过程中产生和发展的,从而导致在各个不同的国家之间,甚至各个组织和各个企业之间,所用的名词和术语都不尽相同。例如,关于管理信息系统学的名称,美国和西欧国家通常称之为系统分析(指管理信息系统的研制方法),日本称之为情报工学,前苏联称之为管理自动化系统,而罗马尼亚则把它归结为经济控制论的一部分。

我国从 20 世纪 70 年代初开始进行这项工作,到 1980 年以后才大量进行各种事务子系统的开发。随着管理信息系统的论文和教科书相继出现,许多高等院校也开设了管理信息系统课程,这表明我国管理信息系统已经进入到一个比较成熟并在不断完善的阶段。

管理信息系统是一个总的概念,包括一些雏形和变形,其发展过程分为如下六个阶段。

1. 统计系统

统计系统是低级的管理信息系统,它主要研究和处理的是数据间表面上的规律,对于大量数据中隐含的规律不能进行处理。统计系统的功能是把数据分为较相关和较不相关的组。其缺点是不考虑数据内部的性质、统计的结果,把数据转换为预信息,还没有成为信息,不能控制也不能预测。

2. 数据更新系统

数据更新系统的功能是进行数据分组,并能更新数据。其缺点是仅更新数据,没有预测和控制功能,它不改变系统的行为,也是管理信息系统的低级阶段。这个阶段比较有代表性的系统是美国航空公司的 SABRE 预约订票系统,它能分配美国任一航线任一航班的座位,设有 1008 个预约点,分配 76 000 个座位,存取 600 000 个旅客记录和 27 000 个飞行记录,操作很复杂。但在概念上 SABRE 预约订票系统是一个简单的数据更新系统,它没有预测和控制,不改变系统的行为,属于低级的管理信息系统。

3. 状态报告系统

状态报告系统是反映系统状态的一种系统,可以分为生产状态报告、服务状态报告和研究状态报告等系统。缺点是只能报告状态,没有预测和控制功能,也是管理信息系统的低级阶段。

4. 数据处理系统

数据处理系统(Data Process Systems,DPS)有时又称电子数据处理系统(Electronic Data Processing Systems,EDPS),也称业务处理系统(Transaction Processing Systems,TPS)。其功能是处理日常业务和产生报告,使日常事务处理自动化,支持日常的运行工作。主要目的在于提高效益,而不过分看中效率。其缺点是一般不能提供分析、计划和决策信息,它只是管理信息系统的初级阶段,这是支持企业运行日常操作的主要系统,完成日常业务的记录、汇总、综合、分类。它的输入往往是原始单据,它的输出往往是分类或汇总的报表。数据处理系统包括订货单处理系统、旅馆预约系统、工资系统、雇员档案系统以及领料和运输系统等。

主要的 TPS 类型有销售市场系统、制造生产系统、财务会计系统、人事组织系统等。现代的企业若没有 TPS,简直无法工作。TPS 的故障会造成银行、超市、航空订票处的工作停止,进而带来极大的经济损失。当代的企业 TPS 所处理的数据量大得惊人,是手工无法完成的。例如,一个银行营业所白天 8 小时所积累的业务,用手工至少加班 4 小时才能处理完,现代的计算机只需几分钟;利用计算机 TPS,一个人一天可以处理 500 笔业务,而这些业务若用手工可能需要 50 个人处理。TPS 已成为现代企业无法离开的系统。

5. 知识工作系统和办公自动化系统

1)知识工作系统

知识工作系统(Knowledge Work Systems,KWS)是支持知识工作者工作的系统,如科学和工程设计的工作站系统,又称计算机辅助设计系统(Computer Aided Design Systems,CADS)。它能协助设计出新产品,产生新的信息。现在在企业管理上开始应用的协同工作的计算机系统(Computer System for Collaboration Work,CSCW),允许企业中各部门如市场部、财务部和生产部的人员,在上面协同工作,然后产生一份策划或计划报告,也就是产生新的信息。计算机辅助教学系统(Computer Aided Instruction Systems,CAIS)是支持教师或企业人员培训工作的知识系统。知识工作系统可以大大提高知识工作的效率，缩短设计时间，改善输出的知识产品的质量。由于未来企业的效率和效益越来越依赖于知识工作，因而利用知识工作系统提高企业效率和效益受到越来越多的关注。

2) 办公自动化系统

办公自动化系统(Office Automation Systems, OAS)是支持较低层次的脑力劳动者工作的系统。这些劳动者包括秘书、簿记员、办事员等，他们的工作不是创造信息，而是处理数据。所以也可以把他们称为数据工作者(Data Workers, DW)。典型的办公自动化系统处理和管理文件，包括字符处理、文件印刷、数字填写、调度(通过电子日历)和通信(通过电子邮件、语音信件、可视会议)等。

6. 决策支持系统与专家系统

1) 决策支持系统

随着信息技术应用的深入，信息系统已不仅仅支持信息的处理，而且向上发展，支持管理的决策。要支持决策就要有分析能力和模型能力，所以决策支持系统(Decision Support Systems, DSS)是利用计算机分析和模型能力对管理决策进行支持的系统。用户可以针对管理决策的问题，建立一个模型以考查一些变量的变化对决策结果的影响。例如，用户可以观察利率的变化对一个新建制造厂的投资的影响。决策支持系统有的只提供数据支持，称为面向数据的决策支持系统(Data-Oriented DSS)；有的只提供模型支持，称为面向模型的决策支持系统(Model-Based DSS)。现在的决策支持系统均为既面向数据又面向模型的系统。

2) 专家系统

专家系统(Expert System, ES)的任务是解决需要经验、专门知识和非结构化的问题的计算机应用系统，它是人工智能发展的一个重要分支。

专家系统与用户进行"咨询对话"，对于用户而言，就像在与某些方面有经验的专家进行对话一样，解释他的问题，建议进行某些试验以及向专家系统提出询问以求得到有关解答等。目前的专家系统，在咨询任务如化学和地质数据分析、计算机系统结构、建筑工程以及医疗诊断等方面，其质量已达到较高的水平，可以把专家系统看作人类专家(他们用"知识获取模型"与专家系统进行人机对话)和人类用户(他们用"咨询模型"与专家系统进行人机对话)之间的媒介。

1.4 管理信息系统的学科体系

1.4.1 管理信息系统的学科内容及与其他学科的关系

1. 管理信息系统的学科内容

管理信息系统不仅是一个应用领域，而且是一门学科，它涉及社会和技术两大领域，是介于经济管理理论、统计学与运筹学以及计算机科学之间的一个边缘性、综合性、系统性的交叉学科。它运用这些学科的概念、方法，融合提炼组成一套新的体系和方法。管理信息系统是在管理科学的基础上发展起来的,即管理科学向管理信息系统提出了要求,而信息技术尤其是计算机和数据通信技术为 MIS 提供了最有力的支持,同时数学和运筹学的方法和模型为管理信息系统提供了预测和决策的功能。

2. 管理信息系统与其他学科的关系

管理信息系统与其他学科的关系可以用图 1.8 描述,在这些相关学科中,管理科学和信息技术是管理信息系统学科体系形成的主要因素。

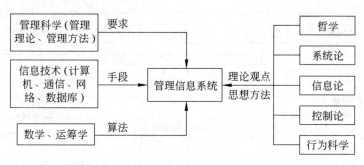

图 1.8　管理信息系统与其他学科的关系

(1)管理科学是管理信息系统学科发展的应用拉力。企业管理理论中,各职能理论近年来随着企业内外环境的变化,不断分化和发展,如表 1.4 所示。这些变化的产生主要是基于低成本和有特色,它们是企业形成核心竞争力的主要途径,而这些变化越来越多地需要借助于信息技术才能较好地实现。

表 1.4　企业管理理论的发展对 MIS 的影响

原企业管理	企业管理理论的发展	对 MIS 的影响
计划管理	战略管理	SMIS
销售管理	营销管理、客户关系管理、全球化营销、供应链管理	CRM、EDI、电子商务、SCMIS 等
生产管理	JIT、工业工程、敏捷制造、并行工程、成组技术、精益生产、世界级制造	ERP、CMIS
财务及会计管理	财务管理	Financial Accounting IS、Treasury IS、Controlling IS、Investment Management IS
供应管理	供应商管理、零库存管理、全球化采购	Material Management IS
人事管理	人力资源管理、组织管理	HRIS、经理支持系统、DSS 等

(2)信息技术(IT)提供管理信息系统学科发展的学术环境。管理信息系统学科受企业管理理论应用推动,而管理信息系统学科的应用又是信息技术发展的主要推动力之一。直接受到管理信息系统学科应用影响而发展的信息技术有:

- MIS 软件的体系结构;
- MIS 软件开发的过程模型;

- MIS 软件的组件化及重用；
- MIS 软件开发的软件环境；
- MIS 软件开发的管理。

以上方面在 MIS 软件开发中的侧重点如图 1.9 所示。可以看出,信息技术的发展支持了管理理论的发展、管理的创新,管理的不断创新对 MIS 软件开发提出了新的要求,对管理理论和 IT 的研究同时丰富了 MIS 理论的内容,所以对 MIS 的研究是建立在相关领域的研究基础上的。

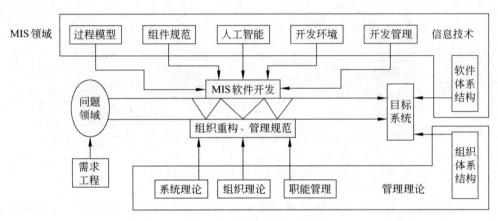

图 1.9　MIS 软件开发及其相关领域

1.4.2　管理信息系统学科专业特点及发展前景

1. 管理信息系统学科专业特点

管理信息系统是一门综合性的学科,其理论方法涉及计算机科学、信息科学、图书馆学、情报学、管理学、经济学、法学等众多学科。目前,围绕管理信息系统的理论与实践已形成许多独立学科,如信息组织、信息检索、信息系统、信息经济、信息市场、信息法学等,它们从多角度、不同侧面研究和解决信息流的问题,形成了各具特色、相互补充的学科群。

2. 国外管理信息系统学科专业现状

在国外,MIS 学科专业主要有三个方向:图书管理、理工学院下面信息决策(偏重数学)、商学院下面管理类和 MBA 类(MBA 要求有工作经验)。不同的学校有不同的名称,倾向也各有不同,下面以四所学校为例,介绍一下 MIS 专业的学习方向:

(1) 麻省理工大学的信息管理设在 sloan 管理学院下面,称为系统设计和管理(System Design & Management)。在麻省理工大学进修信息管理不仅要学习管理方面的知识,还要学习系统设计,如系统架构、系统工程和系统项目管理等。总体来讲比较偏重工科,穿插管理方面的知识。

(2) 卡耐基梅隆的信息管理设在 H. John Heinz Ⅲ 公共政策与管理学院下面,全称为信息系统管理(Information Systems Management)。在该学校,信息管理偏重于理论知识在实际中的应用,而学校也向学生提供较多的 seminar。必修课程分三个方向,分别是技术与技术管理、组织管理与策略和项目管理,比较偏重于管理知识方面的学习,没有较强 MIS 背景的同学也可以尝试申请。

（3）University of Minnesota-Twin Cities 的信息管理是设在 Carlson 管理学院下的,全称为信息与决策科学(Information & Decision Science)。学校的课程设置包括企业管理信息系统、电子商务、信息安全、信息服务管理和高级数据库设计等,大多偏向于一些基础学科的学习。

（4）University of Arizona 的信息管理是设在 Eller 商学院下的。UA 的 MIS 有三种类型的课程:第一种是 17 个月四个学期的课程,这是提供给没有工作经验的学生的,但学校会提供相关的实习机会给学生,这个课程比较偏重于当今一些先进的信息管理系统的研究,例如 ERP、SCM、CRM 以及三者的整合等;第二种是一年的课程,申请人必须要有超过一年的工作经验;第三种是为期两年的双学位课程,这个同样也是有工作经验的要求的,两年后学生将会获得 UA 的 MIS 和 MBA 的双学位证书。第一种较第二种多了一些基础学科的学习,例如企业沟通、企业数据管理等,而第三种较第一、第二种多了很多管理类的学科,例如会计、市场营销和管理学等。UA 的课程设置特色在于它有一个称为 Master Project 的计划,学生要用大概一年的时间和导师在一起完成新的系统开发工作或学术论文研究工作。

3. 国内管理信息系统学科专业现状

通过对国内多所大学管理信息系统学科专业课程设置的调查发现:我国高等院校开设的此学科相关专业,根据院校性质及专业建设的基础和背景不同,可大致分为三种类型:一是强调情报学、信息学等知识,如北京大学、武汉大学等综合性院校;二是强调计算机科学技术,如清华大学、同济大学等理工科院校;三是强调经济管理知识,如中国人民大学、东北财经大学等财经类院校。

近年来,根据管理信息系统学科发展的现状和趋向,该学科专业调整为 10 门主干课程:管理学、经济学、运筹学、管理信息系统、管理统计学、信息资源管理、信息系统分析与设计、数据库管理系统、数据结构、计算机网络基础。从这些核心课程的设置中不难看出,计算机等信息技术课程的比重迅速增大。许多专业课程纷纷冠以"信息之名",但是值得我们重视的是这一专业不是可以由现有计算机信息技术或管理专业所替代的,也不是相关专业知识的简单累加,它拥有自己的课程和知识结构。

4. 管理信息系统学科专业发展前景

专业的发展离不开特定的社会环境,社会对管理信息系统学科专业人才的大规模需求使该学科相关专业得以产生发展。在我国,信息的重要性随着社会的发展而日益突出,信息是资源,信息是财富,管理、开发和利用信息资源已成为世界性的潮流。而信息本身的累积,信息环境的变迁,信息需求的硬化,信息利用的强烈,不仅为信息管理提出了必然的要求,而且创造了可能实现的条件。

为了满足社会对管理信息系统学科专业人才的大规模需求,该学科专业人才的培养应着眼于以下两个方面:

（1）培养专门的信息管理与信息系统开发人才。管理信息系统学科专业培养具有坚实的专业基础和某一其他专业的基本知识，系统掌握管理信息系统的基本理论、基本方法、基本技能与相关学科理论，能在现代技术条件下从事信息组织、信息资源管理、系统开发、信息分析、咨询与服务等方面的实际工作和研究工作，能适应政府机构、科技机构、企业、金融等行业和信息行业部门的信息管理方面的业务工作的专业人才。

近几年，管理信息系统学科专业的社会需求表现出规模化、多样化、层次化的特点。不难发现互联网的发展削弱了传统图书情报部门的信息中心地位，政府机关、企事业单位以及社会专门的信息经营与服务部门吸纳毕业生的能力逐步增强，从事决策咨询服务、信息收集、加工、传递以及信息系统开发和信息管理教育培训的毕业生越来越多。传统就业领域需求平稳，新就业领域需求上升。社会对管理信息系统类人才广泛需求既为毕业生的择业开阔了新的视野，也提供了施展才华的空间，表明信息管理活动开始渗透到生产、管理、教育等各个领域。

（2）培养信息管理的高层次人才。管理信息系统学科专业培养信息管理的高层次人才，譬如 CIO 和 CKO。

CIO(Chief Information Officer)即首席信息官，又称信息主管，它是高度发展的信息技术和机构信息处理数量日增的产物。CIO 在企业相当于副总经理，其主要职能是全面负责组织信息资源的统一管理、开发和利用。作为高层领导者，CIO 是多重角色的复合体，是决定企业命运的核心人物，主要扮演规划者、变革代言人、信息管理者、商人、政治家、战略家、整合者、技术专家、业务经理和未来学家等角色。

CKO(Chief Knowledge Officer)即首席知识官，又称知识主管，它是在一个公司或企业内部专门负责知识管理的行政官员，是随着信息资源管理向知识管理演化，由 CIO 发展而来的。

世界经理人资讯有限公司首席执行官丁海森认为：知识、想法、创意在全球传播速度极快，企业要应付这样快速的变动环境，所需的最核心的能力就是学习能力，必须比竞争对手学得更快更好。据统计，美国《财富》杂志中排名前 1000 位的企业中，到 1997 年已有 40%设立了 CKO。目前世界前 100 强的顾问公司中 100%都设立了 CKO。

案例与问题讨论

案例：信息技术保障北京奥运

2008 年 8 月在北京召开的奥运会，设有 38 个体育项目，共有 1 万多名运动员参加；有 2.5 万多家注册媒体和近 1 万家非注册媒体参与报道，他们不光向世界介绍了奥运会本身，也介绍了中国在方方面面取得的成绩。此外，北京奥运会的现场观众超过了 700 万人，电视和互联网观众数十亿人。他们都需要有很好的信息系统、通信系统和技术队伍来提供服务。共有 60 多家国内外企业参与了北京奥运会的信息和通信服务，他们为北京奥运会的信息和通信系统提供了很好的技术保障。

北京奥运会的信息系统包括计时与记分、现场成绩的发放、运动会的管理系统、互联网的应用以及组委会的管理系统等。

成绩系统包括计时与记分的现场成绩服务、计时与记分牌控制系统、比赛现场中文信息显示服务等，为 38 个比赛项目提供综合成绩和电视图像数据。在北京奥运会期间，共输入成绩 2.3 万条，通过互联网为用户提供赛事和竞赛成绩信息 1400 万条。成绩信息发布服务系统包括成绩打印分发服务、互联网成绩数据服务、官方网站成绩结果发布、新闻创建服务、INFO2008、评论员信息系统、成绩数据输出、无线 INFO、远程评论员信息系统等子系统。

运动会管理系统是为运动会直接相关的各项业务组织工作提供信息采集、存储、交换、处理和更新维护所需的信息平台，包括员工管理、志愿者管理、体育报名、注册、抵离、住宿、礼仪报表等系统。

组委会的办公系统是为奥组委各部门和工作人员在奥运会、残奥会筹办期间提供日常办公服务的信息平台，包括内部办公、短信、制服发放、财务管理、收费卡管理、奥运村规划与资产管理等 22 个子系统。

信息系统用到 1.2 万台桌面计算机、1000 多台服务器、近 3000 台网络设备。参与信息、通信系统建设、运行的合同商共有 60 余家，整个技术团队大概有 8000 人，我们还有 2000 多名技术志愿者。通信系统服务包括固定电话、数据专线、ADSL、移动电话、移动终端、WLAN、集群通信、有线电视以及 2G 和 3G 的移动通信服务等。

官方网站在奥运会期间提供了英文、中文、法文、阿拉伯文、西班牙文等多语种的综合信息服务。另外还有电子地图的服务，像加油站等信息都能显示，并且提供了英文服务。除此之外，信息技术和通信技术在其他领域也有很多应用，例如奥运会的 GPS 交通车辆定位系统，可以对数千辆相关车辆进行监控。我们的监控中心能随时看到每辆车的情况，随时进行调动。另外，电子票、电子证以及开闭幕式电子票都使用了 RFID，这对 RFID 的普及应用提供了很好的机会。

北京奥运会引导了未来的发展：虚拟方阵应用为奥运会的场馆疏散提供了服务，为相关决策提供了很好的示范；国内外注册媒体可以通过无线方式访问 INFO2008 系统和互联网，并且可以实现复制、粘贴以及编辑功能，极大地方便了媒体记者查询信息、采访和编辑新闻稿件；运行指挥技术保障系统，尤其是集群通信方面所起的作用也非常大。

多语言的综合信息服务，提供了中、英、法、西和阿五种语言的官方网站；实现了"任何人以任何方式，在任何时间和任何地方，都能安全、方便、快捷、高效地获取可支付得起的、丰富的、多语言互译的信息服务"。

北京奥运会创造了多项奥运会历史上的"第一次"：第一次推出远程评论员信息系统；第一次提供了稳定可靠的无线局域网服务，访问互联网和 INFO008；第一次提供了全部场馆通用的 IC 卡宽带接入互联网服务；第一次连续 3 年保持正常访问率达到 99.99%，并提供中、英、法、西和阿五种语言的官方网站；第一次通过数字电视的方式提供对全网广播电视节目服务；第一次在奥运有线电视专网中提供高清数字电视服务和比赛视频点播服务。

问题讨论：

1. 国际奥委会主席罗格对北京奥运会给予了很高的评价，在闭幕式上他说："这是一届无与伦比的奥运会"，那么是什么保障了"奥运会的无与伦比"呢？

2. 举办奥运会是一项复杂的系统工程,技术保障不到位会带来很多问题。例如 1996 年亚特兰大奥运会、2004 年悉尼奥运会和冬季奥运会都发生了相当严重的问题。北京奥运会之所以能成功举办,其优势在哪里?劣势如何规避?请将其作为一个系统工程问题解释。

小　结

本章从数据的概念出发,介绍了信息的概念、属性以及与数据的区别和联系,给出管理信息的概念:管理信息是指反映企业生产经营活动的状况,并对企业管理的控制与决策产生影响的各种有用资料的总称,如计划、定额、标准、产量、成本、销售量和利润等。

基于系统的概念,指出系统"既可以是抽象的组织,又可以是具体的物资",其特征包括目的性、整体性、关联性和环境适应性。信息系统概念模型表达了信息系统构成要素及系统活动的基本概念框架,该模型强调了信息系统要素和信息系统活动间的关系。

信息技术在企业管理中的应用,主要是实现企业内、外部信息在企业中的准确、快捷的流动,为决策提供依据,其关键就是实现设计信息、生产信息、管理信息的有效整合。企业的信息化建设是一个人机合一的有层次的系统工程,包括企业领导和员工理念的信息化,企业决策、组织管理信息化,企业经营手段信息化,设计、加工、生产信息化。

管理信息系统是一个不断发展的概念,其功能和特点正从企业内部往外部发展,成为企业内部业务流程和外部商务流程集成的信息化平台。管理信息系统的结构形式多种多样,充分表征了概念、功能、技术等组成特点。

管理信息系统的发展经历了统计系统、数据更新系统、状态报告系统、数据处理系统、知识工作和办公自动化系统以及决策支持系统与专家系统六个发展阶段,其服务对象各不相同。

本章还论述了管理信息系统的学科内容及与其他学科的关系,以及国内外管理信息系统学科专业特点及发展前景,期望增强学生对本课程的认知程度,提高学生对本课程的学习兴趣。

练习与作业

1. 数据和信息的区别是什么?信息最重要的属性是什么?为什么?

2. 简述信息技术在企业管理中的作用。

3. 为什么说"管理信息系统不仅是一个技术系统,而且是一个社会系统"?

4. 试结合具体业务背景下的信息系统实例,分析实例中的信息系统属于哪个层次和职能领域。它的输入、处理、输出是什么,系统使用了哪些信息技术,在哪些方面增加了该企业竞争优势。请具体分析。

第2章　管理信息系统建设概论

学习目标和指南

学习目标：

1. 了解管理信息系统建设是一个复杂的社会系统过程。

2. 掌握管理信息系统的生命周期所包括的几个阶段。

3. 掌握管理信息系统的开发方法。

4. 熟悉信息系统开发的几类管理模型。

5. 了解管理信息系统开发的基础、准备、选择以及计划和控制工作。

学习指南：

1. 从管理信息系统建设的难度入手来理解其建设是一个复杂的社会系统过程。

2. 联系任何事物的发展规律，认识管理信息系统的生命周期以及各阶段的基本任务和应准备的技术文档。

3. 由生命周期的观点引入信息系统开发的结构化方法，联系其特点和优缺点进行分析。

4. 基于对结构化开发方法的认识，理解和掌握原型法和面向对象的开发方法。

课前思考

1. 任何事物都有产生、发展、成熟和消亡（更新）的过程，你认为信息系统是否也有此规律？

2. 企业日常业务中所包括的功能有哪些？作为控制管理的后台，管理信息系统相应的管理模型应有几部分？

2.1　管理信息系统建设的系统过程特点

2.1.1　管理信息系统建设的复杂性

企业管理信息系统建设是一项涉及多门学科领域、多种业务范围、多层次管理和多专业人才的复杂系统工程。管理信息系统建设的复杂性既受到技术不确定性的直接影响，也受到组织不确定性的间接影响，这种复杂性的客观存在意味着管理信息系统的建设不可能是一帆风顺的，这必然存在着很多难点和阻力，这些问题如果处理不当，会导致管理信息系统开发的失败，或开发后运行维护的失败。因此，进行管理信息系统建设的复杂性分析，有利于我们预防和控制可能遇到的困难和阻力，并采取适当的对策予以解决。

1. 对现行管理系统认识的复杂性

管理信息系统的开发是建立在对现行管理系统可靠认知的基础上。国内外开发管理信息系统的经验教训说明,在管理信息系统开发失败的例子中有近 1/3 是对企业现行管理系统分析不恰当。要使所开发的管理信息系统符合企业的实际需要,首先要对公司现行生产、经营、管理方式进行详细的调查,了解公司各部分的构成、功能、业务流程、信息流程,分析现行模式的优点和不足,找出影响企业发展的薄弱环节,对企业现行管理系统进行正确描述,为管理信息系统的设计提供重要依据。这种认知过程涉及的管理要素多,而且要素之间的关系是错综复杂的。

2. 需求识别过程的复杂性

随着信息系统应用范围的扩大与复杂程度的加深,管理信息需求的分析越来越成为系统建设中关注的焦点。实际上,管理信息系统的需求分析是复杂的分析过程,它不仅涉及技术层面上的需求分析,而且还必须考虑到组织层面上的需求分析,这就需要组织理论、决策理论、管理学、行为学等方面的知识。简单地由计算机专业人员来定义需求分析的范围是具有片面性的。因为管理模式是动态的、继承性的、联系性的,定义需求分析范围和内容往往是由多方面的人员共同参与,并需要通过多次反馈才能完成。另外,需求信息的获取过程也充满着不确定性因素。这主要表现在:

(1) 需求信息表达方式的多样性和复杂性。

(2) 用户和分析员相互沟通的复杂性。

(3) 人作为信息处理器和问题解决者的局限性。

(4) 用户利益动机的不确定性。

3. 数据资源管理的复杂性

为了应用管理信息系统对企业进行有效的管理,必须将反映生产、经营全过程的基础数据完整、准确、及时地输入管理信息系统。这些数据是管理信息系统有效运行的依据。如果基础数据有错误、不完整,信息收集不及时、不准确,管理信息系统不但不能提高管理的效率,反而会引起公司管理的混乱。对一个企业系统而言,数据资源分布非常散乱,种类繁杂,信息系统对各数据类的采集频度、精度等属性要求各不相同,因此在保证数据供应准确性的前提下,多数据源的整合、数据冗余度的降低以及数据有效共享等是目前管理信息系统中实现数据资源有效管理的复杂性问题。

4. 系统集成的复杂性

目前,在企业管理信息系统中普遍存在着"信息孤岛"现象,即信息分散,不能共享,多种硬件平台和软件平台共存,以致各个应用部门的信息系统相互独立,不能为高层决策提供有效的信息支持。管理信息系统集成是一个寻求整体最优的过程,是根据总体信息系统的目标和要求,对分散的现有信息子系统或多种硬软件产品和技术,以及相应的组织机构和人员进行组织、结合、协调或重建,形成一个和谐的整体信息系统的过程。

因此,管理信息系统集成是一种系统的思想、方法和技术的集合,不是单纯的硬件或软件技术的问题。在信息系统集成的过程中,首先必须确定集成系统的目标,调查分析现有系统,确定对集成系统的需求,在集成系统的总体规划指导下,按照一定的过程和步骤,实现全方位的集成。这里面包含着多层的集成过程,即信息集成、功能集成、平台集成和人的集成等,而且不同层面的集成之间又存在着一定的互动关系,即以信息集成为目标,功能集成为基本结构,平台集成为技术基础,以人的集成为根本保证,只有实现这种全方位的复杂集成,管理信息系统才能为组织提供全面的信息支持。

5. 组织变革所带来的复杂性

管理信息系统建设过程是一个组织变动的过程,当组织中的信息系统发生变化时,必然影响组织的结构、任务、人员、文化等发生相应的变化,如果新的信息系统不能与组织中的其他要素相容,那么即使是技术设计上非常先进的管理信息系统也难免在实施过程中遭到失败。一般来说,对基层的影响主要是工作方式的改变、效率的提高和人员的减少;对中层的影响主要是引起组织结构和权利结构的改变,以及职业的转移;对高层来说,可能引起管理幅度的扩大和决策方式的改变。推行管理信息系统对不同的层次将会有不同的影响,因而也有不同的阻力。这些阻力具体表现为:

基层的阻力是担心部分工作被计算机代替,或担心传统的工作方式变化以后,工作负担会过重,不愿改变自己的工作方式和旧的职业观念。这些思想表现在行动上,或采取不合作的态度,不交出自己手上的作业和经验,或者不愿承担新的信息收集工作,采取消极怠工的态度。有的甚至故意错报信息,破坏系统的可信度,甚至有更为敌对的行动,给管理信息系统的建设带来很大的阻力。

来自中层的阻力是最可怕的阻力,由于管理手段的变化、部门的局部调整、管理方式的改变,中层担心自己的利益在管理信息系统建设中会受到影响,安于现状,不愿适应新的管理方式,从而产生观望、等待、不合作等消极态度。我们不可轻视这种现象,它很可能和基层的保守势力会合,形成可怕的势力,成为管理信息系统建设的致命阻力。

来自高层管理者的阻力主要是认识问题,虽然现在多数企业领导已认识到管理信息系统建设的重要性和必要性,但对如何开发管理信息系统缺乏正确的认识,把管理信息系统的开发当作仅仅是一般的技术开发工作,找个技术负责人,认为只要给钱就行,没有从组织变革的层面来认识管理信息系统的建设,这种技术性的定位往往使管理信息系统建设以失败告终。

6. 总结

管理信息系统是企业管理现代化的必由之路,其成功的实施会给企业发展带来新的契机,保证企业在市场经济的激烈竞争中立于不败之地,然而,管理信息系统建设的道路并不是平坦的,要充分认识管理信息系统建设的复杂性,除注意技术因素所带来的复杂性,更应充分重视管理信息系统建设中的很多人为因素造成的复杂性。特别是我国在发展管理信息系统的过程中更有必要强调这一点。因为我国的管理信息系统发展水平与发达国家之间的关键差距在于观念的陈旧和管理的落后。20世纪80年代末有人评价中国的管理信息系统是80年代的硬件,70年代的软件,60年代的系统,50年代的应用,40年代的管理。此话虽然有点夸张,但基本反映了我国管理信息系统建设的实际情况。管理落后、人员素质差、思想观念保守以及制度环境的制约是造成我国管理信息系统应用大部分失败的主要原因,有人认为我国管理信息系统有 80% 是失败的或没有达到设计要求,而其中 80% 的失败原因在于管理问题。所以,当前我国管理信息系统的发展所面临的挑战主要是组织管理的复杂性。这就要求我们在管理信息系统建设过程中,特别注意信息系统与组织管理之间的互动关系,采用正确的方法和策略来降低风险,保证管理信息系统的成功实施。

2.1.2　管理信息系统开发的社会系统性

将信息系统建设与一般技术工程相比较,可以看到,信息系统建设的困难不仅来自技术方面,还来自企业内外环境。影响信息系统成败的有体制、政策、法规、观念、技术等多种因素。技术不是唯一因素,甚至不是主要因素。

在相当长的一段时间里,人们把信息系统看作是计算机技术在某个组织的应用,认为信息系统开发是一个技术过程,视开发项目为"交钥匙工程"。用户认为开发是技术人员的事;开发人员认为用户应当陈述清楚他们的需求,由此出发开发系统,除此之外用户不要过多干预。按这种方式开发系统,往往造成双方误解,到"交钥匙"时,用户提出"你开发的系统不是我所要的系统",延误开发时间,浪费资源,或者因维护困难而使系统短命。

信息系统建设的实践使人们越来越重视社会人文因素对信息系统建设的影响。信息系统是人机交互系统,其开发、维护都离不开人的参与。信息系统开发过程本质上是一个社会过程。从社会行动观点看,信息系统开发是人类活动的协调序列,是多种参与者的协作过程。在信息系统开发过程中,用户、系统管理者、系统分析员、技术专家、程序员等参与者相互联系,相互影响。他们的通力合作,是系统建设成功的基础。但是,由于这些人员知识背景、经历不同,影响彼此沟通,相互通信的误解是系统成功的隐患。更重要的是,信息系统建设不可避免地要改变某些业务流程乃至组织机构,这将影响某些部门和人员的工作方式、权力关系,引起部门之间、人员之间的利益冲突。有人会担心丢掉自己熟悉的工作,感到自己的传统地位和能力受到威胁;由于缺乏计算机知识,有人感到难以适应现代信息系统的运行。这些担心,常常造成系统开发的阻力。

信息系统不只是单纯的计算机系统,而是辅助企业管理的人机系统。人是信息管理的主体。由于人的作用是一种高级而复杂的因素,有人参与并由人控制决策的社会系统,往往会使本应理性的行为变得富有感情、丰富多彩。离开了人,再好的计算机系统也不过是价格昂贵的装饰品而已。把信息系统的开发、应用、管理看作纯技术过程,许多问题永远得不到解决。只有从更深层次探讨,重视非技术因素,才有可能解决长期困扰人们的"软件危机"。

2.2　管理信息系统的生命周期

2.2.1　系统规划阶段

系统规划阶段所做的工作就是对所要开发的信息系统进行项目立项和进行项目的可行性分析。

申请建立信息系统项目的理由只有一个,就是为了解决企业或组织目前存在的一个或几个问题。因为信息系统具有处理业务速度快、数据处理精度高、信息检索快而不乱,以及有利于职能部门之间业务整合等优点,更为重要的是只有应用了信息系统才能实现先进的管理理念和先进的管理方法与技术,才能实现更高的企业效益。信息系统项目申请书(立项书)的主要内容包括提出问题、问题的细节、解决问题的方法、信息系统具有的优势以及提出申请的部门和人员等项内容。

项目的可行性分析是根据系统的环境资源等条件判断所提出的项目是否有必要与可能进行。必要性研究包括所提出的待解决问题的重要性和迫切性以及开发信息系统的条件、优势和对解决问题的作用等。可行性研究则包括技术可行性研究、经济可行性研究和社会适应可行性研究三方面,然后在充分分析和论证的基础上写出有分量的可行性分析报告(Feasibility Report)。可行性分析报告得到批准以后即进行信息系统的规划,包括信息系统的战略规划和具体规划。

2.2.2　系统分析阶段

以结构化开发方法为例(2.3 节会对几种开发方法进行介绍),系统分析的任务是借助各种结构化分析工具对现实系统进行分析,以期建立目标系统的逻辑模型。该逻辑模型包括数据流程图(DFD)、数据字典(DD)等处理逻辑表达,核心是数据流程图,分析企业的信息结构,简单地说,就是分析信息的来龙去脉,即弄清信息的源头、目的地和流经的路线。结构化系统分析的内容包括系统调查、组织结构分析、功能结构分析、业务和业务流程分析、数据流程分析和数据分析及功能数据的关系分析等。其主要的分析工具包括组织结构图、功能结构图、业务流程图、数据流程图、数据字典等逻辑表达工具。因此,结构化系统分析工作主要包括确定业务流程、数据流程和确定功能与数据的关系等。

2.2.3　系统设计阶段

以结构化开发方法为例,系统设计就是在已构造的目标系统逻辑模型的基础上,构造新系统的物理模型,具体来说就是为程序设计提供蓝图。物理模型是逻辑模型的实现方案,也是系统实现的前提和成果,就像工厂的设计部门为加工者提供的产品设计图纸一样,工人把设计图纸变成零件,程序员把物理模型变成程序或模块。结构化系统设计包括系统的总体结构设计和系统的详细物理设计。

1. 系统的总体结构设计

系统的总体结构设计是在系统可行性研究和系统分析后为实现系统而进行的技术设计。任务是把分析阶段的需求说明转换成软件结构,即提供一个完整的软件系统框架。系统的总体结构设计主要包括系统的子系统划分设计、系统的网络设备与系统设备的配置设计及每一个子系统的计算机处理流程设计。

2. 系统的详细物理设计

系统的详细物理设计是系统总体结构设计的细化,目的是为系统实施提供一个详细的实施方案,是设计程序的蓝图。系统的详细物理设计包括代码设计、数据库设计、输入输出与界面设计及系统处理过程和功能模块的结构设计等。

2.2.4　系统实施阶段

系统实施是指在系统概要设计和详细设计以后的系统实现与交付过程,它分两个阶段。第一阶段是系统技术实现过程和对这一过程的管理,它包括建立编程标准、程序设计、测试、架构和发行,这都是交付前的工作。实施阶段交付物包括软件、数据和文档资料,最终发行的软件是交付物的核心,用户手册等其他交付物也必不可少。第二阶段是用户转化阶段,即系统发行后,交付用户使用的过程,包括用户培训、业务流程重组实施、系统切换、运行和维护,这主要是系统实施的用户化过程,这一阶段的交付物主要是用户实施方案,包括培训方案、重组实施方案、切换方案、运行和维护方案、维护记录与修改报告等。第一阶段由开发团队完成,它着重于技术实现,完成的系统完全覆盖需求规格,达到系统目标和指标,即从技术角度实现系统,满足用户需要;第二阶段着重于管理,在用户端完成。两个阶段的工作虽然侧重点不同,但都是为了系统成功实施,给用户一个好系统,让用户用好这个系统。

2.2.5　系统运行管理与评价阶段

新系统正式投入运行后,研制工作即告结束。信息系统不同于其他产品,它不是"一劳永逸"的最终产品。在它的运行过程中,还有大量运行管理、维护工作要做。为让系统能长期高效地工作,必须大力加强对系统运行工作的管理。系统运行管理包括系统的日常运行管理、系统维护和建立运行体制。

交付使用的系统需要在使用中不断完善,即使精心设计、精心实施、经过调试的系统,也难免有不尽如人意的地方,或者效率还需提高,或者使用不够方便,或者还有错误,这些问题只有在实践中才能暴露。另一方面,管理环境的变化也会对信息系统提出新的要求,信息系统只有适应这些要求才能生存下去。因此,系统的维护是系统生存的重要条件。据专家们估计,世界上有90%的软件人员从事系统的修改和维护工作,只有10%的人员从事新系统的研制工作。另外,在系统开发的全部费用中,研制费用只占20%,而运行和维护费用却占80%。这几个统计数字充分说明了系统维护工作是多么重要,又是多么艰巨。因此,不要重开发轻维护。系统维护是对系统使用过程中发现的问题进行处理的过程,也是系统完善的过程。系统维护一般包括硬件的维护与维修、应用程序的维护、数据库维护和代码的维护等内容。

2.3　管理信息系统开发方法

2.3.1　结构化方法

信息系统开发方法中最常用且有效的方法就是生命周期法。生命周期就是指事物从产生、发展、成熟到消亡的一个过程,如图2.1所示;该方法将整个开发过程从初始到结束划分为若干阶段,预先定义好每个阶段的任务和目标,再按一定的策略与准则完成相应阶段的任务。这种方法属于预先严格定义了用户需求和任务的一种方法。

结构化方法,也称新生命周期法,是生命周期法的继承与发展,是生命周期法与结构化

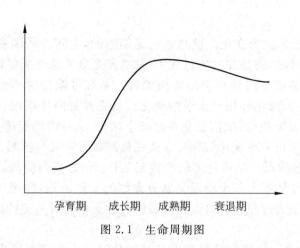

孕育期　　成长期　　成熟期　　衰退期

图 2.1　生命周期图

程序设计思想的结合。结构化的最早概念是用来描述结构化程序设计方法的,它用三种基本逻辑结构来编程,使之标准化、线性化。结构化方法不仅提高了编程效率和程序清晰度,而且大大提高了程序的可读性、可测试性、可修改性和可维护性。后来,把结构化程序设计思想引入信息系统的开发领域,逐步发展形成了结构化系统分析与设计的方法。

1. 结构化开发方法概述

结构化方法仍然沿用"自上而下,逐步求精"的思想方法,从全局出发,全面规划分析,从而确定简明的、易于导向的系统开发方式,弥补生命周期法的不足,对信息系统开发起着巨大的推动作用。虽然,随着时间的推移,以结构化系统分析与设计为核心的新生命周期法暴露出很多问题,但现在仍然是信息系统开发的主流方法。结构化方法的基本思想是用系统工程的思想和工程化的方法,根据用户至上的原则,自始至终按照结构化、模块化、自顶向下的思想与方法对系统进行分析与设计。结构化方法的根本特点是系统分析、系统设计和程序设计的结构化、模块化,这与面向对象的程序设计并不矛盾,在面向对象的事件代码和自定义方法程序中,依然采用结构化程序设计的三种基本结构。

2. 结构化开发方法的特征

与传统的生命周期法相比,结构化方法强调以下特点:

(1) 面向用户的观点。结构化方法强调用户是信息系统开发的起点和最终归宿。因此,用户的参与程度与满意度是衡量系统是否成功的关键。故开发过程应面向用户,使用户更多地了解新系统,并随时从业务和用户的角度提出新的要求。另一方面也可以使系统开发人员更多地了解用户的要求,更深入地调查和分析管理业务,使新系统更加科学、合理。

(2) 自顶向下的分析、设计和自底向上的系统实施相结合。分析问题时应站在系统的高度,将各项具体业务放在整体环境中加以考察。首先确保全局的正确,然后再一层层地深入考虑和处理局部问题,这就是自顶向下的分析设计思想。按照自顶向下的设计思想对系统进行分析设计后,其具体的实现过程采取从底向上的方法,即一个模块、一个模块地开发、调试,然后再由几个模块联调,最后是整个系统的总调、构建,即从模块到子系统再到系统的实现和构建过程。

（3）充分预料可能发生的变化。信息系统是动态的，它随着周围和内部环境的变化而变化。无论在系统设计时，还是在实施过程中，都必须充分考虑可能变化的因素。预料可能发生的变化就是提高系统对内外环境的适应能力。系统可能发生的变化主要有环境的变化、系统内部处理模式的变化和用户需求的变化。这主要是内外组织结构、体制、业务流程的变化和管理自身的发展变化，如信息化和经济全球化、实行市场经济、加入WTO，以及企业的股份制改造等。用户需求变化的预计主要是做好需求定义与预测。

（4）严格划分系统阶段。结构化方法严格定义开发的过程与阶段，然后依次进行，前一阶段是后一阶段的工作依据。每个阶段又划分详细的工作步骤，顺序作业。各个阶段和各个步骤的向下转移都是通过建立各自开发阶段的软件文档和对关键阶段、步骤进行审核、控制实现的。

（5）结构化、模块化。结构化是信息系统结构分解成由许多按层次结构联系起来的功能结构图，即模块结构图。结构化设计方法提出了一种用于设计模块结构图的方法，是一组对模块结构进行评价的标准及进行优化的方法。所谓模块化，是指将一个复杂的信息系统，按照"自顶向下，逐步求精"的方法，分解为若干个有层次联系、功能相对单一且彼此相对独立的模块。模块化是必然趋势，它可以把复杂问题简单化，把大问题分解为小问题来解决，从而使新系统易于实施及维护。

（6）开发过程的工程化。在开发过程中，每一阶段、每一步骤都有详细的文字资料记载。要把本步骤所考虑的情况、所出现的问题、所取得的成果完整地形成资料，在系统分析过程中，无论是调查得到的资料，还是用户交流的情况，或是分析设计的每一步方案，都应有明确的记载。记载所用的图形和书写的格式要标准化和规范化，并且要经过评审。资料要有专人保管，要建立一套管理、查询制度。

3. 结构化开发方法的优缺点

结构化方法是在对传统开发方法继承批判的基础上，通过不断探索和努力而形成的一种系统化方法。这种方法的突出优点就是它强调系统开发过程的整体性和全局性，强调在整体优化的前提下来考虑具体的分析设计问题，即自顶向下的观点。它强调的另一个观点是严格地区分工作阶段，强调一步一步、严格地进行系统分析和设计，每一步工作都及时地总结，发现问题及时地反馈和纠正，从而避免了开发过程的混乱，是一种目前被广泛采用的系统开发方法。

但是，随着时间的推移这种开发方法也逐渐地暴露出了很多不足。最突出的表现是起点太低，所用工具落后、烦琐，致使系统开发周期过长，带来一系列问题。另外，这种方法要求开发者在调查中就充分地掌握用户需求、管理状况以及预见可能发生的变化，这不大符合人们循序渐进地认识事物的规律性，因此在实际工作中有一定的困难。

2.3.2 原型法

1. 原型法的基本思想

为了弥补生命周期法开发周期长的不足，在1977年人们提出了一种在开发思想、工具和手段上都是全新的开发方法——原型法。它抛弃了周密细致的调查分析,然后整理出文字档案,最后让用户看到最后结果的烦琐做法。它的主要思想是:由用户与系统分析设计人员合作,在短期内根据用户的要求首先建立一个能反映用户主要需求的原型,然后与用户反复协商改进,使之逐步完善,最终建立完全符合用户要求的新系统。它既可以单独作为一种开发方法加以应用,又可以作为生命周期法的辅助方法和工具。

2. 原型法的开发过程

原型法的开发过程包括四个基本阶段:确定需求的基本信息,建立初始模型,对初始模型运行与评价,修正和改进模型。原型法的一般开发过程如图 2.2 所示。

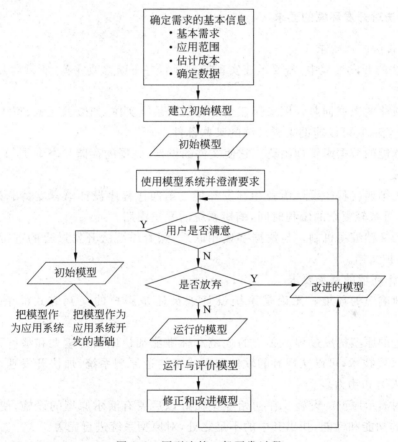

图 2.2　原型法的一般开发过程

(1)确定需求的基本信息。开发人员对用户的关键决策者及关键个人进行初步调查,弄清用户对系统的基本要求,如各种功能的要求、数据规范等。但是这些信息不必像生命周期法那样要详细定义而只是简单地分析和说明。

(2)建立初始模型。本阶段的目的是在对系统功能和要求的初步了解的基础上建立一个有一定深度和广度的初始模型,以便以后的运行、修改和完善。

(3)对初始模型运行与评价。初始模型是用户和开发人员发展系统方案和功能的基础。在得到初始模型后,就可以运行,在运行过程中对运行的效果进行评价,然后进一步明确系统的功能和性能,提出更加具体的要求。

(4) 修改和改进模型——原型迭代。根据在上一步运行中发现的问题,有针对性地对模型系统进行修改和改进,从而得到一个更加完善的模型,然后把改进的模型交给用户试用、评价、反馈意见,如此反复直到用户满意。

原型法的目标是鼓励改进和创造。为此,开发人员应充分向用户解释所建成的模型系统的合理性,但是也不要过分辩解,应在和用户的沟通中进一步完善模型系统。如果在运行过程中发现绝大部分的功能不能达到用户的要求甚至与用户要求相违背,则应果断地放弃而不能凑合。

3. 原型法对开发环境的要求

1) 对软件的基本要求

在原型法的开发过程中,需要迅速实现原型运行并不断修改完善,所以对开发工具有较高的要求。

(1) 集成化的数据词典。用来保存全部有关的系统实体(如数据元素、程序、报告等)的定义和控制信息,它可以辅助生成系统的某些部件。

(2) 高性能的数据库管理系统。它使文件的设计、数据的存储和查询更为方便,并简化了程序的开发。

(3) 应用第四代程序设计语言和开发环境。第四代程序设计语言支持非过程化技术,交互性能强,可减轻复杂的编程时间,缩短系统的开发周期。

(4) 自动文档编写机制。与数据字典相联系,随着原型法开发过程的进行能够自动生成、保护和维护文档。

2) 对工作环境的基本要求

(1) 快速响应的环境。无论是系统设计人员还是用户的交互方式的响应过程都要很快。

(2) 规范的原型构成过程。必要的规范和标准能加快原型的建立和最终系统的转换;利用规范的开发技术,可以从现有的软件和模式来构造原型系统,加快开发速度,减少系统开发消耗的人力和物力。

(3) 好的演示原型的设施。在初始原型做好以后要有演示原型的设施,使用户充分了解原型系统的功能和性能,找出其中的不足之处,对原型系统进行完善。

4. 原型法的优缺点及适用范围

1) 原型法的优点

(1) 更多地遵循了人们认识事物的规律,即循序渐进的原则,因此更容易被人们所接受。

(2) 改进了用户和系统开发人员的交流方式。由于用户直接参与,就更直接、及时地发现问题,并进行修改,因此原型法更易于使用户和开发人员进行沟通。缩短了二者的差距,使需求易于表达清楚、一致,确保用户的要求得到较好的满足。

（3）用户能很快看到系统，从而可以尽早发现问题，这样就降低了系统开发的风险，在一定程度上减少了开发费用。

（4）充分利用最新工具，提高了效率。

2）原型法的缺点

（1）对于大型复杂系统实施比较困难，只能局部使用。因为不经过系统分析来进行整体性划分，想直接用屏幕来模拟是非常困难的。

（2）对于大量运算而不需要很多交互的问题很难构造原型。因为这种问题不是通过交互过程能够解决的。另外，对于批处理系统，其中的大部分是内部处理过程，不宜使用。

（3）对开发工具要求高。原型法需要有现代化的开发工具支持，否则开发工作量就会加大，成本会升高，这就失去了采用原型法的意义。

（4）对用户的管理水平要求高。由于原系统没有经过系统分析，整个系统没有一个完整的概念，各个系统的接口也不规范，这就使系统开发和使用有一定的困难。所以对用户的管理和维护水平的要求很高。

3）原型法的适用范围

原型法的适用范围是比较有限的，适用于小型、简单、处理过程比较明确、没有大量运算和逻辑处理过程的系统。

由于中国管理信息系统中的多数用户还不太熟悉计算机，计算机的应用还没有完全普及，所以原型法能使用户在系统开发初期就可以看到结果——原型系统，用户比较容易了解管理信息系统，尽快与系统开发人员进行沟通与交互，所以原型法还是比较适合中国的管理信息系统的开发。

2.3.3 面向对象方法

面向对象（Object Oriented，OO）方法是以面向对象思想为指导进行系统开发的一类方法的总称。这类方法以对象为中心，以类和继承为构造机制来构造抽象现实世界，并构建相应的软件系统。兴起于20世纪80年代，成长和繁荣于90年代的面向对象的思想——反结构化"自顶向下"的认识方法，直面要解决的现实对象，由对象的通信行为表示问题域的静态结构，由对象对事件的响应构成问题域的动态联系，遵循"自底向上"逐步抽象、归纳、综合的方法寻求对问题域的认识和表达。由于其顺乎人类自然的认识思维，得到了越来越多的实现工具的支持，成为现今的主流技术，同时标志着计算机界对问题域的认识发展到了一个新的阶段。

在实际应用中，它采用对象及其属性，整体和部分，类、成员和它们之间的关系三个法则来对系统进行分析和设计，遵循了分类学理论的基本原理，符合"物质第一性、意识第二性"以及"认识来源于实践，又服务于实践"的辩证唯物主义思想。

1. 面向对象方法中的基本概念

1）面向对象

面向对象是一种认识客观世界的世界观，是从结构组织的角度模拟客观世界的一种方法。人们在认识和理解现实世界的过程中，普遍运用以下三个构造法则：区分对象及其属性,如区分车和车的大小;区分整体对象及其组成部分,如区分车和车轮;区分不同对象类的形成,如所有车的类和所有船的类。面向对象具有以下特征:

(1)封装性。对象的概念突破了传统数据与操作分离的模式。对象作为独立存在的实体,将自由数据和操作封闭在一起,使自身的状态、行为局部化。

(2)继承性。继承是面向对象特有的,亦是最省力的机制。通过类继承可以弥补由封装对象而带来的诸如数据或操作冗余的问题,通过继承支持重用,实现软件资源共享、演化以及增强扩充。

(3)多态性。同一消息发送至不同类或对象可引起不同的操作,使软件开发更便利,编码更灵活。

(4)易维护性。面向对象的抽象封装使对象信息隐藏在局部。当对对象进行修改,或对象自身产生错误的时候,由此带来的影响仅仅局限在对象内部而不会波及其他对象乃至整个系统环境,这极大地方便了软件设计、构造和运行过程中的检错与修改。

2)对象

对象是现实世界中一类具有某些共同特性的事物的抽象。它是对一组信息及其操作的描述。例如,一辆汽车是一个对象,它包含了汽车的信息(如颜色、型号、载重量等)及其操作(如启动、刹车等);一个窗口是一个对象,它包含了窗口的信息(如大小、颜色、位置等)及其操作(如打开、关闭等)。

3)类

类是具有相同属性和服务的一组对象的集合,即依据抽象和综合的原则,忽视事物的非本质特征,找出事物的共性,得出一个抽象的概念。如各种人种虽然在种族、肤色等方面有许多不同,但忽略这些差别后可以抽象出人类的共有特征。

4)封装

封装有两层含义,一是把对象的全部属性和全部服务结合在一起,形成一个不可分割的独立单位(即对象);二是指信息隐藏,即将一个对象的外部特征和内部执行细节分割开来,并将后者对其他对象隐藏起来。

5)继承

特殊类的对象拥有其一般类的全部属性与服务,称为特殊类对一般类的继承。继承简化了人们对事物的认识和描述,如汽车类作为交通工具类的特例,具有一切交通工具类的属性和行为。

2. 面向对象方法的开发过程

面向对象开发一般经历三个阶段:面向对象的分析(OOA)、面向对象的设计(OOD)和面向对象的实现(编程)。这与传统的生命周期法相似,但各阶段所解决的问题和采用的描述方法却有极大的区别。

1)分析阶段

这一阶段主要采用面向对象技术进行需求分析。面向对象分析运用以下主要原则:

(1)构造和分解相结合的原则。构造是指由基本对象组装成复杂或活动对象的过程;分解是对大粒度对象进行细化,从而完成系统模型细化的过程。

（2）抽象和具体结合的原则。抽象是指强调事务本质特征而忽略非本质细节;具体则是对必要的细节加以刻画的过程。在面向对象方法中,抽象包括数据抽象和过程抽象。数据抽象把一部分特性与内部实现相分离,从而减少了重复数据并将有关的操作封装起来;过程抽象则定义了对象间的相互作用。

（3）封装的原则。封装是指对象的各种独立顺序间的相互依赖,有助于提高程序的可重用性。

（4）继承的原则。继承是指直接获取父类已有的性质和特征而不必再重复定义。这样,在系统开发中只需一次性说明各对象的共有特性和服务,对子类的对象只需定义其特有的属性和方法即可。继承的目的也是为了提高程序的可重用性。

2）设计阶段

这一阶段主要利用面向对象技术进行概念设计。值得注意的是,面向对象的设计与面向对象的分析使用了相同的方法,这就使得从分析到设计的转变非常自然,甚至难以区分。可以说,从面向对象的分析到面向对象的设计是一个积累型的扩充模型的过程。这种扩充使得设计变得很简单,它是从增加属性、服务开始的一种增量递进式的扩充,这一过程与结构化开发方法那种从数据流程图到结构图所发生的剧变截然不同。

一般而言,在设计阶段就是对分析阶段的各层模型化的"问题空间"进行扩展,得到下一个模型化的特定的"实现空间"。有时还要在设计阶段考虑到硬件体系结构与软件体系结构,并采用各种手段(如规范化)控制因扩充而引起的数据冗余。

3）实现（编码）阶段

这一阶段主要是将面向对象的设计中得到的模型利用程序设计来实现。具体操作包括选择程序设计语言编程、调试、试运行等。前面两个阶段得到的对象及其关系最终都必须由程序语言、数据库等技术来实现,但由于在设计阶段对此有所侧重考虑,故系统实现不会受到具体语言的制约,因而本阶段占整个开发周期的比重较小。建议应尽可能采用面向对象程序设计语言,一方面,由于面向对象技术日趋成熟,支持这种技术的语言已成为程序设计语言的主流;另一方面,选用面向对象语言能够更容易、安全和有效地利用面向对象机制,更好地实现面向对象的设计阶段所选用的模型。

3. 面向对象方法的优缺点

面向对象方法具有多方面的吸引力。对管理人员,它实现了更快和更廉价的开发与维护过程。对分析与设计人员,建模处理变得更加简单,能生成清晰、易于维护的设计方案。对程序员,对象模型过于浅显。此外,面向对象工具以及库的巨大威力使编程成为一项更使人愉悦的任务。

在获得巨大成功的同时,面向对象方法也存在着自身的局限性。主要表现在:

（1）容易带有原系统的不合理成分。面向对象采用局部的认识而后归纳的做法很难与系统整体最优的要求相吻合。

（2）思考对象的时候,需要采用形象思维,而不是程序化的思维。与程序化设计相比,对象的设计过程更具挑战性,特别是在尝试创建可重复使用(可再生)的对象时。

（3）理论有待成熟。面向对象思想起源于面向对象的编程,而后推演到面向对象的设计，最后才形成面向对象的分析。特别是面向对象的分析还未达到成熟阶段。

2.4 信息系统开发的管理模型

2.4.1 综合计划模型

综合计划是企业一切生产经营、管理活动的纲领性文件。一个切实可靠的综合计划方案基本上就奠定了企业生产、经营活动的基础。综合计划模型一般由综合发展模型和资源限制模型两大部分组成。

1. 综合发展模型

综合发展模型主要是用来反映企业近期发展目标的，它包括利税发展指标、生产发展规模等。一般常用的有：

（1）企业的中长期计划模型。

（2）厂长（或经理）任期目标的分解模型。

（3）新产品开发和生产结构调整模型。

（4）中长期计划滚动模型。

2. 资源限制模型

资源限制模型主要是反映企业现有各类资源和实际情况对综合发展模型的限制情况。常用的限制模型有：

（1）数学规划模型。

（2）资源分配限制模型。

2.4.2 生产计划管理模型

生产计划的制定主要包括两方面的内容：第一是生产计划大纲的编制；第二是详细的生产作业计划。

生产计划大纲的编制主要是安排与综合计划有关的生产量指标。一般来说这部分涉及以下几个方面：

（1）安排预测和合同订货的生产任务模型。

（2）物料需求计划（MRP）模型。

（3）设备负荷和生产加工能力模型。

（4）一本一利分析模型。

（5）投入产出模型。

（6）数学规划模型。

生产作业计划是具体给出产品生产数量、加工路线、时间安排、材料供应以及设备生产能力负荷平衡等方面。具体方法有：

（1）投入产出矩阵模型。

（2）网络计划（PERT）模型/关键路径法（CPM）模型。

（3）排序模型。

（4）物料需求计划（MRP）模型。

（5）设备能力负荷平衡模型。

（6）滚动式生产作业计划模型。

（7）甘特图（Gantt chart）模型。

（8）经验方法。

生产计划模型在选定了上述方法以后，根据单位的实际情况还会有很多具体的变化，这需要视系统分析的情况而定。

2.4.3 库存管理模型

库存管理有很多不同的模型，如最佳经济批量模型等，但我们一般常用的却是下面介绍的程序化的管理模型。

1. 库存物资的分类法

据统计分析，一般库存物资都遵循 ABC 分类规律，即 A 类物资品种数占库存物资总数不到 10%，但金额数却约占总数的 75%；B 类物资这两项比例数分别为 20% 和 20% 左右；C 类物资则为 70% 和 5%，据此建立模型。

因此，库存管理首先得确定库存物资的分类以及具体的分类方法。

2. 库存管理模型

例如，把库存量的时间变动曲线画出，根据再订货点和经济订货批量等控制模型。

2.4.4 财务成本管理模型

财会管理模型相对比较固定，确定一个财会管理模型主要有如下几方面：

（1）会计记账科目的设定（一般第一、二级科目都由国家和各行业规定，第三、四级科目由单位自定）。

（2）会计记账方法的确定（主要是借贷法和增减法）。

（3）财会管理方法（如计划、决策、调整以及具体的管理措施等）。

（4）内部核算制度或内部银行的建立以及具体的核算方法等。

（5）安全、保密措施以及与其相对应的运行制度和管理方法。

（6）文档、数据、原始凭证的保存方法与保存周期。

（7）审计和随机抽查的形式、范围和对账方法等。

2.4.5 统计分析与预测模型

统计分析模型常常用以反映销售状况、市场占有情况、质量指标、财务状况等方面的综合、总量变化状况。这类模型在信息系统中常用各种分析图形的方式给出，而常用的统计分析方法有：

（1）产品市场占有率分析。

（2）市场消费变化趋势分析。

（3）产品销售统计分析。

（4）产品销售额与利润变化趋势分析。

（5）质量状况及指标分布状况分析。

（6）生产统计分析。

（7）财务统计分析。

（8）企业综合经济效益指标统计分析。

预测模型同统计分析模型一样，可以广泛地用于生产产量、销售量、市场变化趋势等方面。常用的预测模型有：

（1）多元回归预测模型（如一元，二元……）。

（2）时间序列预测模型。

（3）普通类比外推模型等。

2.5 信息系统开发的组织管理

2.5.1 系统开发的基础条件

建设一个企业或一个部门乃至一个区域的信息系统，一般会遇到这样的问题：选择哪一种服务器平台、哪一种客户机平台、哪一种网络协议、哪一种组网方式、哪一种操作系统、哪一种数据库系统、哪一种管理体系、哪一种开发工具，虽然每个问题可有多种选择，但任何一个错误的选择都将导致整个系统建设的延误甚至失败。

信息系统的开发需要以计算机有关技术设备为基础，以可靠的产品为工具，从方案设计开始，经过产品优选、网络施工、硬件平台配置、软件平台构建、应用软件开发到软件开发完成之后或产品销售之后的用户培训、咨询和技术支持等一揽子服务，使用户能得到一体化的解决方案。

1. 信息系统的硬件平台

信息系统的硬件平台通常由信息处理设备、信息存储设备、信息传输设备、信息输出设备和信息采集设备构成。信息处理设备包括个人计算机、工作站、便携式计算机、服务器、小型及大型计算机等；信息存储设备包括磁盘阵列、磁带机、光盘机、IC卡及移动存储设备等；信息传输设备包括电话、传真机、计算机局域网及广域网等。信息输出设备包括显示器、打印机、绘图仪、投影机、音响、激光照排机、数控机床、数控机器人及专用信息输出设备等；信息采集设备包括扫描仪、数字化仪、数码相机、数码摄像机、条形码阅读器、指纹仪、触摸屏、光电检测设备及专用信息采集设备等。

2. 信息系统的软件平台

信息系统的软件平台是指支持信息系统软件开发和运行的软件平台。信息系统软件平台的选择对于系统的开发、运行和维护有着重要意义。一个好的软件平台不但使得系统的开发维护简单易行,而且能保证开发出的信息系统运行高效可靠,这往往是信息系统建设成功、生存、发展的重要因素之一。反之,错误或不当的软件平台会使开发维护工作困难,致使系统因运行环境不好而造成运行效率极低、难于维护;或者因环境封闭落后,难以支持新技术的发展等各种原因,使系统变得不能生存,更不能发展,而必须推倒重来。

信息系统软件平台可细分为两部分,其低端平台为系统软件平台,又称操作系统平台;其高端平台为支撑软件平台,是信息系统直接的开发与运行平台。支撑软件平台又可细分为通用和专用的两类。自 20 世纪 80 年代以来,开放式操作系统已经成为技术和发展的主流。由于该平台要支持客户/服务器操作方式,因此几乎所有的系统平台都包含了标准的通信功能。在当前日益激烈的操作系统大战中,作为信息系统的系统软件环境,要特别注意 UNIX、Windows 和 Linux 三大操作系统平台。

1) UNIX 系统

UNIX 操作系统自 1969 年在 AT&T 贝尔实验室诞生以来,经过 30 多年的发展已成为一种功能强大、技术成熟的主流操作系统。它是具有标准化、可移植性、兼容性等优点的系统,被公认为开放系统的典型。它是一个多用户、多任务的操作系统,支持 TCP/IP、OSF、DEC、NFS、NOVELL、LANMANAGER 等多种网络。特别是该系统具有在多平台上运行的特点使其在信息系统应用中具有强大的选择余地及适应性。

2) Windows 系统

Windows 系统支持客户/服务器结构,具有对 LANMANAGER、TCP/IP、NFS 等网络的支持功能。目前版本技术可达 C2 安全级。该操作系统的最大优点是极友好的多窗口界面,以及对 DOS/Windows 的完全兼容性,为广大的现存 DOS 和 Windows 用户提供了系统和应用升级的有效途径。

3) Linux 系统

1991 年,芬兰赫尔辛基大学的学生 Linux Torvalds 为了自己使用与学习的需要,开发了类 UNIX 且运行在 80386 平台上的操作系统,命名为 Linux。为了需要它的人能够容易地得到它,Linux Torvalds 把它变成了公开代码的"自由"软件。Linux 在几年后发展成了一个完整的操作系统,它的能量得到释放,变得非常可靠,并且每天都会有新的改进。

Linux 系统具有以下特性:

(1)邮件服务器。SendMail 是世界上大部分 UNIX 和 UNIXclone 所采用的服务器,它可以处理以千万计的邮件而不死机。

(2)Web 服务器。Apache 这个 GPL 计划是一个多平台的网站服务器(Web Server)。有业内人士指出:Apache 的性能超越 Microsoft IIS 和 Netscape SuiteSpot、FTP 服务器。WU-FTP 和 NCPTP 差不多包罗 UNIX 世界 99% 的占有率,稳定性和安全性毋庸置疑。

(3)文件服务器兼打印机服务器(Print Server)。Samba 是 Linux 与其他操作系统的跨平台共享文件和打印机的重要环节,而且是免费的。

(4)数据库系统。在 Linux 平台上,较多人使用 My SQL 及 ODBC driver 软件。除此之外,世界上最成熟的数据库系统,包括 IBM DB2、Oracle 和 Sybase 都有 Linux 版本。

3. 信息系统的网络平台

信息系统的网络平台实际就是计算机网络,是由计算机和通信设备组成的有机整体。网络选型的原则是实用性、先进性、开放性、可扩充性和经济性。目前可供选择的网络类型很多,如光纤分布式数据接口(FDDI)和分布式铜线接口(CDDI)、异步传输模式(ATM)、交换式以太网、快速以太网等,它们都有各自的优点,也有不足之处。

网络的拓扑有总线型、环形、星形、树形以及它们的组合。网络拓扑一旦确定,光纤和电缆就会永久性或半永久性地敷设,如果网络拓扑没有选择好,过一段时间就要改变,就可能造成前期投资的损失。

常见的网络协议中,如 TCP/IP 协议、NetBEUI 协议和 IPX/SPX 协议等,最广泛使用的协议是 TCP/IP,它不仅广泛用于 Internet 和 UNIX 环境下,局域网操作系统如 NetWare、Windows NT、Windows XP 等也都支持该协议。

网络硬件是组成网络的基本部件,这些硬件主要包括各级网络服务器、工作站、路由器、交换机、集线器、网卡、网络线缆、光纤、收发器、无线收发设备等。网络设备的选择原则是:选择技术先进的、成熟的且是主流厂家的产品,同时要关注产品的性能价格比、售后服务的承诺及对未来新技术的支持等。

网络软件有网络操作系统软件、网络管理软件、应用软件、工具软件、支撑软件等。正确地选择能够相互配合、完成网络系统功能需求的软件组合是网络建设的关键。

总之,网络平台选型首先要考虑信息系统的实际应用环境及应用需求;其次要考虑作为平台的软硬件产品的功能及性能;然后要考虑国际国内的发展的主流趋势;最后还要考虑项目的投资状况及专业人员的技术支持水平。根据信息系统的规模、组织机构的布局与系统功能关联的情况、地理环境及外部通信要求,用户对网络站点分配及联网范围要求,确定网络通信平台与网络硬件平台的选型策略。

2.5.2　系统开发的准备工作

管理信息系统的建设是一项复杂的系统工程,在系统建设的规划和准备阶段,需要做好五个方面的准备工作。

1. 要有足够的知识准备

管理信息系统是一项集计算机技术与管理为一体的系统工程,涉及的知识面广,并且有一定深度。对企业信息建设者、决策者和管理者的计算机技术和管理知识要求较高;要求系统的规划者和建设者对企业的各个环节,如设计、财务、营销、销售等,都要有比较深入的理解;要对同行业信息系统建设的状况及发展方向有一定的认识。这些对现有知识的要求,在整个信息系统的实施过程中,从始至终贯穿于整个信息系统的生命周期,并且随着系统建设的进展而不断深入,甚至提出新的要求。特别是在信息系统建设的规划准备阶段,对于整个系统的可行性、实用性、可靠性、先进性、兼容性的认识和规划能力,将对信息系统的建设成功与否起到至关重要的作用。基于知识和科学管理的信息系统规划,可以使系统建设的成功率大大提高,并且为将来系统的投资提出合理的要求,使将来系统的建设顺应计算机技术和管理先进思想的发展潮流,提高系统的实用性和可维护性,为企业业务和管理提供良好的平台和快捷的工具,为企业的生产经营节约成本,创造效益,提供较高的顾客服务水平。反之,仓促和缺乏知识与经验的规划方案,将会对系统的建设埋下潜在的风险,由于系统的技术方案选择不当,可能会使以后系统实施费用和维护成本大大提高,比如选择的产品即将停产,或者不是主流,其价格和后期的更换和维修费用,将可能比主流产品高出好几倍。

2. 明确企业对管理信息系统的需求

企业必须明确自己对管理信息系统的需求,使管理信息系统充分适应企业当前和将来的需要,而又不必对一些额外的不实用功能付出多余的代价。企业要建立管理信息系统,首先应当从业务和管理的角度出发,考虑清楚企业目前的实际情况是什么样,自身的需求是什么,要达到什么样的目标,所建系统是基于企业整体层面还是某个部门级的,信息系统的可靠性和安全性要达到什么样的要求(不同的等级要求在资金投入上有数倍的差异),信息是数据,还是语音、视频在一起。一定要量体裁衣,实事求是地明确自己现阶段和未来发展的需求,将企业需求按照重要性、紧迫性的指标排队,将企业业务和管理最需要的部分,以及明确能给企业带来效益的部分优先实施,保证投入的资金用在最需要的地方,实现系统最实用的功能。同时,既不能目光短浅,以至于系统缺乏向后兼容性和扩展性,不利于以后业务的创新和系统升级,造成前期投入的极大浪费,也不能好高骛远、贪大求全,使许多华而不实的功能占压大量资金份额,或者无谓地提升企业信息系统的投资额度,对企业的生产经营造成影响,不利于核心业务的发展。一定要结合企业自身的行业特点、地理位置、管理模式、企业实力、人员素质,乃至企业文化等诸多因素,实事求是、因地制宜,准确定位自身需求。企业的需求定位对系统的构建至关重要,往往决定系统的规模和投资,以及后期的应用和维护成本。实际上,有些企业正是因为对自身需求缺乏有效的分析和认识,对预期目标期望太高,虽然投入了大量的人力、物力,最终应用效果却并不理想,造成了企业资源的巨大浪费和企业员工对信息化热情的锐减。

3. 寻求企业管理决策者的全力支持和领导

企业决策层对管理信息系统重要性的认识和重视程度,对于信息系统建设的投资力度、人员等资源的配合、系统的实施,以及实施后的推广应用,都将起到决定性作用。由于信息系统的建设一般都伴随着企业业务流程的调整和重组、企业组织结构的相应调整等,只有企业决策者才有权力和能力作出决策,组织和领导相应的决策的实施。因此,使企业的决策者认识到管理信息系统的建设将为企业赢得竞争优势、为企业带来潜在的巨大利润等,是实施管理信息系统的前提条件。另外,管理信息系统建设往往在实施和应用初期,对企业的业务造成一定的负面影响,使企业现有的业务流程和人员原有的工作职能受到一定的冲击,出现一定的"过敏"症状,企业员工很可能会由此产生较大的怨言,对信息系统的实施借机持抵触甚至否定态度,并且影响更多人对信息系统实施的看法。在这种情况下,一是要给企业的员工讲清楚出现负面情况是暂时的必经阶段,是实施信息系统从不适应到适应过程中的过渡期;同时,企业决策者也应根据实际情况的需要,采取一些强制性或者激励性措施,使信息系统的应用强制进入预期的轨道,把信息系统扶上马之后再送一程,用外力推动它步入良性运行的阶段。还有,企业信息化建设不仅需要较大的前期投资,而且在以后的应用维护期,仍然需要一定的资金投入支持。企业信息化建设不是一蹴而就的,它需要的是长期的更新与维护。从目前我国企业信息化建设的实际情况来看,有许多企业的信息系统架子搭起来之后,由于缺乏后续的投入,使原本能够为企业带来巨大潜在利润的信息系统变成了企业的包袱。信息系统运转不灵,反而对业务造成负面影响,从而使企业决策者对信息系统失去最后的信心,甚至觉得建设信息系统是一种决策失误,从而陷入更深的误区,延误赢得市场竞争的良机,错过唾手可得的利润源泉,在企业信息化建设的最后一步落马。

4. 管理信息系统的建设必须服务于企业的发展战略

管理信息系统的建设必须以为企业业务和管理服务为宗旨,并且与企业的战略目标和管理目标紧密结合。信息系统的设计必须以企业的业务发展战略为目标,通过不断的调整、修改、创新,来满足当前和将来业务发展的要求,为业务的发展插上信息化的翅膀,让它能更快地发展,为企业确立长期的战略竞争优势,适应企业较长时期的发展需要。信息系统的建设要从始至终明确目标,在战略层次上引导企业的发展,为企业业务提供优质的服务与支持。另外,由于企业信息系统具有一定的"刚性",建成以后不能轻易再改变方向,因此,必须使其"惯性"与企业的发展战略相一致,才能保证信息系统的有效性和可用性,适应企业不断的发展与创新。

5. 善于利用和借鉴同行经验

要善于利用外脑,求助于咨询公司和借鉴同行经验。管理信息系统是一项复杂的工程,一旦实施需要花费较大的人财物力等企业资源。管理信息系统较难进行事先的模拟和试验,这是由信息系统专业性,以及企业业务和管理的独特性所决定的。然而,信息系统的软硬件构成却有一定的确定性和有限性。在一定时期,计算机和网络技术产品的种类和功能具有一定的稳定性,企业管理软件的品种也比较有限,这为企业向其他同行业或者相近信息系统学习和借鉴提供了理论基础和实践的可行性。咨询公司和同行业现有的信息系统经验和模式,为企业快速、低风险、较低成本地进行信息系统的建设提供了良好的条件,省却了自己摸索所走的弯路,减少了时间、资金和人员的投入,使系统的成功率大为提高,而且可以在现有的模式上提出本企业独特的要求,充分满足企业对信息系统一致性和专业性的需要。

2.5.3　系统开发方式的选择

信息系统的开发方式有自行开发、IT外包与委托开发、联合开发和软件采购四种。这几种开发方式各有特点,对企业来说也各有利弊。每个企业都有自身的特点和要求,这就决定了企业不可能随意选择开发方式,而只能通过慎重的分析,确定对本企业发展最有利的开发方式。

1. 自行开发

基层单位或行业主管部门自己组织技术力量进行信息系统的开发工作。其优点是：

（1）企业建设自己的信息系统的动力来源于自身的需求。自行开发方式使企业控制信息系统开发的全过程。开发成功的系统能够充分、真实地反映企业的实际需求，能较迅速地满足企业主要业务的需要，而且针对性强，使用效率高。

（2）便于企业规划本企业整个信息系统的建设工作，在企业的信息系统中为其他管理子系统预留接口，采用开放的设计方法，便于企业建立一个完整而且易于扩充的无缝连接的管理信息系统。

（3）由于本企业的技术人员和应用人员直接介入系统的开发工作，系统建成后推广应用迅速。业务人员对系统功能有明确的认识，从而使新系统能很快发挥作用，取得预期的经济效益。

（4）自行开发信息系统，可为企业培养一支称职的维护队伍。任何系统如果没有好的维护，不能稳定地运行，在企业中将一文不值。

自行开发方式具有许多优点，但对开发队伍的素质要求很高，如果不具备一定条件，在开发过程中将会存在以下问题：

（1）一般的企业自行开发信息系统时容易忽视成本、收益分析。企业的任何决策都应建立在科学的成本与收益分析的基础上，但企业一般往往重视系统开发硬件投资的成本计算，忽视软件投资和人力投资的成本计算，对软件投资和人力投资成本估计不足，仅凭领导的热情和对信息系统的迫切需求而着手开发。

（2）人员组成结构不合理。一般企业的开发队伍中业务人员多，技术人员少，尤其缺少高水平的系统分析员，虽然企业清楚自己的需求，但往往受系统分析员能力的限制而不能准确完整地实现本企业的需求。同时，大多数企业开发人员缺乏经验，没有受过计算机专业培训，开发出的产品稳定性差。

（3）一般的企业开发队伍没有实力采用和尝试先进及新兴的技术，开发的系统技术先进性差。

2. IT 外包与委托开发

1）IT 外包

信息系统项目的风险不仅来自于项目管理，还受最初决策的影响。谁提供系统服务就是第一个问题。除了组织内部的 IT 部门/IT 人员可以提供信息系统开发、维护服务以外，还可以把 IT 服务外包给第三方。IT 外包（IT outsourcing）主要指的是依靠第三方提供企业所需的 IT 功能，如应用程序维护和开发、网络管理和运作等。

（1）IT 外包发展的背景。

早先的 IT 外包集中在财务管理和运作支持方面，如工资管理、库存管理。但是直到1989 年柯达公司宣布将公司的主机系统和数据通信服务转包给第三方，IT 外包才引起人们的广泛关注。除了柯达以外，还有一些颇有影响的 IT 外包合同，如杜邦公司与计算机科学和安达信咨询两家公司签订的 4 亿美元的信息系统开发和维护合同;施乐公司与 EDS 签订的 3 亿美元的 IT 外包合同,以及麦当劳与 ISSC 的 3 亿美元 IT 外包合同。当这些大的合同签订以后,商业界报道说他们获得了预期的收益,如降低 IT 成本,提高服务水平,能够利用新技术,能够重新集中经营核心业务等。

进入 20 世纪 90 年代以来,企业对 IT 外包表现出了浓厚的兴趣。推动 IT 外包浪潮的原因可以归纳为如下 4 条:

① 企业战略的转变。

② IT 成本压力。

③ IT 服务水平低。

④ 供应商推动作用。

(2) IT 外包的优越性。

很多公司在首次签订了 IT 外包合同之后很快宣布他们成功地达到了目标,如重新把资源集中到核心活动上来,减少了 10%～50% 的 IT 成本,增加了 IT 的服务水平,但也有的公司在经历了 IT 外包的蜜月期之后遇到了很大的困难,包括 IT 成本上升,服务水平不尽如人意,不能灵活适应变化的商业环境和技术条件,有的甚至又回到原来组织内部提供的 IT 方式上去。外包的优越性如下:

① 降低成本。由于规模经济、严格的成本控制、人力资源的廉价获取,更重要的是 IT 供应商更有能力保证一些削减成本措施的实施,使得 IT 供应商可能以更低的成本运作 IT。

② 能够利用新技术。对新资源的利用首先是对新技术和专门技术的利用。信息技术的发展速度非常快,软件的更新间隔很短,很多企业尚在为新软件而培训人员的时候,这些软件就已经不是最新的了。而不断跟踪领域内的最新技术是很多 IT 供应商必需的生存手段,否则无法保证他们的技术是有竞争力的。能够利用最新的技术或者专门技术,是一些企业做出 IT 外包决策的原因。

③ 更集中于核心活动。通过将 IT 外包,能够削减在非核心竞争力方面的投资,从而能够保证在核心活动上的资金投入,所以 IT 外包能够改善公司的财务业绩。而且通过 IT 外包,企业能够把很多原来花费在 IT 上的管理注意力和资源转移到其他方面,把“如何做”的问题留给第三方。

④ 改善 IT 管理。IT 供应商往往具备较强的软件过程管理能力,实施严格的软件质量管理标准,从而能够提高服务质量。他们在员工培训和教育方面也比企业 IT 部门做得要好,在吸引高水平专业人员方面也比企业 IT 部门有优势,能够大大加强他们解决问题的能力,与之相比,企业内部 IT 部门的人员通常缺乏激励而逐渐落后,或缺乏 IT 实践而水平不够。

(3) IT 外包的局限性。

① 有的 IT 功能不容易同企业分离。IT 外包对于管理独立的、成熟的 IT 活动也许是适合的,如公司局域网管理、计算中心管理、独立系统的开发。而另外一些 IT 活动,比如供应链管理系统,不限于单个的部门,而是跨部门的;IT 给外包带来了障碍,尤其是不同供应商之间以及供应商/客户之间容易出现接口问题。

② 技术发展的不确定性。IT 业正以惊人的速度发展,企业很难对若干年之后的需求做出准确的估计。一家美国的石油化工公司 1988 年签订了一个 10 年的外包合同,当时多数公司的系统是主机系统。随着客户服务器技术的出现,公司想向客户服务器平台迁移,但合同不允许这么做。因此,公司不得不另投资金开发客户服务器平台,而且同时还必须遵守合同的规定,维护原有的过时的主机系统。

③ IT 活动的估价较为困难。计算机硬件的成本不断下降,企业很难估计长期的 IT 服务外包活动的成本。很可能经过若干年后,他们发现合同价格远超出了当时的价格。

④ IT 服务提供策略的转换成本很高。对于 IT 服务来说,不同供应商的解决方案千差万别,一旦你选择了一个供应商,就很难再切换到别的供应商,甚至需要不停地购买其相应的后续服务,因为你要么完全放弃从头再来,要么就跟着他走。搞不好,企业和供应商之间的关系就变成了一种“双败”关系。

⑤ 缺乏组织学习和创新。很多组织都是在实践中学习使用和管理 IT 的,通过学习发现更好地利用 IT 改进业务的机会。从长远的角度讲,公司希望维护其 IT 力量是因为它希望能够发现更好地利用 IT 的方式和提供新的 IT 服务。如果公司把 IT 服务外包给第三方,这种创新能力将会受到伤害。其次,供应商的目标与企业的目标从根本上是不同的。供应商与企业的合约关系限制了它在创新方面的能力,而且这种关系制约熟悉业务的用户和熟悉 IT 的专家之间的接触,这也会阻碍新技术和业务的结合。

(4) IT 外包决策因素。

尽管 IT 外包也有很多局限性,但 IT 外包正不断向前发展,而且它的深度和广度也在不断地增加。企业在考虑 IT 决策时不再只有一种选择,而是应该衡量一下是否应该利用市场所提供的 IT 服务。但是这个决策是比较困难的,尤其是 IT 外包提供给管理者更多的选择的同时,也带来了更多的迷惑。管理者可能会在诸如哪种 IT 服务需要外包,哪种服务不能外包,签订什么类型的外包合同之类的问题上做出错误的决策。

① 外包范围。

企业在 IT 外包范围上有三种策略:完全外包、不外包和选择性外包。完全外包指把 IT 资产、人员和管理责任统统从企业内部的 IT 部门转移给第三方供应商。这部分的预算至少占整个 IT 预算的 80%。不外包指 80% 的 IT 管理和服务是内部提供的,第三方资源仅仅被用来作为内部管理的补充。选择性外包指既有一部分 IT 服务由第三方提供,又有一部分 IT 服务由企业内部提供。外部提供的总预算占到整个预算的 20%～80%。

② IT 活动类型。

选择性外包首先要解决的问题是选择什么 IT 活动外包。企业内的 IT 活动是无处不在的,如计算中心维护、数据通信、计算机维护和系统开发。对 IT 活动的分类有助于识别可以外包的 IT 活动。一些在 IT 外包中取得成功的企业通常把 IT 活动按照对企业的贡献大小和战略影响加以区分。

- 战略影响。一些 IT 活动能够使企业不同于它的竞争对手,称为差异型;而另外一些
  IT 活动只是提供必要的功能,称为商品型。这两种类型的划分不是绝对的,如当第

一家书店将店面搬到 Internet 上的时候,它的这种特色活动可以看作是差异型的,而当它已经是各家书店所共有的服务时,就只能看作商品型了。

- 对企业贡献的大小。一些 IT 活动对企业运作是关键的,而另外一些只是有益的,但并不是必不可少的。后者的例子如企业的工资管理系统,有了它会运作得更好,但是没有它也不是不可以接受的。

③ 技术类型。

在与供应商谈判外包合同的时候,双方的信息是不对称的。供应商懂得合同的技术含义,而顾客却没有什么经验。为了平衡这种差异,企业必须对所要外包的技术有一个清楚的理解。

如图 2.3 所示的决策框架,当技术集成度较高,而技术上比较成熟时,企业一方面能够在合同谈判中详细地确定供应商的职责,另一方面,为了保证系统与其他企业活动之间的接口,企业必须与供应商发展一种紧密的关系。当技术集成度较高,而技术成熟度较低时,企业适合利用供应商向它提供广泛的产品和技术专家,而 IT 活动由企业自己来管理。

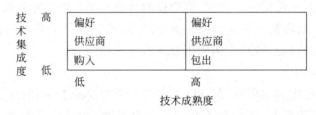

图 2.3 决策框架图

④ 外包合同类型。

在选择外包合同的同时,还需要选择外包合同类型。不同类型合同的弹性不同,管理方式也有可能不同。IT 外包合同一般可以从外包方式和外包目标两个角度加以区分。这里,我们按照外包方式划分。

按照外包方式划分,可以把 IT 外包合同分为事务型和关系型。事务型的外包要在合同中规定所有细节,合同作为原始的参考文档是衡量双方行为的唯一标准。而关系型的外包合同则不那么详细,它建立在双方的长期合作动机之上。

上述两种类型合同的灵活性是不同的,所能适应的风险水平也不同。事务型的外包合同适合于时间较短的、需求相对确定的 IT 外包。用户很容易在合同中指明他们所要的服务内容和服务水平,而且可以预见在合同期间需求不会发生很大的变化。而关系型合同则给合同期间可能发生的变化留有余地,因而能够容纳更大的不确定性。它适合于长期的、需求不太确定的 IT 外包。在长期合同中,由于技术的发展,企业环境的变化,新出现的更有竞争力的服务会使企业改变想法。例如,柯达公司在 IT 外包的过程中就不断地更改他们的合同。

⑤ 供应商服务质量、稳定性和业绩。

在做出外包决策过程中,对供应商能力的考察也很重要。

对 IT 外包来说,客户正在把企业运作的一个重要部分的控制权交给第三方完成。尤其当 IT 革新是企业发展的重要影响因素,或者企业的日常运作很大程度上依赖于良好的 IT 服务时,客户更加关心第三方所能提供的服务质量。因此必须认真地考察服务质量,并且把系统响应时间、服务响应率等标准详细地反映到合同中。

若干年后,技术和企业环境肯定会发生变化,如果供应商不能够致力于不断提高技术水平和培训员工,就不适合作为企业的战略伙伴。供应商的财务状况是否稳定也是一个重要的问题,可想而知,如果供应商在合同结束前破产了会造成多大的损失。因此在选择合作的供应商时一定要把稳定性和业绩的考虑放在显著的位置上。

(5) IT 外包合同管理。

由于 IT 外包存在着很大的技术和业务不确定性,合同的执行过程中很有可能会出现许多问题,发生很多变化。外包之后的合同管理的重要性并不比签订合同之前的决策逊色。IT 外包合同管理中至少有以下 5 个方面的要素:

① 合同管理。合同在执行过程中有一系列的管理,包括履行情况的评审、修改、终止等。

② IT 战略规划。规划应该包括网络标准、软硬件标准、数据库标准、系统间的互联性等。只有企业 IT 人员才有可能站在企业发展的战略角度,规划企业的 IT 应用。

③ 追踪新出现的信息技术。通过企业 IT 人员参加第三方举办的技术产品会、参加同行间举办的研讨会、参观正在使用新技术的公司,抓住战略性的机遇和大的转变。

④ 不断组织学习。企业对技术的不可见性只有靠良好的组织学习来弥补,如了解供应商所使用的技术,学习系统运行的原理和维护的方法。

⑤ 接受用户反馈。积极接受用户的反馈不仅有助于发现存在的问题,推动供应商改善服务,而且有利于正确处理用户与供应商之间的关系,使合作顺利地进行。

2) 委托开发

委托开发方式是企业委托具有雄厚技术力量和丰富软件开发经验的计算机软件公司、科研机构、高等院校等外部技术单位完成系统开发。用这种方式建设信息系统,要注意如下问题:

(1) 被委托单位的开发人员对企业管理业务的熟悉程度。

(2) 在实现用户需求上能否对手工系统不合理的地方提出合理的改进意见和方法。

(3) 委托单位的开发人员能否发现较为准确的需求和开发的系统是否具有柔性。

(4) 在系统交付使用后,委托单位对系统的维护支持度如何。

3. 联合开发

联合开发方式指企业邀请有信息系统开发实践经验的计算机公司、科研院所的专家进行协作,并选派得力的领导和有经验的管理人员及本企业的计算机技术人员参与。协作单位的专家负责整个系统分析和设计的工作,而编程等技术工作可在协作单位专家的指导下由企业组织人员完成。采用这种方式开发的信息系统实用性强,技术上也过硬,而且由于有本单位人员参与,所以使用和维护也比较方便。

采用联合开发方式,企业技术部门可以学习专业软件公司的开发方法,同时由软件公司负责解决技术难点,对开发进程进行科学的安排和控制,企业技术人员负责编制代码。这样就规避了企业系统开发队伍开发经验少、技术低下的问题,同时又在联合开发中锻炼和培训了本企业技术人员,所以联合开发方式的效果一般好于自行开发。

4. 软件采购

目前我国已有不少专门从事信息系统软件开发的单位,他们开发的软件在性能上较注意通用性和易学易用性,在开发的管理和技术力量上具有较大的优势,软件质量相对较高。但现在我国自行开发的通用软件产品还较少,而引进的国外软件产品价格昂贵又不太适合我国国情,因此,这种方式目前还不是主要的方式。

总之,不同企业可根据自身的条件和建设信息系统的目的确定合适的开发方式。制约企业系统开发方式的因素主要有企业的技术力量、资源条件和企业的外部因素。通过对这四种开发方式的分析,我们可以得出结论:信息技术力量弱的企业可采用委托开发购买商品化通用软件包的形式来建设自己的信息系统;而拥有雄厚信息技术力量的企业应以联合开发、购买商品化软件包方式为首选。实际上,任何商品化软件包一般都不能完全满足企业的要求,还需要进行二次开发,而进行二次开发仍然存在合理选择开发方式的问题。

2.5.4 系统开发的计划与控制

1. 编制系统开发的进度计划

进度计划至少要包括各项活动计划的起始时间和完成时间。在分配资源之前,进度计划只是初步的,经过项目分解、成本估算,以及任务的关系确认,画出网络关系图,就可以进行项目进度计划的编制了。

进度计划的编制步骤主要有:

(1) 创建系统开发的进度计划文件。输入项目常规信息,如项目名称、项目类型、项目简介等。

(2) 创建任务。一是建立层次结构来反映任务间的关系,以便管理;二是建立里程碑,表明某些需要强调的关键点。

(3) 确定任务之间的关系。任何两个任务之间都有一种关系存在,如串并关系或是前置任务与后续任务的关系。

(4) 为任务分配资源。每项任务需要的资源包括人力资源、设备资源等。

(5) 安排任务的工期。依据公式"工时=工期×总资源单位"来确定工期。

(6) 分配系统开发成本,进行成本预算。分配成本包括分配资源成本、给任务分配固定资源成本和给任务分配固定成本三种,从而对实际成本进行控制,为管理者控制系统开发提供一把有效的尺子。

2. 系统开发的费用管理

费用管理是指为保障系统开发过程中实际发生的成本不超过预算而开展的费用估算、

预算编制和预算控制等方面的管理活动。费用管理包括资源计划、费用估算、费用预算、费用控制等过程,如表 2.1 所示。

表 2.1 系统开发的费用管理

资源计划	资源计划的主要依据	①工作分解结构;②项目工作进度计划;③历史资料;④项目范围陈述;⑤资源安排的描述;⑥组织策略
	资源计划的方法	①专家判断;②选择确认;③数学模型
费用估算	项目费用估计的主要依据	①工作分解结构;②资源需求计划;③资源价值;④工作的延续时间;⑤历史信息;⑥会计表格
	项目费用估计的工具和方法	①类比估计法;②参数模型法;③自上而下估计法;④自下而上估计法
费用预算	直接人工费用预算 辅助服务费用预算 采购物品费用预算	其主要依据包括项目费用估计、工作分配结构和项目进度
费用控制	费用控制的内容	①监控费用执行情况以确定与计划的偏差;②确认所有发生的变化都被准确记录在费用线上;③避免不正确的、不合适的或者无效的变更反映在费用线上;④股东权益改变的各种信息
	费用控制的依据	①费用线;②实施执行报告;③改变的请求
	费用控制的方法和技术	①费用控制改变系统;②实施的度量;③附加的计划;④计算工具

3. 系统开发的风险管理

人们给予管理信息系统很高的期望,希望它的成长给资源匮乏的人类社会创造一种新的生活和生产方式,以这种方式,人们可以以更少的资源换取更高的生活和生存质量。尽管我们已经拥有大量的分析工具来帮助我们进行管理信息系统建设中的过程控制,但是仍然有太多的风险无法避免。

1) 风险类型

管理信息系统的风险类型可从不同的维度分类,表 2.2 是基本的风险分类。

表 2.2 风险的类型

分 类 维 度	类 别
一般风险(保险单)	自然风险、意外事故、经济风险、技术风险、政治风险和社会风险
整合风险	供应链管理的风险、文化整合等
管理信息系统风险	开发的六阶段都有一定的风险,特别是系统安全风险、人员接受程度的风险

2) 抗风险的措施

风险管理方法除上述方法以外,还包括:风险限制,即通过合同和交易的标准化限定企业潜在的风险;风险结合,即不同企业对相同的风险缔结某种协定,将这种风险排除出去,如缔结价格、生产限额和竞争限制等协定排除竞争风险和倒闭风险等(表 2.3)。

表 2.3　风险的防范

类　别	方　法
管理控制方法	①风险避免；②风险防止；③风险分离；④风险分散
财务处理方法	费用的控制和成本的管理
综合方法	工程控制方法

案例与问题讨论

案例：海尔物流信息系统建设案例分析

为了与国际接轨，建立起高效、迅速的现代物流系统，海尔采用了 SAP 公司的 ERP 系统和 BBP 系统（原材料网上采购系统），对企业进行流程改造。

经过近两年的实施，海尔的现代物流管理系统不仅很好地提高了物流效率，而且将海尔的电子商务平台扩展到了包含客户和供应商在内的整个供应链管理，极大地推动了海尔电子商务的发展。

1. 需求分析

海尔集团认为，现代企业运作的驱动力只有一个：订单。没有订单，现代企业就不可能运作。围绕订单而进行的采购、设计、制造、销售等一系列工作，最重要的一个流程就是物流。离开物流的支持，企业的采购与制造、销售等行为就会带有一定的盲目性和不可预知性。

建立高效、迅速的现代物流系统，才能建立企业最核心的竞争力。海尔需要这样的一套信息系统，使其能够在物流方面一只手抓住用户的需求，另一只手抓住可以满足用户需求的全球供应链。海尔实施信息化管理的目的主要有以下两个方面：

（1）现代物流区别于传统物流的主要特征是速度，而海尔物流信息化建设需要以订单信息流为中心，使供应链上的信息同步传递，能够实现以速度取胜。

（2）海尔物流需要以信息技术为基础，能够向客户提供竞争对手所不能给予的增值服务，使海尔顺利从企业物流向物流企业转变。

2. 解决方案

海尔采用了 SAP 公司提供的 ERP 和 BBP 系统，组建自己的物流管理系统。

1）ERP 系统

海尔物流的 ERP 系统共包括四大模块：MM（物料管理）、PP（制造与计划）、SD（销售与订单管理）、FI/CO（财务管理与成本管理）。

ERP 实施后，打破了原有的"信息孤岛"，使信息同步而集成，提高了信息的实时性与准确性，加快了对供应链的响应速度。例如，原来订单由客户下达传递到供应商需要 10 天以上的时间，而且准确率低，实施 ERP 后订单不但能在 1 天内完成"客户—商流—工厂计划—仓库—采购—供应商"的过程，而且准确率极高。

另外,对于每笔收货,扫描系统能够自动检验采购订单,防止暗箱收货,而财务在收货的同时自动生成入库凭证,使财务人员从繁重的记账工作中解放出来,发挥出真正的财务管理与财务监督职能,而且效率与准确性大大提高。

2)BBP 系统

BBP 系统(原材料网上采购系统)主要是建立了与供应商之间基于因特网的业务和信息协同平台。该平台的主要功能如下:

(1)通过平台的业务协同功能,既可以通过因特网进行招投标,又可以通过因特网将所有与供应商相关的物流管理业务信息,如采购计划、采购订单、库存信息、供应商供货清单、配额以及采购价格和计划交货时间等发布给供应商,使供应商足不出户就可以全面了解与自己相关的物流管理信息(根据采购计划备货,根据采购订单送货等)。

(2)对于非业务信息的协同,SAP 使用构架于 BBP 采购平台上的信息中心为海尔与供应商之间进行沟通交互和反馈提供集成环境。信息中心利用浏览器和互联网作为中介整合了海尔过去通过纸张、传真、电话和电子邮件等手段才能完成的信息交互方式,实现了非业务数据的集中存储和网上发布。

3.“一流三网”

实施和完善后的海尔物流管理系统可以用“一流三网”来概括。这充分体现了现代物流的特征:“一流”是指以订单信息流为中心;“三网”分别是全球供应链资源网络、全球用户资源网络和计算机信息网络。

整个系统围绕订单信息流这一中心,将海尔遍布全球的分支机构整合之后的物流平台使供应商和客户、企业内部信息网络这“三网”同时开始执行,同步运动,为订单信息流的增值提供支持。

4. 经验总结

(1)海尔选择了 SAP/R3 成熟的 ERP 系统,而不是请软件公司根据海尔物流的现状进行开发,主要目的是借助于成熟的先进流程提升自己的管理水平。

(2)实施“一把手”工程与全员参与,有效推进信息系统的执行。

海尔物流所有信息化的建设均是基于流程的优化,提高对客户的响应速度来进行的,所以应用面涉及海尔物流内部与外部很多部门,有时打破旧的管理办法,推行新流程的阻力非常巨大。海尔物流的信息化建设一直是部门一把手亲自抓的工作,亲自抓,亲自在现场发现问题,亲自推动,保证了信息化实施的效果。例如在 ERP 上线初期,BOM 与数据不准确是困扰系统正常运转的瓶颈,它牵扯到企业的基础管理工作与长期工作习惯的改变,物流推进本部部长发现问题后,亲自推动,制定出有效的管理模式,不但提高了系统的执行率,而且规范并提升了企业的基础管理(BOM 的准确率、现场管理),保证了信息系统的作用的发挥。

(3)培训工作同步进行,保证信息系统的实施效果。

由于信息化工作的不断推进,原有的手工管理变为计算机操作,这对物流的基层工作者如保管员、司机、年纪较大的采购员均是挑战。在实施 ERP 信息系统时,海尔物流开展了全员培训,并对相关操作人员进行了严格的技能考试,考试通过后才能获得上岗证书。物流信息中心也开通了内部培训的网站,详细介绍系统的基础知识、业务操作指导书与对操作的问题进行答疑,这些均保证了信息化使用的效果。

该系统"通过业务流程的再造,建立现代物流"以及利用 MYSAP. COM 协同化电子商务解决方案,成功地将海尔的电子商务平台扩展到客户和供货商在内的整个供应链管理,有效地提高了采购效率,大大降低了供应链的成本。

该系统是为订单采购设计的,其结果使采购成本降低,库存资金周转从 30 天降低到 12 天,呆滞物资降低 73.8%,库存面积减少 50%,节约资金 7 亿元,同比减少 67%。整合了 2336 家供货商,优化为 840 家,提高了国际化大集团组成的供货商的比例,达到 71.3%。

(4) 对于非业务信息的协同,SAP 使用构架于 BBP 采购平台上的信息中心为海尔与供应商之间进行沟通交互和反馈提供集成环境。信息中心利用浏览器和互联网作为中介整合了海尔过去通过纸张、传真、电话和电子邮件等手段才能完成的信息交互方式,实现了非业务数据的集中存储和网上发布。

目前海尔已实现了即时采购、即时配送和即时分拨物流的同步流程。100%的采购订单由网上下达,提高了劳动效率,以信息代替库存商品。

海尔的物流系统不仅实现了"零库存""零距离"和"零营运资本",而且整合了内部,协同了供货商,提高了企业效益和生产力,方便了使用者。

问题讨论:

1. 在系统开发中,用户起什么作用? 为什么说信息系统的失败主要是领导的失败?
2. 结合案例,试阐述信息系统开发是一个社会过程。

小　　结

本章从管理信息系统建设的困难性出发,介绍其复杂性,指出管理信息系统的开发是一个社会系统过程。

基于事物的发展规律,管理信息系统也有生命周期,包括系统规划阶段、系统分析阶段、系统实施阶段和系统运行管理与评价阶段。

管理信息系统的开发方法有结构化方法、原型法、面向对象的方法,它们各有优缺点。

作为对企业运营给予支持、管理和控制的平台,管理信息系统结合企业业务,可以分为综合计划模型、生产计划模型、库存管理模型、财务成本管理模型以及统计分析与预测模型。

本章还论述了管理信息系统开发的组织管理工作,介绍了进行系统开发时应有的基础条件、准备工作,选择合适的开发方式,以及进行有效的计划控制。

练习与作业

1. 简述结构化方法的基本思想。
2. 管理信息系统包括哪几个阶段? 各阶段的基本任务是什么?
3. 原型法有什么优点?
4. 面向对象的开发方法有什么特点?

第3章　系统规划

学习目标和指南

学习目标：

1. 了解系统规划的概念、步骤。

2. 掌握系统规划内容：系统战略规划、计算模式规划、信息资源规划、信息系统安全规划。

3. 掌握系统规划模型与方法：诺兰的阶段模型、关键成功因素法（Critical Success Factors，CSF）、战略目标集转化法、企业系统规划法。

4. 理解可行性研究的概念、目标和内容。

学习指南：

本章对系统规划的内容、步骤、规划方法等进行介绍。建议学生结合实例理解信息系统的建设是个投资巨大、历时长、复杂度高的系统工程。信息系统规划是信息系统实践环节的主要问题。

课前思考

1. 你认为系统规划在管理信息系统的开发过程中重要吗？

2. 就你所接触的系统开发的实例，你认为系统规划过程会用到哪些方法？

3.1　系统规划概述

信息系统规划（Information System Planning，ISP）是信息系统实践环节的主要问题，也是现代管理信息系统研究的主要课题之一。信息系统的建设是个投资巨大、历时长、复杂度高的系统工程，规划不好不仅会给自身造成损失，而且由此引起的企业运行的间接损失会更大。科学的规划可以减少盲目性，使系统有良好的整体性、较高的适应性，建设工作有良好的阶段性，以缩短系统开发周期，节约开发费用。缺失了整体规划的信息化建设势必出现"走一步看一步"的局面，没有细致的需求分析势必难以预测信息化过程中存在的问题，出现大的"漏项"，如此一来，为了填补漏洞往往不惜挖掘新的漏洞。这样的信息化往往会使企业陷入进退两难的境地，致使企业损失巨大、无法长久。

3.1.1　系统规划的概念

1. 系统规划

系统规划指根据组织的战略目标和用户提出的需求，从用户的现状出发，经过调查，对所要开发的管理信息系统的技术方案、实施过程、阶段划分、开发组织和设计队伍、投资规模、资金来源及工作进度,用系统的、科学的、发展的观点进行全面部署和计划。

在进行系统规划时,一般要对现行系统进行以下分析:

(1) 创造性分析(Creative Analysis)。创造性分析是指对现存问题采用新的方法进行调查分析。

(2) 批判性分析(Critical Analysis)。批判性分析是指毫无偏见地仔细询问系统中各组成部分是否有效益或效率,是否应建立新的关系,是否能超越手工作业系统,询问用户的陈述和假设,选择合理的解决方法,查清及分析有冲突的目标及发展方向等。

2. 系统规划的目标

信息系统规划与企业的战略规划密切相关,信息系统规划既是企业规划实现的方法手段之一,又是影响企业规划制定的重要因素。因此信息系统规划的目标就是制定与组织战略规划相一致的建设和发展目标。

在信息系统规划的目标上存在着两种观点:一种是通过更多更好的软硬件来增强企业信息系统的信息处理能力;另一种是通过对企业组织进行改造建立更好的组织模式,为企业组织决策提供更好的信息支持。两种观点统一为企业的整体发展服务。

3. 系统规划的作用

(1) 系统规划是系统开发的前提条件。信息系统的开发是一项极其复杂的系统工程。它涉及由高层到低层、由整体到局部、由决策到执行各个层次、多个部门以及企业人、财、物等各种资源的配置等。如果没有一个总体规划来统筹安排和协调,盲目地进行系统开发,势必造成资源的浪费和开发的失败。

(2) 系统规划是系统开发的纲领。系统规划涉及的内容包括明确规定系统开发的任务、方法和步骤,系统开发的原则,系统开发人员共同遵守的准则以及系统开发过程的管理和控制手段等。这些都是指导系统开发的纲领性文件。系统规划是从整体上把握管理信息系统的开发,有利于集中全部资源优势,使其得到合理配置与使用。

(3) 系统规划是系统开发成功的保证。系统规划把企业的远期目标和近期目标、外部环境和内部环境、整体效益和局部效益、自动作业和手工作业等诸方面的关系统筹协调起来,使系统的开发严格按照计划进行,同时对开发过程中出现的各种偏差进行微观调控、及时修改、完善计划,从而有效地避免由于开发中发生错误所造成的巨大损失。系统规划还可以使开发的目标系统与用户建立良好的关系。

(4) 系统规划是系统验收评价的标准。新系统建成后,应对系统的运行情况进行验收,对系统的目标、功能与特点进行评价。这些工作都以系统规划中规定的内容为准。符合系统规划标准的系统开发是成功的,否则是失败的。

(5) 系统规划是充分利用信息资源的辅助工具。现代社会中,信息已经成为企业的一种重要资源,企业越来越重视信息资源的利用,信息系统的运行与企业的运营方式息息相关。系统规划可以直接对企业产生积极的影响,如可以促使组织高层管理人员对过去的工作进行回顾以及对未来发展进行更为深入的思考,更加准确地识别实现企业必须完成的目标任务,发现过去可能没有发现的问题,对存在问题的环节进行改造,为企业更合理地安排各种活动提供依据。

3.1.2 系统规划的步骤

信息系统规划是一个复杂的过程,涉及管理、市场、制度和技术等多方面因素。信息系统规划不是一个单纯的技术问题,信息系统规划需要得到企业其他部门的支持与合作。目前有多种方法用于信息系统的规划工作,由 B. Bowman、G. B. Davis 等研制的信息系统规划工作分为战略计划、信息需求分析和资源分配三个阶段进行,该三阶段模型阐明了规划的制定活动、活动顺序及可选择的技术和方法(如图 3.1 所示)。

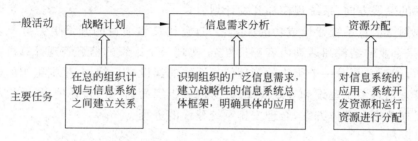

图 3.1 信息系统计划工作的三阶段模型

信息系统规划的一般步骤(如图 3.2 所示)可以借助该模型实现:

(1)分析组织的战略规划。因为管理信息系统的战略必须与组织的战略保持一致,因此必须充分理解组织的战略规划,明确具体的规划方法。

(2)根据组织的战略规划确定系统开发总目标。根据战略分析规划,确定信息系统的开发总目标。如果是以前未规划的信息系统项目,应该根据组织的战略规划来确定系统的开发总目标;如果是以前已经规划过的系统项目,应该根据组织战略规划对管理信息系统的开发目标进行修改和调整。

(3)设立优先级并选择项目。完整的管理信息系统是一个大型的项目,因此在系统规划时要确定哪些项目首先进行,哪些项目稍后进行,按照轻重缓急设立优先级。

(4)分析资源需求。在确定了项目的优先级之后,最重要的是分析优先开发项目的资源需求情况。确定究竟需要多少资金、需要多少技术支持、需要多少人员才能完成,能否提供所需的资金、技术支持和人员配备以及不能提供时如何解决等问题。

(5)设定时间进度和期限。在系统规划时应确定项目的时间进度表和最终完成的期限,这是作为项目

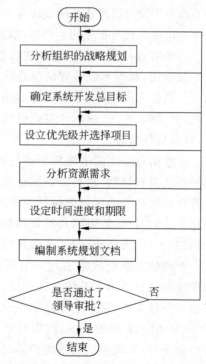

图 3.2 管理信息系统规划步骤

分析必须做的工作。确定了时间进度表，由于种种原因可能会拖后延期，如果没有时间表，则管理信息系统的开发将会无限期地拖下去。

（6）编制系统规划文档。将系统规划的内容整理成系统规划报告。

（7）领导审批。将报告交领导审批，如果报告通过审批，这次系统规划阶段结束后进入系统分析阶段；否则将返回到以上某一个步骤，重新规划。

3.2 系统规划内容

系统规划是管理信息系统生命周期的第一阶段。这一阶段的主要目标是明确系统整个生命周期内的发展方向、系统规模和开发计划。

系统规划是信息系统建设成功的关键之一，它比具体项目的开发更为重要。现代社会组织，特别是企业的结构和活动内容都很复杂，实现一个组织的信息管理计算机化需要经过长期的努力，因而必须对一个组织的管理信息系统的建设进行规划，根据组织的目标和发展战略以及管理信息系统建设和客观规律，并考虑到组织面临的内外环境，科学地制定管理信息系统的发展战略和总体方案，合理安排系统建设的进程。

3.2.1 战略规划

美国学者斯坦纳指出，所谓企业战略规划，是确定企业使命，根据企业外部环境和内部经营要素设定企业组织目标，保证目标的正确落实，并使企业使命最终得以实现的过程。管理信息系统的战略规划是关于管理信息系统的长远发展的计划，是企业战略规划的一个重要部分。这不仅由于管理信息系统的建设是一项耗资巨大、历时很长、技术复杂且又内外交叉的工程，还因为信息已成为企业的生命线，信息系统和企业的运营方式、文化习惯息息相关。

一个有效的战略规划可以使信息系统和用户有较好的关系，可以做到信息资源的合理分配和使用，从而可以节省信息系统的投资。一个有效的规划还可以促进信息系统应用的深化。例如 ERP (Enterprise Resource Planning)的应用，可以将企业内部所有资源整合在一起，对采购、生产、成本、库存、分销、运输、财务、人力资源进行规划，从而达到最佳资源组合，取得最佳效益。

管理信息系统的战略规划的内容包含甚广，由企业的总目标到各职能部门的目标，以及他们的政策和计划，直到企业信息部门的活动与发展，绝不只是拿点钱买点机器的规划。一个管理信息系统的规划应包括组织的战略目标、政策、约束、计划和指标的分析，应包括管理信息系统的目标、约束以及计划指标的分析，应包括应用系统或系统的功能结构、信息系统的组织、人员、管理和运行，还包括信息系统的效益分析和实施计划等。

管理信息系统战略规划一般既包含 3～5 年的长期规划，又包含 1～2 年的短期计划。长期规划部分指出了总的发展方向，而短期计划部分则为作业和资金工作的具体责任提供依据。一般来说，整个战略规划包含如下主要内容：

（1）信息系统的目标、约束与结构。管理信息系统战略规划应根据组织的战略目标、内外约束条件，来确定信息系统的总目标、发展战略规划和信息系统的总体结构等。其中，信息系统的总目标为信息系统的发展方向提供准则；而发展战略规划为完成工作提供了具体衡量标准;信息系统的总体结构规定了信息的主要类型以及主要的子系统,为系统开发提供了框架。

(2) 了解当前的能力状况。要了解的内容包括硬件情况、软件情况、应用系统及现有人员状况、各项费用情况、项目进展情况及评价。

(3) 对影响计划的信息技术发展的预测。管理信息系统战略规划无疑要受当前和未来信息技术发展的影响。因此,计算机及其各项技术的影响应得到必要的重视并在战略规划中有所反映;另外,软件的可用性、方法论的变化、周围环境的变化以及它们对信息系统产生的影响也属所考虑的因素。

(4) 近期计划。即在战略规划适用的几年中,应对即将到来的一段时期做出具体的安排,主要应包括硬件设备的采购时间安排、应用项目的开发时间安排、软件维护与转换工作时间安排、人力资源的需求计划以及人员培训时间安排、资金需求等。

管理信息系统的战略规划并不是一经制定就再也不发生变化。事实上,各种因素的变化都可能随时影响整个规划的适应性。因此,管理信息系统战略规划总是要做不断修改以适应变化的需要。

3.2.2 计算模式规划

计算模式的规划主要是指企业在部署其业务系统时,是选择 B/S 结构还是选择 C/S 结构。

1. C/S 结构

C/S 结构,即客户机/服务器(Client/Server)结构,如图 3.3 所示,它是软件系统体系结构,通过它可以充分利用两端硬件环境的优势,将任务合理分配到 Client 端和 Server 端来实现,降低了系统的通信开销,并且服务器端所承载的负荷也相对较轻。最简单的 C/S 体系结构的数据库应用由两部分组成,即客户应用程序和数据库服务器程序。二者可分别称

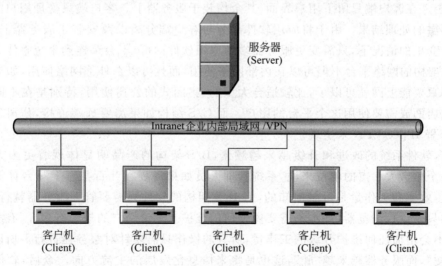

图 3.3 C/S 结构

为前台程序与后台程序。运行数据库服务器程序的机器,又称应用服务器。一旦服务器程序被启动,就随时等待响应客户程序发来的请求。客户应用程序运行在用户自己的计算机上,对应于数据库服务器,可称为客户端,当需要对数据库中的数据进行任何操作时,客户程序就自动地寻找服务器程序,并向其发出请求,服务器程序根据预定的规则作出应答,送回结果,这样应用服务器运行数据负荷较轻。

服务器端通常采用高性能的 PC、工作站或小型机,并采用大型数据库系统,如 Oracle、SQL Server。客户端需要安装专用的客户端软件。目前大多数应用软件系统都是 C/S 形式的两层结构。传统的 C/S 体系结构虽然采用的是开放模式,但这只是系统开发一级的开放性,在特定的应用中无论是 Client 端还是 Server 端都需要特定的软件支持。由于没能提供用户真正期望的开放环境,C/S 结构的软件需要针对不同的操作系统开发不同版本的软件。另外,采用 C/S 架构,要选择适当的数据库平台来实现数据库数据的真正"统一",使分布于两地的数据同步完全交由数据库系统去管理,但逻辑上两地的操作者要直接访问同一个数据库才能有效实现。这时就出现了一个问题,如果需要建立"实时"的数据同步,就必须在两地间建立实时的通信连接,保持两地的数据库服务器在线运行,网络管理工作人员既要对服务器维护管理,又要对客户端维护和管理,这需要高昂的投资和复杂的技术支持,维护成本高,维护任务量也大。

2. B/S 结构

B/S 结构,即浏览器/服务器(Browser/Server)结构,客户机上只需装有浏览器(Browser),如 Windows 内置的 Internet Explorer,服务器安装 Oracle、SQL Server 等数据库。浏览器通过 Web Server 同数据库进行数据交互。在这种结构下,用户界面完全通过浏览器完成,一部分事务逻辑在前端实现,主要事务逻辑在服务器端实现,形成所谓三层结构,如图 3.4 所示。

在三层结构系统中,将系统整体分为客户层(用户界面)、应用层(商用逻辑)、数据层(数据库)三层。在客户端只留下用户界面,其余均装于服务器上。客户端只受理用户的操作与表示应用层的处理结果。由于将应用软件部分与客户端分离以及安装于服务器上,在商用逻辑发生变更的情况下,只需变更服务器端的应用软件即可,不会牵连到系统整体。

B/S 架构的网络平台不但可以在内部网络使用,而且可以在外部网络使用,如果在外部网络使用只要能上网就可以了,比较适合大型的、集团式的公司使用,特别是在不同的地点有公司或店面或需要使用这个平台的用户。而 C/S 结构如果需要远端连接,公司就需要在各 Site 部署 IPSec VPN 来实现。

目前,软件系统的改进和升级越来越频繁,B/S 架构的产品明显体现着更为方便的特性。对一个稍微大一点的单位来说,系统管理人员如果需要在几百甚至上千台计算机之间来回奔跑,效率和工作量是可想而知的,但 B/S 架构的软件只需要管理服务器就行了,所有的客户端只是运行浏览器,基本不需要做任何的维护。无论用户的规模有多大、有多少分支机构,都不会增加任何维护升级的工作量,所有的操作只需要针对服务器进行。所以客户机越来越"瘦",而服务器越来越"胖",这也是将来信息化发展的主流方向。今后,软件升级和维护会越来越容易,而使用起来会越来越简单。

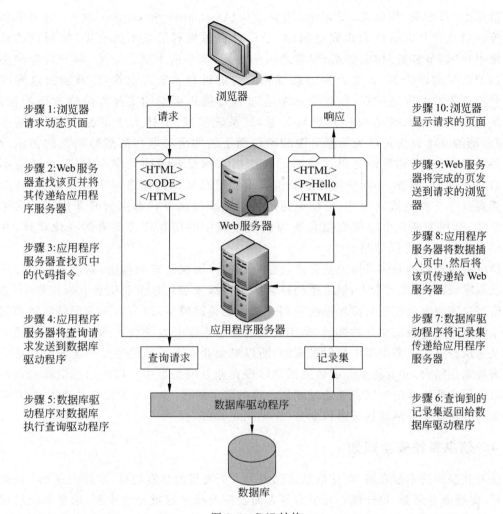

步骤1:浏览器
请求动态页面

步骤2:Web服务
器查找该页并将
其传递给应用程
序服务器

步骤3:应用程序
服务器查找页中
的代码指令

步骤4:应用程序
服务器将查询请
求发送到数据库
驱动程序

步骤5:数据库驱
动程序对数据库
执行查询驱动程序

步骤10:浏览器
显示请求的页面

步骤9:Web服务
器将完成的页发
送到请求的浏览
器

步骤8:应用程序
服务器将数据插
入页中,然后将
该页传递给Web
服务器

步骤7:数据库驱
动程序将记录集
传递给应用程序
服务器

步骤6:查询到的
记录集返回给数
据库驱动程序

浏览器

请求　　　　响应

<HTML>
<CODE>
</HTML>

<HTML>
<P>Hello
</HTML>

Web服务器

应用程序服务器

查询请求　　　记录集

数据库驱动程序

数据库

图 3.4　B/S 结构

3.2.3　信息资源规划

　　信息资源规划(Information Resource Planning)是指在一个具体的组织机构范围内或在行业、地区、国家等更大的范围内,对信息资源描述、采集、处理、存储、管理、定位、访问、重组与再加工等全过程的全面规划工作。

　　信息资源规划包含两类问题:一类是资源问题;另一类是战略问题。无论是什么样的规划,都需要借助于相关学科的理论和方法。规划论有一套科学的构建模式,可以确定发展目标,设计行动途径和方案,对所有行动方案的各种可能后果进行评估,以及方案优选并付诸实施,为信息资源规划的战略思想和战略目标揭示以及构建相关的约束条件等提供支持。因此,规划理论应该是信息资源规划基点的核心要素。

　　信息资源不同于一般的自然资源,它既有动态性、独立性、可再生性、反复利用性,又有交叉性,无论对于任何领域都会涉足。信息资源规划除了以规划理论为基点外,还要结合信息论、系统论、控制论、博弈论、耗散结构（Dissipative Structure）理论、协同学和突变论等。信息论是以信息为研究对象的，是信息资源规划最基本的前提；控制论的重点主要集中在"调节装置"构成要素、要素之间的协调、调节的手段和方法、调节目标的实现以及调节效果的评价等，必然会为信息资源的约束机制和条件设置，以及通过这些约束条件对信息资源的配置过程、信息资源集合过程等提供必要的支撑和战略方面的控制；而系统论在于调整系统结构和各要素关系，使系统实现"整体大于部分之和"的基本目标；博弈论的基本思想可以为信息资源战略层面上的均衡与非均衡战略问题的揭示与解决提供支持；耗散结构理论可以从战略的角度揭示信息资源的无序与有序、可逆与不可逆矛盾转化问题；同理，协同学将会解决信息资源复杂系统构建过程中资源配置、资源集合和资源共享方面的战略问题；突变论通过描述系统的临界状态来研究非连续性突然变化的规律，利用突变论可以研究信息资源演变过程中的信息资源要素的变化规律，并为新的信息资源规划提供参照。

信息资源规划的总体目标就是促进信息资源的深层次开发和利用，满足人们日益增长的信息需求，提高国家信息力，最终推动社会的可持续发展。在企业信息资源规划中，系统功能模型是实现企业规划与信息系统规划一致性的关键模型，因为功能模型是后续数据模型与系统体系结构模型建立的基础，是实现管理信息系统开发的设计图。然而功能模型的构建又是从企业的业务模型中映射过来的，所以对企业业务模型的建设一定要与企业的战略发展规划相结合，并要将企业的价值活动体现在业务模型当中。目前信息资源规划的业务需求分析中职能域的识别主要通过规划人员的需求调研，并综合关键成功因素法（CSF），对企业一些主要业务活动领域进行划分（详见 3.3 节）。

3.2.4　信息系统安全规划

随着互联网的不断发展，全球信息化已成为人类发展的必然趋势，企业信息化在提高服务水平、促进业务创新、提升核心竞争力等方面发挥着越来越重要的作用，信息系统已成为推动企业发展的重要动力。随着企业信息化工作的普及和提高，企业也将面临信息安全方面的严峻考验，信息系统安全问题也逐渐成为影响业务运行、制约生产力发展的重要因素之一。企业对信息系统安全进行全面的规划以适应形势发展的要求已经是一个不能回避的问题。

1. 信息系统安全规划概念

信息系统安全规划是一个涉及管理、法规和技术等多方面的综合工程。信息系统安全的总体目标是物理安全、网络安全、数据安全、信息内容安全、信息基础设备安全与公共信息安全的总和。信息系统安全的最终目的是确保信息的机密性、完整性和可用性，以及信息系统主体（包括用户、组织、社会和国家）对于信息资源的控制。

信息系统安全规划是以企业信息化战略规划为指导，以企业的信息资源规划为基础，全面完整地规划信息系统应用和相关信息架构，确定信息系统的安全框架、管理模式与建设步骤。企业在信息系统安全规划的指导下建设的网络与信息环境，才可以在安全机制的控制与制约下，让各种业务解决方案、应用系统和数据都不受负面因素带来的威胁，在其上实现有效配合。信息系统安全规划不应该只是规划未来几个月,而是规划未来几年内如何达到企业信息化远景规划指导下的安全建设目标的一个过程。信息系统安全规划比单独购买信息安全产品更重要,只有信息系统安全的整体布置有计划、有方向、有目的、有配合,才能构成真正意义上的信息安全。

信息系统安全规划是在建和已建的信息系统中必须要考虑的重要内容。信息系统安全规划主要是根据风险评估的结果和提取的安全需求描述实施相应的安全保障的目标、措施和步骤。按照"全网安全"的思想,信息系统安全规划需要从管理、组织和技术等多方面进行综合考虑,所涉及的应该是综合管理、技术规范、运行维护等多个层面的控制措施。

2. 信息系统安全规划的范围

信息系统安全规划的范围应该是多方面的,涉及技术安全、规范管理、组织结构。技术安全是以往人们谈论比较多的话题,也是以往在安全规划中描述较多的地方,用得最多的是一些如防火墙、入侵检测、漏洞扫描、防病毒、VPN、访问控制、备份恢复等安全产品。但是信息系统安全是一个动态发展的过程,过去依靠技术就可以解决的大部分安全问题,现在仅仅依赖于安全产品的堆积来应对迅速发展变化的各种攻击手段是不能持续有效的。信息系统安全建设是一项复杂的系统工程,要从观念上进行转变,要在安全产品的支持下建设全方位的安全策略,使之成为一个可持续的动态发展的有安全保障的渐进过程。因此,目前在安全设备有一定规模的情况下,规范管理就成为了信息系统安全规划需要关注的核心内容,在信息系统安全规划中一定要将规范管理的规划放在首位。规范管理包括风险管理、安全策略、规章制度和安全教育,这几个组件是信息系统安全规划的重要内容。信息系统安全规划需要有规划的依据,这个依据就是企业的信息化战略规划,同时更需要有组织与人员结构的合理布局来保证,没有合适的人员配合工作任何事情都是不可能完成的,因此在安全规划中不可以忽视对组织结构建立和进行人员合理调配这个关键环节。

3. 信息系统安全规划框架与方法

信息系统安全规划是一个非常细致和非常重要的工作,首先需要对企业信息化发展的历史情况进行深入和全面的调研,掌握情况,针对信息系统安全的主要内容进行整体的发展规划工作。图3.5所示为信息系统安全体系的框架。

从图3.5可以看出,信息系统安全体系主要是由技术体系、组织体系和管理体系三部分共同构成的。技术体系是全面提供信息系统安全保护的技术保障系统,该体系由物理设施安全技术和信息系统安全技术两大类构成。组织体系是信息系统的组织保障系统,由机构、岗位和人事三个模块构成。机构分为领导决策层、日常管理层和具体执行层;岗位是信息系统安全管理部门根据系统安全需要设定的负责某一个或某几个安全事务的职位;人事是根据管理机构设定的岗位,对岗位上在职、待职和离职的员工进行素质教育、业绩考核和安全监管的机构。管理体系由法律管理、制度管理和培训管理三部分组成。

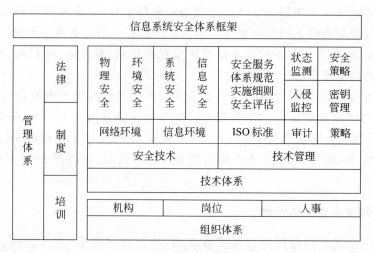

图 3.5　信息系统安全体系

对信息系统安全体系清楚了之后,就可以针对以上描述的内容进行全面的规划。规划的具体环节、相互之间的关系和具体方法如图 3.6 所示。

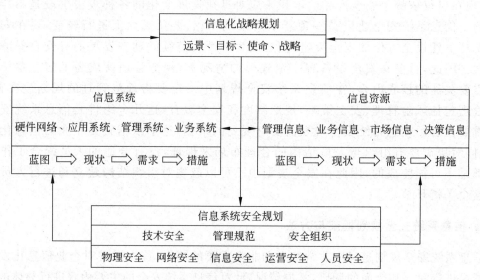

图 3.6　信息系统安全规划框架图

信息系统安全规划的层次方法与步骤可以不同,但是规划内容与层次应该是相同的,主要包括如下方面:

1) 信息系统安全规划依托企业信息化战略规划

信息化战略规划是以整个企业的发展目标、发展战略和企业各部门的业务需求为基础,结合行业信息化方面的需求分析、环境分析和对信息技术发展趋势的掌握,定义出企业信息化建设的远景、使命、目标和战略,规划出企业信息化建设的未来架构,为信息化建设的实施提供一幅完整的蓝图,全面系统地指导企业信息化建设的进程。信息系统安全规划依托企业信息化战略规划,对信息化战略的实施起到保驾护航的作用。信息系统安全规划的目标应该与企业信息化的目标是一致的,而且应该比企业信息化的目标更具体、更明确、更贴近安全。信息系统安全规划的一切论述都要围绕着这个目标展开和部署。

2）信息系统安全规划需要围绕技术安全、管理安全、组织安全考虑

信息系统安全规划的方法可以不同,侧重点可以不同,但是需要围绕技术安全、管理安全、组织安全进行全面的考虑。规划的内容基本上应该涵盖确定信息系统安全的任务、目标、战略以及战略部门和战略人员,并在此基础上制定出物理安全、网络安全、系统安全、运营安全、人员安全的信息系统安全的总体规划。物理安全包括环境设备安全、信息设备安全、网络设备安全、信息资产设备的物理分布安全等。网络安全包括网络拓扑结构安全、网络的物理线路安全、网络访问安全(防火墙、入侵检测系统、VPN 等)等。系统安全包括操作系统安全、应用软件安全、应用策略安全等。运营安全应在控制层面和管理层面保障,包括备份与恢复系统安全、入侵检测功能、加密认证功能、漏洞检查及系统补丁功能、密码管理等。人员安全包括安全管理的组织机构、人员安全教育与意识机制、人员招聘及离职管理、第三方人员安全管理等。

3）信息系统安全规划的影响力在信息系统与信息资源

信息系统安全规划的最终效果应该体现在对信息系统与信息资源的安全保护上,因此规划工作需要围绕着信息系统与信息资源的开发、利用和保护等工作进行,要包括蓝图、现状、需求、措施四个方面。第一,对信息系统与信息资源的规划需要从信息化建设的蓝图入手,知道企业信息化发展策略的总体目标和各阶段的实施目标,制定出信息系统安全的发展目标;第二,对企业的信息化工作现状进行整体的、综合的、全面的分析,找出过去工作中的优势与不足;第三,根据信息化建设的目标提出未来几年的需求,这个需求最好可以分解成若干个小的方面,以便于今后的落实与实施;第四,要写明在实施工作阶段的具体措施与办法,提高规划工作的执行力度。

信息系统安全规划服务于企业信息化战略目标,信息系统安全规划做得好,企业信息化工作的实现就有了保障。信息系统安全规划是企业信息化发展战略的基础性工作,不是可有可无而是非常重要。由于企业信息化的任务与目标不同,所以信息系统安全规划包括的内容就不同,建设的规模就有很大的差异,因此信息系统安全规划无法从专业书籍或研究资料中找到非常有针对性的帮助的适用法则,也不可能给出一个规范化的信息系统安全规划的模板。在这里提出信息系统安全规划框架与方法,给出了信息系统安全规划工作的一种建设原则、建设内容、建设思路,具体规划还需要深入细致地进行本地化的调查与研究。

3.3　系统规划模型与方法

3.3.1　诺兰的阶段模型

诺兰模型是西方国家进行管理信息系统规划的指导性理论之一。西方发达国家信息系统发展的经验表明:一个企业或地区信息系统的发展具有一定的规律性,一般要经历从初级到成熟的成长过程。诺兰(Nolan)总结了这一规律,于 1973 年首次提出了信息系统发展

的阶段理论,并由此总结出一个理论模型,被称为诺兰模型。到 1980 年,诺兰进一步完善该模型,把信息系统的成长过程划分为六个不同阶段,如图 3.7 所示。

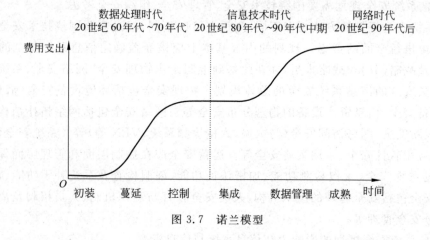

图 3.7　诺兰模型

1. 初装阶段

计算机刚进入企业,只作为办公设备使用,应用非常少,通常用来完成一些报表统计工作,甚至大多数时候被当作打字机使用。在这一阶段,企业对计算机基本不了解,更不清楚 IT 可以为企业带来哪些好处,解决哪些问题。在这一阶段,计算机只被作为简单的办公设施改善的需求来对待,采购量少,只有少数人使用,在企业内没有普及。各单位一般从财务部门开始购置计算机,初步开发管理应用程序,财务部门工作效率得到较大提高。

2. 蔓延阶段

随着个别部门尝试的成功,计算机的应用很快从少数部门扩散到其他部门,并开发了大量的应用程序,使单位的事务处理效率有了提高,这就是所谓的"蔓延"阶段。在这个阶段中,数据处理能力发展迅速,但同时出现了许多有待解决的问题,如数据冗余性、不一致性、难以共享等。可见,此阶段只有一部分计算机的应用收到了实际的效益。

3. 控制阶段

计算机数量超出控制,计算机投资比例增长快速,但大量独立性的单项系统应用却带来很多矛盾。这就要求企业加强组织协调,限制计算机应用规模的盲目扩大,抑制支出无序增长,对整个企业的系统建设进行统筹规划,特别是利用数据库技术解决数据共享问题。诺兰认为,第三阶段将是实现从以计算机管理为主到以数据管理为主转换的关键,一般发展较慢。在这一阶段,一些职能部门内部实现了网络化,如财务系统、人事系统、库存系统等,但各软件系统之间还存在"部门壁垒""信息孤岛"。信息系统呈现单点、分散的特点,系统和资源利用率不高。

4. 集成阶段

在控制的基础上,企业开始重新进行规划设计,建立基础数据库,并建成统一的信息管理系统。企业主管开始把企业内部不同的机构和系统统一到一个系统中进行管理,使人、财、物等资源信息能够在企业集成共享,更有效地利用现有的信息系统和资源。企业的信息化建设开始由分散和单点发展到成体系。企业要对子系统中的硬件进行重新连接,建立集中式的数据库和各种信息系统。由于需要重新装备大量设备,这一阶段预算费用又一次迅速增长,而且耗时长,系统也更不稳定。

5. 数据管理阶段

计算机信息处理系统为数据资源的统一管理打下了基础,企业开始重视数据的加工处理,提高系统对企业业务的支持水平,数据成为企业的重要资源。这一阶段中,企业开始选定统一的数据库平台、数据管理体系和信息管理平台,统一数据的管理和使用,使各部门、各系统基本实现资源整合、信息共享。

6. 成熟阶段

信息系统可以满足单位中各管理层次(高层、中层、基层)的要求,从简单的事务处理到支持高效管理的决策,企业真正将组织内部、外部的资源充分整合和利用,实现信息资源的管理,从而提升了企业的竞争力和发展潜力。

诺兰模型总结了发达国家信息系统发展的经验和规律。一般认为模型中的各阶段都是不能跳跃的。这一理论对预测企业信息系统的未来变动、对企业信息系统规划具有指导作用。因此,在确定开发管理信息系统的策略或者在制定管理信息系统规划的时候,首先明确本单位当前处于哪一生长阶段,然后根据该阶段特征来指导管理信息系统建设。

3.3.2 关键成功因素法

关键成功因素(Critical Success Factors,CSF)法是信息系统开发规划方法之一,于1970 年由哈佛大学教授 William Zani 提出。关键成功因素是对企业成功起关键作用的因素。一个企业能否取得成功总是受到多种因素的影响,但真正起到决定性作用的影响因素并不多,关键成功因素法就是通过分析找出使得企业成功的关键因素,然后再围绕这些关键因素来确定系统的需求,并进行规划以获得良好的绩效,实现企业的目标。换句话说,关键成功因素法是以关键因素为依据来确定系统信息需求的一种 MIS 总体规划的方法。在现行系统中,总存在着多个变量影响系统目标的实现,其中若干个因素是关键的和主要的(即成功变量)。通过对关键成功因素的识别,找出实现目标所需的关键信息集合,从而确定系统开发的优先次序。

关键成功因素的四个主要来源如下:

(1)个别产业的结构。不同产业因产业本身特质及结构不同,而有不同的关键成功因素,这些因素决定于产业本身的经营特性,该产业内的每个公司都必须注意这些因素。

（2）竞争策略、产业中的地位及地理位置。企业的产业地位是由过去的历史与现在的竞争策略所决定，在产业中每个公司因其竞争地位的不同，关键成功因素也会有所不同，对于由一或两家大公司主导的产业而言，领导厂商的行动常为产业内小公司带来重大的问题，所以对小公司而言，大公司竞争者的策略可能就是其生存的关键成功因素。

（3）环境因素。企业因外在因素（总体环境）的变动，会影响每个公司的关键成功因素。例如在市场需求波动大时，存货控制可能就会被高阶主管视为关键成功因素之一。

（4）暂时因素。该因素大部分是组织内在某一特定时期对组织的成功产生重大影响的一些活动领域的因素。

常用的关键成功因素确定方法包括环境分析法、产业结构分析法、竞争分析法、突发因素分析法、市场策略对获利影响的分析法等。

关键成功因素法的实行主要包含以下几个步骤，如图3.8所示。

（1）确定企业或MIS的战略目标。

（2）识别所有关键成功因素。主要是分析影响战略目标的各种因素和影响这些因素的子因素。

（3）确定关键成功因素。不同行业的关键成功因素各不相同。即使是同一个行业的组织，由于各自所处的外部环境的差异和内部条件的不同，其关键成功因素也不尽相同。

（4）明确各关键成功因素的性能指标和评估标准。

（5）制订行动计划。

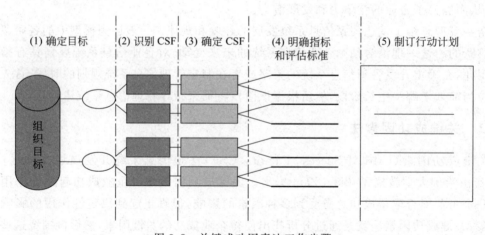

图3.8 关键成功因素法工作步骤

关键成功因素法的优点是能够使所开发的系统具有很强的针对性，能够较快地取得收益。应用关键成功因素法需要注意的是，当关键成功因素解决后，又会出现新的关键成功因素，就必须再重新开发系统。

寻找关键成功因素的工具一般采用鱼骨图（因果图），这种工具形象直观，图3.9是该工具的一个具体应用。

该图形象分析了某企业顾客对产品不满意的主要原因涉及了人员、设备、材料、方法和环境等多方面原因。

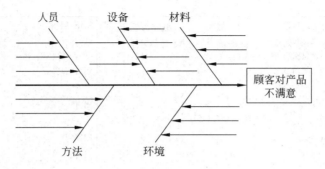

图 3.9　鱼骨图分析原因

鱼骨图的绘制可以按照如下步骤进行：

(1) 查找要解决的问题。

(2) 把问题写在鱼骨的头上。

(3) 召集同事共同讨论问题出现的可能原因，尽可能多地找出问题。

(4) 把相同的问题分组，在鱼骨大骨上标出。

(5) 根据不同问题征求大家的意见，总结出正确的原因。

(6) 逐个拿出所有问题，研究产生问题的原因。

(7) 深入分析问题的多个层次，画出中骨、小骨，填写中、小原因。

(8) 列出多种解决方法。

3.3.3　战略目标集转化法

战略目标集转化(Strategy Set Transformation)法是将整个战略目标看成由使命、目标、战略和其他战略变量(如管理的复杂性、改革习惯以及重要的环境约束等)组成的一个"信息集合"，这种方法是由 William King 于 1978 年提出来的。管理信息系统的战略规划过程就是把组织的战略目标转化为管理信息系统的战略目标。

具体步骤如下：

(1) 识别组织的战略集。可以先考察一下该组织是否有写成文的战略长期计划，如果没有，就要去构造这种战略集合。首先描述出组织各类人员(群体)结构，如卖主、经理、雇员、供应商、顾客、贷款人、政府代理人、地区社团及竞争者等；然后识别各类人员的目标；最后对于每类人员识别其使命及战略。

(2) 将组织战略集转化为信息系统战略。首先根据组织目标确定信息系统目标；其次对应组织战略集的元素识别相应信息系统战略的约束，最后根据信息系统目标和约束提出信息系统战略，提出整个信息系统的结构。

图 3.10 是某企业运用战略目标集转化法进行战略规划的示意图。

从图中可以看出，企业组织的目标、组织战略是由不同的群体引出的。例如，组织目标 O1 是由股票持有者 S、债权人 Cr 和管理者 M 共同引出的；组织战略 S1 是由企业目标 O1 和 O6 引出的。以此方法，便可将企业组织的战略目标全部转化为管理信息系统的战略

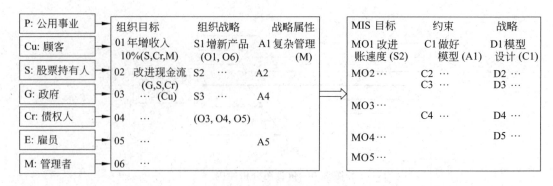

图 3.10 战略目标集转化法

目标。

战略目标集转化法从另一个角度去识别企业组织的管理目标,清晰地反映了各类人员的要求,最后将企业的战略目标转化为管理信息系统的战略目标,描述全面,缺点是重点不突出。

3.3.4 企业系统规划法

企业管理信息系统开发是一项投资大、时间长、比较复杂的工程。为了满足用户对功能完整性的要求,一个好的信息系统一般都要通过子系统的划分,使得系统有较好的整体性和灵活性。

企业系统规划(Business System Planning,BSP)法实际上是用来划分子系统的,它根据信息的产生和使用来划分子系统。它尽量把信息产生的企业过程和使用的企业过程划分在一个子系统中,从而减少了子系统之间的信息交换。它的核心是定义企业过程,企业过程是指管理企业所必需的一系列逻辑上相关的活动集合,常用的方法是 U/C 矩阵。

1. U/C 矩阵及其建立

U/C(Use/Create)矩阵是 IBM 公司于 20 世纪 70 年代初的 BSP 中提出的一种系统化的聚类分析方法。它描述的是数据产生功能,同时数据被功能所使用的一张二维关系表,可判断数据产生与使用之间的关系是否正确,对功能进行归类,为系统划分提供依据。

在建立 U/C 矩阵时,首先进行系统化自顶向下的划分,然后逐个确定其具体的功能(或功能类)和数据(或数据类),最后填上功能/数据之间的关系,即完成了 U/C 矩阵的建立过程。建立一张二维表格,将所调查的数据填写在横向方向(X_i),将功能填写在纵向方向(Y_j);按照数据与功能之间的产生(Create)与使用(Use)之间的关系,分别在对应的单元中填入 C 或 U。

U/C 矩阵是一个以功能结构图、业务流程图、数据流程图的结果为基础,全面反映企业的业务功能与数据间关系的二维表(如表 3.1 所示)。它是今后设计程序模块或子系统之间调用、处理或交换信息的方式和方法的依据。

表 3.1　初始的 U/C 矩阵

功能 ＼ 数据类	产品描述	原材料描述	原材料供应商	购买单	顾客订单	季节性生产计划	供应商描述	购买订单	原材料库存	理论生产订单	设备描述	车间和场地	设备状况	产品库存	产品装运	促销	顾客描述	应收账款	产品利润	总账户状况	应付账款	雇员描述	产品利润	雇员身份
设计产品	U	C									U													
购买制成品	U		C	C																	U			
控制产品库存	U			U						U				C	U									
装运产品					U								U	U	C									
广告促销	U													U		C		U						
产品批发	U				C										U	C								
控制顾客订单	U				C										U	U	U	U						
生产计划	U					C					U	U										U		U
设备管理											U													
购买原材料		U				U	C	C	U												U			
控制材料库存		U					U	C	U															
控制生产计划	U	U							U	C	U	U										U		U
购买处理设备											C	C												
设备装修						U					U		C											
现金收入管理														U				U		C				
确定产品利润	U	U								U	U			U				C	U			U	C	U
账户管理										U				U				U	C	U		U		
现金支付管理			U	U			U	U						U							C	U		U
人员雇佣管理																						C	U	
人事管理																						U		U

2. U/C 矩阵的正确性检验

建立 U/C 矩阵后一定要根据"数据守恒"原则进行正确性检验,以确保系统功能数据项划分和所建 U/C 矩阵的正确性。因为 U/C 矩阵中的错误实质上就是一种"错误的"功能/数据关系,所以对它的正确性检验可以指出我们前段工作的不足和疏漏,或是划分不合理的地方,及时督促我们加以改正。U/C 矩阵的正确性检验可以从如下三个方面进行。

1) 完备性检验

完备性（completeness）检验是指对具体的数据项（或类）必须有一个产生者（即"C"）和至少一个使用者（即"U"），否则这个 U/C 矩阵的建立是不完备的。只有产生者而无使用者的数据是没有实际意义的，而只有使用者而无产生者的数据是"虚无"的，任何"合理"的功能则必须有产生或使用（"U"或"C"元素）发生，与任何数据无关的功能是"无效"的功能。

这个检验可使我们及时发现表中的功能或数据项的划分是否合理，以及"U""C"元素有无填错或填漏的现象发生。结合业务过程分析，把元素（产品描述，设计产品）的"U"改为"C"，即在产品设计阶段完成对产品的描述，数据在设计过程中产生，在其他业务过程中使用，包括购买制成品、产品促销等，如表 3.2 所示。

2) 一致性检验

一致性（uniformity）检验是指对具体的数据项（或类）必有且仅有一个产生者（"C"）。如果没有或者有多个产生者的情况出现，则产生了不一致性的现象。这种不一致现象的产生可能有如下原因：

（1）没有产生者——没有进行完备性检验，或者是功能、数据的划分不当。

（2）多个产生者——错填了"C"元素或者是功能划分可以继续细化或者数据定义模糊，或说明错误，如元素（产品批发，顾客订单）中，产品批发业务并不产生顾客订单，而是在这个业务之前还要进行订单的控制，将符合控制的订单转到产品批发过程，因此，控制顾客订单产生顾客订单数据，而产品批发业务使用顾客订单数据，这里的"C"应为"U"，如表 3.2 所示。

3) 无冗余性检验

无冗余性（non-verbosity）检验即表中不允许有空行空列，如漏填了"C"或"U"元素，或者功能项或数据项（或类）的划分是冗余的、没有必要的。如表 3.1 所示"产品利润"数据类这一列，只有一个 C，而无 U，结合系统需求分析，该列的填写并没有错误，这时则说明该列是冗余的数据项，应去掉。

3. U/C 矩阵的求解

U/C 矩阵求解过程就是对系统结构划分的优化过程。它是基于子系统划分应相互独立，而且内部凝聚性高这一原则之上的一种聚类操作。其具体做法是使表中的"C"元素尽量地靠近 U/C 矩阵的对角线，然后再以"C"元素为标准，划分子系统。这样划分的子系统独立性和凝聚性都是较好的，因为它可以不受干扰地独立运行。

U/C 矩阵的求解过程是通过表上作业和算法两种方式来完成的。表上作业的具体操作方法是：调换表中的行变量或列变量，使得"C"元素尽量地朝对角线靠近。

说明：这里只能是尽量朝对角线靠近，但不可能全在对角线上。

U/C 矩阵的求解过程如下：

（1）对表 3.1 经过正确性检验后得到表 3.2。

（2）对表 3.2 经过表上作业后得到表 3.3。

（3）对表 3.3 进行子系统划分后得到表 3.4。

（4）依据表 3.4 完成系统的结构流程后得到表 3.5。

表 3.2　进行了正确性检验后的 U/C 矩阵

功能 ＼ 数据类	产品描述	原材料描述	原材料供应商	购买单	顾客订单	季节性生产计划	供应商描述	购买订单	原材料库存	理论生产订单	设备描述	车间和场地	设备状况	产品库存	产品装运	促销	顾客描述	应收账款	总账户状况	应付账款	雇员描述	雇员身份
设计产品	C	C								U												
购买制成品	U		C	C																U		
控制产品库存	U			U					U					C	U							
装运产品					U									U	C							
广告促销	U														U	C			U			
产品批发	U				U											U	C					
控制顾客订单	U				C										U	U	U	U				
生产计划	U					C				U	U										U	U
设备管理											U											
购买原材料		U				U	C	C	U											U		
控制材料库存		U						U	C	U												
控制生产计划	U	U				U		U	U	C			U								U	U
购买处理设备											C	C										
设备装修						U					U		C									U
现金收入管理															U		U	C				
确定产品利润	U	U						U	U						U				U		U	U
账户管理										U					U			U	C	U		U
现金支付管理			U	U			U	U							U					C	U	U
人员雇佣管理																					C	U
人事管理																					U	C

69

表 3.3 经过表上作业完成的 U/C 矩阵

功能 \ 数据类	产品描述	原材料描述	原材料供应商	购买单	产品库存	产品装运	促销	顾客描述	顾客订单	季节性生产计划	供应商描述	购买订单	原材料库存	理论生产订单	设备描述	车间和场地	设备状况	应收账款	总账户状况	应付账款	雇员描述	雇员身份
设计产品	C	C													U							
购买制成品	U		C	C																	U	
控制产品库存	U			U	C	U								U								
装运产品					U	C			U					U								
广告促销	U					U	C														U	
产品批发	U							U	C	U												
控制顾客订单	U					U	U	U	C										U			
生产计划	U									C					U	U					U	U
购买原材料		U								U	C	C	U							U		
控制材料库存		U									U	C	U									
控制生产计划	U	U								U		U	C	U	U						U	U
购买处理设备															C	C						
设备装修										U					U		U					U
设备管理																U						
现金收入管理						U		U											C			
确定产品利润	U	U				U						U	U						U		U	U
账户管理				U										U				U	C	U		U
现金支付管理			U	U		U					U	U								C	U	U
人员雇佣管理																					C	U
人事管理																					U	C

表 3.4　子系统的划分

功能＼数据类	产品描述	原材料描述	原材料供应商	购买单	产品库存	产品装运	促销	顾客描述	顾客订单	季节性生产计划	供应商描述	购买订单	原材料库存	理论生产订单	设备描述	车间和场地	设备状况	应收账款	总账户状况	应付账款	雇员描述	雇员身份
设计产品															U							
购买制成品																				U		
控制产品库存														U								
装运产品															U							
广告促销																				U		
产品批发																						
控制顾客订单																	U					
生产计划	U																				U	U
购买原材料		U																		U		
控制材料库存		U																				
控制生产计划	U	U																			U	U
购买处理设备																						
设备装修																						U
设备管理																						
现金收入管理								U	U													
确定产品利润	U	U						U				U	U								U	U
账户管理					U							U										U
现金支付管理				U	U	U					U	U									U	U
人员雇佣管理																						
人事管理																						

子系统区块：市场营销子系统、生产管理子系统、财务子系统、人事。

表 3.5 系统的结构流程图

功能 \ 数据类	产品描述	原材料描述	原材料供应商	购买单	产品库存	产品装运	促销	顾客描述	顾客订单	季节性生产计划	供应商描述	购买订单	原材料库存	理论生产订单	设备描述	车间和场地	设备状况	应收账款	总账户状况	应付账款	雇员描述	雇员身份
设计产品																						
购买制成品																						
控制产品库存																						
装运产品																						
广告促销																						
产品批发																						
控制顾客订单																						
生产计划																						
购买原材料																						
控制材料库存																						
控制生产计划																						
购买处理设备																						
设备装修																						
设备管理																						
现金收入管理																						
确定产品利润																						
账户管理																						
现金支付管理																						
人员雇佣管理																						
人事管理																						

子系统划分示意（图中各分组框）：
（原材料）市场营销子系统、生产管理子系统、财务子系统、人事。

4. 子系统划分

U/C 矩阵的求解目的是为了对系统进行逻辑功能划分和考虑今后数据流向的情况。一般说来，U/C 矩阵的主要功能有如下四点：

（1）通过对 U/C 矩阵的正确性检验，及时发现前段分析和调查工作的疏漏和错误。

（2）通过对 U/C 短阵的正确性检验来分析数据的正确性和完整性。

（3）通过对 U/C 矩阵的求解过程最终得到子系统的划分。

（4）通过子系统之间的联系（"U"）可以确定子系统之间的共享数据。

子系统划分的方法是在求解后的 U/C 矩阵中划出一个个的小方块,如表 3.4 所示。划分时应注意以下几点:

(1) 沿对角线一个接一个地画,既不能重叠,也不能漏掉任何一个数据和功能。

(2) 小方块的划分是"任意的"。而事实上是以客观管理活动为基础的,即常常将"密切"相关的功能和数据"人为"划分在同一子系统内,但必须将所有的"C"元素都包含在小方块之内,每一个小方块即一个子系统。要说明的是:具体如何划分为好,要根据实际情况以及分析者个人的工作经验和习惯来定。子系统划定之后,留在小方块,即子系统外还有若干个"U"元素,这就是今后子系统之间的数据联系,即共享的数据资源。如表 3.4 中,凡是没有被"划进"小方块的"U"所对应的数据(类),即是它所关联的两个子系统间要进行信息交换的数据流。

在对系统进行划分并确定了子系统以后,从表 3.4 中可以看出所有数据的使用关系都被小方块分隔成了两类:一类在小方块以内;一类在小方块以外。在小方块以内所产生和使用的数据,今后主要考虑放在本子系统的计算机设备上处理;而在小方块以外的数据,即图中小方块以外的"U",则表示了各子系统之间的数据联系,如表 3.5 所示,今后应考虑将这些数据放在网络服务器上供各子系统共享或通过网络来相互传递数据。

3.4 可行性研究

可行性研究自 20 世纪 30 年代美国开发田纳西河流域时开始采用以后,已逐步形成一套较为完整的理论、程序和方法。简单地说,可行性分析就是用最小的代价在尽可能短的时间内对问题进行客观分析,确定问题是否能够解决,为以后的行动方针提出最适当的建议。

3.4.1 可行性研究的概念

可行性研究就是按照各种有效的方法和工作程序,对拟建项目在技术上的先进性,经济上的合理性、盈利性,以及项目实施等方面进行深入的分析,确定目标、提出问题、制定方案和项目评估,从而为决策提供科学的依据。

所有的管理信息系统在进行开发之前必须进行可行性研究,因为它可以作为确定项目是否开发的依据,同时也是划定下阶段工作范围、编制工作计划、协调各部门活动、分配资源的依据。

3.4.2 可行性分析的目标和内容

可行性研究的目标是确定系统的总目标和总要求,进行可行性分析和投资效益分析。可行性研究的方法是进行高层次的系统分析。可行性研究的目的不是解决问题,而是确定用最小的代价在尽可能短的时间内,问题是否能够解决。

可行性分析的任务是明确应用项目的开发必要性和可行性。必要性来自实现开发任务的迫切性,而可行性则取决于实现应用系统的资源和条件。这项工作需建立在初步调查的基础上。所以可行性分析就是建立在环境和资源等条件下,从系统总体出发,对技术、经济、财务、商业以至环境保护、法律等多个方面进行分析和论证,以确定建设项目是否可行,为正确进行投资决策提供科学依据。项目的可行性研究是对多因素、多目标系统进行的不断的分析研究、评价和决策的过程,它需要有各方面知识的专业人才协力合作才能完成。

1. 可行性分析的主要内容

1) 技术可行性分析(Technical Feasibility)

技术可行性评价是围绕企业中现有硬件、软件能力,以及计算机硬件软件行业的水平展开的,即分析所提出的要求在现有技术资源条件下是否能够实现。例如管理规模的要求、处理精度的要求及对通信功能的要求等,这些都需根据现有技术水平认真地考虑,考虑企业中现有的计算机硬件、软件条件及将要购买的软硬件条件能否实现这些功能,还要考虑系统是否能够应付未来公司的事务量和公司规模的增长。又如,所开发的项目要求运行有关的软件包,那么现有系统主机速度是否足够快,内存容量是否足够大,以及是对原系统进行扩充还是购买新系统等。

由于用户对信息系统不了解,所以容易出现要么过分信赖信息系统,要么认为其不可靠而彻底放弃两个极端,这就要求系统分析人员不仅要具备软硬件知识,而且还能够帮助企业了解其发展趋势,从技术上帮助用户消除一些不切合实际的想法。

2) 经济可行性分析(Economic Feasibility)

经济可行性考查是可行性研究中的重要部分,也是评价系统常用的方法,其核心是成本/效益分析。若项目的成本大于效益,则不可行;否则可行。成本是项目所需费用,包括主机的费用、计算机外围设备的费用及软件开发费用、人员培训费用等,即支持、维护成本和购置成本。效益从两个方面考虑,一方面是可以用金钱衡量的效益,即有形效益(Tangible Benefit),有形效益源于增加收入、减少支出,如资金流转速度的加快、库存积压的减少及生产延迟的消除等;另一方面是对公司非常重要但又难以用金钱衡量的效益,即无形效益(Intangible Benefit),如信息利用率的提高、信息质量的提高、员工满意度的改善及新 Web 站点提供公司的形象等。

经济上对项目所需的费用结算和项目效益的估算非常重要,如果忽略了它,就可能造成巨大的损失。项目可行性分析与企业规范的投资评价程序相联系。从企业的角度来看,建立信息系统也是一项重要的基础投资,对此很多企业都有自己的一套考查评价标准,这些标准在企业的成本/效益分析中作为其重要的参考依据。

3) 管理可行性分析(Management Feasibility)

管理上主要考查管理人员的态度、管理方面的条件及员工行为的了解。

(1) 主管领导的态度是考查的重点。如果主管领导不支持或抵触情绪很大,说明现在还不是开发的时候,还有必要再等等,积极地去做领导的工作,设法让其加深对信息系统开发必要性的认识。只有领导支持,各项工作才会顺利进行,遇到的障碍相对才会较少。

(2) 管理方面的条件主要是了解企业的规模,根据规模确定信息系统的目标。企业管理的规范化程度是指管理的科学性要求,管理信息系统是一个对企业全过程进行管理的人机系统,自动化程度高,它的成功必须以规范的管理模式为基础,同时,规章制度是否齐全和原始数据是否正确等都必须进行考查。

(3) 行为的可行性研究也很重要,但这也是常被忽略的问题。当项目完成之后,新系统进入企业,必然会引起企业某些方面的变化。根据心理学理论,人的内心往往不愿意接受这些变化,这样就会设法阻止这些变化的发生。这会使项目开发中存在潜在的矛盾,这将给企业带来很大的负面影响,因此,这方面的分析也不可或缺。

4) 进度可行性分析(Schedule Feasibility)

进度的可行性考查主要是考查项目开发时间安排的可行性。如果项目开发限定了最终的完成时间,那么能否按时完成项目的开发是影响整个项目可行性的重要因素。如果不能按时完成,那么即使其他条件都可行,也必须重新考虑。如果能按时完成,那么对会不会因抢时间而影响到系统的质量、系统运行是否可靠及消耗成本是否会更大等因素都应考虑。

这方面系统分析人员必须具备专业知识,这样就可给进度可行性研究提供较精确的时间进程。如果开发系统特别复杂,系统分析人员应该估计出可能延迟的时间,还要考虑是否有现成的软件可供利用,这样可以节省开支和时间,从而使得开发按时完成。

5) 操作可行性分析(Operational Feasibility)

操作可行性是指目标系统在开发完成之后将得到有效的利用。一个可以运行、可以操作的信息系统应该可以满足用户提出的各种要求,能够解决与工作有关的各种问题。如果用户使用新系统很困难,则达不到预期的效果。因此操作的可行性所要考虑的内容包括:当系统实施之后,能否有效地处理相关的日常事务;系统实施时会遇到哪些障碍;用户对系统的接受程度,即是否愿意使用;新系统是否会造成公司人数的缩减。操作可行性是从用户的角度去考虑开发的系统能否有效地工作。

此外,必须考虑操作人员的素质,对素质不符合要求的一定要给予及时的培训。

2. 可行性分析的步骤

1) 成立专门的分析小组

可行性分析是系统分析中重要的工作,因此要有专门的人员负责。根据不同的开发规模来规定小组的规模。如果开发规模较小,则只需2~3名人员参加即可,但必须包括用户和系统分析人员;如果开发规模较大,则需建立一个人数较多的小组,这个小组必须能够提出一些权威性的意见,用户和系统分析人员同样参加。可行性研究小组是临时的,一旦系统可行性研究结束,专门小组就立即解散。

2) 用户信息需求分析

通过初步调查,用户对原系统的不满和新系统的要求等方面有了初步的了解。可行性分析小组通过对系统初步调查报告的分析,理解用户对信息系统的要求。再经过信息收集和分析,对企业的现状及各方面条件有较明确的了解。对企业系统的要求有较全面的理解,这对可行性分析的后续步骤有很大的帮助。

3) 提出各种可能的系统方案

以用户提出的要求为依据,列举出各种能满足要求的备选方案。项目开发主要考虑的是用哪种计算机硬件来处理用户需求,即考虑的是技术的可行性。只要是能够满足项目开发的技术要求的方案,都应该罗列出来,暂时不去考虑其他的限制条件。

4) 评价备选系统的性能及成本效益情况

备选系统的性能是根据用户提出的要求来进行改进的。性能的核心是实用。性能指标往往用一些非数量化的词定性地去定义,以确定优劣。不同的开发项目,评价指标也不同。通常考虑的是系统的准确性和响应时间等。成本效益方面,注重的是系统开发费用支出和系统投入运行的估算收益。

5)选择最优方案

通过前面的分析,可以在备选方案中选择最优的方案。通常是根据用户的要求,优先考虑某些性能指标和成本效益的优劣。为了体现备选方案的价值,通常要充分考虑用户的各种需求,这样得到的方案才是最优的。

6)可行性分析报告准备

方案选择完之后,就要进行可行性分析报告的准备,详细说明各方面的可行性评价情况,并提出分析小组对项目的专门性建议和时间安排。然后,将可行性分析报告交给信息系统指导委员会审议批准。这样,可行性分析小组活动结束之后,按可行性分析报告的内容进行准备。

3. 可行性分析报告

可行性分析的结果要用可行性分析报告的形式编写出来,这是整个系统分析工作的重要文件。可行性分析报告要尽量得到有关管理人员的一致认可,并经领导的批准,进入系统的详细调查阶段。另外,由于报告要让管理人员充分理解,因此报告用词要尽量简练流畅,避免使用专业化的词语,这样有利于付诸实施。可行性分析报告的主要内容包括:

(1)系统简述。

(2)项目的目标。

(3)所需资源、预算和期望效益。

(4)对项目可行性的结论。

可行性结论应使用下列某一种语言形式明确项目是否可行:

(1)可行,立即开发。

(2)改进原系统。

(3)目前不可行,某些条件不成熟,需要等到条件成熟后再开发。

案例与问题讨论

案例:凯越公司的信息化建设

目前,企业资源计划(ERP)、企业流程重组(BPR)、客户关系管理(CRM)、供应链管理(SCM)等"舶来"的新名词和新理论已经被越来越多的中国公司接受和追逐。然而,在诸多企业大搞快搞企业信息化建设的同时,这些企业也要承受无情的统计数据:"企业信息化的成功率普遍在 $10\% \sim 20\%$ 之间,在发达国家成功率大约为 20%,在中国成功率更低。"除少数企业取得成功以外,不少企业在投入大额资金的情况下,由于缺乏经验,信息化发展到一定阶段后就暴露出了各种各样的问题,例如有的企业信息化以技术为导向,技术的应用没有很好地配合业务的发展;有的企业虽然信息化的建设是以业务为基础,但由于缺乏整体的信息规划,导致系统的建设没有整体性,资源无法很好地共享等。"信息化黑洞""信息化孤岛""信息化无效"成为许多企业棘手和头痛的问题。

1. 背景陈述

凯越公司是国内一家大型企业,企业实行三级管理,即总公司——公司——分公司。企业实施信息化已有多年,每年在信息化建设方面投入了大量的人力和财力,公司已建立了办公自动化、财务系统、人力资源系统等,并已搭建了公司广域网、局域网。由于公司提出了创国际一流企业的目标,因此公司希望在信息化建设方面也要与国际最先进的企业看齐,并使信息化建设成为公司实现创国际一流目标的重要推动力。

由于凯越公司在前期的信息化建设中是以服务支持软件应用为主,还没有站在战略的高度开展信息化工作,因此也没有制定完整的信息化规划,各信息系统的建设以总部的各部门、下面的各公司为主,各自为政,信息及系统没有集成,信息孤岛现象严重;系统中的业务流程以及相应的信息流存在断层现象,尤其是在营销、物资、工程、生产和财务等业务关联较密切的各环节;管理体制和资产归属不一致,导致各公司的硬件、网络管理各自为政,如广域网络和局域网络分别由两个不同的部门负责,管理十分不便,服务器系统十分分散,没有进行统一的维护管理等;机房的统一化和灾难恢复的功能也没有引起足够重视,没有配备专门的网络监控管理人员,存在较大的安全隐患;信息中心的培训内容主要针对新的信息技术和产品,对项目管理、信息规划、行业专业知识方面的培训比较缺乏,没有培养有效的信息技术决策和实施能力。

针对上述问题,凯越公司对信息化现状进行了全面的调查和分析,挖掘造成问题的深层原因,并以行业内的最佳实践标杆为依据,从信息系统对业务的支持、系统集成、基础设施与安全管理、信息管理组织架构等几个重点方面提出了解决方案。

2. 信息系统对业务的支持

由于以前的信息化建设主要以各业务部门为主导,系统的建设有明显的缺陷,建设的主要是部门级的系统,信息系统对业务的支持没有站在公司战略的高度,没有从企业业务整体发展的角度提出信息化建设的目标和规划,系统建设缺乏整体性、前瞻性、可扩展性和一致性。其实,企业信息化的建设必须能支持公司战略的发展,而对公司战略的支持又主要体现为对具体业务开展的支持,基于这种思想,凯越公司采用了需求分解法,从公司的战略入手,结合公司的业务发展状况,深入分析了企业发展对信息化建设提出的需求。例如,企业需要加强与客户的关系,体现在具体行动中就是必须先建立总公司层面的客户档案,以便进行客户细分,然后才能有针对性地为客户提供良好的产品和服务,建立与客户的良好关系。而要很好地配合这些行动,对信息化就提出了具体的要求。首先可以实施客户关系管理系统,记录客户信息,然后集成企业资源计划与客户关系系统,使公司拥有一个全面的客户信息资源库,包括客户的基本信息、交易信息、服务信息等。利用需求分解法,凯越从战略出发,详细分析了企业的业务行为和特征,提出了未来信息化建设的要求,即必须建设项目管理系统、财务系统、资产管理系统、客户关系管理系统、业务管理系统等。通过与现有信息化现状的比较,找出了差距,并结合战略进行了信息化建设的优先级分析,为企业的信息化建设指明了方向。

通过上面的分析,凯越公司已明确信息化必须首先考虑需要重点解决的问题。然而,需求分解法只能指出信息化建设的大方向,对于细部和局部的系统功能,在所有部门的配合下,结合业务流程和功能,发现了目前运行的信息系统的缺陷与不足,如财务管理,发现总公司和分公司现在均分别采用国内的一套财务软件,虽然能够完成各财务部门所负责的总账、固定资产、日常报表功能,但无应收、应付的功能,并且结账很慢;又如项目管理,无统一软件,工程项目的进度管理、成本核算、分析所使用的系统均处于分散状态,因而影响了财务部门对工程项目的核算的效率等。通过分析整理,凯越公司对每一套信息系统都提出了详细的业务需求。通过对国内外成熟的相关信息系统的分析比较,在综合考虑需求满足程度、成本、服务、成功案例等各方面因素下,凯越公司选择了一套国外的成熟软件产品进行分步实施。

3. 系统集成

凯越公司过去的信息化工作以部门为主,缺乏整体考虑,因此目前就暴露出了许多问题,首先是系统分散、没有整合,由于标准不统一,给系统的集成带来了很大的困难,信息不能共享;其次是数据缺乏标准化,无论是自行开发,还是从市场上买来的应用软件,一般都不注意数据的标准化,或数据标准自成一体,因而形成了许多"信息孤岛",应用项目上的越多,信息孤岛就越多,数据的不一致性就越严重;最后是系统开发没有标准化,凯越公司在信息系统的建设过程中没有使用一致的开发平台和开发工具,不利于降低系统维护成本、技术人员培训成本等。要解决这些问题必须对系统进行集成,并建立信息化建设的统一标准。凯越公司通过对业务流程的分析,从业务的角度提出了企业的信息流,明确了系统间所需要的集成关系。为了很好地整合现有及未来的系统,实现信息的集成、共享与流转,减少手工的干预,凯越公司提出了信息技术架构和整合方案,包括信息模型、应用系统的组成与结构、信息和数据在应用系统之间的分布与流向、信息技术标准和规范等;同时还分析了目前市场上主流的系统集成的技术和产品,在尽量保护现有投资,同时又兼顾未来系统方便集成的原则指导下,凯越公司选择了最合适的产品和技术来对现有的系统进行分步整合。

基础设施与安全管理基础设施是信息化的基础,包括服务器、存储设备及网络设施等。凯越公司虽然在基础设施方面投入很大,但还不够完善,服务器没有集中管理,重复投资,维护成本高且难以管理;核心网络缺乏备份,一旦核心设备出现故障,将会造成网络全面的瘫痪。安全管理也存在较大问题,没有从技术和管理两方面构建完整的安全体系,存在很大的安全隐患。针对存在的这些问题,凯越公司从四个方面入手对未来基础设施建设进行了规划:广域网络系统架构规划、局域网络系统架构规划、Internet连接架构规划、服务器及存储系统架构规划。在安全管理方面,凯越公司首先从技术上提出了完整的安全解决方案,如把公司的 Web 服务器、Mail 服务器设置在防火墙之后等,同时还从管理的角度提出了具体的规范,包括通信和操作安全性管理、访问控制安全性管理、系统开发和维护的安全性管理等,这样凯越公司就从技术和管理两方面构建了一套完整的安全管理体系。

信息管理组织架构合理的 IT 组织架构是企业信息化建设的有力保障,同时也可以从一个侧面反映信息化在企业中的地位。然而凯越公司的 IT 组织架构设置不尽合理,主要表现在以下方面：

（1）总公司没设专门的信息部门，负责信息化建设的人员隶属于行政管理部。公司层次只设几个专职，也没有专门部门。分公司更是连专职也没有。企业还没有建立良好的信息化管理体系，职责缺乏明确合理的分工。

（2）企业还没有建立起信息化的工作规程和制度，包括信息系统建设需求的提出、论证、选型、实施等都没有规范的流程，也没有明确的职责划分。

针对上面的问题，同时考虑到总公司、公司、分公司在日常管理上又有一定的独立性，凯越公司提出了信息化建设在业务上进行垂直指导、在行政上横向管理的矩阵方式，结合信息集中化管理的基本原则。其信息化管理框架实现了下面的转变：凯越公司在信息化组织设计、建立了集中的信息技术管理和资源共享的机制，将原来挂靠在行政管理部下的信息中心提升为信息技术部，作为独立的职能部门进行信息技术的管理，并为总公司及其下属的公司和分公司提供信息技术服务；拓展了信息技术管理的职能范围，统一系统规划、建设与管理，如合同管理、信息资产及文档的管理及 ERP、CIS、CRM 等应用系统的建设、实施、维护及技术支持等；统一整个企业网络、服务器、信息系统（数据库及应用软件）及客户端软硬件的搭建、维护、备份、升级与管理，以及网络、信息系统的安全管理等；建立分布式的信息技术组织布局，在公司和分公司的总工室下设 IT 专职人员，为本公司提供信息技术支持，但业务上受总公司信息技术部的指导。在设计方案中，凯越公司对三层体系之间的职责做了明确的划分，总部的信息技术部负责全公司信息化的管理与决策，如进行集中、统一的信息技术管理和规划，负责全公司网络架构及网络安全等；公司及分公司层次主要负责信息化的实施与维护。凯越公司通过对信息组织架构的设计，明确了各自的职责，理顺了管理流程，使企业的信息化建设有了组织和制度的保障。

4. 实施与执行

除了上述方面，对信息化建设规划来说还有一个非常关键的问题，即系统的实施及资源配置计划。只有明确了信息系统建设的时间表、优先级，才能更好地指导系统实施。因此凯越公司在综合分析了公司战略、业务及系统现状后，提出了系统实施计划。在实施计划中，不仅安排了实施的时间表，还给出了系统实施的大概预算及主要的产品供应商，同时提出系统实施需要注意的主要问题等，为以后几年的信息化建设提供了很好的参考依据。

问题讨论：

1. 凯越公司以前的信息化建设存在的明显的缺陷是什么？
2. 凯越公司新的信息系统规划是从哪些方面进行的？是否对该公司的信息化建设起到了良好作用？

小　　结

信息系统规划是信息系统实践环节的主要问题，也是现代管理信息系统研究的主要课题之一。信息系统的建设是个投资巨大、历时长、复杂度高的系统工程，科学的规划可以减少盲目性,使系统有良好的整体性、较高的适应性,建设工作有良好的阶段性,能缩短系统开发周期,节约开发费用。

　　本章对系统规划内容从战略规划、计算模式规划、信息资源规划、信息系统安全规划等方面进行了介绍;并结合主要的系统规划模型与方法,包括诺兰的阶段模型、关键成功因素法、战略目标集转化法、企业系统规划法。在本章最后就所有的管理信息系统在进行开发之前必须进行可行性研究进行了论述,可行性研究的重要性主要体现在它不仅可以作为确定项目是否开发的依据,同时也是划定下阶段工作范围、编制工作计划、协调各部门活动、分配资源的依据。

练习与作业

　　1. 什么是信息系统的规划?
　　2. 信息系统规划都有哪些方法?
　　3. 为什么在信息系统开发之前还要进行信息系统的可行性研究?
　　4. 请查阅我国中小企业的信息化建设的相关资料,试结合具体实例给出企业信息系统规划的重要性。

第4章 结构化系统分析

学习目标和指南

学习目标：

1. 对系统调查和系统分析的任务和过程有一个大概和完整的了解；了解组织结构与功能调查分析在整个系统分析中的地位以及它的主要内容；掌握组织结构与功能调查分析中常用的描述图表；了解业务流程调查的任务；了解业务流程分析的任务和主要内容；掌握业务流程描述工具——业务流程图。

2. 了解数据流程调查的主要内容；掌握数据流程的表示方法，包括数据流程的画法和描述流程处理的逻辑工具；了解数据流程分析的任务；掌握数据字典建立方法；掌握系统处理逻辑分析的三种工具及它们的优势和劣势。

3. 掌握新的管理信息系统逻辑模型的含义和内容。

学习指南：

1. 主要从总体上把握系统分析阶段的工作内容，从组织结构及功能调查与分析开始，系统分析阶段就是一个从粗到细、由表及里的调查分析过程，即部门结构、各部门所做的工作、这些工作是如何做的这样一个过程，并在此基础上，分析各部门所做的工作是否合理，实际工作中产生的问题的原因，如何改进。在此过程中必须用到一系列的工具，掌握这些工具的特点、用法。

2. 在数据流程调查中，重点掌握数据流程图的画法和建立数据字典的方法。

课前思考

1. 系统规划阶段做了哪些工作？
2. 在系统规划工作的基础上，系统分析应该做些什么？

　　结构化系统分析的概念最早是在 1978 年由 E. Yourdon 和 L. L. Constan-tine 提出的。传统的系统分析方法主要是基于分析人员所累积的经验来进行，并没有一套完整的方法与工具可供参考。因此，不是系统分析的过程缺乏标准化，就是系统文件的内容表达不够完整、详尽。这种情形也就是日后导致系统品质不佳、维护成本高的原因。因此，为了改进传统系统分析未标准化、缺乏完整的方法与使用工具等问题，提出了结构化系统分析(Structured System Analysis)的概念。

　　结构化系统分析方法是运用系统工程原理进行大型软件开发的方法，就是采用"自顶向下，由外到内，逐层分解"的思想对复杂的系统进行分解化简，从而有效地控制系统分析每一步的难度，并运用数据流程图和数据字典等作为表达工具的一种系统分析技术。

　　结构化系统分析的特点：用画图的方法；自顶向下的分解；强调的是逻辑而不是物理；

没有重复性。

经过实践检验,结构化系统开发方法已经形成一整套完整的程序,基本遵循系统规划、系统分析、系统设计、系统实施、运行管理与评价的步骤,严格按照顺序来完成整个系统的开发。

4.1　结构化系统分析的任务

在系统规划阶段,开发者对系统建设提出了总体设想,对现行系统进行过粗略的调查。但是要想真正弄清楚现行系统"是什么""做什么"和"怎么做",还需要对现行系统进行详细调查,并在此基础上进行分析,提出新的管理信息系统逻辑模型,为系统设计阶段提供依据。

在一般人的想法里,写程序似乎才是系统生命周期中最重要的步骤,这与实务上的结果恰巧是相反的。实践证明,一个信息系统的成败,在系统分析阶段大概就已经决定了。系统分析人员无法掌握用户的需求,就无法定义出一个正确而符合使用者想法的新系统规格,那么即使系统设计定义得很清楚,程序设计的技巧再好,也发挥不了它的功用。举例而言,就好像盖房子,房主的想法是要四房一厅,而建筑师未能明了这个信息,却规划出三房两厅的房子来,那么即使用再好的设计师与建筑工人,盖的房子再坚固、漂亮,也未能达到房主预期的目标,同样是一种失败的结果。

系统分析阶段产生的系统说明书,既是后续开发工作的依据,也是衡量一个信息系统优劣的依据。系统分析是系统开发中最重要,也是最困难的阶段。结构化系统分析方法的数据流程图、数据字典等工具是克服困难的有力武器。

4.1.1　系统分析的基本任务

系统分析的任务是在充分认识原信息系统的基础上,通过问题识别、详细调查、系统化分析,最后完成新系统的逻辑方案设计。

在系统分析阶段,系统分析员要充分了解用户的要求,并把双方的理解用系统说明书表达出来。系统说明书审核通过之后,将成为系统设计的依据和将来验收系统的依据。

拟建的信息系统既要源于原系统,又要高于原系统。所谓"高于原系统",就是要比现行系统功能更强,效率更高,使用更方便,但新系统不是无源之水,无本之木,"源"就是现行信息系统。因此系统分析员要在总体规划的基础上,与用户密切配合,用系统的思想和方法,对企业的业务活动进行全面的调查分析,详细掌握有关的工作流程,收集票据、账单、报表等资料,分析现行系统的局限性和不足之处,找出制约现行系统的"瓶颈",确定新系统的逻辑功能,根据企业的条件,找出几种可行的解决方案,分析比较这些方案的投资和可能的收益。

系统分析是研制信息系统最重要的阶段,也是最困难的阶段。系统分析要回答新系统"做什么"这个关键性的问题。只有明确了问题,才有可能解决问题。否则,方向不明,无的放矢,费力不讨好。实际工作中常常有这种情形,业务人员认为信息系统的开发只是技术人员的事,他们未能与开发人员进行有效沟通,而开发人员只能根据对用户要求的肤浅理解匆匆忙忙进行系统设计,编写程序。交给用户使用时,用户说:"这不是我要的系统。"对系统分析缺乏足够的重视,是导致研制工期一再延长甚至以失败告终的重要原因,也是系统分析难以进行的主观原因。

简单说来,系统分析阶段是将目标系统的目标具体化为用户需求,再将用户需求转换为系统的逻辑模型,系统的逻辑模型是用户需求明确、详细的表示,它们之间的关系如图 4.1 所示。

图 4.1　目标系统目标、用户需求和目标系统逻辑模型

4.1.2　系统分析的工作步骤

1. 详细调查、收集和分析用户需求

在总体规划时所做的初步调查只是为了总体规划和进行可行性分析的需要,相对来说是比较粗糙的。现在,则应在初步调查的基础上,进一步收集、了解、分析用户需求,调查用户的有关详细情况。

2. 确定初步的逻辑模型

逻辑模型是指仅在逻辑上确定的目标系统模型,不涉及具体的物理实现,也就是要解决系统“干什么”,而不是“如何干”。逻辑模型由一组图表工具进行描述。用户可通过逻辑模型了解未来目标系统,并进行讨论和改进。

3. 编制系统说明书

对上述采用图表描述的逻辑模型进行适当的文字说明,就组成了系统说明书。它是系统分析阶段的主要成果。系统说明书既是用户与开发人员达成的书面协议或合同,也是管理信息系统生命周期中的重要文档。

4.1.3　系统分析的调查方法

1. 查阅资料

查阅资料就是将各部门科室和车间日常业务中所用的计划、原始凭据、单据和报表等的格式或样本收集起来,以便进行分类研究。

2. 召开调查会

这是一种集中征询意见的方法,适合于对系统的定性调查。调查会可按两种组织方式进行:一是按职能部门召开座谈会,了解各个部门业务范围、工作内容、业务特点以及对新系统的想法和建议;二是召集各类人员联合座谈,着重听取使用单位介绍目前作业方式存在的问题,对新系统解决问题的要求等。调查会要求吸收生产指挥人员和技术骨干参加。

3. 访问

访问是一种个别征询意见的办法,是收集信息的主要渠道之一。通过调查人员与被访问者的自由交谈,充分听取各方面的要求和希望,获得较为详细的定性信息。访问时应从信息的来源、去向、组织及处理等方面提出问题。访问在了解潜在的问题时非常有效,这是和各类人员交流思想及听取对系统建设意见的好方法,还是获得高层管理者的意见及建立相互信任的最好形式。

4. 问卷调查

根据系统特点设计调查表,用调查表向有关单位和个人征求意见和收集数据,该方法适用于比较复杂的系统,用来调查系统普遍性的问题,可以获得对组织基本情况的认识。调查人员在编制调查表时,应当充分考虑各种情况,精心设计问题,使得调查结果既能反映本企业的特点又能全面反映业务内容。目前网页或微信等网络调查方式由于其时间便利、成本较低等优势,应用比较广泛,但利用网络调查应注意被调查人员的控制以及答案的真实性等方面。

5. 参加业务实践

如果条件允许,亲自参加业务实践是了解现行系统的最好方法,能够有效地了解主要业务流程的具体细节。通过实践,同时还加深了开发人员和用户的思想交流和友谊,这将有利于下一步工作的开展。

6. 视频会议

利用视频会议进行调查,可以解决远程问题且具有当面调查的优势,也是一种常用的调查方式,但只能作为补充手段,因为许多资料需要亲自收集和整理。

4.1.4 调查中应注意的问题

1. 调查前要做好计划和用户培训

根据系统需要明确调查任务的划分和规划,列出必要的调查大纲,规定每一步调查的内容、时间、地点、方式和方法等。对用户进行培训或发放说明材料,让用户了解调查过程、目的等,并参与调查的整个过程。

2. 调查要从系统的现状出发,避免先入为主

要结合组织的实际情况管理现状,了解实际问题,得到客观资料。

3. 调查与分析整理相结合

调查中出现的问题应及时反映并解决。

4. 分析与综合相结合

调查过程中要深入了解现行组织各部分的细节,而后根据相互之间的关系综合起来,使得对组织有一个完整的了解。

5. 规范调查图表

为便于开发者和用户对调查中得到的结果和问题进行交流和分析,调查中需要图表工具辅助。

6. 系统分析人员的态度

调查过程主要是大量原始素材的汇总过程,系统分析人员应当具有虚心、热心、耐心和细心的态度。系统分析人员必须对这个内容进行整理、研究和分析,形成描述现行信息系统的文字材料;还可以将有关内容绘制成描述现行系统的各种图表,以便在短期内对现行信息系统有全面详细的了解,且与各级用户进行反复讨论、研究,反复修改,力求准确。

4.2 系统业务流程调查分析

4.2.1 组织结构调查

1. 组织结构

现行系统中的信息流动是以组织结构为基础的。因为各部门之间存在着各种信息和物质的交换关系,只有理顺了各种组织关系,才能使系统分析工作找到头绪,有了调查问题的突破口,才能按照系统工程的方法自顶向下地进行分析。要建立管理信息系统,就必须知道现行系统的组织机构设置情况和它们之间的隶属关系。

组织结构指的是一个组织(部门、企业、车间、科室等)的组成以及这些组成部分之间的隶属关系或管理与被管理的关系,通常可用组织结构图来表示。用矩形框表示组织机构,用直线表示领导关系。

例如,图 4.2 是某企业的组织结构图,该企业的组织分为三层:企业领导决策层、业务管理层和业务执行层。企业领导决策层由总经理和副总经理等组成,主要职能是决定企业目标、确定经营方针、做出生产经营的具体决策。业务管理层包括人力资源部、综合部、财务部等机构,其主要职能是按照经营方针,在规定的职权范围内对各项业务进行管理。业务执行层由一分厂、二分厂、三分厂等生产第一线的组织机构组成,完成日常的生产、业务和调度。

2. 组织结构调查的内容

(1) 弄清组织内部的部门划分。
(2) 各部门之间的领导与被领导关系。

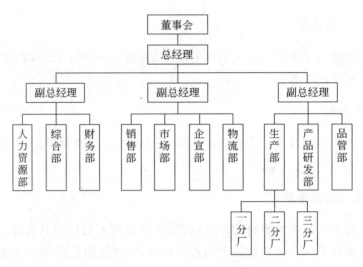

图 4.2　某企业组织结构图

（3）信息资料的传递关系。

（4）部门之间的物资流动与资金流动关系。

4.2.2　功能结构调查

功能指的是完成某项工作的能力。为了实现系统目标，系统必须具有各种功能。各子系统功能的完成，又依赖于下面更具体的工作的完成。管理功能的调查是要确定系统的这种功能结构。

管理信息系统的各子系统可以看做是系统目标下层的功能。对其中每项功能还可以继续分解为第三层、第四层……甚至更多的功能，从概念上讲，上层功能包括（或控制）下层功能，越是上层功能越笼统，越是下层功能越具体。功能分解的过程就是一个由抽象到具体、由复杂到简单的过程。图中每一个框称为一个功能模块。功能模块的大小可以根据具体情况确定。分解得最小的功能模块可以是一个程序中的某个处理过程，而较大的功能模块则可能是完成某一任务的一组程序。

功能结构图是最常用的功能结构描述工具，它是一个完全以业务功能为主体的树形表，其目的在于描述组织内部各部分的业务和功能。如图 4.3 所示为某企业仓储配送部门的功能结构图。

4.2.3　业务流程图

在对系统的组织结构和功能进行分析时，须从一个实际业务过程的角度将系统调查中有关该业务处理过程的资料都串起来作进一步的分析，把具体的管理活动的处理过程以流程图的方式绘制出来，为今后分析业务功能与数据间的关系、设计程序模块提供主要依据。业务处理过程分析还可以帮助我们发现和处理系统调查工作中的错误和疏漏，修改和删除原系统的不合理部分，在新系统基础上优化业务处理过程。

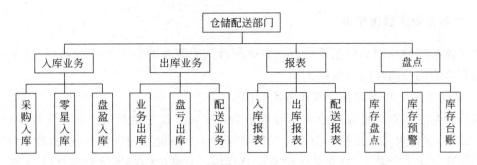

图 4.3　某企业仓储配送部门的功能结构图

前面已经将业务功能一一理出,而业务流程分析则是在业务功能的基础上将其细化,利用系统调查的资料将业务处理过程中的每个步骤用一个完整的图形(即业务流程图)串起来。绘制业务流程图是为了发现问题,分析不足,优化业务处理过程。所以说绘制业务流程图是分析业务处理过程的重要步骤。

业务流程图(Transaction Flow Diagram,TFD)就是用一些规定的符号及连线来表示某个具体业务处理过程。业务流程图的绘制基本上按照业务的实际处理步骤和过程绘制。换句话说,就是一"本"用图形方式来反映实际业务处理过程的"流水账"。绘制出这本"流水账"对于开发者理顺和优化业务过程是很有帮助的。由于它的符号简单明了,所以非常易于阅读和理解。它的不足是对于一些专业性较强的业务处理细节缺乏足够的表现手段,它比较适用于反映事务处理类型的业务过程。

有关业务流程图的画法,目前尚不太统一,但都是大同小异,只是在一些具体的规定和所用的图形符号方面有些不同,而在准确明了地反映业务流程方面是非常一致的。

1. 业务流程图的基本符号

业务流程图可以用六种基本图形符号加以表示,符号的内部解释则可直接用文字标于图内。这六种符号所代表的内容与信息系统最基本的处理功能一一对应。如图 4.4 所示,圆或椭圆表示业务处理单位;方框表示业务处理内容;报表符号表示输出信息(报表、报告、文件、图形等);不封口的方框表示存储文件;矢量连线表示业务过程联系。

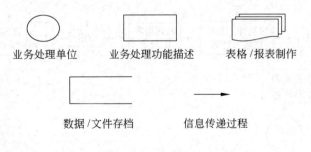

图 4.4　业务流程图的常用图形符号

2. 绘制业务流程图举例

业务流程图的绘制是根据系统调查表中所得到的资料和问卷调查的结果,按业务实际处理过程将它们绘制在同一张图上。

1)某高校学生基本信息管理业务流程图

某高校学生基本信息管理业务流程描述为:招生办首先要对新生名单进行审核,无误后进行编班,将新生名册存档。新生入学后填写的学生情况登记表报教务处,教务处再根据新生名册建立学生学籍表,并将学生学籍信息存档。有学生学籍发生变动时,教务处对变动进行统计,并将统计报表上报教委和校长。业务流程图如图 4.5 所示。

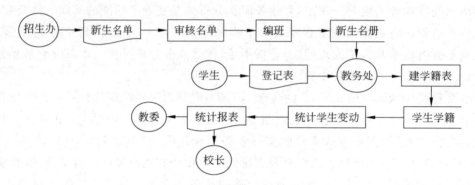

图 4.5 某高校学生基本信息管理业务流程图

2)某企业"物资采购计划制定及审批"业务流程图

某企业"物资采购计划制定及审批"业务的处理过程是:各分厂每年末制定出本分厂的"物资需求计划表",经供应处计划科审核后由物资供应处综合管理科在每年的 1 月 1 日前将各分厂提交的物资需求计划表按物资品种进行汇总后得到新一年的"物资需求总表"。该表由供应处处长审批后,由供应处计划员计算出每一种物资的年采购计划量并最后形成全厂新一年的"物资采购计划",如图 4.6 所示。

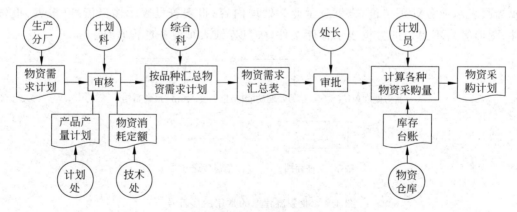

图 4.6 某企业"物资采购计划制定及审批"业务流程图

3. 业务流程图的作用

（1）制作流程图的过程是全面了解业务处理的过程，是进行系统分析的依据。

（2）它是系统分析员、管理人员、业务操作人员相互交流思想的工具。

（3）系统分析员可直接在业务流程图上拟出可以实现计算机处理的部分。

（4）用它可分析出业务流程的合理性。

4. 业务处理过程与组织机构的联系

为了描述组织中各部门与每一项业务处理过程的联系，一般采用"组织/业务联系表"来标明各部门与每一项业务的执行、辅助执行、提供信息等各种联系，如表 4.1 所示。

表 4.1　组织结构各部门和业务的联系表例

联系方式　部门 业务	计划处	供应处	财务处	销售处	调度处	技术处	物资仓库	……
物资采购计划制定	×	*					√	
产品销售计划制定	×			*				
物资采购及入库	√	*	×		√		*	
生产组织	√	×			*	√		
……								

注："*"代表该部门是相应业务的执行部门。

"×"代表该部门是相应业务的辅助执行部门。

"√"代表该业务的执行需要用到相应管理部门的数据。

4.3　系统数据流程调查分析

4.3.1　数据流程调查的内容

1. 数据流程调查的作用

管理业务调查过程中绘制的管理业务流程图虽然形象地表达了管理中信息的流动和存储过程，但仍没有完全脱离一些物质要素（如货物、产品等）。为了用计算机进行信息管理，还必须进一步舍去物质要素，收集有关资料，绘制出原系统的数据流程图，为下一步分析做好准备。

2. 数据流程调查的内容

（1）收集原系统全部输入单据、输出报表和数据存储介质的典型格式。

（2）弄清各环节上的处理方法和计算方法。

（3）在上述各种单据、报表、账本的典型样品上用附页注明制作单位、报送单位、存放地点、发生频度、发生的高峰时间及发生量等。

（4）在上述各种单据、报表、账册的典型样品上注明各项数据的类型、长度、取值范围。

3. 数据的来源

管理信息系统所涉及的数据可从以下途径调查得到：
（1）现行组织机构。
（2）现行各系统或部门的业务流程。
（3）各种会议的决议。
（4）计算机文件（或数据库）系统的数据组织结构。
（5）上级下达的各种文件和各项任务指标。
（6）与本单位有关的其他单位的有关信息。
（7）其他各种报表、报告、图表。

4.3.2 数据流程图

数据流程图描述数据流动、存储、处理的逻辑关系，一般用 DFD(Data Flow Diagram) 表示。

1. 数据流程图的基本成分

数据流程图用到四个基本符号，即外部实体、数据处理、数据流和数据存储。

1) 外部实体

外部实体(Enternal Entity)指系统以外又与系统有联系的人或事物。它表达该系统数据的外部来源和去处，例如顾客、职工、供货单位等。外部实体也可以是另外一个信息系统。

一般用矩形，并在其左上角外边另加一个直角来表示外部实体，在矩形内写上这个外部实体的名称。为了区分不同的外部实体，可以在矩形的左上角用一个字符表示。在数据流程图中，为了减少线条的交叉，同一个外部实体可在一张数据流程图中出现多次，这时在该外部实体符号的右下角画小斜线，表示重复。若重复的外部实体有多个，则相同的外部实体画数目相同的小斜线。外部实体的表示如图 4.7 所示。

2) 数据处理

处理(Process)指对数据的逻辑处理，也就是数据的变换。在数据流程图中，用长方形表示处理，如图 4.8 所示。

图 4.7　外部实体　　　　　　　　　图 4.8　处理过程

标志部分用来标识一个功能，一般用字符串表示，如 P1、P1.1 等。

功能描述部分是必不可少的，它直接表达这个处理的逻辑功能。一般用一个动词加一个作动词宾语的名词表示。

3）数据流

数据流（Data Flow）是指处理功能的输入或输出，用一个水平箭头或垂直箭头表示。箭头指出数据的流动方向。数据流可以是信件、票据，也可以是电话等。

一般说来，对每个数据流要加以简单的描述，使用户和系统设计员能够理解一个数据流的含义。对数据流的描述写在箭头的上方，一些含义十分明确的数据流，也可以不加说明，如图 4.9 所示。

4）数据存储

数据存储（Data Store）表示数据保存的地方。这里"地方"并不是指保存数据的物理地点或物理介质，而是指数据存储的逻辑描述。

在数据流程图中，数据存储用右边开口的长方条表示。在长方条内写上数据存储的名字。名字也要恰当，以便用户理解。为了区别和引用方便，再加一个标志，由字母 D 和数字组成。为清楚起见，用竖线表示同一数据存储在图上不同地方的出现，如图 4.10 所示。

图 4.9　数据流　　　　　　　　　　　　　图 4.10　数据存储

指向数据存储的箭头，表示送数据到数据存储（存放、改写等）；从数据存储发出的箭头，表示从数据存储读取数据，如图 4.11 所示。

图 4.11　数据的读取与存储

2. 数据流程图的画法

1）基本数据流程图

系统分析的根本目的是分析出合理的信息流动、处理、存储的过程。数据流程分析有许多方法，如 HIPO（Hierarchical Input Process Output）法和结构化方法等。基本思想是一样的，即把一个系统看成一个整体功能，明确信息的输入与输出，系统为了实现这个功能，内部必然有信息的处理、传递、存储过程。这些处理又可以分别看做整体功能，其内部又有信息的处理、传递、存储过程。如此一级一级地剖析，直到所有处理步骤都很具体为止。

具体做法是：按业务流程图理出的业务流程顺序，将相应调查过程中所掌握的数据处理过程绘制成一套完整的数据流程图，一边整理绘图，一边核对相应的数据和报表、模型等，如图 4.12 所示为某财务系统数据流程绘制。

2）数据流程图的分层

由于涉及一个复杂系统时，系统数据流程非常复杂，需要逐层分解才能清楚表达系统的数据流动，所以数据流程图是分层次的，绘制时采取自顶向下逐层分解的办法。如

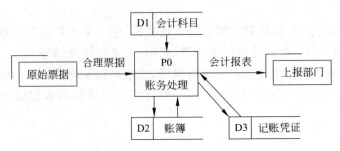

图 4.12　某财务系统数据流程绘制

图 4.13 所示为对图 4.12 进行分层的结果。

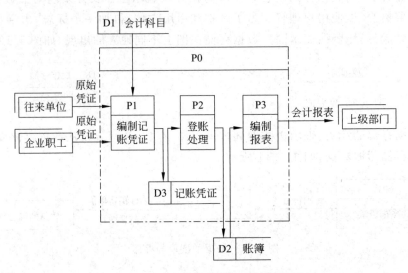

图 4.13　财务系统数据流程图的分层

数据流程图的分层次示意图如图 4.14 所示。

由此总结,数据流程图的画法为:

首先画出顶层(第一层)数据流程图。顶层数据流程图只有一张,说明了系统的总的处理功能、输入和输出。

下一步是对顶层数据流程图中的"处理"进行分解,也就是将"账务处理"分解为更多的"处理"。第二张图是第一层中的处理被分解后的第二层数据流程图中的一个。

数据流程图分多少层次应根据实际情况而定,对于一个复杂的大系统,有时可分至七八层之多。为了提高规范化程度,有必要对图中各个元素加以编号。通常在编号之首冠以字母,用以表示不同的元素,可以用 P 表示处理,D 表示数据流,F 表示数据存储,S 表示外部实体。例如,P3.1.2 表示第三子系统第一层图的第二个处理。

3) 画数据流程图的注意事项

在系统分析中,数据流程图是系统分析员与用户交流思想的工具。实践证明,只要对用户稍做解释,用户就能看明白。同时适合不同管理层次的业务人员在进行业务调查时将其作为参考。在调查过程中,随手就可记录有关情况,随时可与业务人员讨论,使不足的地方

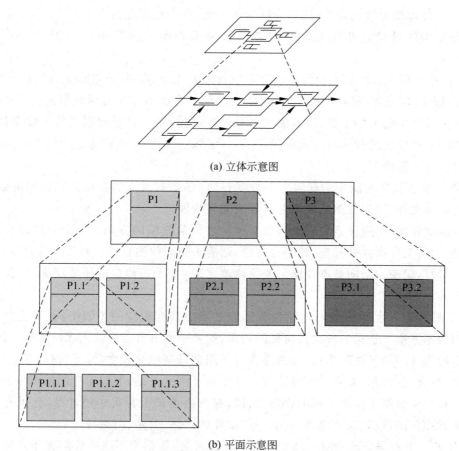

(a) 立体示意图

(b) 平面示意图

图 4.14 数据流程图的分层次示意图

得到补充,有出入的地方得到纠正。

(1) 关于层次的划分。最上层的数据流程图相当概括地反映出信息系统最主要的逻辑功能、最主要的外部实体和数据存储。

逐层扩展数据流程图是对上一层图(父图)中某些处理框加以分解。随着处理的分解,功能越来越具体,数据存储、数据流越来越多。必须注意,下层图(子图)是上层图中某个处理框的放大。因此,凡是与这个处理框有关系的外部实体、数据流、数据存储必须在下层图中反映出来。下层图上用虚线长方框表示所放大的处理框,属于这个处理内部用到的数据存储画在虚线框内,属于其他框也要用到的数据存储,则画在虚线框之外或跨在虚线框上。流入或流出虚线框的数据流,若在上层图中没出现,则在与虚线交叉处用"X"表示。

逐层扩展的目的,是把一个复杂的功能逐步分解为若干较为简单的功能。逐层扩展不应肢解和蚕食,使系统失去原来的面貌,而应保持系统的完整性和一致性。究竟怎样划分层次,划分到什么程度,没有绝对的标准,但一般认为:

① 展开的层次与管理层次一致,当然也可以划分得更细。处理块的分解要自然,注意功能的完整性。

② 一个处理框经过展开，一般以分解为 4 个至 10 个处理框为宜。

③ 最下面的处理过程用几句话或者几张决策表画一张简单的 HIPO 图就能表达清楚。

（2）检查数据流程图的正确性。通常可以从以下几个方面检查数据流程图的正确性：

① 数据守恒，或称为输入数据与输出数据匹配。数据不守恒有两种情况：一种是某个处理过程用以产生输出的数据，没有输入这个处理过程，这肯定是遗漏了某些数据流；另一种是某些输入在处理过程中没有被使用，这不一定是一个错误，但产生这种情况的原因以及是否可以简化值得研究。

② 在一套数据流程图中的任何一个数据存储，必定有流入的数据流和流出的数据流，即写文件和读文件，缺少任何一项都意味着遗漏某些加工。

画数据流程图时，应注意处理框与数据存储之间数据流的方向。一个处理过程要读文件，数据流的箭头应指向处理框，若是写文件，则箭头指向数据存储。修改文件要先读后写，但本质上是写，箭头也指向数据存储。若除修改之外，为了其他目的还要读文件，此时箭头画成双向的。

③ 父图中某一处理框的输入、输出数据流必须出现在相应的子图中，否则就会出现父图与子图的不平衡。这是一种比较常见的错误，而不平衡的分层会使人无法理解。因此，特别应注意检查父图与子图的平衡，尤其是在对子图进行某些修改之后。父图的某框扩展时，在子图中用虚线框表示，有利于这种检查。父图与子图的关系，类似于全国地图与分省地图的关系。在全国地图上标出主要的铁路、河流，在分省地图上标得则更详细，除了有全国地图上与该省相关的铁路、河流之外，还有一些次要的铁路、公路、河流等。

④ 任何一个数据流至少有一端是处理框。换言之，数据流不能从外部实体直接到数据存储，不能从数据存储到外部实体，也不能在外部实体之间或数据存储之间流动。初学者往往容易违反这一规定，常常在数据存储与外部实体之间画数据流。其实，只要牢记数据流是指处理功能的输入或输出，就不会出现这类错误了。

（3）提高数据流程图的易理解性。数据流程图是系统分析员调查业务过程，与用户交换思想的工具。因此，数据流程图应该简明易懂。这也有利于后面的设计，有利于对系统说明书进行维护。可以从以下几个方面提高易理解性。

① 简化处理间的联系。结构化分析的基本手段是分解，其目的是控制复杂性。合理的分解是将一个复杂的问题分成相对独立的几个部分，每个部分可单独理解。在数据流程图中，处理框间的数据流越少，各个处理就越独立，所以我们应尽量减少处理框间输入及输出数据流的数目。

② 均匀分解。如果在一张数据流程图中，某些处理已是基本加工，而另一些却还要进一步分解三四层，这样的分解就不均匀。不均匀的分解不易被理解，因为其中某些部分描述的是细节，而其他部分描述的是较高层的功能。遇到这种情况，应重新考虑分解，尽量避免不均匀的分解。

③ 适当命名。数据流程图中各种成分的命名与易解性有直接关系，所以应注意命名适当。

处理框的命名应能准确地表达其功能,理想的命名由一个具体的动词加一个具体的名词(宾语)组成,在下层尤其应该如此,例如"计算总工作量""开发票"。下面举几个例子加以说明。"存储和打印提货单"最好分成两个,即"存储提货单"和"打印提货单"。"处理订货单""处理输入"不太好,"处理"是空洞的动词,没有说明究竟做什么,"输入"也是不具体的宾语。"做杂事"几乎等于没有命名。同样,数据流、数据存储也应适当命名,尽量避免产生错觉,以减少设计和编程等阶段的错误。

3. 数据流程图的特征

(1) 抽象性。在数据流程图中具体的组织机构、工作场所、人员、物流等都已去掉,只剩下数据的存储、流动、加工、使用的情况。这种抽象性能使我们总结出信息处理的内部规律性。

(2) 概括性。它把系统对各种业务的处理过程联系起来考虑,形成一个总体。而业务流程图只能孤立地分析各个业务,不能反映出各业务之间的数据关系。

4. 数据流程图的作用

(1) 系统分析员用这种工具自顶向下分析系统信息流程。
(2) 可在图上画出计算机处理的部分。
(3) 根据逻辑存储,进一步作数据分析,可向数据库设计过渡。
(4) 根据数据流向,定出存取方式。
(5) 对于一个处理过程,可用相应的程序语言来表达处理方法,向程序设计过渡。

4.3.3 数据字典

1. 数据字典的含义

数据字典(Data Dictionary)是一种用户可以访问的记录数据库和应用程序元数据的目录。

数据字典是描述数据信息的集合,是对系统中所有使用数据元素定义的集合。

数据字典是在新系统数据流程图的基础上,进一步定义和描述所有数据的工具,包括对一切动态数据(数据流)和静态数据(数据存储)的数据结构和相互关系的说明,是数据分析和数据管理的重要工具,是系统设计阶段进行数据库(文件)设计的参考依据。

2. 数据字典的内容

数据字典的内容主要是对数据流程图中的数据项、数据结构、数据流、处理逻辑、数据存储和外部实体六个方面进行具体的定义。数据流程图配以数据字典,可以从图形和文字两个方面对系统的逻辑模型进行完整的描述。

1) 数据项的定义

数据项又称数据元素,是数据的最小单位。分析数据特性应从静态和动态两个方面进

行。在数据字典中,仅定义数据的静态特性,具体包括:

(1) 数据项的名称、编号、别名和简述。

(2) 数据项的长度。

(3) 数据项的取值范围,例如:

数据项编号:ID201

数据项名称:材料编号

别名:材料编码

简述:某种材料的代码

类型及宽度:字符型,4 位

取值范围:"0001"~"9999"

2) 数据结构的定义

数据结构描述某些数据项之间的关系。一个数据结构可以由若干个数据项组成,也可以由若干个数据结构组成,还可以由若干个数据项和数据结构组成。例如,表 4.2 所示订货单就是由三个数据结构组成的数据结构。表中用 DS 表示数据结构,用 I 表示数据项。

表 4.2　用户订货单的数据结构

DS03-02:订货单标识	DS03-03:用户情况	DS03-04:配件情况
I1:订货单编号	I3:用户代码	I10:配件代码
I2:日期	I4:用户名称	I11:配件名称
	I5:用户地址	I12:配件规格
	I6:用户姓名	I13:订货数量
	I7:电话	
	I8:开户银行	
	I9:账号	

数据字典中对数据结构的定义包括以下内容:

(1) 数据结构的名称和编号。

(2) 简述。

(3) 数据结构的组成。如果是一个简单的数据结构,只要列出它所包含的数据项。

例如:

数据结构编号:DS03-01

数据结构名称:用户订货单

简述:用户所填用户情况及订货要求等信息

数据结构组成:DS03-02+DS03-03+DS03-04

3）数据流的定义

数据流由一个或一组固定的数据项组成。定义数据流时,不仅要说明数据流的名称、组成等,还应指明它的来源、去向和数据流量等,例如:

数据流编号:F03-08

数据流名称:领料单

简述:车间开出的领料单,数据流来源为车间

数据流去向:发料处理模块

数据流组成:材料编号＋材料名称＋领用数量＋日期＋领用单位

数据流量:10 份/时

高峰流量:20 份/时(上午 9:00~11:00)

4）处理逻辑的定义

处理逻辑的定义仅对数据流程图中最底层的处理逻辑加以说明,例如:

处理逻辑编号:P02-03

处理逻辑名称:计算电费

简述:计算应交纳的电费

输入的数据流:数据流电费价格,来源于数据存储文件价格表;数据流电量和用户类别,来源于处理逻辑"读电表数字处理"和数据存储"用户文件"

处理:根据数据流"用电量"和"用户信息",检索用户文件,确定该用户类别;再根据已确定的用户类别,检索数据存储价格表文件,以确定该用户的收费标准,得到单价;用单价和用电量相乘得到该用户应交纳的电费

输出的数据流:数据流"电费"一是输出到外部项用户,二是写入数据存储用户电费账目文件

处理频率:对每个用户每月处理一次

5）数据存储的定义

数据存储在数据字典中只描述数据的逻辑存储结构,而不涉及它的物理组织,例如:

数据存储编号:F03-08

数据存储名称:库存账

简述:存放配件的库存量和单价

数据存储组成:配件编号＋配件名称＋单价＋库存量＋备注

关键字:配件编号

6）外部实体的定义

外部实体定义包括外部实体编号、名称、简述及有关数据流的输入和输出,例如:

外部实体编号:S03-01

外部实体名称:用户

简述:购置本单位配件的用户

输入的数据流:D03-06,D03-08

输出的数据流:D03-01

4.4 系统处理逻辑分析

4.4.1 结构化语言

结构化语言(Structured Language)是专门用来描述一个功能单元逻辑要求的。它介于自然语言和程序语言之间,是受到结构化程序设计思想的启发而产生的。它也有顺序、判断和循环三种结构。

1. 顺序结构(祈使语句)

利用自然语言来表达"计算每户每月用电费"的过程为:查住户本月底的电表读数,查住户上月底的电表读数,由本月底的电表读数减去上月底的电表读数,得到本月的实际用电度数,以每度电的单价 0.49 元乘以住户的实际用电度数,得出该住户本月应该交纳的电费。用结构化语言描述为:

(1) 获得当前电表数。

(2) 获得上月底电表数。

(3) 当前电表数减去上月底的电表数,得到本月实际用电度数。

(4) 0.49 元乘以实际用电度数,得到电费。

2. 判断结构(判断语句)

利用自然语言描述某航空公司的行李托运规定如下:乘客可以免费托运重量不超过 20 千克的行李。当行李重量超过 20 千克时,如果乘客不是残疾人,那么对头等舱的乘客超重部分每千克收费 10 元,对其他舱的乘客超重部分每千克收费 20 元。对残疾乘客超重部分每千克收费比正常乘客少一半。用结构化语言可以把这项规定表述如下:

```
如果 托运行李重量大于 20 千克
    如果 乘客非残疾人
        如果 是头等舱的乘客
            超重部分每千克收费 10 元
        否则 (不是头等舱的乘客)
            超重部分每千克收费 20 元
    否则 (乘客是残疾人)
        如果 是头等舱的乘客
            超重部分每千克收费 5 元
        否则 (不是头等舱的乘客)
            超重部分每千克收费 10 元
否则 (托运行李重量小于等于 20 千克)
    免费托运
```

3. 循环结构(循环语句)

例如,计算某单位本月应收的总电费的结构化语言描述如下:

（1）对每户。

（2）计算本月的电费。

（3）将每户的电费加到总计中。

4.4.2 决策树

如果某个处理动作的执行不是只依赖一个条件，而是和若干个条件有关，那么用结构化语言就要使用很多层次的判断语句，因此不能一目了然。而决策树和决策表就能很好地解决这个问题。

决策树（Decision Tree）是用树形结构来描述处理逻辑的工具。

例如，某工厂制定了一项对职工的超产奖励政策：

对于生产产品 X 和产品 Y 的工人，凡是实际生产数量超过计划指标者，均可获得奖金，原则是超产数量越多，奖金就越多。

对产品 X，实际产量超过计划指标 1 件至 50 件，奖金按超产部分计算，每件 10 元；实际产量超过计划指标 51 件至 100 件，其中 50 件按每件 10 元计算，其余部分按每件 12 元计算；实际产量超过计划指标 100 件以上，其中 50 件按每件 10 元计算，另外 50 件按每件 12 元计算，其余部分按每件 15 元计算。

对产品 Y，实际产量超过计划指标 1 件至 25 件，奖金按超产部分计算，每件 20 元；实际产量超过计划指标 26 件至 50 件，其中 25 件按每件 20 元计算，其余部分按每件 30 元计算；实际产量超过计划指标 50 件以上，其中 25 件按每件 20 元计算，另外 25 件按每件 30 元计算，其余部分按每件 50 元计算。

这个问题用决策树描述如下（图 4.15）：

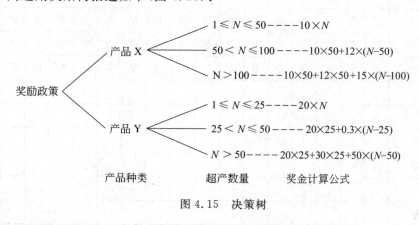

图 4.15 决策树

4.4.3 决策表

决策表（Decision Table）是另一种表达逻辑判断的工具。与结构化语言和决策树方法相比，决策表的优点是能够把所有的条件充分地表达出来。但其缺点是决策表的建立过程较为复杂，而且表达方式不如结构化语言和决策树简便。

决策表由四部分组成，左上部分为判断条件，左下部分为处理行动，右上部分为不同条件的组合,右下部分表示出不同条件组合下应采取的行动。

下面通过一个例子说明决策表的应用与有关问题。

某物业管理公司对一部分职工重新分配工作,分配原则是:

(1) 年龄不满 25 岁,文化程度是高中及以下者脱产学习,文化程度是专科者当维修工,文化程度是本科及以上者当领班。

(2) 年龄满 25 岁但不足 50 岁,文化程度是专科及以下,男性负责绿化养护,女性负责环境保洁;文化程度是大学及以上者成为领班。

(3) 年龄满 50 岁及以上,文化程度是专科及以下者负责档案管理,文化程度是大学者当领班。

分析这个原则,实际上考虑三个因素:性别、年龄、文化程度。它们的取值范围分别是:

C1 性别:{男,女}

C2 年龄:{青年(小于 25 岁),中年(满 25 岁而不足 50 岁),老年(满 50 岁及以上)}

C3 文化程度:{高(高中及以下),专(专科),本(本科及以上)}

这三个条件,根据它们的取值范围,可以组合成 $2 \times 3 \times 3 = 18$ 种情况。

这个规则共提供六种不同的工作:A1 脱产学习、A2 维修工、A3 绿化养护、A4 环境保洁、A5 领班、A6 档案管理。我们称这是六种行动。不同的条件组合,采取不同的行动。

把条件说明、条件可能的组合、可能采取的行动列在一张表上,得到有条件组合的决策表,如表 4.3 所示。

表 4.3 决策表的结构

可能的组合 条件及行动	1	2	3	4	5	6	7	8	9	10	11	12	13	14	15	16	17	18
C1:性别	男	男	男	男	男	男	男	男	男	女	女	女	女	女	女	女	女	女
C2:年龄	青	青	青	中	中	中	老	老	老	青	青	青	中	中	中	老	老	老
C3:文化程度	高	专	本	高	专	本	高	专	本	高	专	本	高	专	本	高	专	本
A1:脱产学习	√									√								
A2:维修工		√		√	√						√							
A3:绿化养护				√	√													
A4:环境保洁													√	√				
A5:领班			√			√			√			√			√			√
A6:档案管理							√	√								√	√	

这是一张完整的决策表。表的左上部是条件说明(C1~C3),左下部是行动说明(A1~A6),右上部是条件的组合,右下部是条件组合相对应的行动。表中列出了三个条件所有可能的组合情况,因此不会有遗漏。

决策表在完成初始全部条件列举以后,可以进行简化,简化的办法是符合条件列的合并。合并的原则是在相同的行动下,检查它所对应的各列条件组合中是否存在无需判断的条件。例如第 1 列与第 10 列,对应的行动是"A1:脱产学习",对应的"C2:年龄"取值相同,

"C3：文化程度"取值也相同，只有"C1：性别"取值不同，第 1 列取值"男"，第 10 列取值"女"。换句话说，只要年龄取值"青"，文化程度取值"高"，则不论性别是男是女，都分配同样的工作"A1：脱产学习"。所以可以将第 1 列与第 10 列合并为一列，"C1：性别"处用"/"表示该项不必考虑。同理，第 2 列与第 11 列可以合并，第 3 列与第 12 列、第 6 列与第 15 列、第 9 列与第 18 列、第 7 列与第 16 例、第 8 列与第 17 列可以分别合并。由此得到表 4.4。

表 4.4　决策表的合并

条件及行动 ＼ 可能的组合	1,10	2,11	3,12	4	5	6,15	7,16	8,17	9,18	13	14
C1：性别	/	/	/	男	男	/	/	/	/	女	女
C2：年龄	青	青	青	中	中	中	老	老	老	中	中
C3：文化程度	高	专	本	高	专	本	高	专	本	高	专
A1：脱产学习	✓										
A2：维修工		✓									
A3：绿化养护				✓	✓						
A4：环境保洁										✓	✓
A5：领班			✓			✓			✓		
A6：档案管理							✓	✓			

表 4.4 还可以合并。考查"A5：领班"对应的三列，条件"C1：性别"取值相同（均不论性别），"C3：文化程度"取值都是"本"，而条件"C2：年龄"取值分别为青年、中年、老年，这正是条件 C2 取值的整个范围。换言之，采取这一行动，可以不考虑"年龄"这个条件。这三列合并后得到表 4.5。

表 4.5　简化的决策表

条件及行动 ＼ 可能的组合	1	2	3	4	5	6	7	8	9
C1：性别	/	/	/	男	男	/	/	女	女
C2：年龄	青	青	/	中	中	老	老	中	中
C3：文化程度	高	专	本	高	专	高	专	高	专
A1：脱产学习	✓								
A2：维修工		✓							
A3：绿化养护				✓	✓				
A4：环境保洁								✓	✓
A5：领班			✓						
A6：档案管理						✓	✓		

由此,归纳出合并的原则:取相同行动的 n 列,若有某个条件在此 n 列的取值正好是该条件取值的全集,而其他条件在此 n 列都取相同的值,则此 n 列可以合并。

按此原则考查表 4.5,不可能再合并。这个决策问题的决策表的化简也到此为止。

用决策表来描述决策问题,通常经过以下几个步骤:

(1) 分析决策问题涉及几个条件。

(2) 分析每个条件取值的集合。

(3) 列出条件的各种可能组合。

(4) 分析决策问题涉及几个可能的行动。

(5) 做出有条件组合的决策表。

(6) 决定各种条件组合的行动。

(7) 按合并规则化简决策表。

正确恰当地分析条件及其取值的集合是很关键的一步。所谓"正确",就是取值的划分不重复、不遗漏。所谓"恰当",即在正确的前提下要简单。从前面的例子可以看到,决策表的列数是各条件取值数目的乘积,即决策表的列数随条件的取值数呈指数型上升。

4.4.4 三种表达工具的比较

这三种表达工具各有优缺点,我们从直观性、用户检查、可修改性、逻辑检查、机器可读性、机器可编程六个方面对其进行比较,比较结果如表 4.6 所示。

表 4.6 三种表达工具的比较

表达工具 性能	结构化语言	决策树	决策表
直观性	一般	很好	一般
用户检查	不便	方便	不便
可修改性	好	一般	差
逻辑检查	好	一般	很好
机器可读性	很好	差	很好
机器可编程	一般	不好	很好

综上所述,可将这三种工具的适用范围概括如下:

(1) 决策树适用于 10~15 种行动的一般复杂程度的决策。有时可将决策表转换成决策树,便于用户检查。

(2) 决策表适合于多个条件的复杂组合。虽然决策表也适用于很多数目的行动或条件组合,但数目庞大时使用也不方便。

(3) 如果一个判断包含了一般顺序执行的动作或循环执行的动作,则最好用结构化语言表达。

4.5　系统分析报告

4.5.1　新系统逻辑方案提出

1. 确定新系统的逻辑处理方案

在本章前面几节中已经对原有系统进行了大量的分析和优化,这个分析和优化的结果就是新系统拟采用的信息处理方案。它包括如下几部分:

(1) 确定合理的业务处理流程。将业务流程和业务处理分析归纳整理的结果。

(2) 确定合理的数据和数据流程。将数据、数据流程的分析归纳整理的结果。

(3) 确定新系统的逻辑结构和数据分布。新系统逻辑划分方案(即子系统的划分);新系统数据资源的分布方案,如哪些在本系统设备内部,哪些在网络服务器或主机上。

2. 新系统逻辑模型的运行环境

经过前面对现行系统的调查、分析和优化,提出了新的管理信息系统逻辑模型,即新信息系统将是什么、做什么和如何做。如同现行系统一样,新系统需要一定的运行环境,在系统逻辑模型中,应对新系统的运行环境提出要求或设想。

新的管理信息系统运行环境包括:

(1) 硬件设备和布局。

① 系统总体结构。

② 单机用户/网络系统:Internet/Intranet/WAN/LAN/MAN。

③ 网络拓扑结构。

(2) 软件系统。

① 操作系统。

② 数据库管理系统。

③ 程序设计语言。

④ 应用/工具软件系统。

(3) 机构调整和人员调整设想。

(4) 规章制度和岗位职责。

4.5.2　系统化分析报告内容

经过调查、分析,在当前系统功能的基础上提出了目标系统的逻辑模型。完成了这些工作,标志着系统分析的任务已基本结束。但是,还应写出一份系统化分析报告,即系统说明书。系统说明书是系统分析阶段的产物,它将作为今后系统设计和系统实现的主要依据。作为系统分析阶段的技术文档,系统化分析报告通常包括以下三方面的内容。

1. 引言

引言说明项目名称、目标、功能、背景、引用资料(如核准的计划任务书或合同)、本文所用的专门术语等。

2. 项目概述

1）项目的主要工作内容

项目概述简要说明本项目在系统分析阶段所进行的各项工作的主要内容,这些是建立新系统逻辑模型的必要条件,而逻辑模型是书写系统说明书的基础。

2）现行系统的调查情况

新系统是在现行系统基础上建立起来的。设计新系统之前,必须对现行系统调查清楚,掌握现行系统的真实情况,了解用户的要求和问题所在。

列出现行系统的目标、主要功能、组织结构、用户要求等,并简要指出主要问题所在。以数据流程图为主要工具,说明现行信息系统的概况。

数据字典、决策表等往往篇幅较大,可作为附件。但是由它们得到的主要结论,如主要的业务量、总的数据存储量等,应列在正文中。

3）新系统的逻辑模型

通过对现行系统的分析,找出现行系统的主要问题所在,进行必要的改动,即得到新系统的逻辑模型。

新系统的逻辑模型也通过相应的数据流程图加以说明。数据字典等有变动也要给出相应说明。

3. 实施计划

1）工作任务的分解

工作任务的分解指对开发中应完成的各项工作,按子系统(或系统功能)划分,指定专人分工负责。

2）进度

进度指给出各项工作的预定开始日期和结束日期,规定任务完成的先后顺序及完成的界面。可用 PERT(Program Evaluation and Review Technique,项目计划评审技术)图或甘特图表示进度。

3）预算

预算指逐项列出本项目所需要的劳务以及经费的预算,包括各项工作所需人力及办公费、差旅费、资料费等。

案例与问题讨论

案例:青钢 MIS 的系统分析

在和青钢签订了开发包括物资管理、产品销售管理、计划管理、生产调度、财务管理、技术管理、总经理综合信息服务七个子系统的开发合同后,李教授为这七个子系统分别指定了技术负责人,并为整个项目指定了总体技术负责人。

MIS 课题组设计了用于调查青钢相关部门组织机构、目标功能和信息需求的三张表格。

随后,李教授率领课题组成员进驻青钢,组织所有与上述七个子系统相关部门的主要业务人员开了一个动员会。

会上由杨总经理首先阐述了企业计算机应用系统对青钢规范化管理的意义,并动员大家协助该系统的开发工作。然后由李教授及项目总体技术负责人给各位业务人员讲解了如何填写调查部门业务的三张调查表。

会后,青钢信息中心傅主任与七个子系统相关的物资处、销售处、技术处、财务处、计划处、生产调度处、总经理办公室的主管领导进行协调,分别指定了熟悉业务的人员填写用于调查各部门业务的三张调查表。

一周以后,课题组依据调查表绘制出了青钢的组织机构图,归纳总结出了组织机构各部门的工作任务。

对每一项管理业务的处理流程及所处理的数据利用相应的描述工具进行了规范化描述。

对一些调查表中无法或很难描述清楚的问题,课题组专门组织系统分析人员与相关的业务人员进行了面谈和专题调查会,在交互过程中逐步弄清了通过调查表难以了解到的系统功能及信息需求。系统分析人员利用各项业务和数据间的关系分析了现有的业务流程。

在解决了发现的问题后,通过对各业务流程的整理归纳,提出了新系统的功能结构,并对该功能结构中的每一项功能从内容上进行了具体描述。

MIS 课题组将上述所做工作整理后形成了《青钢管理信息系统系统分析报告》。系统分析报告经 MIS 课题组及青钢业务人员双方确认后,课题组进入了下一阶段——系统设计阶段。

问题讨论:

1. 系统分析阶段的主要工作包括哪些?
2. 系统分析报告对于系统设计阶段的工作有哪些影响?
3. 哪些人要参与系统分析阶段的工作?分别起什么作用?

小　　结

系统分析是管理信息系统开发的重要环节,包括问题识别、可行性分析、详细调查、系统化分析等步骤,最后完成新系统的逻辑方案设计,形成系统分析报告。

详细调查主要针对现行系统的管理业务和数据流程进行,从而完整掌握现行系统的现状,找出存在的问题和薄弱环节,产生业务流程图和数据流程图,为进一步的系统化分析做准备。

系统化分析主要是在详细调查的基础上,找出不合理的业务流程和数据流程,进而提出新系统的逻辑模型,包括原系统的不足、新系统的目标、子系统的划分、数据属性分析和数据字典的建立以及新系统中所要采用的管理方法。

系统化分析的最终目标是提出新系统的逻辑方案。逻辑方案反映了系统分析结果和对新系统的设想。

练习与作业

1. 简述系统分析的内容。

2. 系统的逻辑模型包括哪些方面的内容？

3. 试述系统分析阶段的主要活动。

4. 系统分析阶段为什么要进行业务流程分析？

5. 为什么说系统分析是管理信息系统开发过程中最重要的一环？

6. 怎样绘制数据流程图？

7. 邮寄包收费标准为：若收件地点在 1000 千米以内，普通件每千克 2 元，挂号件每千克 3 元。若收件地点在 1000 千米以外，普通件每千克 2.5 元，挂号件每千克 3.5 元。若重量大于 30 千克，超重部分每千克加收 0.5 元。请绘制收费决策表、决策树（重量用 w 表示）。

8. 快递预约取件的业务流程图为：寄件人致电快递公司的服务人员，告之快递收发地点及时间段。服务人员将预约信息分配给最近的收件员，收件员按照约定的时间上门取件，寄件人填写快递单，收件员会将快递单的其中一份交给寄件人。收件员将快递交由该区域的快递处理中心，由处理中心分拣、扫描发往目的地，并将快递信息推送给寄件人，寄件人就能够查询到快递的状态。请绘制该过程的业务流程图。

9. 画出银行办理活期取款手续数据流程图。储户携带存折前去银行办理取款手续。他应把存折和填好的取款单一并交给银行工作人员检查。工作人员需核对账目，发现存折的有效性问题，取款单填写的问题或存折、账卡与取款单不符等问题均应报告储户。在检查通过的情况下，则应将取款信息登记在存折和账卡上，并通知付款。根据付款通知对储户如数付款，从而完成这一简单的数据处理活动。

10. 系统分析的最终成果是建立新系统的逻辑方案，那么，为什么还要编写系统分析说明书（即系统分析报告）？

第5章　结构化系统设计

学习目标和指南

学习目标：

1. 从总体了解系统设计的主要任务和设计步骤，学会编制系统设计文档。
2. 了解系统物理配置方案设计的内容以及软硬件选择的原则。
3. 理解模块间的关系，掌握模块化设计方法。
4. 理解代码设计的作用，了解代码的种类，掌握代码的设计方法和校验方法。
5. 明确文件设计的步骤和方法，掌握数据库设计方法。
6. 掌握输入/输出的设计方法，包括设计的内容格式、设备的选择。
7. 掌握流程设计的步骤及流程设计方法。

学习指南：

1. 从总体上了解系统设计的主要任务和系统总体设计的内容。牢固掌握结构化设计和模块化设计的思想和模块调用方式。
2. 模块结构图是描述系统模块结构的图形工具，理解模块、模块间的耦合、模块内的聚合等概念，掌握模块化设计方法。
3. 掌握代码的作用，了解代码的种类、设计方法和设计原则，了解代码校验位的作用和其确定、校验步骤。
4. 输入/输出设计一定程度上是一种艺术性工作，因此学习过程中，不仅对设计内容要求把握，同时应善于根据不同的信息形态选择合理的设备，学会鉴赏界面。
5. 数据库设计首先要对用户需求进行调查分析，学会将客观世界中的数据转换为信息。
6. 处理流程设计是关系到系统全局的，应从系统分析的逻辑模型出发，结合数据库设计、代码设计和输入/输出设计，得出合理的、流畅的系统全局处理流程图。

课前思考

如果说系统分析阶段所提出的系统逻辑模型解决了"做什么"的问题，那么系统设计阶段解决什么问题呢？

在系统分析阶段，我们明确了新系统的功能结构及信息结构，也就是系统的逻辑模型，对新系统回答了"做什么"的问题。在系统设计阶段我们需要回答的中心问题是"怎么做"，即通过给出新系统物理模型的方式描述如何实现在系统分析中规定的系统功能。

系统设计是信息系统开发过程中的重要阶段。在这一阶段中我们将要根据前一阶段系统分析的结果，在已经获准的系统分析报告的基础上，进行新系统设计。系统设计阶段的主要任务是：在科学、合理的设计和总体模型的基础上，尽可能提高系统的运行效率、可变性、可控性和工作质量。充分利用并合理投入各类人、财、物资源，使之获得较高的综合效益。

5.1　结构化系统设计概述

5.1.1　系统设计目标和原则

1. 系统设计目标

系统设计的目的是在保证实现逻辑模型功能的基础上，尽可能提高目标系统的简单性、可变性、一致性、完整性、可靠性、经济性、系统的运行效率和安全性，将分析阶段所获得的系统逻辑模型转换成一个具体的计算机实现方案的物理模型，包括计算机物理系统配置方案报告和一份系统设计说明书。

2. 系统设计原则

(1) 简单性。在达到预定的目标、具备所需要的功能前提下，系统应尽量简单，这样可减少处理费用，提高系统效益，便于实现和管理。

(2) 灵活性和适应性。可变性是现代化企业的特点之一，是指其对外界环境的变化的适应能力。作为企业的管理信息系统必须具有相当的灵活性，以便适应外界环境的不断变化，而且系统本身也需不断修改和改善。因此，在这里系统的可变性是指允许系统被修改和维护的难易程度。一个可变性好的系统，各个部分独立性强，容易进行变动，从而可提高系统的性能，不断满足对系统目标的变化要求。此外，如果一个信息系统的可变性强，可以适应其他类似企业组织的需要，这将比重新开发一个新系统成本要低得多。

(3) 一致性和完整性。一致性是指系统中信息编码、采集、信息通信要具备一致性，设计规范应标准；完整性是指系统作为一个统一的整体而存在，系统功能应尽量完整。

(4) 可靠性。系统的可靠性指系统硬件和软件在运行过程中抵抗异常情况的干扰及保证系统正常工作的能力。衡量系统可靠性的指标是平均故障间隔时间和平均维护时间。前者指平均的前后两次发生故障的时间，反映了系统安全运行时间；后者指故障后平均每次所用的修复时间，反映了系统可维护性的好坏。只有可靠的系统才能保证系统的质量并得到用户的信任，否则就没有使用价值。

提高系统可靠性的途径主要有：
① 选取可靠性较高的主机和外部设备。
② 硬件结构的冗余设计，即在高可靠性的应用场合，应采取双机或双工的结构方案。
③ 对故障的检测处理和系统安全方面的措施，如对输入数据进行校检，建立运行记录和监督跟踪，规定用户的文件使用级别，对重要文件的复制等。

(5) 经济性。系统的经济性是指系统的收益应大于系统支出的总费用。系统支出费用包括系统开发所需投资的费用与系统运行维护费用之和；系统收益除了货币指标外，还有非货币指标。

系统应该给用户带来相应的经济效益。系统的投资和经营费用应当得到补偿。需要指出的是,这种补偿有时是间接的或不能定量计算的。特别是对于管理信息系统,它的效益当中,有很大一部分效益不能以货币来衡量。

5.1.2 系统设计内容

1. 系统总体结构设计

系统总体结构设计包括两方面的内容:数据处理设计和系统物理配置方案设计。

2. 模块结构设计

应用变化分析方法和事务分析方法构建系统的模块结构。

3. 代码设计

代码设计就是通过设计合适的代码形式,使其作为数据的一个组成部分,用以代表客观存在的实体、实物和属性,以保证它的唯一性并便于计算机处理。

4. 数据库设计

根据系统分析得到数据字典,再结合系统处理流程图,进行数据库设计。

5. 输入/输出设计

输入/输出设计主要是对以纪录为单位的各种输入输出报表格式的描述,另外,对人机对话格式的设计和输入/输出装置的考虑也在这一步完成。

6. 处理流程设计

处理流程设计是通过系统处理流程图的形式,将系统对数据处理过程和数据在系统存储介质间的转换情况详细地描述出来。

7. 系统设计文档

系统设计文档指系统设计说明书、程序设计说明书、系统测试说明书以及各种图表等,要将它们汇集成册,交有关人员和部门审核批准。

5.1.3 系统设计的步骤

根据系统设计的内容,可以把系统设计分为两个阶段:总体设计阶段和详细设计阶段。总体设计阶段决定系统的模块结构,而详细设计阶段是具体考虑每一模块内部采用什么算法。具体来说,在总体设计中,根据系统分析的成果进行系统总体结构设计,包括网络结构设计、硬件结构设计、软件结构设计、数据库存储和处理方式设计等。详细设计阶段包括具体的代码设计、输入/输出设计、信息分类和数据库设计、功能模块设计。详细设计是对上述总体设计的结果进行进一步细化,直至符合小组编程的要求。

5.2　系统物理配置方案设计

5.2.1　设计依据

（1）系统吞吐量，即每秒钟执行的作业数。系统吞吐量越大，则系统的处理能力就越强。系统吞吐量与系统硬、软件的选择有着直接的关系，如果要求系统具有较大的吞吐量，就应当选择具有较高性能的计算机和网络系统。

（2）系统响应时间，是从用户向系统发出一个作业请求开始，经系统处理后给出应答结果的时间。如果要求系统具有较短的响应时间，就应当选择运算速度较快的 CPU 及具有较高传递速率的通信线路，如实时应用系统。

（3）系统可靠性，是系统可以连续工作的时间。例如，对于每天需要 24 小时连续工作的系统，可以采用双机双工结构方式。

（4）集中式（Centralized Processing）或分布式（Distributed Processing）。如果一个系统采用集中式的处理方式，则信息系统既可以是主机系统，也可以是网络系统；如果系统处理方式是分布式的，则应采用微机网络。

（5）地域范围。对于分布式系统，要根据系统覆盖的范围决定采用广域网还是局域网。

5.2.2　计算机硬件及网络选择

计算机硬件的选择主要取决于数据处理方式和运行的软件系统。管理者对计算机的基本要求是速度快、容量大、通道能力强、操作灵活方便，但计算机的性能越高，价格就越昂贵。一般来说，如果系统的数据处理是集中式的，系统应用的主要目的是利用计算机的强大计算能力，则可以采用主机-终端系统，以大型机或中小型机作为主机。对于企业管理分布式的应用，采用微机网络更为灵活、经济。

应用软件对计算机处理能力的需求主要包括：①计算机内存；②CPU；③输入/输出和通信通道数目；④显示方式；⑤外接转储设备及其类型。

对于计算机网络的选择方面，可以采用网络操作系统，例如 NetWare、Windows NT、UNIX 等。UNIX 历史最早，是唯一能够适用于所有应用平台的网络操作系统。NetWare 适用于文件服务器/工作站模式，具有较高的市场占有率。Windows NT 随着 Windows 操作系统的发展和客户机-服务器模式向浏览器-服务器模式延伸，成为很有发展前景的网络操作系统。

5.2.3　数据库管理系统的选择

管理信息系统是以数据库系统为基础，一个好的数据库管理系统对管理信息系统的应用有着举足轻重的重要影响。在数据库管理系统的选择上，主要考虑：①数据库的性能；②数据库管理系统的系统平台；③数据库管理系统的安全保密性能；④数据的类型。

目前，软件市场上有许多数据库管理系统，例如 Oracle、Sybase、SQL Server、Informix FoxPro 等。Oracle、Sybase 是大型数据库管理系统，运行于客户机-服务器模式，是开发大型 MIS 的首选；FoxPro 在小型 MIS 中最为流行。

5.2.4 应用软件的选择

根据应用需求来开发管理信息系统最容易满足用户的特殊管理要求，但是成本较高。随着技术成熟、设计规范、管理思想先进的商品化应用软件的推广，系统设计人员就面临着对应用软件的选择问题。如果直接应用商品化软件，既可以节省投资，又能够规范管理过程，加快系统应用的进度，就是说不一定要自行开发，而是可以选用这些成熟的商品化软件。

选择应用软件应考虑以下因素：

（1）是否能够满足用户的需求。

根据系统分析的结果，在软件功能上应注意以下问题：

① 系统必须处理哪些事件和数据，软件能否满足数据表示的需要。

② 系统能够产生哪些报告、报表、文档或其他输出。

③ 系统要存储的数据量及必须满足哪些查询需求。

（2）软件的灵活性。

由于存在管理需求上的不确定性，系统应用环境会经常发生变化。因此，应用软件要有足够的灵活性，以适应对软件的输入、输出和系统平台升级要求。

（3）软件的技术支持。

对于商品化软件，稳定的技术支持是必需的。一方面是为了保证软件能够满足需求的变化，另一方面是便于今后升级。

（4）相关企业对应用软件的选择情况。

5.3 模块结构设计

5.3.1 模块结构图

模块结构图（或称结构图，Structure Chart）是 1974 年由 W. Steven 等人从结构化设计的角度提出的一种工具。它的基本做法是将系统划分为若干子系统，子系统下再划分为若干的模块，大模块内再分小模块。而模块是指具备输入输出、逻辑功能、运行程序和内部数据四种属性的一组程序。

模块结构图是用于描述系统模块结构的图形工具，它不仅描述了系统的子系统结构与分层的模块结构，还清楚地表示了每个模块的功能，而且直观地反映了块内联系和块间联系等特性。

1. 模块的概念

模块是组成目标系统逻辑模型和物理模型的基本单位，它的特点是可以组合、分解和更换。系统中任何一个处理功能都可以看成是一个模块。根据模块功能具体化程度的不同，可以分为逻辑模块和物理模块。在系统逻辑模型中定义的处理功能可视为逻辑模块。物理模块是逻辑模块的具体化,可以是一个计算机程序、子程序或若干条程序语句,也可以是人工过程的某项具体工作。

一个模块应具备 4 个要素:

(1)输入和输出。模块的输入来源和输出去向都是同一个调用者,即一个模块从调用者那里取得输入,进行加工后再把输出返回调用者。

(2)处理功能。指模块把输入转换成输出所做的工作。

(3)内部数据。指仅供该模块本身引用的数据。

(4)程序代码。指用来实现模块功能的程序。

前两个要素是模块的外部特性,即反映了模块的外貌。后两个要素是模块的内部特性。在结构化设计中,主要考虑的是模块的外部特性,其内部特性只做必要了解,具体的实现将在系统实施阶段完成。

2. 模块结构图的基本符号

模块结构图是结构化设计中描述系统模块结构的图形工具。作为一种文档,它必须严格地定义模块的名字、功能和接口,同时还应当在模块结构图上反映出结构化设计的思想。模块结构图由模块、调用、数据、控制信息和转接符号五种基本符号组成,如图 5.1 所示。

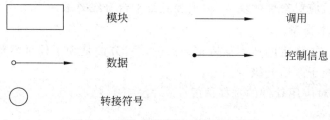

图 5.1　模块结构图的五种基本符号

1)模块

这里所说的模块通常是指用一个名字就可以调用的一段程序语句。在模块结构图中,用长方形框表示一个模块,长方形中间标上能反映模块处理功能的模块名字。模块名通常由一个动词和一个作为宾语的名词组成。

2)调用

在模块结构图中,用连接两个模块的箭头表示调用,箭头总是由调用模块指向被调用模块,但是应该理解成被调用模块执行后又返回到调用模块。

如果一个模块是否调用一个从属模块决定于调用模块内部的判断条件,则该调用称为模块间的判断调用,采用菱形符号表示。如果一个模块通过其内部的循环功能来循环调用一个或多个从属模块,则该调用称为循环调用,用弧形箭头表示。判断调用和循环调用的表示方法如图 5.2 所示。

3)数据

当一个模块调用另一个模块时,调用模块可以把数据传送到被调用模块处供处理,而被调用模块又可以将处理的结果数据送回到调用模块。在模块之间传送的数据,使用与调用

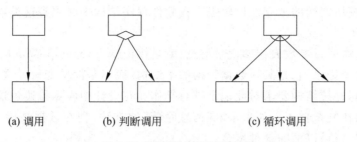

(a) 调用   (b) 判断调用   (c) 循环调用

图 5.2　判定调用和循环调用

箭头平行的带空心圆的箭头表示,并在旁边标上数据名。例如,图 5.3(a)表示模块 A 调用模块 B 时,A 将数据 x、y 传送给 B,B 将处理结果数据 z 返回给 A。

4) 控制信息

为了指导程序下一步的执行,模块间有时还必须传送某些控制信息,例如,数据输入完成后给出的结束标志,文件读到末尾所产生的文件结束标志等。控制信息与数据的主要区别是前者只反映数据的某种状态,不必进行处理。在模块结构图中,用带实心圆点的箭头表示控制信息。例如,图 5.3(b)中"无此学生"就是用来表示送来的学生号有误的控制信息。

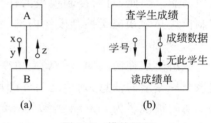

图 5.3　模块调用

5) 转接符号

当模块结构图在一张图面上画不下,需要转接到另外一张纸上,或为了避免图上线条交叉时,都可使用转接符号,圆圈内加上标号。

5.3.2　模块间的关系

1. 模块间耦合

所谓耦合,就是指两个实体相互依赖于对方的一个量度。模块之间联系越紧密,其耦合性就越强,模块的独立性就越差。模块间耦合的高低取决于模块间接口的复杂性、调用的方式以及传递的信息。在计算机系统中,两个不同模块之间往往存在不同程度的耦合。由于需要两个或者多个模块之间相互协同工作,因此计算机系统的耦合部分往往是容易产生BUG 的部分。因此,在模块耦合度较高的系统之中,往往存在较高的缺陷率。

一般模块之间的耦合关系为:

1) 非直接耦合

如果两个模块之间没有直接关系,它们之间的联系完全是通过主模块的控制和调用来实现的,这就是非直接耦合(Nondirective Coupling)。这种耦合的模块独立性最强。

2) 数据耦合

如果一个模块访问另一个模块时,彼此之间是通过数据参数(不是控制参数、公共数据结构或外部变量)来交换输入、输出信息的,则称这种耦合为数据耦合(Data Coupling)。由于限制了只通过参数表传递数据,数据耦合开发的程序界面简单、安全可靠,因此,数据耦合是松散的耦合，模块之间的独立性比较强。在软件程序结构中必须有这类耦合。

3）标记耦合

如果一组模块通过参数表传递记录信息，就是标记耦合（Stamp Coupling）。实际上，这组模块共享了这个记录，它是某一数据结构的子结构，而不是简单变量。这些模块都必须清楚该记录的结构，并按结构要求对此记录进行操作。在设计中应尽量避免这种耦合，它使在数据结构上的操作复杂化了。如果采取"信息隐蔽"的方法，把在数据结构上的操作全部集中在一个模块中，就可以消除这种耦合。

4）控制耦合

如果一个模块通过传送开关、标志、名字等控制信息，明显地控制选择另一模块的功能，就是控制耦合（Control Coupling）。这种耦合的实质是在单一接口上选择多功能模块中的某项功能。因此，对所控制模块的任何修改，都会影响控制模块。另外，控制耦合也意味着控制模块必须知道所控制模块内部的一些逻辑关系，这些都会降低模块的独立性。

5）外部耦合

一组模块都访问同一全局简单变量而不是同一全局数据结构，而且不是通过参数表传递该全局变量的信息，则称之为外部耦合（External Coupling）。例如，C 语言程序中各个模块都访问被说明为 extern 类型的外部变量。外部耦合引起的问题类似于公共耦合，区别在于在外部耦合中不存在依赖于一个数据结构内部各项的物理安排。

6）公共耦合

一组模块都访问同一个公共数据环境，则它们之间的耦合就称为公共耦合（Common Coupling）。公共的数据环境可以是全局数据结构、共享的通信区、内存的公共覆盖区等。

2. 模块内聚合

内聚是指一个模块内各个元素彼此结合的紧密程度。内聚按强度从低到高有以下 7 种类型：

（1）偶然内聚。如果一个模块的各成分之间毫无关系，则称为偶然内聚。

（2）逻辑内聚。几个逻辑上相关的功能被放在同一模块中，则称为逻辑内聚。如一个模块读取各种不同类型外设的输入。尽管逻辑内聚比偶然内聚合理一些，但逻辑内聚的模块各成分在功能上并无关系，所以局部功能的修改有时也会影响全局，因此这类模块的修改也比较困难。

（3）时间内聚。如果一个模块完成的功能必须在同一时间内执行（如系统初始化），但这些功能只是因为时间因素关联在一起，则称为时间内聚。

（4）过程内聚。如果一个模块内部的处理成分是相关的，而且这些处理必须以特定的次序执行，则称为过程内聚。

（5）通信内聚。如果一个模块的所有成分都操作同一数据集或生成同一数据集，则称为通信内聚。

（6）顺序内聚。如果一个模块的各个成分和同一个功能密切相关，而且一个成分的输出作为另一个成分的输入，则称为顺序内聚。

（7）功能内聚。模块的所有成分对于完成单一的功能都是必需的，则称为功能内聚。

5.3.3　模块化设计方法

在系统分析阶段,我们采用结构化分析方法得到了由数据流图、数据字典和加工说明等组成的系统的逻辑模型。现在,可根据一些规则从数据流图导出系统初始的模块结构图。

管理信息系统的数据流图通常也可分为两种典型的结构,即变换型结构和事务型结构。变换型结构的数据流图呈一种线性状态,如图 5.4 所示,它所描述的工作可表示为输入、主处理及输出。事务型结构的数据流图则呈束状,如图 5.5 所示,即一束数据流平行流入或流出,可能同时有几个事务要求处理。

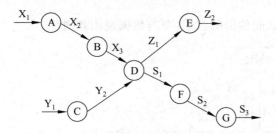 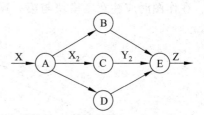

图 5.4　变换型结构的数据流图　　　　图 5.5　事务型结构的数据流图

这两种典型的结构分别可通过"变换分析"和"事务分析"技术,导出"变换型"和"事务型"初始的模块结构图。这两种方法的思想是首先设计顶层模块,然后自顶向下,逐步细化,最后得到一个满足数据流图所表示的用户要求的系统的模块结构图,即系统的物理模型。

下面分别讨论通过"变换分析"和"事务分析"技术,导出"变换型"和"事务型"初始结构图的技术。

1. 变换分析方法

因为变换型结构由输入、主处理和输出三部分组成,所以从变换型结构的数据流图导出变换型模块结构图,可分三步进行。

1)找出系统的主加工

为了处理方便,先不考虑数据流图中的一些支流,如出错处理等。

通常在数据流图中多股数据流的汇合处往往是系统的主加工。若没有明显的汇合处,则可先确定哪些数据流是逻辑输入和逻辑输出,从而获得主加工。

从物理输入端一步步向系统中间移动,直至到达这样一个数据流,它再不能被作为系统的输入,则其前一个数据流就是系统的逻辑输入,即离物理输入端最远的,但仍可被视为系统输入的那个数据流就是逻辑输入。

用类似方法,从物理输出端一步步向系统中间移动,则离物理输出端最远的,但仍可被视为系统输出的那个数据流就是逻辑输出。

逻辑输入和逻辑输出之间的加工就是我们要找的主加工,如图 5.6 所示。

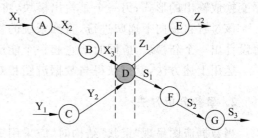

图 5.6　在数据流图中找系统的主加工

2) 设计顶层模块和第一层模块

首先在与主加工对应的位置上画出主模块(如图 5.7 所示),主模块的功能就是整个系统要做的工作,主模块又称为主控制模块。主模块是模块结构图的"顶",现在我们就可按"自顶向下,逐步细化"的思想来画模块结构图顶下的各层了。每一层均需按输入、变换、输出等分支来处理。模块结构图第一层的画法如下:

(1) 为每一个逻辑输入画一个输入模块,其功能是向主模块提供数据。

(2) 为每一个逻辑输出画一个输出模块,其功能是把主模块提供的数据输出。

(3) 为主处理画一个变换模块,其功能是把逻辑输入变换成逻辑输出。

至此,结构图第一层就完成了。

在作图时应注意主模块与第一层模块之间传送的数据,要与数据流图相对应。

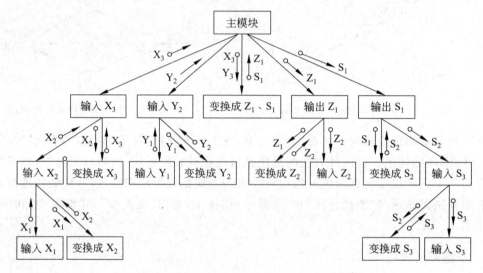

图 5.7 由变换型数据流图导出的初始模块结构图

3) 设计中、下层模块

因为输入模块的功能是向调用它的模块提供数据,所以它自己也需要一个数据来源。此外,输入模块必须向调用模块提供所需的数据,因此它应具有变换功能,能够将输入数据按模块的要求进行变换后,再提交该调用模块。从而,我们为每个输入模块设计两个下层模块,其中一个是输入模块,另一个是变换模块。

同理,也为每个输出模块设计两个下层模块,一个是变换模块,将调用模块所提供的数据变换成输出的形式;另一个是输出模块,将变换后的数据输出。

该过程自顶向下递归进行,直到系统的物理输入端或物理输出端为止(如图 5.7 所示)。每设计出一个新模块,应同时给它起一个能反映模块功能的名字。

运用上述方法,就可获得与数据流图相对应的初始结构图。

2. 事务分析方法

当数据流图呈现"束状"结构时,应采用事务分析的设计方法。就步骤而言,该方法与变换分析方法大部分类似,主要差别在于由数据流图到模块结构的映射方式不同。

进行事务分析时,通常采用以下四步:

(1) 确定以事务为中心的结构,包括找出事务中心和事务来源。以图 5.8 的典型事务型数据流图结构为例进行说明。

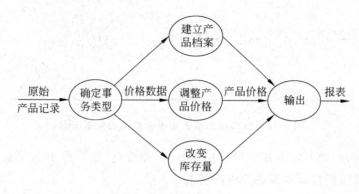

图 5.8　事务型中心数据流图实例

(2) 按功能划分事务,将具备相同功能的事务分为同一类,建立事务模块。

(3) 为每个事务处理模块建立全部的操作层模块。其建立方法与变换分析方法类似,但事务处理模块可以共享某些操作模块。

(4) 若有必要,则为操作层模块定义相应的细节模块,并尽可能使细节模块被多个操作模块共享。

例如,图 5.8 是一个以事务为中心的数据流图,显然,加工"确定事务类型"是它的事务中心,由该数据流图经事务分析所得到的模块结构图如图 5.9 所示。

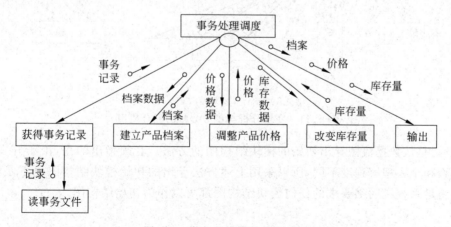

图 5.9　事务型模块结构图实例

3. 混合结构的分析

在规模较大的实际系统中,其数据流图往往是变换型和事务型的混合结构,如图 5.10 所示。此时可把变换分析和事务分析应用在同一数据流图的不同部分。例如,可以以"变换分析"为主,"事务分析"为辅进行设计。先找出主处理,设计出结构图的上层,然后根据数据流图各部分的结构特点,适当选用"变换分析"或"事务分析"就可得出初始结构图的某个方案。

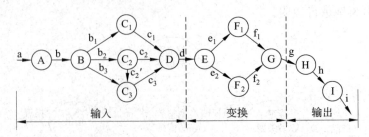

图 5.10　变换型和事务型混合结构的数据流图

如图 5.11 所示,第一层是用变换分析得到的,而模块"变 b 为 d"及下层模块和模块"变 d 为 g"及下层模块则是采用事务分析得到的。

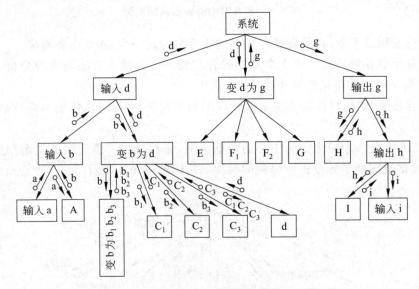

图 5.11　变换分析与事务分析的混合使用

以上就是从数据流图导出初始的模块结构图的方法。必须指出的是,由于开发人员的能力、经验和个人理解程度不同,所以采用上述方法导出的初始模块结构图也不是唯一的。实际上,满足系统说明书要求的任何模块结构图都可以作为初始结构图。

5.4　代　码　设　计

代码设计问题是一个科学管理的问题。设计出一个好的代码方案对于系统的开发工作是一件极为有利的事情。它可以使很多机器处理(如某些统计、校对查询等)变得十分方便,另外还把一些现阶段计算机很难处理的工作变成很简单。

5.4.1　代码的概念与功能

1. 代码的概念

代码（Code）是人为确定的代表客观事物（实体）名称、属性或状态的符号或者这些符号的组合。

在管理信息系统中，代码是人与计算机的共同语言，起着沟通人与计算机的作用。采用代码，可以使数据表达标准化，简化程序设计，加快输入，减少出错，节省存储空间，提高处理速度。代码设计是一项重要的基础工作，设计时必须进行统筹规划、长远考虑，充分征求使用人员的意见。

2. 功能

在系统开发过程中设计代码的作用是：

（1）唯一化。在现实世界中有很多东西如果不加标识是无法区分的，这时机器处理就十分困难。所以能否将原来不能确定的东西唯一地加以标识是编制代码的首要任务。

例如，最简单、最常见的例子就是职工编号。在人事档案管理中不难发现，人的姓名不管在一个人数多么少的单位里都有可能存在重名。为了避免二义性，唯一地标识每一个人，因此编制了职工代码。

（2）规范化。唯一化虽是代码设计的首要任务，如果仅仅为了唯一化来编制代码，那么代码编出来后可能是杂乱无章的，使人无法辨认，而且使用起来也不方便，所以在唯一化的前提下还要强调编码的规范化。

例如，财政部关于会计科目编码的规定，以"1"开头的表示资产类科目；以"2"开头的表示负债类科目；以"3"开头的表示所有者权益类科目；以"4"开头的表示成本类科目等。会计科目代码的结构一般可采用以下的"3-2-2-2"代码结构，如图5.12所示。

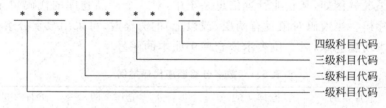

图 5.12　会计科目代码

（3）系统化。系统所用代码应尽量标准化。在实际工作中，一般企业所用大部分编码都有国家或行业标准。

例如，在产成品和商品中各行业都有其标准分类方法，所有企业必须执行。另外一些需要企业自行编码的内容，例如生产任务码、生产工艺码、零部件码等，都应该参照其他标准化分类和编码的形式来进行。

5.4.2　代码设计原则

一个良好的设计既要保证处理问题的需要,又要保证科学管理的需要。在实际分类时必须遵循如下 4 点原则:

(1) 必须保证有足够的容量,足以包括规定范围内的所有对象。

如果容量不够,不便于今后变化和扩充,随着环境的变化这种分类很快就失去了生命力。

(2) 按属性系统化。

分类不能是无原则的,必须遵循一定的规律。根据实际情况并结合具体管理的要求来划分是分类的基本方法。分类应按照处理对象的各种具体属性系统地进行。例如在线分类方法中,哪一层次是按照什么属性来分类,哪一层次是标识一个什么类型的对象集合等都必须系统地进行,只有这样的分类才比较容易建立,比较容易为人接受。

(3) 分类要有一定的柔性,不至于在出现变更时破坏分类的结构。

所谓柔性,是指在一定情况下分类结构对于增设或变更处理对象的可容纳程度。柔性好的系统在一般的情况下增加分类不会破坏其结构。但是柔性往往还会带来别的一些问题,如冗余度大等,这都是设计分类时必须考虑的问题。

(4) 注意本分类系统与外系统、已有系统的协调。

任何一项工作都是从原有的基础上发展起来的,故分类时一定要注意新老分类的协调性,以便于系统的联系、移植、协作以及新老系统的平稳过渡。

5.4.3　代码的种类

1. 按照代码的组成分类

1) 数字码

数字码可分为顺序码和分组顺序码。顺序码是最简单的代码形式,一般适用于编码对象数目较少的情况。例如,某企业管理信息系统中,对 5 个产品仓库的代码可采用如表 5.1 所示的数字顺序码。当编码对象具有两层(或以上)的分类时,可采用数字分组(段)顺序码。前两位表示账本所属仓库,后 3 位表示该仓库中账本的序号。

表 5.1　数字分组顺序代码举例

编码对象	仓库 1 的 第 1 本账	仓库 1 的 第 2 本账	……	仓库 2 的 第 1 本账	仓库 2 的 第 2 本账	……
代码	01001	01002	……	02001	02002	……

2) 字符码

数字代码虽然结构简单,但也存在不容易识别和记忆的缺点。为了容易识别和记忆,可采用字符代码,例如可对企业的仓库采用如表 5.2 所示的字符代码。使用仓库汉语名称的拼音字头形成了相应仓库的字符代码,既容易识别,又容易记忆。

表 5.2 字符码举例

编码对象	成品库	配件库	原料库
代码	CP	PJ	YL

3）混合码

当编码对象具有两层（或以上）的分类时，可以采用数字和字符的混合代码方式，使代码对某层分类的记忆和识别更直观和容易。例如前述仓库管理中的账本的代码可采用如表 5.3 所示的混合码。

表 5.3 混合码举例

编码对象	成品库的 第 1 本账	成品库的 第 2 本账	……	原料库的 第 1 本账	原料库的 第 2 本账	……
代码	CP001	CP002	……	YL001	YL002	……

2. 按照代码的排列方式

目前人们对代码分类的看法很不一致。一般说来，代码可按文字种类或功能进行分类。按文字种类可分为数字代码、字母代码（英语字母或汉语拼音字母）和数字字母混合码；按功能则可以分为以下 4 类：

1）顺序码

用连续数字代表编码对象，通常从 1 开始编码。顺序码的一个特例是分区顺序码，它将顺序码分为若干区，例如，按 50 个号码或 100 个号码分区，并赋予每个区以特定意义。这样既可进行简单的分类，又可在每个区插入号码。例如职工代码：

0001 为张三,0002 为李四,0001~0009 的代码还可以表示为厂部人员；

……

1001 为王五,1002 为赵六,1001~1999 的代码还可以表示为第一车间职工。

2）层次码

层次码也是区间码。它把代码的各数字位分成若干个区间，每一区间都规定不同的含义。因此该码中的数字和位置都代表一定意义。

例如，财务管理中的会计科目代码可写成 6110501,其意义如下：

一级科目	二级科目	三级科目
611	05	01
利润	营业外支出	劳保支出

又如，图 5.13 所示是我国公民身份证代码的编码规则。它共有 18 位，全部采用数字编码，各位数字的含义请参见图中说明，其中第 17 位数字是表示在前 16 位数字完全相同时某个公民的顺序号，并且单数用于男性，双数用于女性。如果前 16 位数字均相同的同性别的公民超过 5 人，则可以"进位"到第 16 位。例如，有 6 位女性公民前 16 位数字均相同，并假设第 16 位数是 7,则这些女性公民的末两位编号分别为 72、74、76、78、80、82。另外，还特别规定，最后三位数为 996、997、998、999 的 4 个号码为百岁老人的代码，这 4 个号码将不再分

配给任何派出所。

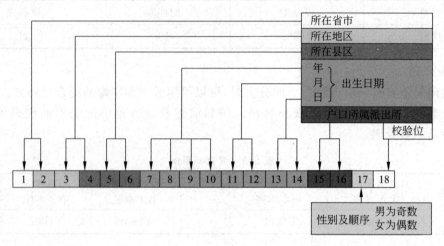

图 5.13　我国公民身份证代码的含义

层次码由于数字的值与位置都代表一定意义,因而检索、分类和排序都很方便,缺点是有时会造成代码过长。

3）十进制码

这是世界各地图书馆里常用的分类法。它先把整体分成十份,进而把每份再分成十份,这样继续不断。该分类对于那些事先不清楚产生什么结果的情况是十分有效的。

例如:

500·	自然科学
510·	数学
520·	天文学
530·	物理学
531·	机构
531·1	机械
531·11	杠杆和平衡

4）助记码

将编码对象的名称、规格等作为代码的一部分,以帮助记忆。例如:

TVB14	14 英寸黑白电视机
TVC20	20 英寸彩色电视机
DFI1×8×20	规格 1 英寸×8 英寸×20 英寸的国产热轧平板钢

助记码适用于数据项数目较少的情况,否则容易引起联想出错。

5.4.4　代码中的校验位

代码是计算机的重要输入内容之一,其正确与否直接影响到整个处理工作的质量,特别是在经过人手工处理时,发生错误的可能性更大。为了保证正确输入,在代码设计结构中原有代码的基础上另外加上一个校验位,使它成为代码的一个组成部分。校验位通过事先规定的数学方法计算出来,输入时,计算机用同样的方法按代码数字计算出校验位,与输入的校验位进行比较,以确保输入正确。计算校验位的方法很多,这里举出几种。

1. 算术级数法

原代码　　　5　3　4　2　1

各乘以权　　6　5　4　3　2

乘积求和　　30＋15＋16＋6＋2＝59

以 11 为模去除乘积之和,取余作为校验码:59/11＝5…4

由此得出代码为:534214

2. 几何级数法

原代码　　　5　3　4　2　1

各乘以权　　32　16　8　4　2

乘积求和　　160＋48＋32＋8＋2＝250

以 11 为模去除乘积之和,取余作为校验码:250/11＝22…8

由此得出代码为:534218

3. 质数法

原代码　　　5　3　4　2　1

各乘以权　　17　13　7　5　3

乘积求和　　85＋39＋28＋10＋3＝165

以 11 为模去除乘积之和,取余作为校验码:165/11＝15…0

由此得出代码为:534210

计算校验码时,由于权与模的取值不同,检测效率也不同。一般来说,校验码是对数字代码进行检查。对于字母或字母数字组成的代码,也可以用校验码进行检查,但这时校验位必须是两位,在计算时要将 A～Z 跟随着 0～9 的顺序变为:A＝10,B＝11,…,Z＝35。

5.5　数据库设计

数据库设计是在选定的数据库管理系统基础上建立数据库的过程。

数据库设计除用户需求分析外,还包括概念结构设计、逻辑结构设计和物理结构设计三个阶段。

由于数据库系统已形成一门独立的学科,所以把数据库设计原理应用到 MIS 开发中时,数据库设计的几个步骤就与系统开发的各个阶段相对应,且融为一体,它们的对应关系如图 5.14 所示。

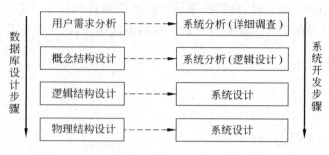

图 5.14　数据库设计与系统开发设计关联图

5.5.1　概念模型设计

概念模型是对客观现实世界的第一层抽象,它不能在数据库中直接实现,只是用户与计算机之间的一个中介模型,它可以转换为计算机上某一 DBMS 支持的特定数据模型。概念结构设计应在系统分析阶段进行,本书为了便于用户阅读,将数据库设计的全部内容集中放于此处。

1. 基本概念

概念模型的表示方法很多,最为经典的是 E-R 模型。E-R 模型于 1976 年由 Perter Chen 提出,E-R 模型是进行数据库设计的工具,是数据库管理员与用户进行交流的理想模型。它将现实世界分解为实体、联系和属性,并用 E-R 图来描述它们。

1) 实体

客观存在并可相互区别的事物称为实体(Entity)。实体可以是具体的人、事、物,也可以是抽象的概念或联系。例如一个学生、一个职工、一个部门等。

2) 属性

实体所具有的某一特性称为属性(Attribute)。一个实体可以由若干个属性来刻画。

3) 联系

现实世界中事物内部以及事物之间的联系(Relationship)在信息世界中反映为实体内部的联系和实体之间的联系。

(1) 一对一联系(1∶1)。

如果对于实体集 A 中的每一个实体,实体集 B 中至多有一个实体与之联系,反之亦然,则称实体集 A 与实体集 B 具有一对一联系,记为 1∶1,如图 5.15 所示。

(2) 一对多联系(1∶n)。

如果对于实体集 A 中的每一个实体,实体集 B 中有 n 个实体($n \geqslant 0$)与之联系,反之,对于实体集 B 中的每一个实体,实体集 A 中至多只有一个实体与之联系,则称实体集 A 与实体集 B 有一对多联系,记为 1∶n,如图 5.16 所示。

(3) 多对多联系($m∶n$)。

如果对于实体集 A 中的每一个实体,实体集 B 中有 n 个实体($n \geqslant 0$)与之联系,反之,对于实体集 B 中的每一个实体,实体集 A 中也有 m 个实体($m \geqslant 0$)与之联系,则称实体集 A 与实体集 B 具有多对多联系,记为 $m:n$,如图 5.17 所示。

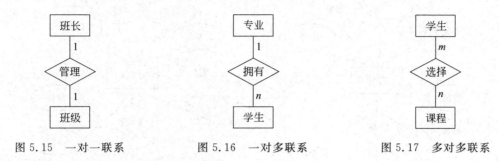

图 5.15　一对一联系　　　　图 5.16　一对多联系　　　　图 5.17　多对多联系

2. 表示概念模型的实体-联系方法

该方法用 E-R 图来描述现实世界的概念模型。

E-R 图提供了表示实体、属性和联系的方法。

1）实体

用矩形表示,矩形框内写明实体名。

2）属性

用椭圆形表示,并用无向边将其与相应的实体连接起来。

3）联系

用菱形表示,菱形框内写明联系名,并用无向边分别与有关实体连接起来,同时在无向边旁标上联系的类型（1∶1、1∶n 或 $m:n$）。

注意：联系本身也是一种实体型,也可以有属性。如果一个联系具有属性,则这些属性也要用无向边与该联系连接起来。

5.5.2　逻辑模型设计

逻辑结构设计是将概念结构设计阶段完成的概念模型转换成能被选定的数据库管理系统（DBMS）支持的数据模型。数据模型可以由实体联系模型转换而来。

1. E-R 模型转换为关系数据模型的规则

（1）每一实体集对应于一个关系模式,实体名作为关系名,实体的属性作为对应关系的属性。

（2）实体间的联系一般对应一个关系,联系名作为对应的关系名,不带有属性的联系可以去掉。

（3）实体和联系中关键字对应的属性在关系模式中仍作为关键字。

例如,将图 5.18 所示的概念结构(E-R 图)转化为关系数据模型。

根据这些规则,下面的实体和联系就很容易转换成了对应的关系数据模型：

（1）供方单位（**单位号**、单位名、地址、联系人、邮编）

（2）物资（**物资号**、名称、规格、备注）

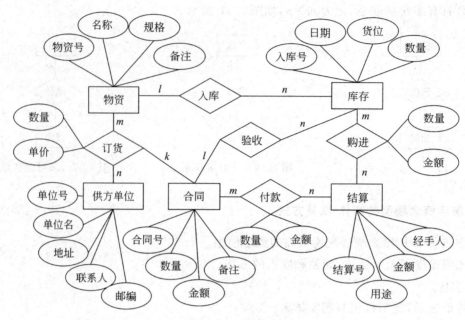

图 5.18　原始 E-R 图

（3）库存（**入库号**、日期、货位、数量）

（4）合同（**合同号**、数量、金额、备注）

（5）结算（**结算号**、用途、金额、经手人）

（6）购进（**入库号**、**结算号**、数量、金额）

（7）付款（**结算号**、**合同号**、数量、金额）

（8）订货（**物资号**、**单位号**、**合同号**、数量、单价）

2. 数据模型的优化

数据库逻辑设计的结果不是唯一的。为了进一步提高数据库应用系统的性能，通常以规范化理论为指导，还应该适当地修改、调整数据模型的结构，这就是数据模型的优化。

数据模型的优化方法为：

（1）确定数据依赖。

（2）对于各个关系模式之间的数据依赖进行极小化处理，消除冗余的联系。

（3）按照数据依赖的理论对关系模式逐一进行分析，考查是否存在部分函数依赖、传递函数依赖、多值依赖等，确定各关系模式分别属于第几范式。

（4）按照需求分析阶段得到的各种应用对数据处理的要求，分析对于这样的应用环境这些模式是否合适，确定是否要对它们进行合并或分解。

（5）对关系模式进行必要的分解。

规范化理论为数据库设计人员判断关系模式优劣提供了理论标准，可用来预测模式可能出现的问题，使数据库设计工作有了严格的理论基础。

5.5.3 物理模型设计

数据库最终是要存储在物理设备上的。为一个给定的逻辑数据模型选取一个最适合应用环境的物理结构(存储结构与存取方法)的过程,就是数据库的物理设计。物理结构依赖于给定的数据库管理系统(DBMS)和硬件系统,因此设计人员必须充分了解所用 DBMS 的内部特征,特别是存储结构和存取方法;充分了解应用环境,特别是应用的处理频率和响应时间要求;以及充分了解外存设备的特性。

数据库的物理设计通常分为两步:确定数据库的物理结构;对物理结构进行评价,评价的重点是时间和空间效率。

1. 确定数据库的物理结构

1) 确定数据的存储结构

确定数据库存储结构时要综合考虑存取时间、存储空间利用率和维护代价三方面的因素。这三个方面常常是相互矛盾的,例如,消除一切冗余数据虽然能够节约存储空间,但往往会导致检索代价的增加,因此必须进行权衡,选择一个恰当方案。

2) 设计数据的存取路径

在关系数据库中,选择存取路径主要是指确定如何建立索引。例如,应把哪些域作为次码建立次索引,建立单码索引还是组合索引,建立多少个合适,是否建立聚集索引等。

3) 确定数据的存放位置

为了提高系统性能,数据应该根据应用情况将易变部分与稳定部分、经常存取部分和存取频率较低部分分开存放。

4) 确定系统配置

DBMS 产品一般都提供了一些存储分配参数,供设计人员和数据库管理员对数据库进行物理优化。初始情况下,系统都为这些变量赋予了合理的默认值。但是这些值不一定适合每一种应用环境,在进行物理设计时,需要重新对这些变量赋值以改善系统的性能。

2. 评价物理结构

数据库物理设计过程中需要对时间效率、空间效率、维护代价和各种用户要求进行权衡,其结果可以产生多种方案,数据库设计人员必须对这些方案进行细致的评价,从中选择一个较优的方案作为数据库的物理结构。

评价物理数据库的方法完全依赖于所选用的 DBMS,主要是从定量估算各种方案的存储空间、存取时间和维护代价入手,对估算结果进行权衡、比较,选择出一个较优的合理的物理结构。如果该结构不符合用户需求,则需要修改设计。

5.6　输出与输入设计

5.6.1　输出与输入设计的意义

输出与输入是管理信息系统与用户交互的界面,一般而言,输出与输入设计对于系统开发人员并不重要,但对用户来说,却显得尤为重要。

(1) 它是一个组织系统形象的具体体现。

(2) 它能够为用户建立良好的工作环境,激发用户努力学习、主动工作的热情。

(3) 符合用户习惯,方便用户操作,使目标系统易于为用户所接受。

(4) 为用户提供易读易懂的信息形态。

系统设计的过程和系统实施的过程恰好相反,并不是从输入设计到输出设计,而是从输出设计到输入设计,这是因为输出设计直接和用户需求相联系,设计的出发点应该是保证输出为用户服务,再根据输出所需信息进行输入设计。

5.6.2 系统输出设计

输出设计是管理信息系统应用中的重要环节,是用户与系统的重要的、直接的接口,用户所需的各种信息、报表,都要由系统输出完成。输出设计的任务是使管理信息系统输出满足用户需求的信息。信息是否满足用户需要,直接关系到系统的使用效果和系统的成功与否。

1. 输出设计的内容

(1) 输出信息使用情况。包括信息的使用者、使用目的、信息量、输出周期、有效期、保管方法和输出份数。

(2) 输出信息内容。输出项目、精度、信息形式(文字、数字)。

(3) 输出格式。格式包括表格、报告、图形等。

(4) 输出设备和介质。输出的介质有打印纸、磁盘、磁带、光盘等。有关的设备有打印机、绘图仪、磁带机、磁盘机、光盘机等。可以根据需要和资源约束进行输出设备及介质的选择。

(5) 输出类型的确定。输出有外部输出与内部输出之分。内部输出是指一个处理过程(或子系统)向另一个处理过程(或子系统)的输出。外部输出是指向计算机系统外的输出,如有关报表等。

2. 输出设计的方法

在系统设计阶段,设计人员应给出系统输出的说明,这个说明既是将来编程人员在软件开发中进行实际输出设计的依据,也是用户评价系统实用性的依据。因此,设计人员要选择合适的输出方法,并以清楚的方式表达出来。

输出主要有以下几种:

(1) 表格信息。一般而言,表格信息是系统对各管理层的输出,以表格的形式提供给信息使用者,一般用来表示详细的信息。

(2) 图形信息。管理信息系统用到的图形信息主要有直方图、圆饼图、曲线图、地图等。图形信息在表示事物的趋势、多方面的比较等方面有较大的优势,在进行各种类比分析中,起着数据报表所起不到的显著作用。表示方式直观,常为决策用户所喜爱。

（3）图标。图标也用来表示数据间的比例关系和比较情况。由于图标易于辨认,无须过多解释,在信息系统中的应用也日益广泛。

3. 输出设计评价

对输出设计的评价一般从以下几个方面进行:
（1）能否为用户提供及时、准确、全面的信息服务。
（2）是否便于阅读和理解,符合用户的习惯。
（3）是否充分考虑和利用了输出设备的功能。
（4）是否为今后的发展预留一定的余地。

5.6.3 输入设计

输入界面是管理信息系统与用户之间交互的纽带,设计的任务是根据具体业务要求,确定适当的输入形式,使管理信息系统获取管理工作中产生的正确的信息。

输入设计的目的是提高输入效率,减少输入错误。

1. 输入设计的设计原则

（1）控制输入量。尽可能利用计算。
（2）减少输入延迟。批量输入、周转文件输入。
（3）减少输入错误。采用多种校验方法和验证技术。
（4）避免额外步骤。
（5）简化输入过程。

2. 输入界面设计

用户界面是系统与用户之间的接口,也是控制和选择信息输入输出的主要途径。用户界面设计应坚持友好、简便、实用、易于操作的原则,尽量避免过于烦琐和花哨。

界面设计包括菜单方式、会话方式、操作提示方式以及操作权限管理方式等。

1）菜单方式

菜单(menu)是信息系统功能选择操作的最常用方式。按目前软件所提出的菜单设计工具,菜单的形式可以是下拉式、弹出式的,也可以是按钮(button)选择方式的(如 Windows 下所设计的菜单多属这种方式)。菜单选择的方式也可以是移动光标、选择数字(或字母)、鼠标(mouse)驱动或直接用手在屏幕上选择等多种方式(甚至还可以是声音系统加电话键盘驱动的菜单选择方式)。

菜单设计时一般应安排在同一层菜单选择中,功能尽可能多,而进入最终操作层次尽可能少(最好是二级左右)。一般功能选择性操作最好让用户一次就进入系统,只有在少数重要执行性操作时,才设计让用户选择后再确定一次的形式,例如,选择执行删除操作,系统尚未执行完毕前执行退出操作,等等。

2）会话方式

在所有的用户界面中,几乎毫无例外地会遇到人机会话问题,最为常见的有:当用户操作错误时,系统向用户发出提示和警告性的信息;当系统执行用户操作指令遇到两种以上的可能时,系统提请用户进一步地说明;系统定量分析的结果通过屏幕向用户发出控制型的信息,等等。这类会话通常的处理方式是让系统开发人员根据实际系统操作过程将会话语句写在程序中。

这里所要说的是另一类形式的会话管理,这类会话往往反映了一定的因果关系,它具有一定的内含,是双向式的。前一次人机会话的结果决定了下一步系统将要执行的动作以及下一句问话的内容。对于这一种会话,我们常常将它们设计成数据文件中的一条条记录(一句话一个记录)。在系统运行时首先接收用户对第 i 句会话的回答,然后执行相应的判断处理。如果有必要,系统通过简单推理再从会话文件中调出相应内容的下一句会话,并显示在屏幕上……依此反复,直到最终问题得到满意的解决。这种会话管理方式的另一个好处就是方便、灵活。与程序不直接相关,如果要改动会话内容,不需改变程序而只需改变会话文件中相应的记录即可。它的缺点是:一般分析和判断推理过程较为复杂,故一般只用于少数决策支持系统、专家系统或基于知识的分析推理系统中。

3) 提示方式与权限管理

为了操作使用方便,在系统设计时,常常把操作提示和要点同时显示在屏幕的旁边,以使用户操作方便,这是当前比较流行的用户界面设计方式。另一种操作提示设计方式则是将整个系统操作说明书全送入到系统文件中,并设置系统运行状态指针。当系统运行操作时,指针随着系统运行状态改变,当用户按"求助"键时,系统立刻根据当前指针调出相应的操作说明。调出说明后还请求进一步详细说明的方式,可以通过标题(如本书的章节标志所示)来索引具体内容,也可以通过选择关键字方式来索引具体的内容。

另外,与操作方式有关的另一个内容就是对数据操作权限的管理。权限管理一般都是通过入网口令和建网时定义该节点级别相结合来实现的。对于单机系统的用户来说只需简单规定系统的上机口令(password)即可。所以在设计系统对数据操作权限的管理方式时,一定要结合实际情况综合确定。

3. 输入设备选择

输入设计首先要确定输入设备的类型和输入介质,目前常用的输入设备有以下几种:

(1) 键盘。由数据录入员通过工作站录入,经拼写检查和可靠性验证后存入磁记录介质(如磁带、磁盘等)。这种方法成本低、速度快,易于携带,适用于大量数据输入。

(2) 光电阅读器。采用光笔读入光学标记条形码或用扫描仪录入纸上文字。光符号读入器适用于自选商场、借书等少量数据录入的场合。而纸上文字的扫描录入读错率较高。另外,收、发料单,记账凭证若通过扫描之后难以存入对应的表。

(3) 终端输入。终端一般是一台联网微机,操作人员直接通过键盘输入数据,终端可以在线方式与主机联系,并及时返回处理结果。

随着科技的进步,输入设备也逐渐变得丰富多样。触摸屏、语音输入设备也逐渐成为重要的输入设备。

4. 输入数据正确性校验

在输入时校对方式的设计是非常重要的。特别是针对数字、金额数等字段,没有适当的校对措施作保证是很危险的。所以对一些重要的报表,输入设计一定要考虑适当的校对措施,以减少出错的可能性。但应指出的是绝对不出错的校对方式是没有的。

常用的校对方式有:

(1) 人工校对:即录入数据后再显示或打印出来,由人来进行校对。这种方法对于少量的数据或控制字符输入还可以,但对于大批量的数据输入就显得太麻烦,效率太低。这种方式在实际系统中很少有人使用。

(2) 二次输入校对:二次输入是指一种同一批数据两次输入系统的方法。输入后系统内部再比较这两批数据,如果完全一致则可认为输入正确;反之,则将不同部分显示出来有针对性地由人来进行校对。它是目前数据录入中心、信息中心录入数据时常用的方法。该方法最大的好处是方便、快捷,而且可以用于任何类型的数据符号。尽管该方法中二次输入在同一个地方出错,并且错误一致的可能性是存在的,但是这种可能性出现的概率极小。

(3) 根据输入数据之间的逻辑关系校对:利用会计恒等式对输入的记账凭证进行借贷平衡的检验。输入物资的收、发料单,产品的入、出库单,均可采用先输入单子上的总计,然后逐项输入,计算机将逐项输入累计,用累计值与合计值比较,达到校对目的。

(4) 用程序设计实现校对:对接受数据字段,若在数据库设计时已知取值区间(可允许取值的上、下限)或取值集(例如性别的取值集为男或女,产品的取值集为该单位所有产品集合,……),可通过设置取值区间检验,或利用输入数据表的外键(取值集所在表的主键)进行一致性检验;对输入日期型数据,一定要进行合法性和时效性检验。

5. 输入设计的评价

对输入设计的评价一般从以下几个方面进行:

(1) 输入界面是否明晰、美观、大方。

(2) 是否便于填写,符合工作习惯。

(3) 是否便于操作。

(4) 是否有保证输入数据正确性的校验措施。

5.7 处理流程设计

5.7.1 处理流程设计的任务

在获得了一个合理的模块划分即模块结构图以后,就可以进一步设计各模块的处理流程了,这是为程序员编写程序做准备,它是编程的依据。

处理流程设计的任务是设计出所有模块和它们之间的相互关系(即联结方式),并具体地设计出每个模块内部的功能和处理过程,为程序员提供详细的技术资料。

5.7.2 设计工具

1. IPO 图

IPO(Input-Process-Output)图就是用来表述每个模块的输入、输出和数据加工的重要工具。

IPO 图是由 IBM 公司发起并逐渐完善起来的一种工具。在由系统分析阶段产生数据流程图,经转换和优化形成系统模块结构图的过程中,产生大量的模块,开发者应为每个模块写一份说明。

常用系统的 IPO 图的结构如图 5.19 所示。

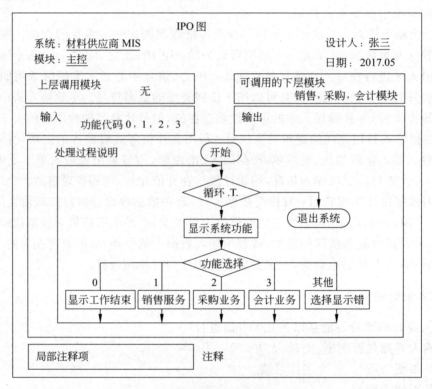

图 5.19　常用系统的 IPO 图的结构

IPO 图的主体是处理过程说明。为简明准确地描述模块的执行细节,可以采用第 4 章介绍的决策树/决策表,以及下面将要介绍的问题分析图、控制流程图以及过程设计语言等工具进行描述。

IPO 图中的输入/输出来源或终止于相关模块、文件及系统外部项,并需在数据字典中描述。局部数据项是指本模块内部使用的数据,与系统的其他部分无关,仅由本模块定义、存储和使用。注释是对本模块有关问题做必要的说明。

IPO 图是系统设计中一种重要的文档资料。

2. 控制流程图

控制流程图(Flow Chart,FC)又称框图,是经常使用的程序细节描述工具。

控制流程图包括三种基本成分,如图 5.20 所示。

图 5.20　控制流程图的三种基本成分

控制流程图的特点是清晰易懂,便于初学者掌握。

在结构化程序设计出现之前,控制流程图一直可用箭头实现向程序任何位置的转移(即GOTO语句),往往不能引导设计人员用结构化方法进行详细设计。箭头的使用不当,会使控制流程图非常难懂,而且无法维护。因此控制流程图的使用有减少的趋势。

3. 问题分析图

问题分析图(Problem Analysis Diagram,PAD)由日立公司于 1979 年提出,是一种支持结构化程序设计的图形工具,可取代前述的控制流程图。

问题分析图仅仅具有顺序、选择和循环三种基本成分,如图 5.21 所示,正好与结构化程序设计中的基本成分相对应。

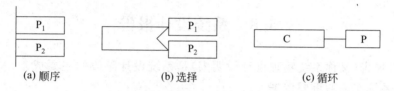

(a) 顺序　　　　　　　　(b) 选择　　　　　　　　(c) 循环

图 5.21　问题分析图的三种基本成分

图 5.22 为排序的控制流程图和问题分析图,分别表示将 n 个数从大到小排序的过程。

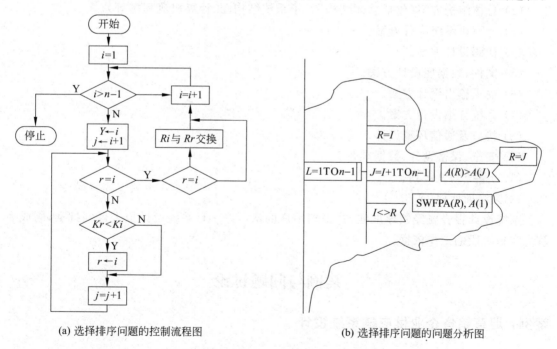

(a) 选择排序问题的控制流程图　　　　　(b) 选择排序问题的问题分析图

图 5.22　排序的控制流程图和问题分析图

问题分析图的独到之处在于:以问题分析图为基础,按照一个机械的变换规则就可编写计算机程序。问题分析图有着逻辑结构清晰、图形化标准化与人们所熟悉的控制流程图比较相似等优点。更重要的是,它引导设计人员使用结构化程序设计方法,从而提高程序的质量。

4. 过程设计语言

过程设计语言（Process Design Language，PDL）是一个笼统的名字，有许多种不同的过程设计语言。过程设计语言用于描述模块中算法和加工的具体细节，以便在开发人员之间比较精确地进行交流。

过程设计语言的外层语法描述结构采用与一般编程语言类似的确定的关键字（如 IF-THEN-ELSE、WHILE-DO 等），内层语法描述操作可以采用任意的自然语句（如英语、汉语）。由于过程设计语言与程序很相似，也称为伪程序，或伪码（Pseudo Code）。但它仅仅是对算法的一种描述，是不可执行的。

5.8　系统设计报告

系统设计报告（又称系统物理设计说明书）是系统设计阶段的主要成果，是新系统的物理模型，也是系统实施的重要依据。

系统设计报告主要包括以下内容：

（1）系统概述。

（2）总体结构方案（包括总体结构图、子系统结构图、计算机流程图等）。

（3）计算机系统配置方案。

（4）代码设计方案。

（5）文件、数据库设计方案。

（6）输入输出设计方案。

（7）系统详细设计方案。

（8）接口及通信环境设计。

（9）安全、保密设计、数据准备。

（10）系统测试计划。

（11）培训计划。

系统设计报告要经领导批准，并得到用户的认可。一旦系统设计报告得到批准，则成为系统实施阶段的工作依据。

案例与问题讨论

案例：烟草销售企业供应链系统设计

1. 前言

中国是世界上最大的烟草生产和消费大国，烟草工业在国民经济中占据着举足轻重的地位。进入 21 世纪，电子商务的应用对企业运作产生了极大的影响，促进了烟草企业的经营变革，竞争的压力使得烟草企业对于可以提高企业竞争力的各种营销方法和管理方式表现出巨大的热情。

在电子商务的应用中,烟草流通企业能否将烟草供应链上的每个企业、每个伙伴甚至每个客户紧密连接起来,从而更大地降低成本,保持一个长期持续盈利的电子商务模式,烟草流通企业供应链配送系统起着关键作用,是一个新的经营热点和亮点。

2. 中国烟草流通企业的特点及存在问题分析

由于烟草属于专卖产品,中国烟草流通企业的主要特点是多品种、小批量的营销模式,单个客户订货数量小,品种分散;在销售形式方面,烟草生产企业以整件发货为主,烟草流通企业则以条发货为主。如何通过分析烟草流通企业的商业特点,进行问题分析和方案设计,可从以下几方面进行:

如何有效控制企业销售流程,制定合理、及时的经营策略,是烟草流通企业的重要任务。烟草流通行业对市场的反应更加敏感,卷烟投放比例、价格波动、市场格局的变化、最终消费者的消费意向等,对卷烟的销售都构成很大影响,如何针对市场的变化及时调整营销策略,是卷烟流通企业面临的重要课题。

卷烟品种多、批量小,以深圳市烟草公司为例,平均日配送品种在 100 种以上,客户订货量则由几条至几十件不等。分拣配送的主要任务是按照客户订单进行分拣,手工作业模式下,劳动强度大且容易出错,很难及时响应客户需求。

业务处理过程中产生的大量信息,是进行公司经营绩效分析、制定销售及价格策略的重要依据。由于数据量巨大,人工分析难度很大,数据分析系统的主要目的是通过对海量数据的挖掘、整理和统计,从中发现经营环节中的问题,发现有价值的客户和品牌,更加有效地反映市场的变化趋势,客观评价物流及资金流的运行情况,充分发挥信息的决策支持作用。

烟草物流配送涉及的资源非常广泛,如用于整件烟箱存储的自动化立体仓库系统、条烟分拣的自动化分拣设备、订单采集的无线 POS 系统、电话访销系统、网上配货系统等,对外有银行结算、第三方物流等多种接口,是一个由多种配送资源构成的复杂体系。物流配送系统的核心就是将各种资源进行全面整合,使之协调运作,做到真正的数出一源,完全共享,规范并优化业务流程,使管理、业务、执行三个层次达到协调统一的目标。

3. 烟草流通企业供应链配送系统设计思想

烟草流通企业供应链物流配送系统的核心是以物流系统为核心的由生产企业,经由物流企业、销售企业,直至消费者的供应链的整体化和系统化,目标是在健全的营销网络和全面信息化的基础上,通过现代化的物流管理,建立完善的配送体系。从而实现:(1)提高信息化程度,为企业决策提供信息支持;(2)降低配送服务价格,提高顾客满意度;(3)重新整合物流资源,降低物流成本;(4)建立有效网络,扩大市场占有率;(5)改革经营模式,提高企业竞争力。

4. 深圳市烟草公司供应链配送系统设计

1)深圳市烟草公司简介

深圳市烟草公司下辖 6 家分公司、4 家合资公司及众多的商场、配送站等,销售网络覆盖深圳全市,拥有零售专卖客户 28 000 多户,日平均配送能力在 3000～4000 件之间,各公司拥有各自独立的仓储、分拣及配送人员。各分公司的货源由市公司统一调配,分公司主要负责面向零售专卖户的访销、配送业务,是典型的多级仓储、分散配送的销售模式。

2) 深圳市烟草公司卷烟供应链配送系统设计涉及的内容

深圳市烟草公司拥有国内一流的卷烟仓储、分拣设备,订单采集系统包括电话访销、无线 POS 访销、网上订货等多种手段,已全面实现了网上电子结算和对账的功能。深圳市烟草公司卷烟供应链配送系统的设计核心就是将各种配送资源全面集成,使之协调运转,其中涉及的内容如下:

(1) 集成多种服务渠道的订单自动化处理。客户关系管理已成为影响企业的利润的主要因素。系统通过客户响应中心、商务网站、访销系统和客户资源管理系统,获得和处理各类客户信息,及时响应客户需求,加强企业和客户的交流,降低销售成本,提高客户忠诚度;通过对业务信息的实时处理分析,动态反映市场变化趋势,挖掘客户和品牌的价值,最大限度地发挥市场潜力。

(2) 信息自动化驱动的设备自动化系统。设备自动化系统包括自动化仓库、自动化分拣设备、自动化补货设备以及各类运输车辆等。自动化程度的提高使信息处理的过程更快速、完整、准确,相应的物流管理软件的功能就是与之配套,完成配送中心的整个业务过程。

(3) 多种销售模式下的结算管理。针对不同的用户,企业的销售模式是不同的。有赊销、批发、调拨、零售、访销等,现代卷烟销售系统必须支持不同模式下的结算业务。配合现代物流,在传统的现金结算的基础上,开发多种电子结算系统。提供与银行直接专线连接的在线电子结算系统。提高资金运转的效率和安全性。

(4) 建立在销售分析基础上的卷烟供应过程。对销售数据进行科学的分析,客观反映市场需求与变化趋势,在此基础上合理制订需求计划,签订订货合同,是企业的重要业务过程,兼顾保持低库存和确保销售数量二者之间的平衡,使企业资金和其他资源利用达到最优化。

(5) 分布式仓储和多级仓储。分布式库存子系统通过对多级分布式的库存网络进行管理,将分散的库存点统一规划,根据客户的不同物流需求整合最优的仓储资源,实现货物的动态跟踪和实时定位,实现库存管理的动态、分布、多级和实时。分布式库存的关键是既能依据各个仓库出入库业务形成分类账,又能实时反映一个机构下的库存合并账及品种分布,根据销售需要和库存预警,自动生成补货单、配货单和调拨指令,实现库存商品的动态均衡分布。

(6) 建立在业务系统基础上的经营决策分析。综合各个子系统的数据,进行数据的挖掘和利用,以直观的形式和方便的操作,给管理者提供分析查询、趋势预测等各类辅助决策功能。

3) 深圳市烟草公司卷烟供应链配送系统结构设计

深圳市烟草公司卷烟供应链配送系统由决策层、业务处理层、设备及执行层三个不同层次的系统构成,系统间遵循完整性和独立性协调的原则,即系统是全面的、完整的、可以紧密结合的,但各部分内部也应保持功能的完整性,脱离其中某一部分后,仍可以独立运行,不受其他部分的影响。

（1）设备执行层。

设备执行层的核心是自动化立体仓库和分拣系统。自动化立体仓库系统由 7128 个货位、6 台巷道堆垛机、5 台机器人、控制系统、调度系统和信息管理系统构成，采用两台 IBM 服务器构成双机热备份系统。物流配送业务层的出库、入库、移库、补货指令下达至立体仓库管理系统，由调度模块完成货位、托盘、物流设备的分配任务，自动完成搬运任务并反馈业务系统实际执行情况。自动化分拣设备是按客户订单进行条烟分拣的关键设备，由 55 台 PLC 构成的 Profibus 系统构成，系统核心是分拣控制计算机，上联后台数据库系统，下接 Profibus 网，负责将订单数据转换为分拣任务指令下达至 PLC 执行。

（2）业务处理层。

业务处理层由配送资源需求计划（DRP）管理、市场资源（MR）管理、仓储（RS）管理、采购供应（PM）管理四大部分构成，各部分间有紧密的集成关系。

配送管理分为补货、访销、自动分拣配货、送货作业管理、配送资源管理、运输调度管理等功能，主要依据访销订单信息，进行出货批次调度、制定配送计划及下达分拣任务，结合出库批次及车辆资源进行送货的优化运输调度。

市场资源管理提供客户关系管理、专卖管理、经营绩效管理、市场需求分析。采购供应管理提供采购业务的处理、供应商信息管理等。

仓储管理主要完成卷烟的入库、检验、出库、退库、库存统计及库存分析以及卷烟的仓储能力规划等功能，该部分主要以自动化立体仓库为核心。

同时四部分之间又存在着非常紧密的联系，订单数据是制订配送计划的主要依据，库存和销量统计是制定采购计划的主要依据。电子商务功能紧密地融合在订单接收、采购管理、供应商及客户关系管理、会计结算、经营及绩效管理等业务中。系统设计支持向国家局金叶信息系统的数据上报。深圳市烟草公司卷烟供应链配送系统的结构如图 5.23 所示。

（3）经营决策层。

经营决策系统提供易于使用的分析工具，使企业决策层能够彻底地分析市场、客户，策划和跟踪市场策略，分析同行业的市场策略等，以便更加有效地拓展市场。在这个模块中，通过客户资料中的诸如地域、消费层次、消费习惯与方式、潜在需求、忠诚度、已购买产品列表等有价值的信息从不同的角度彻底地进行市场的策略分析，同时还可以评估和跟踪目前已经进行或者正在进行的营销策略，策划更加有效的销售策略。通过动态建立客户知识库，使客户服务能够有效地提高服务质量，增加客户的满意程度，并且捕捉和跟踪服务中出现的商业机会、产品质量信息、客户需求等。

4）深圳市烟草公司卷烟供应链配送系统配置

（1）数据库及应用服务器系统。

物流配送系统数据量大，实时性要求很高，针对深圳市烟草公司物流配送体系的业务需求，采用 Oracle 公司开发的 Oracle 9i 数据库系统和 Application Server 9i 应用服务器软件系统。

（2）网络系统。

深圳市烟草公司物流配送系统覆盖全市共 11 家公司及物流配送中心，地点分散，各公司与物流中心，上级公司与下级公司间数据交换量很大，因此系统设计采用了 IP 城域网的

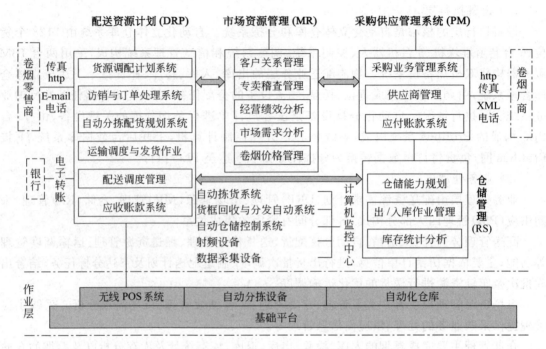

图 5.23 深圳市烟草公司卷烟物流配送系统框架

方式,各公司通过 10Mb/s 的带宽连接至数据中心,所有公司共享一个主数据库服务系统,大大提高了系统性能和维护成本,提高了数据交换的实时性;公司内部局域网选择 1000Mb/s 快速交换以太网的方式,建立了企业主干通信网络系统,通过冗余光纤构成双环状的企业网络的核心。

5)深圳市烟草公司卷烟供应链配送系统关键技术

(1)利用 XML 技术实现异构系统集成。

商业企业信息系统面对的外部系统复杂多样,如银行的电子结算平台、第三方物流公司的业务系统、大型连锁超市的管理系统、国家局数据上报接口等,内部结构也非常复杂,有基于 NT 平台的自动化立体仓库的 Sybase 系统、电话访销的 SQL Server 系统、基于 Sybase 的金蝶财务系统等,如果没有一个统一、开放的接口技术,是很难实现配送资源集成的目标的。在深圳项目中,我们充分利用了 Oracle 9i 提供的 XML 技术,对外部系统提供统一的 XML 格式文件,对内部系统提供统一接口方法,彻底解决了各种异构环境下的数据交换问题。

(2)使用 EIQ 方法全面分析物流过程。

对物流配送中心来说,只有接到客户订单后才能进行配送资源的调度和能力优化过程,系统通过对订单进行全面的 E(订单件数:OrderEntry)、I(货品种类:Item)、Q(数量:Quantity)分析(EIQ 分析就是利用“E”“I”“Q”这三个物流关键因子),来研究物流中心特性,以进行物流中心的基本规划。EIQ 资料来源为每天的客户订单,通过 EIQ 分析,可以掌握以下物流特性:

① 订单内容。订单上的内容,即客户订购何种物品、多少数量,这些品种及数量为物流

系统的基本数据。

②　订货特性。从客户处接收的订单，依客户的不同而具有不同的特性。统计分析这些特性，可得出客户的订货特性。

③　接单特性。从各个具有订货特性的客户来的订单，加以搜集累积后，即成为一天的接单，长期分析后可看出物流中心的订单采集的主要途径。

④　物流中心特性。除了接单特性外，再加上入库特性、仓储特性、分拣特性、出库特性，即构成物流中心特性。

5.　结论

通过卷烟物流配送项目的实施，深圳市烟草公司已完全实现了大配送的目标，通过对各种配送资源的集成优化，使原来各自独立的系统紧密结合，充分发挥了协调运作的能力。原来在手工模式下无法实现的按客户订单进行分拣配送，现在已全面实现了自动化分拣，大大减轻了手工作业强度，提高了配送的准确度和客户满意度，客观实时地反映了物流和资金流的运作过程，为企业快速响应市场变化、制定营销策略、优化物流环节和降低销售成本提供了全面的分析数据，整体提高了销售流程的流畅性。

问题讨论：

1. 管理信息系统能够服务于企业的哪些管理层次？
2. 案例中的系统有哪些主要功能模块？系统设计阶段一般用什么方法完成系统功能模块的设计？
3. 案例中供应链配送系统用了哪些关键技术，这些技术分别有什么作用？

小　　结

系统设计阶段的任务是在前一阶段系统分析的基础上，进一步明确新系统如何满足管理系统的要求。系统设计要考虑系统的灵活性、可靠性、经济性。

总体设计对系统功能进行规划，给出系统的逻辑结构，其结果是信息系统流程图设计、功能结构图设计和功能模块图设计等。功能结构图和功能模块图从功能的角度描述了系统的结构，信息流程图则给出了表达各功能之间的数据传送关系。

代码设计是为了实现全局数据的统一，代码结构合理有助于防错和纠错。系统物理配置方案设计包括设备配置、通信网络的选择和设计以及数据库管理系统的选择等。数据存储设计是根据选择的具体数据库系统进行数据库设计。

系统设计阶段的计算机处理过程包括输出设计、输入设计、处理流程图设计及编写程序设计说明书等，在系统设计中都是非常重要的内容。输入/输出设计为用户提供方便的人机交互手段，为管理人员提供实用、快捷的信息；处理流程图确定了信息处理的具体步骤。这一阶段还应制定严格的设计规范，具体地规定文件名的统一格式、编码结构、代码结构、统一的度量名等。

系统设计阶段的成果是给出了系统设计报告，为系统实施阶段的工作提供具体的方案。

练习与作业

1. 系统设计的内容及一般步骤是什么？
2. E-R 图设计主要解决什么问题？
3. 功能模块图（IPO 图）与处理过程分析的关系是什么？
4. 系统设计一般要遵循哪几条原则？
5. 对子系统进行模块化的目的是什么？
6. 从耦合性和聚合性的角度进行系统设计时分别应该遵循什么样的原则？
7. 结构化系统设计的基本思想是什么？
8. 按下图所示的数据流程图导出模块结构图。

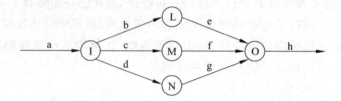

9. 试述我国身份证号中代码的意义。它属于哪种代码？有何优点？
10. 用几何级数设计代码校验方案为：源代码 4 位，从左到右取权数：16、8、4、2，对乘积和以 11 为模取余数作为校验码。试问原代码为 6137 的校验码应该是多少。
11. 已知 E-R 图（如下图），构造对应的数据库关系模型。

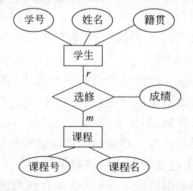

12. 某顾客对某些商品要进行订货。有关顾客、商品、订货的数据属性为：顾客：顾客代码，顾客名，地址，联系电话，负责人；商品：商品代码，商品名，单价，生产日期；订货：订货代码，订货日期，订货量，订货额。请画出顾客对某些商品要进行订货的 E-R 图，并将该 E-R 图转换为关系数据模型。
13. 处理流程设计要达到的目标是什么？处理流程设计要考虑哪几个方面的问题？

第6章 面向对象系统分析

学习目标和指南

学习目标：

1. 领会和掌握面向对象系统分析的基本思想和工作内容框架。

2. 了解系统需求的层次，掌握系统需求获取的路径、系统需求分析要完成的工作内容，掌握系统功能和角色识别的 UML(Unified Modeling Language,统一建模语言)技术,以及进行角色识别的信息内容。

3. 通过学习案例学籍管理系统的需求分析过程,掌握面向对象系统需求分析过程的工作步骤和基本内容。

4. 了解对象/类模型的组成以及对象/类静态建模过程,掌握面向对象的 UML 静态建模的工作步骤:标识系统实体类,标识对象/类的操作,标识界面类(交互类),确定对象/类之间的关系,以及建立系统类图。

5. 掌握面向对象的 UML 动态建模过程,明确动态建模主要完成序列图、合作图、状态图和活动图的建立。

学习指南：

1. 结合第 4 章结构化系统分析的思想,区别理解面向对象系统分析的思想,即根据用户需求提取出系统应具有的属性和行为,是属于问题抽象阶段,解决"做什么"的问题。

2. 基于面向对象系统分析的工作内容框架,逐节学习其具体工作内容。

3. 以学籍管理系统为例,学习掌握需求分析过程中功能和角色的识别方法,以及用例图的绘制。

4. 以学籍管理系统为例,掌握面向对象的 UML 静态建模的分析过程,以及实体类图、界面类图、对象/类之间的关系图以及系统类图的绘制。

5. 以学籍管理系统为例,掌握面向对象的 UML 动态建模的分析过程,以及序列图、合作图、状态图和活动图的建立。

课前思考

1. 什么是 UML 建模技术? UML 建模主要包括哪几方面?

2. 你熟悉学籍管理系统的工作流程吗? 请对该系统功能进行分析和设计。

3. 结构化系统分析的思想和特点是什么? 与此相比,面向对象系统分析的思想和特点如何理解?

随着社会的产业结构不断调整和应用科技领域的发展,现代信息系统已经发展到一个面向客户、面向市场、随需而变和应用为先的新阶段。前面章节介绍的结构化方法的本质是功能分解,从代表目标系统整体功能的单个处理着手,自顶向下不断把复杂的处理分解为子处理,这样一层一层地分解下去,直到仅剩下若干个容易实现的子处理功能为止,然后用相应的工具来描述各个最低层的处理。虽然结构化方法是围绕实现处理功能的"过程"来构造系统的,但是用户需求的变化大部分是针对功能的,因此,这种变化对于基于过程的设计来说是灾难性的。用这种方法设计出来的系统结构常常是不稳定的,用户需求的变化往往造成系统结构的较大变化,从而需要花费很大代价才能实现这种变化。因此本章将在引入面向对象的基本概念的基础上,介绍 UML 建模方法,然后重点介绍面向对象的系统分析方法。

6.1 面向对象的基本概念

1. 对象

对象是人们要进行研究的任何事物,从最简单的整数到复杂的飞机等均可看做对象,它不仅能表示具体的事物,还能表示抽象的规则、计划或事件。

2. 对象的状态和行为

对象具有状态,一个对象用数据值来描述它的状态。

对象还有操作,用于改变对象的状态,对象及其操作就是对象的行为。

对象实现了数据和操作的结合,使数据和操作封装于对象的统一体中。

3. 类

具有相同或相似性质的对象的抽象就是类。因此,对象的抽象是类,类的具体化就是对象,也可以说类的实例是对象。

类具有属性,它是对象的状态的抽象,用数据结构来描述。

类具有操作,它是对象的行为的抽象,用操作名和实现该操作的方法来描述。

4. 消息和方法

对象之间进行通信的结构叫做消息。在对象的操作中,当一个消息发送给某个对象时,消息包含接收对象去执行某种操作的信息。发送一条消息至少要包括说明接受消息的对象名、发送给该对象的消息名(即对象名、方法名)。一般还要对参数加以说明,参数可以是认识该消息的对象所知道的变量名,或者是所有对象都知道的全局变量名。

类中操作的实现过程叫做方法,一个方法有方法名、参数、方法体。

5. 面向对象的特征

1) 对象唯一性

每个对象都有自身唯一的标识,通过这种标识,可找到相应的对象。在对象的整个生命期中,它的标识都不改变,不同的对象不能有相同的标识。

2）抽象性

抽象性是指将具有一致的数据结构（属性）和行为（操作）的对象抽象成类。一个类就是这样一种抽象，它反映了与应用有关的重要性质，而忽略其他一些无关内容。任何类的划分都是主观的，但必须与具体的应用有关。

3）继承性

继承性是子类自动共享父类数据结构和方法的机制，这是类之间的一种关系。在定义和实现一个类的时候，可以在一个已经存在的类的基础上进行，把这个已经存在的类所定义的内容作为自己的内容，并加入若干新的内容。

继承性是面向对象程序设计语言不同于其他语言的最重要的特点，是其他语言所没有的。

在类层次中，子类只继承一个父类的数据结构和方法，称为单重继承。

在类层次中，子类继承了多个父类的数据结构和方法，称为多重继承。

在软件开发中，类的继承性使所建立的软件具有开放性、可扩充性，这是信息组织与分类的行之有效的方法，它简化了对象、类的创建工作量，增加了代码的可重用性。

采用继承性，提供了类的规范的等级结构。通过类的继承关系，使公共的特性能够共享，提高了软件的重用性。

4）多态性（多形性）

多态性是指相同的操作或函数、过程可作用于多种类型的对象上并获得不同的结果。不同的对象，收到同一消息可以产生不同的结果，这种现象称为多态性。

多态性允许每个对象以适合自身的方式去响应共同的消息。

多态性增强了软件的灵活性和重用性。

6. 面向对象的要素

1）抽象

抽象是指强调实体的本质、内在的属性。在系统开发中，抽象指的是在决定如何实现对象之前的对象的意义和行为。使用抽象可以尽可能避免过早考虑一些细节。

类实现了对象的数据（即状态）和行为的抽象。

2）封装性（信息隐藏）

封装性是保证软件部件具有优良的模块性的基础。

面向对象的类是封装良好的模块，类定义将其说明（用户可见的外部接口）与实现（用户不可见的内部实现）显式地分开，其内部实现按其具体定义的作用域提供保护。

对象是封装的最基本单位。封装防止了程序相互依赖而带来的变动影响。面向对象的封装比传统语言的封装更为清晰、更为有力。

3）共享性

面向对象技术在不同级别上促进了共享，具体如下：

（1）同一类中的共享。同一类中的对象有着相同的数据结构。这些对象之间是结构、行为特征的共享关系。

（2）在同一应用中共享。在同一应用的类层次结构中，存在继承关系的各相似子类中，存在数据结构和行为的继承,使各相似子类共享共同的结构和行为。使用继承来实现代码的共享,这也是面向对象的主要优点之一。

（3）在不同应用中共享。面向对象不仅允许在同一应用中共享信息,而且为未来目标的可重用设计准备了条件。通过类库这种机制和结构来实现不同应用中的信息共享。

7. 面向对象的开发方法

目前,面向对象开发方法的研究已日趋成熟,国际上已有不少面向对象产品出现。面向对象开发方法有 Booch 方法、Coad 方法和 OMT 方法等。

1）Booch 方法

Booch 方法最先描述了面向对象的软件开发方法的基础问题,指出面向对象开发是一种根本不同于传统的功能分解的设计方法。面向对象的软件分解更接近人对客观事物的理解,而功能分解只通过问题空间的转换来获得。

2）Coad 方法

Coad 方法是 1989 年 Coad 和 Yourdon 提出的面向对象开发方法。该方法的主要优点是通过多年来大系统开发的经验与面向对象概念的有机结合,在对象、结构、属性和操作的认定方面,提出了一套系统的原则。该方法完成了从需求角度进一步进行类和类层次结构的认定。尽管 Coad 方法没有引入类和类层次结构的术语,但事实上已经在分类结构、属性、操作、消息关联等概念中体现了类和类层次结构的特征。

3）OMT 方法

OMT 方法是 1991 年由 James Rumbaugh 等 5 人提出来的,其经典著作为“面向对象的建模与设计”。

该方法是一种新兴的面向对象的开发方法,开发工作的基础是对真实世界的对象建模,然后围绕这些对象使用分析模型来进行独立于语言的设计,面向对象的建模和设计促进了对需求的理解,有利于开发出更清晰、更容易维护的软件系统。该方法为大多数应用领域的软件开发提供了一种实际的、高效的保证,努力寻求一种问题求解的实际方法。

4）UML 语言

软件工程领域在 1995—1997 年取得了前所未有的进展,其成果超过软件工程领域过去 15 年的成就总和,其中最重要的成果之一就是统一建模语言（UML）的出现。UML 将是面向对象技术领域内占主导地位的标准建模语言。

UML 不仅统一了 Booch 方法、OMT 方法、OOSE 方法的表示方法,而且对其作了进一步的发展,最终统一为大众接受的标准建模语言。UML 是一种定义良好、易于表达、功能强大且普遍适用的建模语言。它融入了软件工程领域的新思想、新方法和新技术。它的作用域不限于支持面向对象的分析与设计,还支持从需求分析开始的软件开发全过程。

6.2 UML 建模工具

UML 又称统一建模语言或标准建模语言,是始于 1997 年的一个 OMG（Object Management Group）标准,它是一个支持模型化和软件系统开发的图形化语言,它使用面向对象的概念进行系统建模的一组表示方法,能够对软件开发所有阶段提供模型化和可视化的支持。

作为一种建模语言,UML 的定义包括 UML 语义和 UML 表示法两部分。

(1) UML 语义:描述基于 UML 的精确元模型定义,元模型为 UML 的所有元素在语法和语义上简单、一致、通用的定义性说明,使开发人员能在语义上取得一致的理解。

(2) UML 表示法:定义 UML 符号的表示法,为开发人员提供了使用这些图形符号和文本语法实现系统的建模标准。

UML 的主要内容如图 6.1 所示。

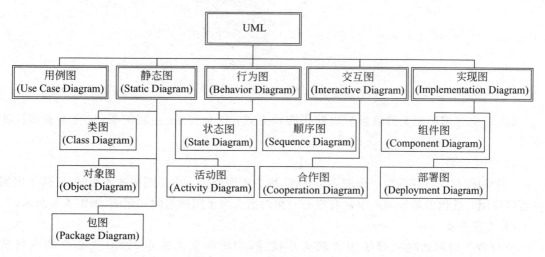

图 6.1　UML 的主要内容

6.2.1　用例图

用例图是从用户角度描述系统功能,并指出各功能的执行者。在 UML 中用例(Use Case)表示为一个椭圆。图 6.2 显示了一个学生选课系统的用例图。其中,选课"Select Course"、查询课程"Query Course"、添加课程"Add Course"、修改课程"Modify Course"以及删除课程"Delete Course"都是用例的实例。概括地说,用例具有如下特点:

(1) 用例捕获某些用户可见的需求,实现一个具体的用户目标。

(2) 用例有操作者,并为操作者提供具体的值。

(3) 用例可大可小,但必须是对一个具体用户的目标实现的完整描述。

在 UML 中执行者(Actor)表示为一个"人形"图标,是指用户在系统中所扮演的角色。图 6.2 中有四个执行者,用户"User"、学生"Student"、管理员"Administrator"和数据库"Database"。需要指出的是执行者在用例图中用人形图表示,但执行者未必是人,例如图 6.2 中的"Database"。

UML 中多个执行者之间的联系使用泛化关系描述(一个带有空心三角的箭头),这种联系实际上也就是类与类之间的关系,如图 6.2 中的 Student、Administrator 与 User 之间的联系,箭头指向 User,说明 User 是超类。

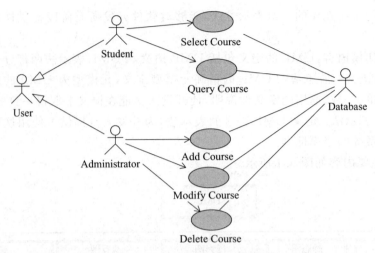

图 6.2　学生选课系统用例图

UML 中与用例相关的联系可以使用四种方式：泛化关系、关联关系、包含关系和扩展关系。

1）泛化关系

一个用例可以被列举为一个或多个用例，称为用例泛化。当父用例被使用时，任何子用例也可以使用。泛化关系使用一个带有空心三角的箭头由子用例指向父用例，如图 6.3 所示。

2）关联关系

执行者与用例之间可以使用关联关系描述，用单向箭头表示，如图 6.2 中的执行者"Student"与用例"Select Course"之间即关联关系，表示执行者与用例之间的通信，执行者触发用例，并与用例进行信息交换。一个执行者可以与多个用例关联，如 Student 既可以使用用例"Select Course"也可以使用用例"Query Course"。反过来一个用例也可以有多个执行者，对于同一个用例，不同的执行者可以通过该用例得到目的不同的取值。

3）包含关系

对于一个复杂的用例可以用其他更简单的用例来描述，也就是说，一个用例可以包含其他用例具有的行为，并把它所包含的用例的行为作为自身的一部分，称之为包含关系。这类似于创建一个新类时可以通过继承父类并附加描述来实现。在 UML 中包含关系使用虚线箭头加<<include>>字样表示，箭头指向的是被包含用例，如图 6.4 所示，表示取款用例包含身份验证。

4）扩展关系

一个用例被定义为基础用例的增量扩展，这样通过扩展关系就可以把新的行为插入到已有用例中。在 UML 中包含关系使用虚线箭头加<<extend>>字样表示，箭头指向的是被扩展的用例，如图 6.5 所示，表示在接听电话时，再有来电，可以进行呼叫保持。

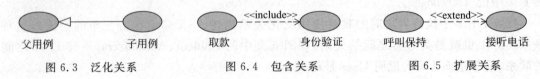

图 6.3　泛化关系　　　　　图 6.4　包含关系　　　　　图 6.5　扩展关系

6.2.2　静态图

　　静态图包括类图、对象图和包图。其中,类图描述系统中类的静态结构,不仅定义系统中包含的类、类之间的联系(关联、依赖、聚合等),还包括类的内部结构(类的属性和操作)。图 6.6 显示了某公司的类图,包括 Company 和 Department 两个类。

　　对象图是类的实例,几乎与类图用完全相同的标识。它们的不同在于对象图只是在系统的某一时间段存在,显示某时刻对象和对象之间的关系。对于对象图来说无须提供单独的形式。类图中就包含了对象,所以只有对象而无类的类图就是一个"对象图"。图 6.7 显示了一个公司部门的实例图,从图中可以看出 d1 和 d2 都是类 Department 的实例,即对象,两个对象的 name 属性取值分别为 Sales 和 R&D。

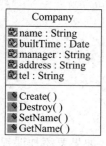
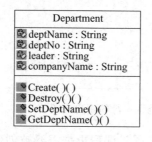
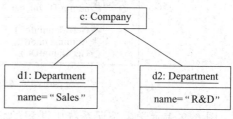

　　　　　图 6.6　类图　　　　　　　　　　　　图 6.7　对象实例

　　包图用于描述系统的分层结构,由包和类组成。对大型系统进行建模时,经常需要处理大量的类、接口、构件、节点和图,这时就有必要对这些元素进行分组,把语义相近的并且倾向于一起变化的元素组织起来加入同一个包,这样方便理解和处理整个模型。

　　包的作用不仅仅是为模型元素分组,它还为所有的模型元素构成一个命名空间,这也意味着一个模型包内各个同类建模元素不能具有相同的名字,不同的模型包内的各个建模元素可以具有相同的名字。图 6.8 显示了一个包括了学生选课系统中的一个用户的包。

6.2.3　行为图

　　行为图用来描述系统动态模型和组成对象间的交互关系,包括状态图和活动图(State / Activity Diagram)。其中状态图描述类的对象所有可能的状态以及事件发生时状态的转移条件。通常状态图是对类图的补充,使用时并不需要对所有类画状态图,仅需要对那些有多个状态并且其行为受外界环境影响并发生改变的类画状态图。活动图描述满足用例要求所要进行的活动以及活动间的约束关系,有利于识别并进行活动。

　　状态图是一个状态和转换的图,描述了某类的实例对事件接收的响应。在对象或者其他实例的状态图的活动状态配置里,在任何时候都存在一个或者多个活动的状态。如果一个状态是活动的,离开这个状态的转换可能会激发另一个动作的执行,使得一个状态代替原来的状态。状态图在某一时刻处理某个事件而在处理另外的事件之前必须完成这个事件的结果。也就是说,事件处理过程中,事件之间不能相互作用。

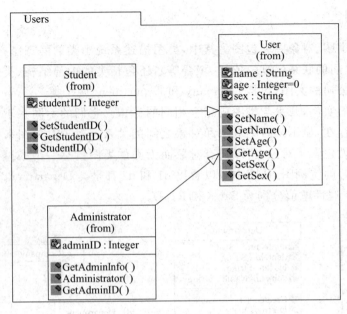

图 6.8　学生选课系统的用户包图

  图 6.9 表示学生选课系统中课程的状态图。课程根据需要被创建后,如果要添加课程,要将其加入到数据库中,所以转移至 In Database 状态,在有修改、删除等监护条件发生时,分别转移至被修改 Modified 和被删除 Deleted 状态。在发生选课时,要根据数据库中的已经选课的人数作为监护条件,只有学生选课人数没有超过最大选课人数值时才可以安排选课进入 In Schedule 状态,如果选课学生人数已经达到最大选课人数则进入 Locked 状态,由被修改、被删除或被锁定状态可进入结束状态。

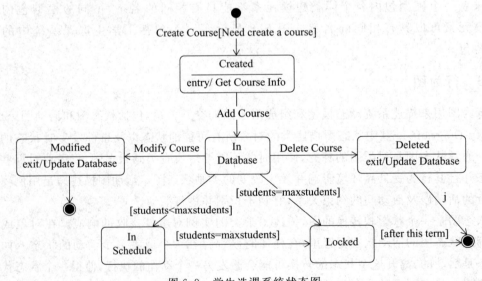

图 6.9　学生选课系统状态图

活动图是状态图的一个特殊例子,在该状态图中所有的或大部分的状态都是活动状态或动作状态,所有的或大部分的转换由源状态中活动的完成触发。活动图表示一个程序或工作流。

活动图是强调计算过程中顺序的和并发步骤的状态图。活动图通常出现在设计的前期,即在所有实现决定前出现,特别是在对象被指定执行所有活动前。在活动图中状态代表活动的执行,就像一个计算或真实世界不间断的操作,而转换由操作的完成触发。活动图可以附属于操作和用例的实现。

在活动图中状态主要是活动状态或动作状态。活动状态是某种状态的速记,该状态有内部计算和至少一个输出完成转换,该转换由状态内活动的完成来激发。如果转换有监护条件,那么可以有多个输出转换。动作状态是原子状态,即它们不会被转换中断。

通常,活动状态用于对这一个过程的某个执行步骤建模。如果模型中的所有状态都是活动状态,那么计算的结果不会依赖于外部事件。如果并发活动不访问同一个对象且并发活动的相对完成时间不影响结果,那么计算过程是确定的。

活动图中的活动可以依照不同的准则划分为几组。每个组代表活动职责的一些有意义的部分,每个组被称做泳道(Swimline)。泳道是活动图的内容的组织单元。它没有内在的语义,但可以根据建模者的意愿使用。通常,每个泳道代表真实世界组织内的一个组织单元。

图 6.10 显示了学生选课系统中的添加课程的活动图,用户首先要输入要添加的课程信息,然后通过验证课程信息,再进一步创建一个用于完成添加的课程对象,然后在数据库中查询该课程,判断是否已存在,如果存在提示重新输入,否则可以完成在数据库添加,添加完

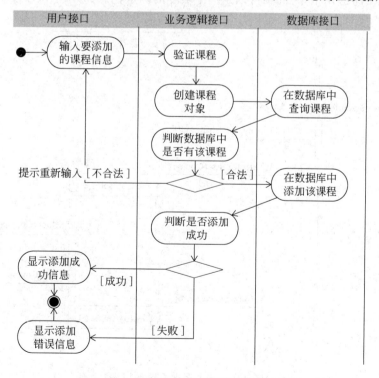

图 6.10　学生选课系统的添加课程活动图

毕还要判断是否添加成功,根据成功与否给出提示后结束。该图由泳道分成了三个组,分别为用户接口、业务逻辑接口和数据库接口,用户在用户接口完成输入添加课程的信息,并且接收是否添加成功的信息提示;在业务逻辑接口主要完成业务逻辑的处理,包括验证课程、创建课程对象、判断课程是否存在、添加是否成功等;在数据库接口中完成查询课程、添加课程。

6.2.4 交互图

交互图表示对象之间交互的方式,包括合作图和顺序图,二者与活动图密切相关。顺序图表示按时间排序的交互,着重表现参与交互对象的生命线和它们交换的信息。顺序图不表示对象之间的链接。根据目的不同,顺序图有不同的形式。合作图表示执行操作的对象间的交互。它类似于对象图,表示了实现高层操作所需的对象和它们之间的链接。

信息的时间顺序用信息流箭头上的序号表示。顺序图中用箭头的几何顺序代表时间顺序,因此不用序号。合作图中必须使用顺序号来判断消息的顺序以及并行线程。顺序图和合作图表达的是类似的信息,但使用不同的方法表示。有时在顺序图中使用序号是为了方便,或为了允许切换到合作图。顺序图和合作图用不同的方式表示了类似的信息。顺序图表示信息的确切次序,更适合于实时说明和复杂的情形。

顺序图具有两个方向:垂直方向代表时间;水平方向代表参与相互作用的对象(见图 6.11)。通常,时间沿页面向下延伸(如果需要,坐标轴也可以反转)。通常只有消息的顺序是重要的,但是在实时应用中,时间轴可以是一个实际的测量;对象的水平次序没有重要意义。

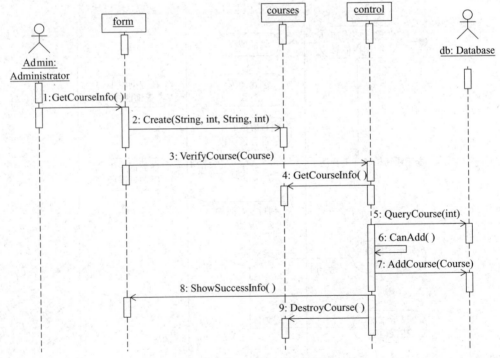

图 6.11　学生选课系统顺序图

每个对象显示在单独的列里。一个对象符号(带有对象名称的矩形框)放置在代表生成这个对象的消息的箭头末端,其垂直位置表示这个对象第一次生成的时间。如果一个对象在图的第一个操作之前就存在,对象符号就画在任何消息之前,处于图的顶部。从对象符号画一条虚线到对象销毁的那一点(如果销毁发生在该图表示的范围内),这条线称为生命线。一个大的╳放在对象停止存在的那一点,或者放在表示销毁对象的消息的箭头的头部,或者放在对象自己销毁的那一点。对于对象活动的任何阶段,生命线加粗到两倍的实心线。这包括主动对象的整个生命和被动对象的激活——对象的某个操作执行的阶段,包括这个操作等待它所调用的操作返回的时间。如果这个操作直接或间接地递归调用它自己,另一条两倍实心线覆盖在它上面以表示双重激活(可以是多于两个)。对象的相对次序没有重要意义,尽管合理地安排它们以使消息箭头所覆盖的距离最小是有帮助的。对激活的注释可以放在附近的空白处。

每个消息显示为一个从发送消息的对象的生命线到接收消息的对象的生命线的水平箭头。在箭头相对的空白处放置一个标号以表示消息被发送的时间。在许多模型中,消息被认为是瞬时的,至少是原子的。如果一条消息需要一定的时间才能到达,消息箭头就应该对角地向下画以使接收时间晚于发送时间。两端都可以有标号来表示消息接收或者发送的时间。

合作图表示对象之间的关系,更适合于理解对象的全部作用和过程设计。与顺序图不同,合作图明确地表示了角色之间的关系。另一方面,合作图也不将时间作为单独的维来表示,所以必须使用顺序号来判断消息的顺序以及并行线程。顺序图和合作图表达的是类似的信息,但使用不同的方法表示,如图 6.12 所示。

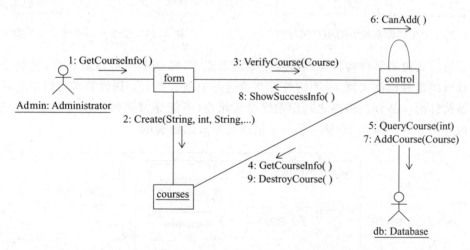

图 6.12　学生选课系统合作图

6.2.5　实现图

构件图(部件图)表明了软件构件之间的依赖关系。构件是指系统中的一个物理实现片段,包括软件代码(源代码、二进制代码、可执行代码)或者相应成分,例如脚本或命令行文件。有些构件带有身份标识,并有物理实体,包括运行时的对象、文档、数据库等。构件只在实现域中存在——它们是计算机的物理组成部分,可以与其他构件相连,由类似构件替换、移动、获得等。模型可以表示构件间的依赖关系。构件有两个特征：封装了实现系统功能的代码和某些构成系统状态的实例对象。

构件图表示了构件类元，以及其中定义的类和构件间的关系。构件被表示为一个矩形，其一侧有突出的两个小矩形，构件名字标在矩形中，虚线箭头从一个构件指向其他构件上的接口。图 6.13 所示的是一个学生选课系统中的用户组件图。

部署图定义系统中软硬件的物理体系结构，它可以显示实际的计算机和设备（用节点表示）以及它们之间的连接关系，也可以显示连接的类型以及构件之间的依赖性。节点实例包括运行时的实例，如构件实例和对象。构件实例和对象还可以包含对象。

部署图有描述符形式和实例形式。实例形式表现了作为系统结构的一部分的具体节点上的具体构件实例的位置，图 6.14 所示的是学生选课系统的部署图。实例形式是部署图的常见形式。

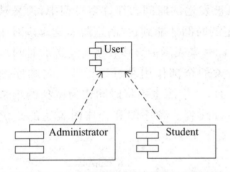

图 6.13　学生选课系统中的用户组件图

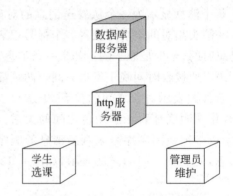

图 6.14　学生选课系统的部署图

描述符形式说明哪种构件可以存在于哪种节点上，哪些节点可以被连接，类似于类图。节点符号可以带有构件实例，说明构件存在或运行于该节点上。构件符号可以带有对象，说明对象是构件的一部分。构件之间用虚线箭头相连（可能穿过接口），说明一个构件使用了另一个构件的服务。图 6.15 显示了一个描述符形式的部署图。

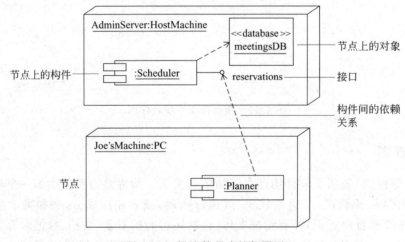

图 6.15　描述符形式的部署图

6.3 面向对象系统分析

结构化系统分析面向过程,按照数据变换的过程寻找问题的节点,对问题进行分解;由于不同的人对过程的理解不同,故面向过程的功能所分割出的功能模块会因人而异。而对象是对现实世界实体的模拟,能更容易理解需求,即使用户和分析者之间具有不同的教育背景和工作特点,也可很好地沟通;而且,面向对象的对象细分从同一问题领域的对象出发,不同的人得出相同结论的比率较高,所以,面向对象的思想被广泛应用于现代信息系统分析。

6.3.1 系统分析的基本思想

面向对象系统分析是指采用面向对象的思想,对系统进行分析,根据用户需求提取出系统应具有的属性和行为,是属于问题抽象阶段,解决"做什么"的问题。实际上这是一个对客观世界的系统进行建模的过程。本节以上面介绍的 UML 建模技术为基础,结合"学籍管理系统"的具体实例来构造客观世界问题的准确、严密的分析模型。

首先,提取系统属性。通过参与某校学籍管理的日常工作以及工作人员的介绍,我们知道了学籍管理的一般工作流程,了解了学籍管理的各个组成部分及各个部门。根据这些信息,我们提取了该系统的属性:①学生档案管理部门;②班级管理部门;③交费管理部门;④课程管理部门;⑤成绩管理部门。

其次,确定系统行为。学籍管理需要做的工作有学生档案管理、班级管理、课程设置和成绩管理等。

还有很多细节问题,可能在开始时无法考虑周全,我们要给这些问题留出解决空间。

6.3.2 系统分析的工作内容

1. 面向对象的系统需求分析

系统需求分析主要是在客户和系统开发人员之间进行沟通,了解基本的用户需求,分析现行系统的业务范围、业务规则和业务处理过程,明确系统的责任、范围和边界,确定系统需求并构造需求模型。

面向对象的系统需求分析主要完成系统用例建模。用例建模描述了系统应该做什么,以用例驱动系统开发过程。具体步骤如下:

(1)系统需求描述。

(2)发现和确定角色。

(3)发现和确定用例。

(4)绘制用例图及进行用例描述。

2. 对象/类静态建模

对象/类静态模型主要描述对象/类及其属性以及对象/类相互之间的关联。确定系统

用例后,即进入对象/类及对象/类属性的识别,建立对象/类静态模型。其建立步骤如下:

(1)标识系统实体类。

(2)标识对象/类的属性。

(3)确定对象/类间的关联。

(4)建立系统类图。

3.对象/类动态建模

对象/类动态模型主要描述系统的动态行为,描述事件在什么时候、以何种序列发生。动态模型包括对象/类状态模型和对象/类交互行为模型。其建立步骤如下:

(1)建立系统对象交互图。对用例进行分析,确定系统中类之间的交互顺序。

(2)建立系统状态图和活动图。确定对象/类状态的迁移及对象交互过程中同步、并行、选择和反复的活动顺序。

(3)审查动态模型,验证其准确性和一致性。

需要指出的是,在面向对象系统分析中,静态建模与动态建模并没有明显的先后顺序,而是一个不断迭代与提炼的过程,因此需要在实际中灵活把握。

6.4 面向对象的系统需求分析

6.4.1 系统需求的获取与分析

1.系统需求的层次性

系统需求包括四个不同的层次:业务需求、用户需求、功能需求和非功能需求。

(1)业务需求(Business Requirements):反映了组织机构或客户对系统和产品高层次的目标要求。

(2)用户需求(User Requirements):基于业务需求,描述了用户希望系统必须完成的任务。

(3)功能需求(Functional Requirements):基于用户需求,定义了开发人员必须实现的系统功能。功能需求指系统需要完成的事情,即向用户提供的一些功能。

(4)非功能需求(Nonfunctional Requirements):描述了系统应具备的性能要求,如可靠性、可扩展性、可移植性、安全性等。

2.系统需求的获取

系统需求的获取主要考虑应当收集什么信息,从何处收集,采用什么方法收集。需求来源主要有以下几个方面:同有潜在需要的用户进行讨论;当前主要产品的需求文档;当前系统的缺陷报告或增强性要求;市场调查和用户问卷调查;分析用户的工作内容和工作方式。系统需求的具体获取路径如下:

(1)定义问题范围。因为系统分析人员可能不熟悉实际业务的流程,而用户又不了解技术实现的细节,这样容易造成系统目标在理解上的分歧,所以在需求获取阶段有必要先界定问题范围。

(2)完整理解需求问题。用户对计算机系统的能力和限制缺乏了解,他们不知道系统作为一个整体怎样工作效率更好,也不太清楚哪些工作可以交给计算机完成,他们不知道如何以一种精确的方式来描述需求,他们需要开发人员的协助和指导。只有用户与开发人员相互沟通、不断协调,才能对需求问题进行完整理解。

(3)确认需求。随着时间的推移,需求往往会产生变动,所以开发人员必须有组织地进行需求分析阶段的各项活动,才能最后进行需求的确认。

3. 系统需求的分析

系统需求的分析就是对来源于用户的信息加以区别和分类,以利于正确理解或表述用户的任务需求、功能需求、业务规则、质量属性、建议解决方法和附加信息。系统需求的分析主要是把用户的需求用模型表达出来,常用的建模方法是 UML,它是用来分析用户需求的实用方法。系统需求的分析主要完成以下工作:

(1)用图形描述系统的整体结构,包括系统的边界与接口。

(2)通过需求原型等向用户提供可视化界面,用户可以对需求做出自己的评价。

(3)需求实现的技术可行性、经济可行性分析。

(4)用模型描述系统的功能项、数据实体、外部实体,以及实体之间的关系和状态转换等方面内容。

6.4.2　系统功能和角色的识别

系统需求分析阶段最重要的内容就是对所要开发的系统能“做什么”(即具备哪些功能),对有哪些人或物参与到应用系统中(即系统将遇到哪些角色)这些问题进行确定。只有认识和理解了这些内容,才能把握好系统的内在能力和外部使用环境,分析确定它们相互之间的关系,最终建立起简洁、精确、可理解的需求模型。

1. 系统功能的识别

系统的功能就是系统所提供的加工、分析和处理用户请求的方法和过程,它表现在人们如何使用系统和系统提供哪些功能两个方面。系统功能可以利用 UML 建模技术中用例图的方式来描述,例如,学籍管理系统可以提供学生档案管理、班级管理、课程设置和成绩管理等功能,这些都可以作为用例来描述。

值得指出的是,在 UML 中用例一般按照业务术语来命名,而不是按照技术术语来命名,这样可以让客户一目了然。用例通常用动词或短语命名,描述客户看到的最终结果;同时用例关注系统外的用户,每个用例应表示用户与系统间的一个完整的功能,为用户提供一定价值,使系统的功能更真实、更准确。

2. 角色的识别

系统需求分析通常用各种图表和文字来表示,这有助于理解一个系统的需要是什么和系统是怎样工作的。UML 建模技术就是将这些内容规范化、形式化的技术,是获取业务过程和系统需求的有效方式,而且其技术是非常简单易学的。

利用 UML 建模技术进行系统需求分析,首先要识别出系统的参与者,并区分出正确的角色。一般可以通过分析以下几个方面获取这些信息:

(1) 系统操作的主要使用者和系统信息的使用者。

(2) 系统信息的来源。

(3) 系统管理和维护的参与者。

(4) 与其交互的应用系统。

(5) 系统使用涉及的硬件。

(6) 使用者的类型和细节功能。

(7) 系统使用的外部环境,如地点、用户数量、可选设备等。

在识别角色的过程中也应注意以下几个方面的问题:

(1) 正确理解角色的含义。

(2) 正确区分参与者和角色之间的关系。

(3) 处理好角色的多样性。

6.4.3 系统需求分析过程

1. 系统需求描述

系统需求描述就是根据系统需求的层次性,确定系统的范围和边界。系统的范围是指待开发系统的应用领域的目标、任务、规模以及系统提供的功能和服务;系统的边界是指一个系统的所有元素与系统之外事务的分界线。在开始构建一个新的系统时,无论客户还是开发人员对系统的需求都很难说清楚。因此,系统分析人员必须与客户进行反复多次的交流,做大量的调查、研究和论证工作,尽早确定系统的范围和边界,进而确定系统的功能和性能,清楚地回答出系统应该做什么,和哪些外部事务发生联系。一个系统的范围与系统开发的目标、任务和规模密切相关,例如一个综合的企业管理系统,企业的生产、人事、财务、库存、销售、订货等都是系统开发的范围,而对于一个人力资源管理系统来说其范围只涉及人员及人员激励的管理。

2. 发现和确定角色

角色指的是在系统外部与系统交互的人或其他事物,如其他系统、硬件设备、时钟等。角色在执行用例时与系统之间有信息的交流,角色向系统发送消息,并接收系统传递的消息。角色是一个抽象的概念,不一定直接对应到具体某一个人,同一个人可以在不同的时间充当不同的角色,因此他所具备的权限和能使用的功能会有所不同。

当系统的范围确定并明确了系统的边界以后,就要从系统的角度寻找与系统进行信息交互的角色。可以从以下方面来发现和确定系统的角色：

（1）系统主要使用者。谁使用系统的主要功能？谁需要系统支持他们的日常工作？

（2）系统辅助使用者。谁来维护、管理系统使其能正常工作？

（3）系统信息提供者。谁为系统提供信息？

（4）相交互的外部系统。系统需要控制哪些硬件？系统需要与其他哪些外部系统交互？

3. 发现和确定用例

用例是系统的一种行为，它为角色产生一定有价值的结果。用例描述角色希望系统完成的事情。用例应该是一个完整的任务，所有的用例描述是从角色看到的系统全部功能。我们可以通过与每个角色交流来发现和确定可能的用例：

（1）角色希望系统提供什么功能？

（2）角色要创建、读取、更新或删除什么信息？

（3）系统通知角色什么信息？

（4）系统需要从角色那里得到什么信息？

（5）对系统的维护、管理等。

（6）与系统交互的外部系统。

4. 绘制用例图及进行用例描述

根据确定的角色和用例，画出用例图，然后进行用例的描述。用例描述的是一个系统"做什么"，而不是说明其"怎么做"，通常用足够清晰的、用户容易理解的文字来描述。用例描述内容主要包括以下几个方面：

（1）用例名称。

（2）简要描述。对用例的角色、目的的简要描述。描述要简明扼要，但要包括角色使用这个用例要达到的结果。

（3）前置条件。表示执行用例之前系统必须处于的状态，或者要满足的条件，如前置条件可能是另一个用例已经执行或用户具有运行当前用例的权限。并不是所有用例都有前置条件。

（4）后置条件。表示用例一旦执行系统所处的状态，如一个用例运行后需要执行另外一个用例，可在后置条件中说明这一点。并不是所有用例都有后置条件。

（5）基本事件流。描述该用例的基本流程，指每个流程都正常运作时所发生的事情。

（6）备选事件流。描述这个行为或流程是可选的或备选的，并不是总要执行它们。

（7）错误流。描述系统本身不能完成的一些功能。

6.4.4 系统需求分析举例

下面以学籍管理系统为例来说明系统需求分析过程。

1. 系统需求描述

（1）系统基本要求。对登录系统的操作人员要有所区分，有根据学校规定限定权限的人员,如学生的档案管理、班级管理、学费管理、成绩管理、登录人员管理五个部分各有指定的人员;有具备全部权限的管理员;还有只能进行查询的操作人员等。

(2)学生档案管理。学生档案管理包括学生档案的建立、修改、查询等内容,即对学生档案可以进行录入、查询、修改、删除及打印操作。

(3)班级管理。班级管理包括班级的设置、修改、查询等,包括对班级的档案可以进行录入、查询、修改、删除及打印操作。支持打印班级设置信息,要求可以打印单个或多个班级的信息,也可以连续打印全部班级的信息。

(4)交费管理。交费管理主要用来管理学费的信息,可以根据年级、年制、专业、学期不同来设置收费类型和收费标准。应对学期、班级、学号等进行提示,允许学生不按标准交费,并能根据实际交费计算出当期欠费,同时查询出以往欠费和累计欠费金额。交费情况可以查询或打印,查询时要求能对学期的交费详细情况和学生的历史交费情况进行分别查询,打印时要求可以对单个或全部学生的交费信息进行打印。

(5)课程管理。课程管理主要是设置课程的名称和使用的教材,能够进行增加、删除和修改。针对不同年级、不同专业年制、不同学期对各班级开设的课程进行设置,允许增加或减少课程。

(6)成绩管理。成绩管理要求能够设定期中、期末、平时等考试类型,可以增加、修改或删除。学生成绩的录入要有学期、班级、学号等提示,根据课程设置情况能对所有课程的成绩同时录入;支持按年级、班级、学期和考试类型进行学生成绩查询,查询时能够自动计算总分和平均分。

2. 发现和确定角色

在学籍管理系统中,根据操作权限的不同,可以将角色确定为授权人员、一般人员(只读操作)和系统管理员三类操作人员;而授权人员又可以细分为登录用户管理人员、课程与成绩管理人员、班级及学生档案管理人员、收费人员四种权限类型操作人员,如图6.16所示。

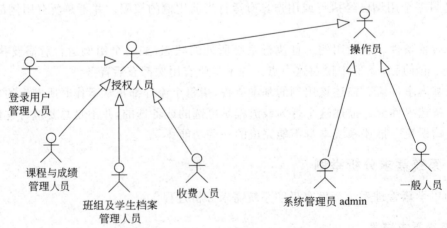

图 6.16 学籍管理系统中的角色(a)

由于系统要求有打印功能,因此打印机也可以作为一个角色来处理,如图 6.17 所示。

3. 发现和确定用例

对开发人员来说,确定参与者和用例的重点是理解应用环境并定义合适的系统,从而加深对用户工作过程和系统范围的理解。开发人员一旦确定并描述了角色和用例,需求分析就取得了实质性的进展。用例是对一组类似实例的抽象化,目的是定义系统功能,也就是说,用例详细说明了所有可能的特定功能集合。在学籍管理系统中,可以根据角色希望系统提供什么功能首先来确定系统中的用例,如图 6.18 所示。

4. 改进和细化用例

随着系统设计和实现的开始,改变系统需求说明书和增加新的无法预料的功能的费用会越来越高,而且到了开发后期需求仍会变化。这需要在需求分析阶段进行许多变更和实验,许多用例会被重写几次,并得到充分改进或细化,还有一些完全被放弃。开发人员确定遗漏或应继续添加的功能时应该用新的用例记录它们,并包括系统分析设计人员所描述的参与者不常看到的情况和例外控制,这就需要改进或细化用例。

图 6.19 所示用例图就是对学籍管理系统的档案管理用例进一步细化的结果,档案管理包括入学登记、删除档案信息、修改档案信息、查询档案信息、打印档案信息等内容。

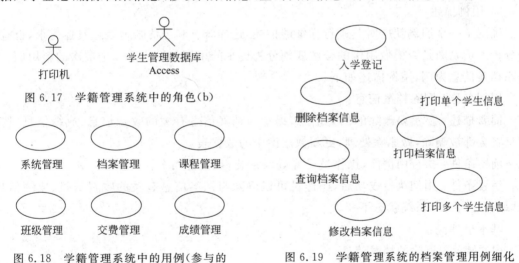

图 6.17　学籍管理系统中的角色(b)

图 6.18　学籍管理系统中的用例(参与的　　　　　图 6.19　学籍管理系统的档案管理用例细化
　　　　　硬件或其他系统)

5. 绘制用例图及进行用例描述

1) 绘制用例图

用例由角色初始化,此后用例描述了一系列由角色初始化而导致的有关交互操作,所以可以讲,用例图描述了一个完整的贯穿系统的业务流程。在学籍管理系统中,角色通过登录系统使用系统中的所有功能,如图 6.20 所示的是系统主用例图,该图可以简略地描述出整个系统的业务流程。

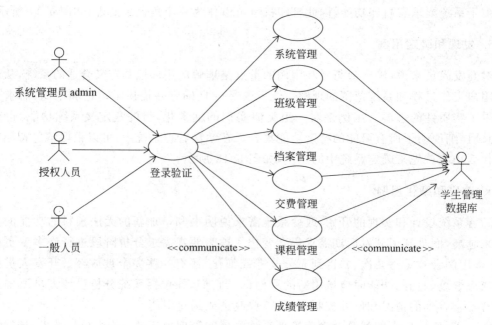

图 6.20　学籍管理系统主用例图

2）用例描述

确定了一个用例就应对其进行详细的描述，这样既有利于清晰地表达具体需求，也有利于分析人员判断是否要做用例的分解或划分为更小的用例和生成下一个层次的新用例。以删除档案信息为例，用例描述如下。

用例名称：删除档案信息。

简要描述：显示要删除的档案信息，提示与档案信息有关的收费信息、成绩信息、选课信息将全部被删除，做删除处理，更新数据库中的数据表。

前置条件：执行用例前，操作员已经登录系统，且具备档案管理权限。

后置条件：用例执行成功后，操作员可以删除与档案信息有关的收费信息、成绩信息、选课信息。否则，系统状态不变。

基本事件流：

（1）显示要删除的档案信息。

（2）确认删除档案信息。

（3）提示与档案信息有关的收费信息、成绩信息、选课信息将全部被删除。

（4）再次确定删除档案信息。

（5）做删除处理，更新数据库中的数据表。

（6）显示删除档案信息成功。

备选事件流：检索要删除的档案信息是否存在，如不存在由操作员确定继续检索还是退出用例。

6.5 面向对象的 UML 静态建模

面向对象的 UML 静态建模就是建立对象/类模型的过程,是面向对象系统分析阶段中很重要的工作任务,是系统开发人员区分系统中各类概念的基础。建立对象模型有利于在系统设计中生成更有针对性的系统对象,从而使需求更清晰、更准确、更接近用户目标。建立对象模型也是一个反复的过程,它要列举现实中的对象,包括具体的人、物或信息,甚至是一个任务、一个业务过程,这个过程将占系统分析阶段一半以上的时间。

6.5.1 对象/类模型的组成

对象/类模型由实体类、属性类或界面类(交互类)或业务逻辑类按一定的关联关系组合而成。实体类表示系统中应用的、持续的、应保存的数据信息,如学生档案、交费记录和成绩等;属性类表示对象/类包括的信息和行为,如学生的属性有学号、姓名、出生年月、家庭住址、联系电话、入学时间等;界面类(交互类)表示角色和系统之间的交互访问界面(Interface),如各种窗体、对话框等;业务逻辑类表示用户执行的并由系统支持的任务,如存取数据的处理、业务逻辑的推理或运算、内部消息的传递等。

6.5.2 对象/类静态建模过程

1. 标识对象方法:自然语言分析法

在面向对象系统分析中,一般采用自然语言分析法来标识各类对象,通过检查每个用例并确定备选对象来发现参与对象。自然语言分析是一套靠直觉从一个系统需求说明中标识对象、属性和关系的试探性方法,它将需求描述语句的各部分(名词如学生、班级,动词如删除、增加等)直接映射到模型中去。具体步骤是:首先从需求描述和用例中发现对象,然后再找出对象的属性和操作。例如在学籍管理系统中对于学生档案管理用例,可以先找出学生档案这个对象,然后再找出姓名、性别、出生日期及身份证号等属性,以及增加、删除、修改等操作。

自然语言分析法的一个好处就是能集中用户的词句,然而它也有若干限制。总地来说,在从短的描述中产生一个最初的候选对象列表时,自然语言分析法效果很好,例如分析一个描述或一个用例的业务事项就比较实用。

2. 筛选对象规则

(1) 关键性:缺少这个对象信息,系统不能运行。

(2) 可操作性:对象必须拥有一组可标识的操作,该操作可修改对象属性的值。

(3) 信息含量:选择信息含量较大的对象,只有一个属性的对象可做其他对象的属性。

(4) 公共属性:为潜在对象定义一组属性,这些属性适用于该对象/类所有的实例。

(5) 公共操作:为潜在对象定义一组操作,这些操作适用于该对象/类所有的实例。

(6) 关键外部信息:问题空间中的外部实体和系统必然产生或使用的信息。

3. 对象/类模型建立过程

基于自然语言分析法,对象/类模型建立过程可以按照以下基本步骤进行:

(1) 标识系统实体类。

(2) 标识对象/类的操作。

(3) 标识对象/类的属性。

(4) 标识界面类(交互类)。

(5) 确定对象/类间的关联。

(6) 建立系统类图。

6.5.3 标识系统实体类

标识系统实体类,就是给对象、对象属性以及职责命名,并做简短描述。可以通过以下方法寻找实体类:从事件流中寻找名词或名词词组,将具有相同属性和操作的对象/类归为一类。同时,需要给这些类取个合适的名字,一般用单个名词或名词词组来表达,实体类名称必须简洁、含义明确、易于理解。具体地,可以从以下几方面着手,进行系统实体类的标识:

(1) 与目标系统交换信息的角色。例如物理设备、操作人员或用户,以及其他有关的子系统。

(2) 概念实体、发生的事件或事情。例如报告、文字、信号、报表、显示信息,它们是系统开发领域的一部分。

(3) 位置。如制造场所或学校,它们是建立系统整体功能的环境。

(4) 组织机构。如单位、小组。

在学籍管理系统中,可以按需求描述标识出的实体类有学生、班级、班主任、成绩以及登录用户等,如图 6.21 所示。实际上,实体类主要是由描述这些实体的信息(Information)组成的,如登录用户实体类就是由用户代码、用户名、密码及权限等内容组成的。

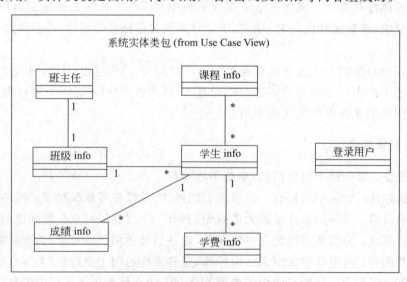

图 6.21　学籍管理系统实体类图

6.5.4　标识对象/类的属性

在找到实体类后,就要研究类的特性。类包括信息和行为,这些信息就称为属性。可以查阅需求描述和用例描述来获得属性,事件流中的名词有一些是属性。在标记属性时,要将其赋予适当的类,属性是与类相关的信息。其实,属性就是提供方法使用的,方法也就是操作。类的属性个数最好控制在 15 个以下,如果太多可以分解成更小的类,反之则可以合并类。在确定了对象/类的属性后,应对各属性命名以示区别,命名原则与对象命名原则相同。另外,还要确定属性的数据类型、属性的取值范围及对象/类所体现的关系。

1. 识别和筛选属性的原则

(1) 原始性:如出生年月是一个属性,其派生属性"年龄"应当删掉。
(2) 外瞻性:如某属性描述对象的内部状态,从外界是观察不到的,应当删除。
(3) 相关性:删除对象内与其他属性完全不相关、不一致的属性。
(4) 关联性:属性值受到某个关联影响,删除子属性,并把它附加在此关联上。

2. 标识对象/类属性的规则

(1) 常识性:按一般常识,该对象应具有的属性。
(2) 专业性:在当前问题论域中,该对象应具有的属性。
(3) 功能性:根据系统功能的要求,该对象应具有的属性。
(4) 管理性:建立该对象是为了保存和管理哪些属性。
(5) 操作性:为了实现对象的操作功能,需要增设哪些属性。
(6) 标志性:是否需要增设属性来区别对象的不同状态。
(7) 外联性:用什么属性来表示对象的整体-部分联系和实例链接。

6.5.5　标识对象/类的操作

操作定义了对象/类的行为,是改变对象的属性或系统状态的方式。有四种不同的操作作用于属性:实现、管理、访问和帮助。实现操作用来实现业务功能;管理操作用来管理对象的创建和构造;访问操作用于查询或修改某个类的属性;帮助操作是说明类完成任务所需要的操作。操作的获得可从系统的过程中分析提取出来,一般可从系统功能、分析对象的状态变化中标识出类的操作;识别出操作后,要对其进行命名,与类和属性的命名不同,操作的命名应采用动词或动词加名词组成的动宾结构,操作名尽可能准确地反映该操作的职能。

1. 识别和筛选对象/类操作的原则

(1) 从系统功能要求考虑,确定相应的对象/类操作。
(2) 从问题领域考虑,确定设立相应的对象/类操作。

（3）分析对象的状态,确定实现对象状态转换的对象/类操作。

2. 标识对象/类操作的原则

（1）功能性:对象/类的操作能直接体现系统功能的要求。

（2）关联性:响应其他对象的操作请求,完成系统功能的要求。

（3）单一性:一个操作包含多个可独立定义的功能时,应分解为多个操作。

（4）完整性:一个独立的功能被分解成多个操作时,这些操作应合并为一个操作。

6.5.6 标识界面类(交互类)

界面类(交互类)表示系统与使用系统角色的接口。在每一个用例中,每个角色至少与一个界面类(交互类)进行交互。界面类(交互类)从角色收集信息,并将这些信息存入系统指定的结构中,该结构可以被实体类或业务逻辑类使用。

界面类(交互类)对用户界面进行粗略的建模,它们并不详细描述用户界面的可见方面,例如,像"按钮"或"菜单项"这些界面类(交互类)都太详细了,可以不参与界面类(交互类)标识。

在学籍管理系统中,登录界面类(frmLogin)、主界面类(frmUserAdd)、学费报表类(DataReportTuition)等如图 6.22 所示,它们都属于界面类(交互类)。

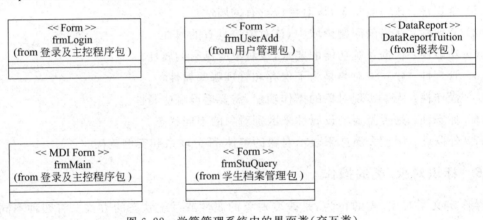

图 6.22　学籍管理系统中的界面类(交互类)

6.5.7 确定对象/类之间的关系

对象/类之间有数量关联、受限关系、归纳和继承关系等多种关联类型。下面仍然以学籍管理系统为例来说明这些关联类型的确定方法与步骤。

1. 确定对象/类之间的数量关联

对象/类之间的数量关联是指在 UML 中,一个对象关系中的两端点可以把任意一个整数集作为它的数量关联关系,这种关系分为一对一、一对多和多对多三种关系。识别对象/类之间的数量关联,使得人们能从应用领域或解决域获得更多的信息,因此确定对象/类之间的数量关联变得非常重要,一个多对多的关联关系可以产生一个比实际情况复杂得多的软件系统。

1) 一对一的对象关系

对象的每一端点都有一个1。如果两个类之间是一对一关系,这意味着,在每个类的实例间恰好只存在一个连接。如图6.23所示的班主任和班级就是一对一实体对象关系,即:一个班级只能有一个班主任,并且一个班主任只管理一个班级。如图6.24所示,登录管理类与主界面类也是一对一的交互对象关系,一个登录管理对象只能对应一个主界面对象,而一个主界面对象的登录只能通过一个登录管理对象来实现。

2) 一对多的对象关系

对象的一个端点为1,另一端点为 n 或*。如果两个类之间是一对多关系,则表示两个类之间是组成关系。如图6.25所示的班主任、班级与学生之间就是典型的一对多关系。

图6.23　一对一的实体对象关系

图6.24　一对一的交互对象关系

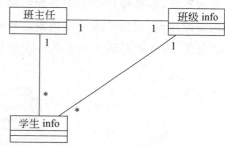

图6.25　一对多的实体对象关系

3) 多对多的对象关系

对象的每一端都是*或1..*。如果两个类之间是多对多关系,则表示在这两个类的实例间可能存在着任意数目的连接。例如,课程与学生就是多对多的关系,即一个学生可以选择多门课程,一门课程可以被多个学生选定,这是数量关系中最复杂的类型。

2. 确定对象/类之间的受限关系

受限是一种用关键字来减少对象数量关联关系的技术。指定或确定对象之间的数量关联关系,就称为对象之间的受限关系。利用这种受限关系减少对象访问、控制或交流数量,可以提高系统设计质量。通常,在一个一对多关系的环境下,"多"端的对象可以用一定数量来限制。例如,一个网站的访问数量或者说提供的可供连接数量为并发20个,其余的访问连接做排队处理,这样就可以解决网站的吞吐量和网站实际负荷能力之间的矛盾,避免服务器出现死锁或崩溃。例如,为了更好地提高教学质量,学校可以限定一个班级最多有50个学生,每个学生选择4～8门课程,每门课程至少有20人选择,否则本学期不开设此课程,由于师资和教室原因一门课程最多供200人选择,如图6.26所示。

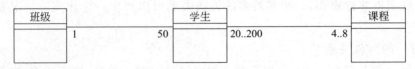

图 6.26 　对象/类之间的受限关系

3. 确定对象/类之间的归纳和继承关系

归纳把概念组织成层次,在层次的顶端是一个一般概念,在层次的底层是最特殊的概念。继承是一种复用技术,如果一个子类继承一个父类,则在父类中可用的所有属性和方法在子类中都自动地成为可用的。

如果两个或多个类共享相同属性或行为,则它们的相同之处就被统一归纳为一个父类。例如在学籍管理系统中,一般操作人员、授权人员和系统管理员都能通过各自的用户名和密码来登录系统,并依赖用户名来分配不同功能的操作权限,如图 6.27 所示。为了清楚地对这种相似性建模,人们引入一个抽象的登录用户类作为父类,根据其权限标识的不同来继承这个抽象类,并在登录后实例化为一个具体的用户。

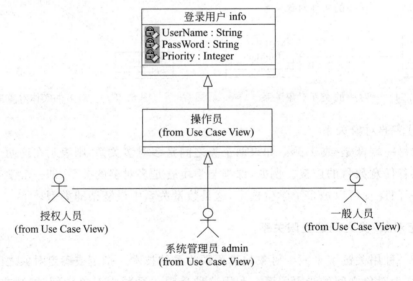

图 6.27 　对象/类归纳关系

6.5.8　建立系统类图

类图显示了类、类的内部结构、接口、合作以及它们之间的静态结构和关系。类图不显示暂时性信息,它由许多静态的模型元素,例如类、包和它们之间的关系以及各自相互连接的内容组成。

在学籍管理系统中,分析了对象/类及其关联后,针对其主要的实体类及其主要操作和属性,可得出系统类图如图 6.28 所示。

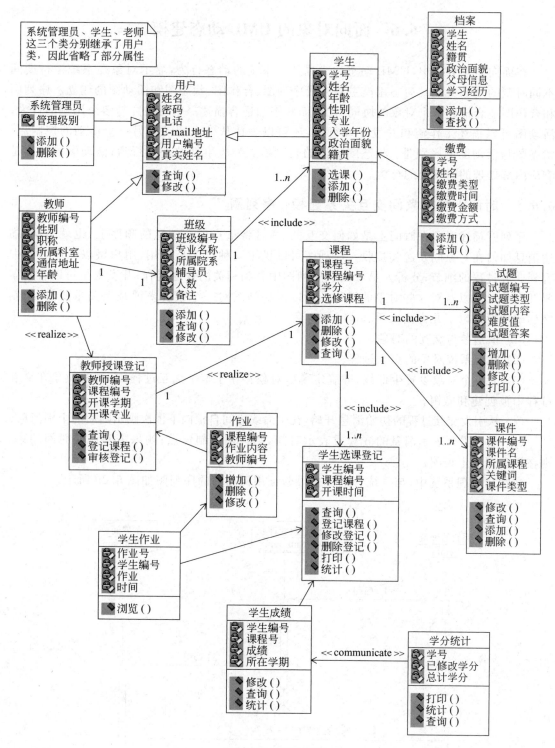

图 6.28　系统类图

6.6　面向对象的 UML 动态建模

在面向对象分析中，UML 动态建模描述了系统的动态行为，显示对象在系统运行期间不同时刻的动态交互。动态建模主要完成序列图、合作图、状态图和活动图的建立。序列图和合作图适合描述多个对象的协同行为；而状态图适合描述一个对象穿越多个用例的行为；活动图可以描述工作流和并发处理行为，还可以表达从一个活动到另一个活动的控制流。状态图与活动图的区别是：状态图描述的是对象类响应事件的外部行为；活动图描述的是响应内部处理的对象类的行为。

6.6.1　时间上的对象间交互关系建模：序列图

序列图描述对象在时间上是如何交互的，并且将重点放在消息的顺序上，也就是说，描述消息如何在对象间发送和接收。序列图可以供不同种类人员使用，用户可以从序列图中看到业务过程的细节；分析人员可以从序列图中看到相关的处理流程；开发人员可以看到需要开发的对象以及对这些对象的操作。所以说序列图对一个系统来说是至关重要的，绘制序列图主要从以下几方面入手：

（1）识别参与交互的对象。

（2）确定系统对象的交互过程。

（3）为每个对象设置生命线，即确定哪些对象存在于整个交互过程中，哪些对象在交互过程中被创建和撤销。

（4）从引发交互过程的初始消息开始，在生命线之间自顶向下依次画出随后的个别消息。

（5）如果需要表示消息的嵌套或表示时间，则采用控制焦点；如果需要说明时间约束，则在消息旁加上说明。

在学籍管理系统中，与系统管理员登录验证用例相关的序列图如图 6.29 所示。

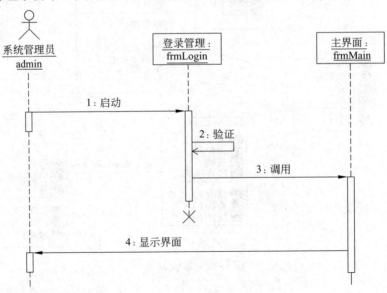

图 6.29　系统管理员登录验证用例序列图

序列图的列表示参与用例的对象,列之间的水平箭头表示消息或操作,它们从一个对象传递给另一个对象;时间自上而下垂直进行,表示各个操作的先后顺序。虚线上的一个长方形表示从这个长方形能产生消息且有时间界限,长度表示该操作处于活动状态的时间;操作可以看成是一个对象提供给其他对象的一种服务或请求。在图 6.29 所示的序列图中,最左列是启动该用例的系统管理员;"启动"箭头表示系统管理员录入管理员名称和密码,并单击"确定"按钮或按 Enter 键,这是一个具体的操作,可以发送用户名及密码消息给系统;登录管理窗口(frmLogin)负责验证接收这个消息并触发一个相应的操作活动。登录管理窗口(frmLogin)验证通过后,就会请求主界面初始化(frmMain. Show( )),并显示给系统操作员,这时登录管理窗口(frmLogin)的生命周期就结束了,而系统管理员和主界面(frmMain)的生命周期并没有结束。

6.6.2 链接的对象间交互关系建模:合作图

合作图侧重描述对象、对象间的链接以及链接对象之间如何发送消息,它只对相互之间具有交互作用的对象和对象间的关联建模,而忽略了其他对象和关联。绘制合作图主要从以下几方面入手:

(1) 识别参与交互过程的对象。

(2) 确定对象之间的交互过程。

(3) 如果需要,为每个对象设置初始特性。

(4) 确定对象之间的链,以及沿着链的消息。

(5) 从引发交互过程的初始消息开始,将随后的每个消息附到相应的链上。

(6) 根据需要表示消息的嵌套。

(7) 根据需要说明消息的时间约束。

(8) 根据需要为每个消息附上前置条件和后置条件。

在学籍管理系统中,系统管理员登录的合作图如图 6.30 所示,系统管理员、登录管理、主界面的先后关联顺序是:系统管理员启动登录管理,登录管理进行验证并请求主界面服务,主界面再向系统管理员显示界面。

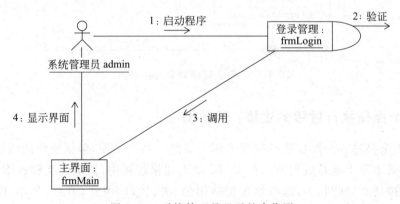

图 6.30　系统管理员登录的合作图

6.6.3 单个对象动态行为和状态的建模：状态图

状态图主要描述一个对象在其生存期间的动态行为，展示一个对象所经历的状态序列、引起状态转移的事件以及因状态转移而伴随的动作。绘制状态图主要从以下几方面入手：

（1）识别参与交互过程的对象。

（2）确定对对象有意义的状态。

（3）决定对象可能的状态。

（4）从确定初始状态开始，依次将分析出来的状态画出，直到状态的结束。

在学籍管理系统中，以登录管理对象为例，绘制其状态图如图 6.31 所示，图中描述了登录管理对象的所有可能状态，包括界面显示、等待状态、检验状态、调用主界面状态直到最后结束。这个状态图也帮助分析人员决定是否把检验信息作为一个新的用例，因为检验信息过程中要检查用户的权限，并在启动主程序时做出相应限制的标识或操作。

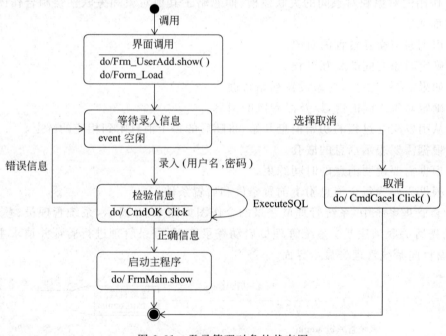

图 6.31 登录管理对象的状态图

6.6.4 单个操作执行过程的建模：活动图

活动图用来描述一个操作执行过程中所完成的一系列动作，包括操作的活动、判定点和分支等部分，其本质上就是流程图。在 UML 动态建模过程中，活动图能够被附加到任何建模元素上，以描述其动作行为，这些元素包括用例、类、接口、组件、节点、合作、操作和方法。所以，系统分析人员可以用活动图对操作建模，用以重点描述系统的流程，从而描述系统的动态行为。活动图描述内容包括采取何种动作、做什么、何时发生以及在何处发生等，绘制活动图主要从以下几方面入手：

（1）识别要对其工作流进行描述的类。

（2）确定各类的动态行为。

（3）确定动作流。

（4）对动作流建模。

（5）对建模结果进行精化和细化。

在学籍管理系统中，以学生成绩查询操作为例，绘制其活动图如图 6.32 所示。

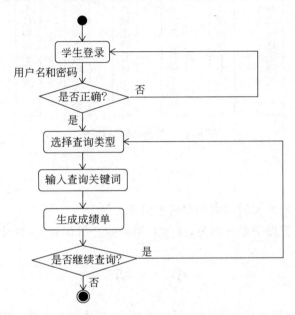

图 6.32　学生成绩查询活动图

案例与问题讨论

案例：基于 UML 的实验教学与管理系统分析

随着网络技术和软件技术的飞速发展，特别是 Internet/ Intranet 的出现及其相关技术的迅速发展，人类成为了网络的受益者，借助网络来处理各项事务能更好地提高办事效率。某高校物理实验示范中心实验教学与管理系统就是其中的一例，它能更好地协助实验示范中心工作人员来管理。由于系统在使用的过程中不可避免地要进行经常性更新、维护等，而采用传统开发工具设计出的系统却面临更新困难、扩展性差、修改成本高的缺点。为了解决这一问题，通过长期的探索，发现使用 UML 建模工具可以设计出便于修改、扩展性强、易于维护的系统。

实验教学与管理系统能实现实验预约管理、仪器设备管理、实验室人员管理、实验计划管理、学生成绩管理工作的信息化、网络化，各类相关业务能够实现网络自动流转，形成一个现代化的管理信息系统。其整个系统功能结构如图 6.33 所示，教师可通过互联网实时查询实验开设计划、课程安排、网上登记成绩等；学生可在互联网上方便地进行实验预约、实验成绩查询，了解实验室状况、实验设备仪器以及仪器设备的操作方法、注意事项，预习实验方法步骤；还可在校园网上点播观看经典实验，并能提前看到重要实验环节的细节，提高预习的效果。

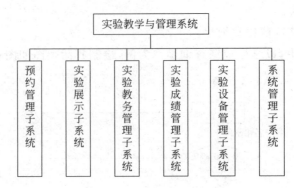

图 6.33　系统功能结构图

问题讨论：

1. 实验教学与管理系统的用例和角色有哪些？
2. 在系统的预约管理子系统部分，通过对用例的分析识别类，并建立类图。

小　　结

　　面向对象系统分析是指采用面向对象的思想，对系统进行分析，根据用户需求提取出系统应具有的属性和行为，是属于问题抽象阶段，解决"做什么"的问题。

　　面向对象系统分析的任务首先是进行面向对象的系统需求分析，然后是在系统需求分析的基础上，继续识别待开发系统应用领域的对象，分析对象间的关系，建立符合系统需求的两种模型：一是对象/类静态模型；二是对象/类动态模型。

　　系统需求的获取路径是：(1)定义问题范围；(2)完整理解需求问题；(3)确认需求。基于 UML 建模技术的系统需求分析工作步骤包括：(1)系统需求描述；(2)发现和确定角色；(3)发现和确定用例；(4)绘制用例图及进行用例描述。

　　对象/类静态模型主要描述对象/类及其属性以及对象/类相互之间的关联。面向对象的 UML 静态建模的工作步骤包括：(1)标识系统实体类；(2)标识对象/类的操作；(3)标识界面类(交互类)；(4)确定对象/类之间的关系；(5)建立系统类图。

　　对象/类动态模型主要描述系统的动态行为，描述事件在什么时候、以何种序列发生。动态模型包括对象/类状态模型和对象/类交互行为模型。面向对象的 UML 动态建模过程主要完成序列图、合作图、状态图和活动图的建立。

练习与作业

1. 试述"结构化系统分析"与"面向对象系统分析"的区别和联系。
2. 试述对象/类静态模型的作用,及其建模的工作步骤。
3. 试述对象/类动态模型的作用,及其建模的工作步骤。
4. 结合自己所熟悉的业务环境及其工作流程,利用 UML 技术进行系统分析,建立用例图、实体类图、界面类图、对象/类之间的关系图、序列图、合作图、状态图和活动图等。

第7章 面向对象系统设计

学习目标和指南

学习目标：

1. 领会系统设计的含义，熟悉面向对象系统设计的主要工作内容。

2. 理解系统体系结构设计的任务，掌握系统逻辑体系结构设计与物理体系结构设计的原则与方法。

3. 通过学习学籍管理系统的子系统与功能模块设计，理解子系统分解与功能模块之间的相互关系，掌握服务与子系统接口设计的思想，领会子系统耦合度与聚合度的概念，明确"低耦合、高聚合、强独立"的模块设计原则，掌握子系统分解与确定的方法。

4. 了解数据模型的组成要素及常用数据模型的特点，掌握关系数据模型的相关概念，掌握从 UML 映射到关系数据模型的原则、方法与内容。

5. 理解系统界面设计原则与设计内容，掌握应用 UML 技术进行用户界面设计的工作内容。

学习指南：

1. 正确区分系统分析与系统设计工作内容的不同：系统分析主要关心系统必须"做什么"的框架问题，而系统设计主要考虑系统"如何做"的细节问题。

2. 以学籍管理系统为例，学习掌握系统逻辑体系结构设计的方法即包图设计，以及系统物理体系结构设计的方法即构件图与部署图的设计。

3. 遵照"低耦合、高聚合、强独立"的模块设计原则，掌握子系统分解与功能模块设计、服务与子系统接口设计；学会利用分层、分区的方法，进行子系统的分解与确定。

4. 基于数据模型的三要素，进行关系数据模型的设计；通过实例学习，掌握从 UML 映射到关系数据模型的原则、方法与内容。

5. 通过实例学习，领会掌握应用 UML 技术进行用户界面设计的工作内容。

课前思考

1. 面向对象的系统分析与系统设计有什么关联性？它们各自的特点是什么？

2. 面向对象的系统分析利用 UML 技术的哪些图表工具进行建模？系统设计又利用哪些图表工具进行建模？

3. 常用的数据模型有哪些？应用 UML 技术进行面向对象数据库设计时，可以映射到哪类数据模型？

系统分析主要关心系统必须做什么，而不必太多地考虑其中的实现细节，它注重的是问题领域与系统责任。系统设计就要考虑实现的细节问题了，它主要说明如何实现系统分析中的元素,注重的是实现相关的问题,并作为实施阶段的依据。所以说,系统设计不是设计算法,它是把分析模型转变成设计模型,该模型考虑了在问题描述和需求分析文档中描述的非功能性需求和约束。利用 UML 建模技术,进行面向对象系统设计的主要工作内容一般包括系统体系结构设计、子系统与功能模块设计、数据库设计和界面设计等。

7.1 系统体系结构设计

系统体系结构设计的任务是要确定系统整体结构,进行层次划分,描述不同部分之间的合作等。研究系统体系结构的首要问题是如何表示系统体系结构,即对系统体系结构建模的问题,其目标是提高实际应用系统的开放性和集成性,同时兼顾效率。

在基于 UML 的面向对象系统设计中,主要从逻辑和物理两方面来描述系统的体系结构。逻辑体系结构是对系统的用例、类、对象、接口以及相互间的交互和合作进行描述;而物理体系结构则是对构件、节点的部署进行描述。

7.1.1 系统逻辑体系结构设计

1. 设计原则

面向对象系统设计的第一步就是确定系统逻辑体系结构,它决定了各子系统如何组织以及如何协调工作。在面向对象系统设计过程中,利用系统分层技术将整个系统进行分层,每个层完成自身的功能,最后,所有的层整合起来构成一个完整的系统逻辑体系结构。这种系统分层技术就是信息系统逻辑体系结构设计所遵循的原则,即采用典型的三层结构,如图 7.1 所示。

图 7.1 系统逻辑体系的三层结构

用户界面层主要是指系统运行的接口界面;应用服务层集中了系统的业务逻辑处理,它是整个系统的核心部分;数据层主要是将系统的可持久对象存放在磁盘中,以备后面使用。

2. 逻辑体系结构建模:包图设计

在 UML 中,一般采用包图对系统逻辑体系结构进行建模,一个包相当于一个子系统,一个包也可以向下划分为更小的包。根据设计原则和信息系统原理,将信息系统中比较关心的对象分层,可分为三层:用户界面层、业务处理层、数据访问层,再把各层中的一些公共部分提出来:权限管理、异常处理,这样得到的包图如图 7.2 所示。

图 7.2 系统逻辑体系结构建模:包图

1) 用户界面包

如图 7.3(a)所示,用户界面层的职责是:

(1) 与用户的交互,接收用户的各种输入以及输出各种提示信息或处理结果。

(2) 对于输入的数据进行数据校验,过滤非法数据。

(3) 向业务处理对象发送处理请求。

用户界面包含的类如图 7.3(b)所示。

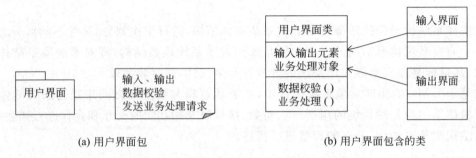

(a) 用户界面包　　　　　　　　　　　　　　(b) 用户界面包含的类

图 7.3　用户界面包

2) 业务处理包

如图 7.4(a)所示,业务处理层的职责是:

(1) 实现各种业务处理逻辑或处理算法。

(2) 验证请求者的权限。

(3) 向数据访问对象发送数据持久化操作的请求。

(4) 向用户界面层返回处理结果。

业务处理包含的类如图 7.4(b)所示。

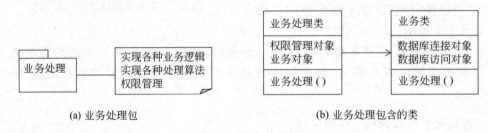

(a) 业务处理包　　　　　　　　　　　　　　(b) 业务处理包含的类

图 7.4　业务处理包

3) 数据访问包

如图 7.5(a)所示,数据访问层的职责是:

(1) 实现数据的持久化操作。

(2) 实现事务处理。

数据访问包含的类如图 7.5(b)所示。

4) 权限管理包

如图 7.6(a)所示,权限管理的主要职责是:

(1) 验证请求者的请求权限。

(2) 提供请求者的权限列表。

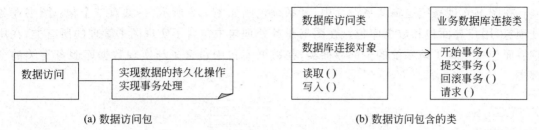

(a) 数据访问包   (b) 数据访问包含的类

图 7.5　数据访问包

权限管理包含的类如图 7.6(b) 所示。

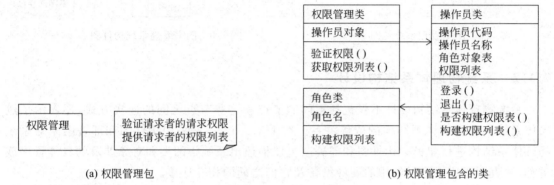

(a) 权限管理包   (b) 权限管理包含的类

图 7.6　权限管理包

5）异常处理包

如图 7.7(a) 所示,异常处理的主要职责是:

(1) 汇报运行时的详细异常信息。

(2) 记录异常处理日志。

异常处理包含的类如图 7.7(b) 所示。

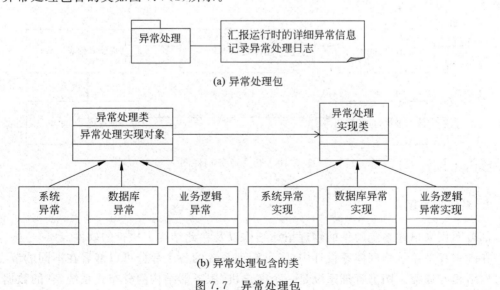

(a) 异常处理包

(b) 异常处理包含的类

图 7.7　异常处理包

在图书管理系统逻辑体系设计中,其系统包图如图 7.8 所示,一共有三个包:图书业务处理包、用户界面包和数据库包。在图书业务处理包中包含了实现图书管理的所有类;在用户界面包中包含了该系统的全部界面类;在数据库包中包含了与实现数据库服务有关的全部类。

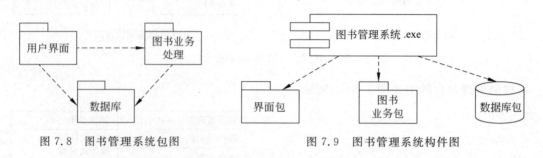

图 7.8　图书管理系统包图　　　　　　　图 7.9　图书管理系统构件图

7.1.2　系统物理体系结构设计

系统物理体系结构设计不仅包括不同的节点和这些节点之间的连接方式,还表示了逻辑体系结构和物理体系结构的依赖关系。在 UML 中,一般采用构件图和部署图来对系统物理体系结构进行建模。构件图和部署图可以描述出系统中的类和对象涉及的具体程序或进程,并表明程序或进程使用的硬件设备及它们之间的相互连接。

1. 系统构件图

构件是程序代码的实际物理模块,系统的构件图用来显示代码模块间的关系。

在图书管理系统物理体系设计中,其系统构件图如图 7.9 所示。系统包含三个类包,即界面包、图书业务包和数据库包,以及一个图书管理系统包。

在图 7.9 所示图书管理系统构件图中,图书业务包包含五个构件部分,如图 7.10 所示。

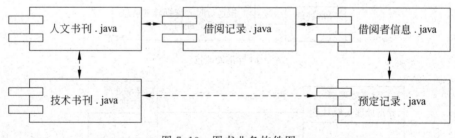

图 7.10　图书业务构件图

2. 系统部署图

部署图用来描述系统硬件的物理拓扑结构以及在此结构上执行的软件。

在图书管理系统物理体系设计中,图书管理系统的各个部分可以部署在不同的节点上,通过网络相互通信。图书管理系统是一个客户机/服务器结构的分布式系统,它的数据库放置在图书馆的数据库服务器上,图书馆服务器向用户提供了借书管理服务和信息管理服务,借阅者和图书管理员可以通过客户端借阅、预定、返还书籍并进行各种信息的维护。基于此,绘制图书管理系统部署图如图 7.11 所示。

图 7.11　图书管理系统部署图

7.2　子系统耦合度与聚合度

1. 子系统之间耦合度

耦合度描述了两个子系统之间依赖关系的程度。耦合度越低,表明两个子系统之间的依赖关系越松散,它们之间的相互独立性越强,那么当其中一个子系统发生变化时对另外一个子系统产生的影响很小。反之,耦合度越高,表明两个子系统之间的依赖关系越紧密,那么当其中一个子系统发生变化时可能对另外一个子系统产生很大影响。

2. 子系统内部聚合度

聚合度描述了子系统内部的依赖程度。如果某个子系统含有多个彼此相关的对象,并且它们执行类似的任务,它们的相关性就比较高,那么子系统内部聚合度就高。聚合度越高,子系统独立性越强,反之亦然。

在进行子系统与功能模块设计过程中,要坚持低耦合、高聚合的原则,从而保证子系统与功能模块的独立性。通常在聚合度和耦合度之间存在一个平衡,将系统不断分解成子系统可以提高系统的聚合度,但是,随着子系统之间接口数量的增加,也会提高耦合度。所以,如果给定的任一抽象层具有超过 9 个的概念或者有一个子系统提供超过 9 种服务,则应该考虑改动子系统的分解。出于同样的原因,层次的数量也不能超出 72;事实上,许多好的系统设计只用三层就完成了。

7.3　子系统与功能模块设计

在系统设计的过程中,系统设计人员将系统分解成能由单个团队实现的较小的子系统,又称为功能模块,这些子系统的设计要遵循"低耦合、高聚合、强独立"的原则,主要的设计活动包括服务与子系统接口设计、分层与分区等。

7.3.1　子系统分解与功能模块

为了减少应用系统的复杂性,人们将系统分解,把更小的部分定义为类并且把它们封装成包。类似地,为了减少求解域的复杂性,人们将系统分解成为子系统,形成多个较小的组成部分,子系统就是由许多求解域的类组成的。基于这个原理,可以将复杂的子系统分解成更为简单的子系统。在 UML 中,子系统用包或类来表示。

从学籍管理系统的需求分析可知整个系统分为六个子系统,即用户管理子系统、学生档案管理子系统、班级管理子系统、交费管理子系统、课程管理子系统和成绩管理子系统,这些子系统又称为功能模块,它们可以继续分解。其中,交费管理子系统可以细分为如图 7.12 所示的包图。交费管理子系统主要是用来管理学费的交纳情况,根据学费管理的业务流程,收费之前应先设置收费类型和收费标准。在 Visual Basic 中,收费类型和收费标准可以作为一个单独窗体类来设计,因此可命名为 frmTuitionSet,同样收取学费、学费类型明细及查询、学生个人收费情况、学生收费明细、学生收费查询分别设计为 frmTuitionCollect、frmTuitionSetBrow、frmTuitionStu、frmTuitionDetail、frmTuitionSetQry。

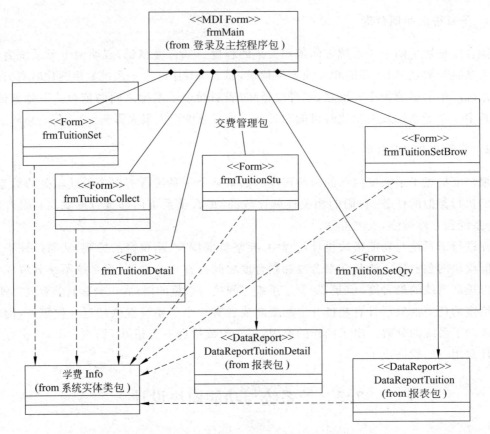

图 7.12　学籍管理交费管理子系统分解

从图 7.12 可以看出,学籍管理交费子系统表示为 UML 包,该子系统的分解包括包的组成和其与主界面的构成关系,子系统虚线箭头说明子系统与其他子系统或类之间的依赖关系。其中,学费信息实体类可以进一步划分为学费类型和交费明细两部分,相当于数据库中的两个表,如图 7.13 所示。

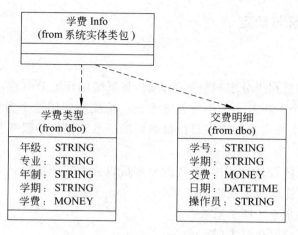

图 7.13　学费信息实体类分解

7.3.2　服务与子系统接口设计

服务指的是一组有着共同目标的相关操作,而子系统就是通过为其他子系统提供服务来确定其特点的,从而形成子系统与子系统之间的接口,称为子系统接口。子系统接口也称为应用程序接口(Application Programming Interface,API),包括操作的名称、参数、类型和返回值。

子系统提供的服务在系统设计集中进行定义,包括列举操作、参数和它们的高层行为;子系统接口设计在对象集中进行定义,包括参数的类型和每个操作的返回值,也包括应用软件调用操作系统的函数接口。

在学籍管理系统的服务与子系统接口设计中,系统公用模块就是为所有子系统提供服务的一个子系统,它主要提供访问数据层的接口,定义公用访问数据库的连接,定义全局性的变量和方法供各子系统使用,如图 7.14 所示。

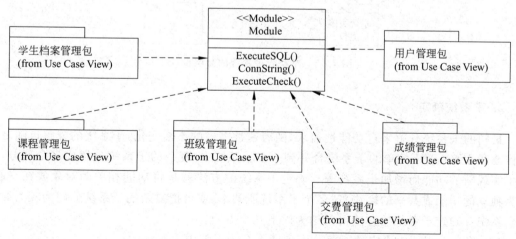

图 7.14　学籍管理系统的服务与子系统接口设计

7.3.3 子系统分解与确定

1. 子系统分解

子系统分解指的是利用分层与分区的方法,将系统循环地分解成可管理的较小的、简单的部分,直到能让一个人或者一个小组处理为止。系统地使用这个方法就可以得到结构化的分解,其中每个子系统或者每一层可以根据低层子系统提供的服务为其高层服务,每一层还可以访问其下一层。

在面向对象的系统设计过程中,系统的分解可以分为三个层次:

(1)顶层为登录管理和主控界面。

(2)中间层为各业务处理子系统。

(3)底层为实体类层和报表层。

就学籍管理系统而言,其系统分解分为三个层次,如图 7.15 所示,顶层是登录及主控程序包;中间层是六个业务处理包,即用户管理包、学生档案管理包、班级管理包、交费管理包、课程管理包和成绩管理包;底层是系统实体类包和报表包。

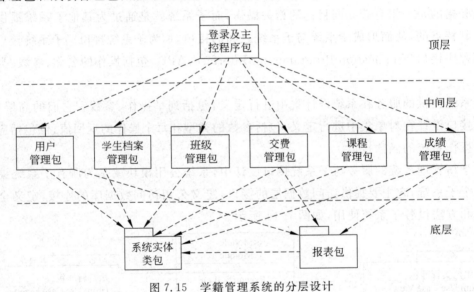

图 7.15 学籍管理系统的分层设计

2. 子系统确定

最初的子系统分解来自功能性需求,随着这种需求的不断变化,子系统的分解也随之不断修改和完善:若干简单的子系统合并到一个子系统中,复杂的子系统分解成多个部分,或为了实现新的功能而增加子系统等。确定子系统的方法就是将功能相关的对象放在一起,作为独立的功能或共享的模块,被多个子系统所共享;或者把复杂的子系统分解为较为简单的子系统。确定子系统的方法可归纳为以下几个方面:

(1)将一个用例中确定的对象分配到同一个子系统中。

(2)为两个以上子系统传递数据或提供服务的对象创建一个专用的子系统。

（3）将子系统与子系统之间的关联关系降到最小。

（4）同一个子系统内的所有对象必须功能相关，业务处理配合紧密。

7.4　系统数据管理设计

系统数据管理是一项复杂的任务，数据管理设计就是要处理系统中连续的、需要保存的各种数据，这些数据都存放在数据库管理系统中的数据库，能让系统在大量数据集合（例如几千个学生的记录）中执行比较复杂的查询。

7.4.1　数据模型

在数据库中，用数据模型这个工具来抽象、表示和处理现实世界。数据模型是严格定义的一组概念的集合，这些概念精确地描述了系统的静态、动态特性和完整性约束条件。

1. 数据模型的组成要素

数据模型通常由数据结构、数据操作和完整性约束三部分组成，这三部分称为数据模型的三要素。

（1）数据结构是对系统静态特性的描述，它分为层次结构、网状结构和关系结构。数据结构是刻画数据模型性质最重要的方面，因此数据库系统中通常按照数据结构类型来命名数据模型，如层次模型、网状模型和关系模型。

（2）数据操作是对系统动态特性的描述，它主要包括对数据库的两大类操作，即检索和更新。检索是指对数据的筛选、统计和读取等操作；更新是指对数据的插入、删除和修改等操作。

（3）数据的完整性约束条件是一组完整性规则的集合。完整性规则是给定数据模型中数据及其联系所具有的制约和依存规则，这些规则的作用是保证数据的正确、有效和相容性。例如，本科生年龄不大于 30 岁，研究生年龄不大于 38 岁，学生累计成绩不得有三门以上不及格，属于数据的完整性约束条件。

2. 常用的数据模型

数据库领域最常用的数据模型有四种：

（1）层次模型（Hierarchical Model）。

（2）网状模型（Network Model）。

（3）关系模型（Relational Model）。

（4）面向对象模型（Object Oriented Model）。

运用 UML 建立系统类图，它定义了应用所要求的数据结构，其中实体类是要永久地保存在数据库中，所以要将其映射为数据库能够识别的数据模型。在面向对象的数据库设计中，我们需要将实体类对象与关系数据库的表格对应起来，使关系数据库可以方便地对实体类对象进行处理。

7.4.2 关系数据模型

1. 关系表

在用户看来,关系模型中数据结构就是一张二维表,如表7.1和表7.2所示。一个关系表用其列的固定的集合来定义,表由任意数量的行(记录)构成,表中不允许重复的行出现。特定行上的某列的值可以为 NULL,NULL 值有两种可能:"值未定义"或者"不确定"。要求每个表都有一个主码,主码的值唯一地确定了表中的一行,其他称为候选码或替换码。

表 7.1 学生登记表

学　号	姓　名	性　别	年　龄	系　号	年　级
980104	王小明	女	19	01	98
980206	黄大鹏	男	20	02	98
980508	张文斌	女	18	05	98
…	…	…	…	…	…

表 7.2 系信息表

系　号	系　名	办公室	主　任	电　话
01	计算机	教 209	张立	5585021
02	物理	教 501	李可	2334102
…	…	…	…	…
05	地质工程	教 301	陈鹏	5585206

2. 关系数据模型中的一些术语

(1) 关系(Relation):一个关系对应通常所说的一张二维表。

(2) 元组(Tuple):表中的一行即为一个元组。

(3) 属性(Attribute):表中的一列即为一个属性,给每一个属性起一个名称即属性名。表 7.1 中有六列,对应六个属性(学号,姓名,性别,年龄,系号,年级)。

(4) 域(Domain):属性的取值范围,所以又称"值域"。

(5) 分量:元组中的一个属性值。

(6) 关系模式:对关系的描述,一般表示为:关系名(属性 1,属性 2,…,属性 n)。

(7) 关键字或码(Key):表中用来唯一确定(标识)一个元组的某个属性或属性组合,如表 7.1 中的学号。关键字必须唯一,但它的唯一性不是只由关系的当前元组构成来确定的,还要考虑元组构成的将来可能性。如表中姓名这个关系中,关键字的值不能为空,即关键字的值为空的元组在关系中是不允许存在的。与关键字相关的术语如下。

① 候选关键字(Candidate Key)或候选码:如果一个关系中存在多个属性或属性组合

用来唯一标识该关系的元组,这些属性或属性组合都称为该关系的候选关键字或候选码。

②主关键字(Primary Key)或主码:在一个关系的若干个候选关键字中,指定作为关键字的属性或属性组合称为该关系的主关键字或主码。

③非主属性(Non Primary Attribute)或非码属性:关系中不组成码的属性均为非主属性或非码属性。

④外部关键字(Foreign Key)或外键:当关系中某个属性或属性组合虽不是该关系的关键字或只是关键字的一部分,但却是另外一个关系的关键字时,称该属性或属性组合为这个关系的外部关键字或外键。

⑤主表与从表:主表与从表是指以外键相关联的两个表,以外键作为主键的表称为主表,外键所在的表称为从表。

(8)关系模型(Relational Model):用二维表结构来表示实体及实体间联系的模型称为关系模型。关系模型要求关系必须是规范化的,即要求关系必须满足一定的规范条件。其中最基本的一条是:关系的每一个分量必须是一个不可分的数据项,即不允许表中还有表。在关系模型中,实体及实体间联系都是用关系来表示的。例如,学生、课程、学生与课程之间的多对多联系在关系模型中可以如下表示:

学生(学号,姓名,性别,年龄,系号,年级)
课程(课程号,课程名,学分)
选修(学号,课程号,成绩)

3. 关系数据模型的操作

(1)操作:查询、插入、删除、修改。第一种为检索,后三种为更新。关系模型数据操作的特点如下:

①集合操作。操作对象和操作结果都是关系,即若干元组的集合。

②存取路径对用户隐蔽。用户只要指出"干什么"或"找什么",不必考虑"怎么找(干)"。

③存取路径由 RDBMS 自动选择。方便了用户,提高了数据的独立性。

(2)关系数据操作的理论标准为关系代数或关系演算。其中,关系演算又分为元组关系演算和域关系演算两种。关系代数、元组关系演算和域关系演算三种抽象语言在表达能力上是完全等价的。

(3)介于关系代数和关系演算之间的、实用的、有代表性的关系操纵语言是 SQL (Structured Query Language)。

4. 数据的完整性约束条件

数据的完整性包括实体完整性、参照完整性、用户定义的完整性。

1)实体完整性(Entity Integrity)

若属性 A 是基本关系 R 的一个主属性,则任何元组在 A 上的分量都不能为空。实体完整性规定主码的任何属性都不能为空,这是因为:

(1)一个基本关系通常对应概念模型中的一个实体集或联系。

(2)概念模型中的实体及联系都是可区分的,它们有某种唯一性标识,称为"码"。

（3）主码不能取空值。若取空值，则表明存在一个不以"码"为唯一性标识的实体。

2）参照完整性（Referential Integrity）

参照完整性是对关系间引用数据的一种限制。若属性组 A 是基本关系 R_1 的外码，它与基本关系 R_2 主码 K 相对应，则 R_1 中每个元组在 A 上的值必须为以下两种情况之一：

（1）等于 R_2 中某元组的主码值。

（2）取空值（A 的每个属性值都是空值）。

例如：

职工关系 (职工编号,姓名,性别,年龄,身份证号码,部门编号)

部门关系 (部门编号,部门名称,部门经理)

3）用户定义的完整性

实体完整性和参照完整性是关系模型必须满足的两个完整性约束条件，任何关系系统都必须自动维护之。

用户定义的完整性约束条件是某一具体数据库的约束条件，是用户自己定义的某一具体数据必须满足的语义要求。关系模型的 DBMS 应提供给用户定义它的手段和自动检验它的机制，以确保整个数据库始终符合用户所定义的完整性约束条件。

例如：

职工关系 (职工编号,姓名,性别,年龄,身份证号码,部门编号)

5. 关系数据模型的规范化

符合某一种级别的关系模式的集合称为范式。关系数据模型规范化的基本思想就是：逐步消除不合理的数据依赖，使范式中的各个关系模式达到某种程度的"分离"。这种规范化遵循如下三种范式：

（1）第一范式：每个分量必须是不可分的数据项。

（2）第二范式：每个非主属性完全依赖于主属性。

（3）第三范式：任何一个非关键字数据项都不传递依赖于它的关键字。

其中，第一范式到第二范式消除了非主属性对候选键的局部依赖；第二范式到第三范式消除了非主属性对候选键的传递依赖。

7.4.3 从 UML 映射到关系数据模型

1. 映射原则

（1）基础类可以采用一类一表制或一类多表制的映射原则。

（2）当类之间有一对多关系时，一个表也可以对应多个类。

（3）存在继承关系的类可以映射为一个表，用属性来区别不同的子类，也可以是不同的子类分别映射一个表。

（4）类属性映射为表字段，类之间的关联也用表字段来表示。

（5）按关系数据模型规范化原则来调整表结构。

2. 映射实体类

实体类到关系表的映射必须符合列是不可再分的。不过,在 UML 分析模型中的类属性(对立于类关系)已经符合这个条件,这一点简化了这个映射。对于每个实体类来说,可以映射成一个表,类中的属性和表中的属性相同。在图书管理系统中,借阅者实体类映射实例如图 7.16 所示。

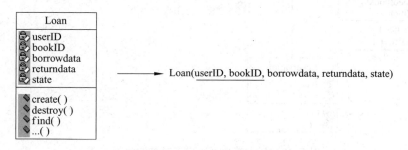

图 7.16　图书管理系统借阅者实体类映射

3. 映射关联

1) 一对多关系

在一对多关联中,一个对象可以与多个对象相链接。一种方法是将关系的"1"端对象的关键字附加到"多"端的一个列(或多列);另一种方法是用一个独立表来存储一对多关系。在图书管理系统中,一对多的映射实例如图 7.17 所示。

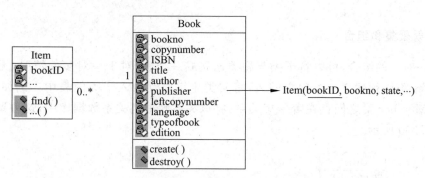

图 7.17　图书管理系统中一对多的映射实例

2) 多对多关系

对于多对多关系,需要增加一个表,这个表由具有链接关系的表的关键字组成。在图书管理系统中,多对多的映射实例如图 7.18 所示。

3) 一对一关系

零或一对一关联,把"1"端的主键添加到"0 或 1"表;其他一对一关联,可以把一个对象的主键添加到另一个对象中。在图书管理系统中,一对一的映射实例如图 7.19 所示。

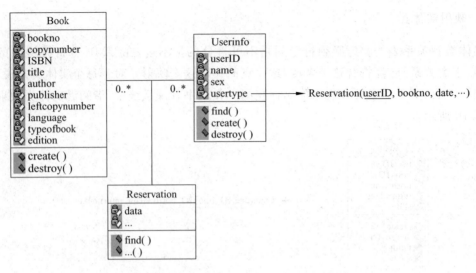

图 7.18　图书管理系统中多对多的映射实例

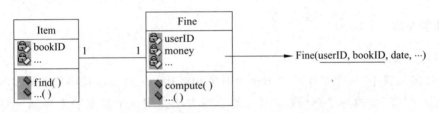

图 7.19　图书管理系统中一对一的映射实例

4. 映射聚集和组合

对于一对一的组合，可以将子类与超类建立成一个表；对于一对多的情况，无论聚集还是组合，对子类必须建立一个独立的表，将父类主键属性加入子类的表中。例如，Office 类和 Office Member 类之间存在着聚集关系，将该关系映射到关系数据库中，这种聚集的映射实例如图 7.20 所示。

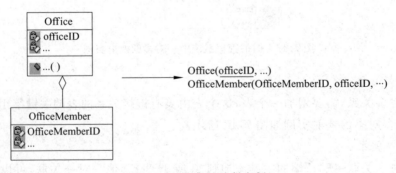

图 7.20　聚集的映射实例

5.映射泛化

泛化的映射策略有三种：

（1）父类与子类可各自映射成表，将父类的主键属性加入子类中，建立外键关联。在关系数据模型中用外键参照关系来表示继承关系。

（2）将子类表的属性添加到父类表的属性中，而不建立子类表。通过这种方式，可以使关系数据模型支持继承关系和多态。

（3）不建立父类表，而只建立子类表。将子类继承的父类的属性加入子类中。

在图书管理系统中，对于 Book 类来说，选择第二种方案，在 Book 表中添加书的类别属性，泛化的映射实例如图 7.21 所示。

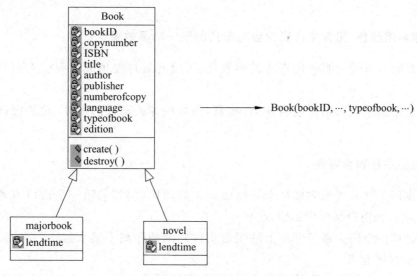

图 7.21　泛化的映射实例

7.5　系统界面设计

系统界面是用户与系统交互的一个窗口，系统界面设计不仅影响到它本身外观的可观赏性，而且对系统的可操作性也有很重要的影响，它是用户评价系统的一个很重要的指标。一个优秀的系统设计人员在进行界面设计时，总是时时从用户角度出发，以方便用户的使用为目标。用户第一次接触信息系统就是从界面开始的，用户界面的友好程度直接影响管理信息系统的使用效果和生命力。因此，如何设计信息系统的界面有重要的意义。

7.5.1　界面设计原则

1.基于用户需求，适合系统功能

（1）理解用户要做什么。典型的用户界面设计都要进行任务分析来理解用户任务的性质,需求分析阶段中的用例分析就相当于任务分析。

（2）让用户在与系统的交互过程中有掌握控制权的感觉。无论何时用户发起的交互都应该可以被取消。

（3）界面设计要适合系统功能,不要片面追求界面外观漂亮而导致华而不实。

2. 重视可读性和可理解性

（1）系统应使用主动语气与用户交流想法。

（2）界面结构能够清晰地反映工作流程,以便用户按部就班地操作。

（3）文字信息和界面布局尽量和用户群体的使用习惯相匹配。

（4）对于复杂的用户界面而言,最好提供界面导航,及时让用户知道自己在界面结构中所处的位置。

3. 合理利用颜色、图像来达成内容与形式的统一动画效果

（1）必要的地方使用明亮色彩或动画效果,可以有效地突出或者吸引人们对重要区域的注意。

（2）尽量限制系统所用颜色的种类、数量,控制图像或动画的尺寸,而且色调也应该保持一致。

4. 加强易用性和容错性

（1）要提供多种方式来完成每个与界面相关的动作（例如关闭一个窗口或者文件）,并且能够友好地容忍用户操作中的错误。

（2）充分利用空间关系。屏幕上的图形构件之间的距离不要太远,必要的时候可以用一个框将它们包围起来。

（3）对于重点必填信息要给出标记,对于有特殊要求的输入要给出充分的提示。一般的提示信息要合理、适时,对于错误操作的反馈应注意语气要和缓,风格要统一。

（4）提供对输入数据进行校验的功能。

（5）对于操作者无权使用的菜单项和命令按钮,应当隐藏或者设为"失效",即显示为灰色,可见但不可操作。

（6）执行破坏性的操作之前,应当获得用户的确认。例如,用户删除一个文件时,应当弹出对话框:"真的要删除该文件吗?"当用户确认后才真正删除该文件。

7.5.2 界面设计内容

1. 系统界面框架设计

框架设计决定了系统界面的整体风格和布局,设计中将整体色彩进行合理搭配,将系统商标放在显著位置。系统框架设计应该简洁明快,尽量少用无谓的装饰,应该考虑节省屏幕空间、各种分辨率的大小、缩放时的状态和原则,并且为将来设计的界面要素（如按钮、菜单、标签、滚动条及状态栏）预留位置。

2. 系统界面元素设计

界面元素设计工作量大,是界面设计的主要工作。信息系统经过多年的发展,已具备了一些习惯模式,常用的界面元素如菜单、按钮、工具条、状态栏、标签等已经成为用户熟悉的标准件,开发人员没必要发明这类界面元素,而是要学会正确使用它们。无论是传统的Windows 图形用户界面,还是 Web 用户界面,都可以根据用户的需要,运用这些元素进行系统的界面设计。

3. 系统信息显示设计

如果人机界面显示的信息是不完整的、含糊的或难于理解的,则应用软件显然不能满足用户的需求。可以用多种不同方式"显示"信息:使用文字、图片和声音;按位置、移动和大小;使用颜色、分辨率和省略。

4. 系统为用户提供较为详尽的帮助

系统应有较全面、准确的帮助内容,能尽量提供实时和快捷的帮助方式。

7.5.3 基于 UML 技术的用户界面设计

1. 从用例到用户界面

用例的顺序图只是用例一个角度的视图,如果我们能够将顺序图"旋转"成三维的,使顺序图最左边面向读者,从这个角度观察,就得到了用户界面,如图 7.22 所示。

以餐馆管理信息系统为例,我们考察服务员包中的用例,并看看这些用例如何映射到 Windows 用户界面。下面将这些用例列出:

(1) 输入订单。

(2) 将订单发送到厨房。

(3) 修改订单。

(4) 接收来自厨房的通知。

(5) 跟踪订单状态。

(6) 结算账单。

(7) 打印账单。

(8) 招来一名助手。

(9) 招来一名清洁工。

(10) 输入饮料订单。

(11) 将饮料订单发送到休息室。

(12) 接收对方传来的确认应答。

(13) 接收来自休息室的通知。

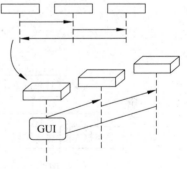

图 7.22 将顺序图旋转以使用户界面面向读者

服务员包的接口必须提供所有这些用例。一种方式是将这些用例划分为不同的组,对于上述用例来说,三个组就足够了。第一组处理订单("输入订单""修改订单""跟踪订单状态""输入饮料订单");第二组处理账单("结算账单""打印账单");第三组针对发送和接收消息("将订单发送到厨房""接收来自厨房的通知""招来一名助手""招来一名清洁工""将饮料订单发送到休息室""接收对方传来的确认应答""接收来自休息室的通知")。

用户界面设计首先从主屏幕设计开始,即包括三个用例组描述的命令按钮;然后开始讨论各个用例组所对应的屏幕,保证可以从一组用例的界面导航到另一组用例的界面。

2. 用于用户界面设计的 UML 图

可以用状态图来描述用户界面的切换流程。图 7.23 显示了服务员界面中的高层屏幕之间如何联系。

图 7.23　服务员界面中高层屏幕的切换流程

因为一个特定的屏幕是由许多构件组成的,说明类之间的组成关系类图也适用于对屏幕界面建立模型,图 7.24 显示了对应于图 7.23 的界面构件类的组成关系图。

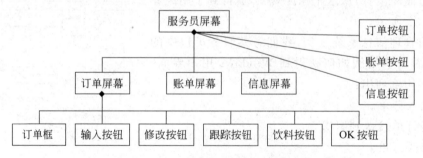

图 7.24　对应于图 7.23 的界面构件类的组成关系图

案例与问题讨论

案例:基于 UML 的教学文档管理系统的分析与设计

随着教务管理的深入,学校教务管理者迫切希望能通过一种现代化的、一个完善健全的、不受时空限制的教学文档管理系统,及时、准确地反馈教师教学过程与结果等资料,能最大限度地对繁杂的教师教学文档进行规范收集、高效处理、合理储存、快速传输、便捷查询,为教学提供更有意义的指导性策略,优化教学过程。

教学文档管理系统旨在改变长期以来教师教学文档人工操作的落后的管理方式，建立教务处与各系教务管理人员、教师在校园网下的分布式资源共建共享服务体系，具体实现教务处及院系教务部门对教师的教学工作文档的在线管理，如审核、打印、下发文档与检索统计等功能，以及提供教师在线编写、在线上交文档、个人文档管理与检索以及在线交互协同编写等服务。

　　UML建模技术中，用例图着重于从用户的角度来考虑系统需要提供哪些功能。在用例图中，有两种实体：角色和用例。因此，UML建模过程中，首先要确定系统用户，将这些用户按照身份的不同划分为不同的角色；其次是根据系统功能划分系统用例，建立系统顶层的用例视图；然后，根据需求用例模型图，把模型元素聚集成类，用类图进行描述。

问题讨论：

1. 系统角色有哪些？系统功能是什么？建立系统用例图及类图。
2. 构件图包括代码库和运行文件，试设计常规文档构件图。
3. 教学文档管理系统是基于校园网和数据库的应用系统，试设计系统部署图。

小　　结

　　系统分析主要关心系统必须"做什么"的框架问题，而系统设计主要考虑系统"如何做"的细节问题。系统设计不是设计算法，它是把分析模型转变成设计模型，该模型考虑了在问题描述和需求分析文档中描述的非功能性需求和约束。

　　面向对象系统设计的第一步就是确定系统逻辑体系结构，该结构采用典型的三层结构形式，它决定了各子系统如何组织以及如何协调工作。在UML中，一般采用包图对系统逻辑体系结构进行建模，一个包相当于一个子系统，一个包也可以向下划分为更小的包。

　　系统物理体系结构设计，不仅包括不同的节点和这些节点之间的连接方式，还表示了逻辑体系结构和物理体系结构的依赖关系。在UML中，一般采用构件图和部署图来对系统物理体系结构进行建模。

　　耦合度描述了两个子系统之间依赖关系的程度，聚合度描述了子系统内部的依赖程度；在进行子系统与功能模块设计过程中，要坚持低耦合、高聚合的原则，从而保证子系统与功能模块的独立性；利用分层、分区的方法，进行子系统的分解与确定。

　　数据模型通常由数据结构、数据操作和完整性约束三部分组成，这三部分称为数据模型的三要素。数据库领域最常用的数据模型有四种：层次模型、网状模型、关系模型和面向对象模型。在面向对象的数据库设计中，我们需要将实体类对象与关系数据库的表格对应起来，这就是从UML到关系数据模型的映射，包括实体类映射、关联映射、聚集和组合映射以及泛化映射。

　　系统界面设计要遵循设计原则，按照相关设计内容来进行；基于UML技术的用户界面设计，可以通过绘制状态图、构件图来完成。

练习与作业

1. 系统逻辑体系结构设计的基本原则是什么？利用 UML 技术中哪种图表工具进行设计？

2. 系统物理体系结构设计包含的内容有哪些？利用 UML 技术中哪种图表工具进行设计？

3. 什么是耦合度？什么是聚合度？它们与模块的独立性有什么联系？

4. 在面向对象的数据库设计中，为什么要从 UML 映射到关系数据模型？具体包括哪些映射？

5. 基于 UML 技术的用户界面设计通常使用哪些图表工具来完成？

第8章 系统实施

学习目标和指南

学习目标：

1. 了解系统实施的目的与任务、包含的具体工作。
2. 了解程序编写的原则、方法及工具。
3. 掌握系统测试的步骤和方法。
4. 掌握系统转换方式。
5. 了解系统数据加载及人员培训的相关知识。

学习指南：

当系统分析与系统设计的工作完成以后，开发人员的工作重点就从分析、设计和创造性思考的阶段转入实践阶段。在此期间将投入大量的人力、物力及占用较长的时间进行物理系统的实施、程序设计、程序和系统调试、人员培训、系统转换、系统管理等一系列工作，这个过程称为系统实施。在本章学生可以选取一个感兴趣的领域开发一个小的管理信息系统，在实施中注意采取合适的测试方法进行系统测试。

课前思考

1. 系统实施都需要做哪些前期准备工作？
2. 你认为系统测试对于系统的实施重要吗？在前期的学习中你用过什么样的系统测试方法？

8.1 系统实施阶段的任务与特点

8.1.1 系统实施阶段的任务

系统实施是开发信息系统的最后一个阶段。这个阶段的任务是实现系统设计阶段提出的物理模型，按实施方案完成一个可以实际运行的信息系统，交付用户使用。系统设计说明书详细规定了系统的结构，规定了各个模块的功能、输入和输出，规定了数据库的物理结构。这是系统实施的出发点。如果说研制信息系统是盖一幢大楼，那么系统分析与设计就是根据盖楼的要求画出各种蓝图，而系统实施则是调集各种人员、设备、材料，在盖楼的现场，根据图纸按实施方案的要求把大楼盖起来。

具体来讲，这一阶段的任务包括以下几个方面：

1. 硬件准备

硬件设备包括计算机主机、输入/输出设备、存储设备、辅助设备(稳压电源、空调设备等)、通信设备等。用户要购置、安装、调试这些设备。这方面的工作要花费大量的人力、物力,会持续相当长的时间。

2. 软件准备

软件设备包括系统软件、数据库管理系统以及一些应用程序。这些软件有些需要购买,有些需要组织人力编写,这也需要相当多的人力、物力和时间。编写程序是这一阶段的主要任务之一。

3. 人员培训

人员培训主要指用户的培训,用户包括主管人员和业务人员。系统投入运行后他们将在系统中工作。这些人多数来自现行系统,精通业务,但往往缺乏计算机知识。为保证系统的调试和运行顺利进行,应根据他们的基础提前进行培训,使他们适应,并逐步熟悉新的操作方法。有时,改变旧的工作习惯比软件的更换更为困难。

4. 数据准备

数据的收集、整理、录入是一项既烦琐劳动量又大的工作。如果没有一定基础数据的准备,系统调试不能很好地进行。一般来说,在确定数据库物理模型之后就应进行数据的整理、录入。这样既分散了工作量,又可以为系统调试提供真实的数据。实践证明这方面的工作往往容易被人忽视,甚至系统完成后只能作为摆设放在那里而不能真正运行。这等于建好工厂,但缺乏原料而不能投产。这类例子虽然不能说司空见惯,但也不是绝无仅有。因此要特别强调这一点,不能把系统的实现仅仅归结为编程序或买机器。

以上几方面的任务是相互联系、彼此制约的。它们的关系可概括为表 8.1。

表 8.1　系统实施阶段的主要活动及相互关系

主要活动	程 序 编 制	设备购置	人 员 培 训	数 据 准 备
程序编制		提供调试设备	培训有关人员试用软件	提供实验数据调试程序
设备购置	提供对设备的要求		培训有关人员接收设备	提供存储量和内存要求
人员培训	提供程序以培训人员	提供培训设备		提供培训的实验数据
数据准备	规定数据准备的内容、格式	提供录入设备	提供录入人员	

8.1.2　系统实施阶段的特点

与系统分析、系统设计阶段相比,系统实施阶段的特点是工作量大,投入的人力、物力多。因此,这一阶段的组织管理工作也很繁重。对于这样一个多工种、多任务的综合项目,合理的调度安排就十分重要。在我国的信息系统建设中,项目负责人往往一身兼任多种角色。在系统分析阶段,他是系统分析员;在设计阶段,他是主要设计师;在实施阶段,他又是组织者。在系统分析阶段,系统分析员的主要任务是调查研究,分析问题,与用户一起充分理解用户要求。在系统设计阶段,系统设计人员的任务是精心设计,提出合理方案。在实施阶段,他们的任务是组织协调,督促检查。他们要制定逐步实现物理模型的具体计划,协调各方面的任务,检查工作进度和质量,组织全系统的调试,完成旧系统向新系统的转换。在实际工作中系统分析员往往是这几个阶段的组织者。作为合格的系统分析员,不仅要有坚实的计算机科学知识、丰富的管理知识和经验,还要有较强的组织能力。

8.2 系统环境的实施

8.2.1 硬件环境的实施

按照系统物理配置方案的要求选择购置该系统所必需的硬件设备(计算机系统),主要硬件设备包括主机、外围设备、稳压电源、空调装置、机房的配套设施以及通信设备等。计算机硬件设备选择的基本原则是在功能、容量和性能等方面能够满足所开发的管理信息系统的设计要求。值得注意的是,在选择计算机系统时要充分进行市场调查,了解设备的运行情况及厂商所能提供的服务等。

8.2.2 网络环境的实施

在系统分析阶段已经创建了网络需求,并且选择了网络操作系统和网络协议的方案,在很多情况下这一方案是基于已有的网络构架开发信息系统,这样就可以跳过网络实施工作。但是,如果新开发的信息系统要求创建网络或修改已有的旧网络,则必须构建新的网络。计算机网络是创建和测试数据库、编写和测试程序的基础。

网络系统的实施主要包括通信设备的安装、网线的铺设、网络性能的调试等工作。网络管理员是这项任务的主要负责人,他们具有建造和测试网络的专业技术知识,并且熟悉各种网络协议,他们还可以负责网络安全。

8.2.3 软件工具的选取

信息系统中的软件包括系统软件和应用软件,这些软件的实现可通过购买或自行开发两种方式进行。在对系统设计阶段的介绍中曾经提到系统软件和数据库管理系统需要采用购买的方式获得,并且随着软件业的发展,一些专业的应用软件产品已经日趋成熟(例如财务软件)。外购这样的应用软件可大大缩短系统实施所需的时间。

外购软件的安装和测试将涉及系统分析员、系统设计员、系统实施人员以及供应商。程序员将按照系统设计期间开发的集成需求和程序设计说明书完成软件的安装和测试。系统分析员参与软件的测试,他们的任务是澄清需求。系统设计人员可以参与这个任务,他们测试软件的集成需求和程序设计说明书。网络管理员可以参与在网络服务器上实际安装软件。最后,软件供应商要辅助软件安装和测试。

如果应用软件需要自行开发,那么也要根据系统分析阶段确定的开发软件进行选取并且安装,以便为后期的程序设计与调试做好准备。目前编程工具技术的发展趋势是不仅在数量和功能上突飞猛进,而且在其内涵的拓展上也是日新月异,为人们开发系统提供了越来越多、越来越方便的实用手段。所以,在当今的信息系统开发中了解和选用恰当的工具是系统实现这一环节质量和效率的保证。

一般来说,比较流行的工具有一般编程语言工具、数据库系统工具、程序生成工具、专用系统生成工具、客户机/服务器型工具及面向对象编程工具等。它们的性能特点如下。

(1) 一般编程语言工具:主要指各种常用的程序设计语言,如 C、C++、COBOL、LISP、PROLOG 等,利用这类工具进行程序设计的基本形式是手工编程。

(2) 数据库系统工具:指流行的数据库软件产品,可分为微机上的小型 DBMS(如XBASE 系列、VFP、Access 等)和大型数据库系统工具(如 Oracle 系统、Sybase 系统、Informix 系统、DBZ 系统、SQL Server 系统等)。前者适用于小型系统(EDP/TPS)的开发,后者则可以支持基于局域网、Intranet 和 Internet 的大型管理信息系统的开发。

(3) 程序生成工具:主要指基于常用数据处理功能与程序相对应的自动编程工具,一般称为第四代程序生成语言(4GL)工具,大多结合在流行软件产品中,构成其中的一部分,它能实现系统中的某些模块程序代码的自动生成。

(4) 专用系统生成工具:指在程序生成工具的基础上发展的除了具有 4GL 的各种功能外更大的、综合化程度更高的、具有图形化及其他功能的集成工具。该类工具一般可归为两类,即专用功能开发工具(如各类电话套装软件、专用图表生成工具等)和综合系统开发工具(如 CASE、Jasmine、Team Enterprise Developer 等)。

(5) 客户机/服务器型工具:指可进行基于网络环境的系统开发工具,它是完全符合管理信息系统发展趋势和要求的新型系统开发工具,如 Delphi、PowerBuilder、Java、Visual C++ 等。

(6) 面向对象编程工具:指与面向对象开发方法相对应的各类 OOP 工具,主要代表性产品有 Java、Visual C++、PowerBuilder、Delphi、SmallTalk 等。这类工具针对性强,必须与面向对象开发方法相结合,很可能成为今后的主流系统开发工具。

8.3 程 序 设 计

系统实现阶段最主要的工作是程序设计。程序设计是根据系统设计说明书中有关模块的处理过程描述、数据库设计、输入设计、输出设计选择合适的计算机语言,编制出正确、清晰、健壮性好、易维护、易理解、工作效率高的程序。

8.3.1 程序设计原则

良好的程序设计语言有助于设计出既可靠又易于维护的程序,但是程序的质量最终还是取决于设计质量。源程序逻辑清晰、易读懂、易维护是评价程序设计质量的重要标准。为了提高程序设计质量,程序的编写除了要满足正确性这一最基本的要求外还要保证程序的可靠性、可维护性、可理解性和效率。由于计算机硬件的价格不断降低,软件费用所占系统实施费用的比例不断增加,这就使得人们将减少软件费用作为降低系统实施费用的重点。

如果程序的可靠性、可维护性和可理解性良好,会使程序日后的维护工作量和维护费用得到有效地降低。需要指出的是随着计算机的硬件性能不断提高,对于程序的编写,尤其是大型程序,人们倾向于首先强调程序的可靠性、可维护性、可理解性,其次才是效率。

(1) 正确性:源程序的正确性是对程序设计质量的最基本要求。如果要达到编制的源程序正确,一方面应正确地运用程序设计语言,避免语法错误;另一方面应使程序所描述的处理和算法满足系统设计的功能要求,避免语义的错误。

(2) 可理解性:程序不仅要求逻辑正确,计算机能够执行,而且应当层次清楚、简洁明了,便于人们阅读。这是因为程序的维护工作量很大,程序维护人员经常要维护他人编写的程序,如果一个程序不便于阅读,那么将会给程序检查与维护工作带来极大的困难。另外,程序的书写格式、变量名等是否规范也将影响到程序的可理解性。

(3) 可维护性:一个程序在其运行期间往往会逐步暴露出某些隐含的错误,需要及时排除;同时,用户也可能提出一些新的要求,这就需要对程序进行修改或扩充,使其进一步完善。程序可维护性的好坏将直接影响到程序维护工作的难易和费用的投入。一个不易维护的程序用不了多久就会因为不能满足应用需要而被淘汰,因此可维护性是对程序设计的一项重要的要求。

(4) 程序的效率:程序的效率是指程序运行时所占用系统资源(存储空间、处理机时间)的程度。程序的运行速度越快、所占的存储空间越少,程序的效率越高。因此,程序设计应该做到在尽可能少占用存储空间的同时以最快的速度完成规定功能的执行。

程序的效率和可靠性、可维护性、可理解性通常是矛盾的。在实际的编程过程中人们往往宁可牺牲一定的时间和存储空间也要尽量提高系统的可靠性和可维护性。

8.3.2　结构化程序设计

结构化程序设计的主要思想是功能分解并逐步求精。当一些任务十分复杂以至于无法描述时可将它拆分为一系列较小的功能部件,直到这些完备的子任务小到易于理解的程度。结构化编程方法的特点是将任何程序都设计成由顺序结构、循环结构和选择结构组成。所谓顺序结构是一种线性、有序的结构,它依次执行各语句或模块。循环结构是重复执行一个或几个模块,直到满足某一条件为止。选择结构是根据条件成立与否选择程序执行的通路。常用的结构化编程语言有 FoxPro、C 等。

结构化程序设计方法是由 L. Constantine 等人于 1972 年提出的,用于详细设计和程序设计阶段,指导人们用良好的思想方法开发出正确、易理解的程序。结构化程序使用顺序、选择、循环三种程序结构,如图 8.1(a)、图 8.1(b)、图 8.1(c)所示。

顺序结构是一种线性结构,由一系列一次执行的语句或模块构成。

循环结构是由一个或几个模块构成,程序的运行是重复执行,直到满足某一结束条件,例如 C 语言的 While 循环、For 循环。

选择结构是根据条件成立与否选择程序执行的结构,如 IF-ENDIF 语句。

结构化程序设计一般遵循以下原则:

(1) 使用语言中的顺序、选择、重复等有限的基本控制结构表示程序逻辑。

(2) 选用的控制结构只允许有一个入口和一个出口。

(3) 程序语句组成容易识别的块(Block),每块只有一个入口和一个出口。

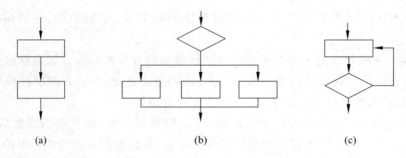

图 8.1　程序的三种基本结构

（4）复杂结构应该用基本控制结构进行组合嵌套来实现。

（5）语言中没有的控制结构可用一个等价的程序段模拟，但要求该程序段在整个系统中前后一致。

（6）严格控制 GOTO 语句，仅在可以改善而不是损害程序可读性的情况下偶尔使用。例如，在查找结束时、文件访问结束时、出现错误情况要从循环中转出时使用条件选择结构实现就不如用 GOTO 语句简洁、易懂。

结构化程序设计至今还没有一个统一的定义，一般认为结构化程序设计是一种设计程序的技术，它采用自顶向下逐步求精的设计方法和单入口单出口的控制技术。按照这个思想，对于一个执行过程模糊不清的模块（如图 8.2（a）所示）可以采用以下几种方式进行分解：

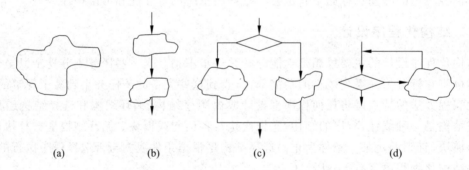

图 8.2　逐步求精的分解方法

（1）用顺序方式对过程进行分解，确定模糊过程中各部分的执行顺序，如图 8.2（b）所示。

（2）用选择方式对过程进行分解，确定模糊过程中某个部分的条件，如图 8.2（c）所示。

（3）用循环方式对过程进行分解，确定模糊过程中主体部分进行重复的起始、终止条件，如图 8.2（d）所示。

对于仍然模糊的部分可反复使用上述分解方法，最后可使整个模块清晰起来，从而把全部细节确定下来。由此可见用结构化方法设计的结构是清晰的，有利于编写出结构良好的程序，因此开发人员必须用结构化程序设计的思想来指导程序设计的工作。

由于大多高级语言都支持结构化程序设计方法，其语法上都含有表示三种基本结构的语句，所以用结构化程序设计方法设计的模块结构到程序的实现是直接转换的，只需用相应的语句结构代替标准的控制结构即可,因此减轻了程序设计的工作量。

结构化程序设计成功地为处理复杂问题提供了有利的手段。然而到 20 世纪 80 年代末,它的一些缺点越来越突出。

当数据量增大时,数据与处理这些数据的方法之间的分离使程序变得越来越难以理解。对数据处理能力的需求越强,这种分离所造成的负面影响越显著。

采用结构化程序设计方法的程序员发现每一种相对于老问题的新方法都要带来额外的开销,与可重用性相对,通常将其称为重复投入。可重用性的思想是指建立一些具有已知特性的部件,在需要时可以包括到程序之中。对于程序编写人员来说,在面向对象程序设计出现之前一直缺乏具备这种能力的工具。

8.3.3 面向对象程序设计

面向对象程序设计的本质是把数据和处理数据的过程当成一个整体——对象。面向对象程序设计的实现需要封装和数据隐蔽技术,以及继承和多态性技术。

面向对象程序设计的实现需要封装和数据隐蔽技术,一般通过类来实现,以类(class)创建一个对象,类表现为一种数据结构,对外提供的界面包括一组数据以及操作这些数据的方法(函数或过程),而隐藏了内部实现的细节,对象操作者只需要了解该对象的界面即可。这样大大增强了模块化程度,很好地实现了软件重用和信息隐藏。

为了更好地保持安全性和独立性,类有部分数据可以定义为私有数据,其他类的对象或过程不能直接访问私有数据,而一般情况下利用消息机制向对象发送消息,对象所有类就需要定义对应的消息响应函数,主动接受消息并进行处理,这也是面向对象程序设计的一大特点。

类通过继承定义成不同的层次结构,将相关类的特点抽象出来作为父类,子类继承父类的结构和方法后再定义各自特定的数据和操作,还可以通过重载将父类的某些特殊操作进行重新定义。继承一个单一的父类时叫单继承,如果有两个或两个以上的父类则是多继承。这样做的目的不仅体现了软件重用技术,同时又可最大限度地精简程序,减少冗余代码,极大地提高了程序的开发和运行效率。

类的某些操作允许同一名称具有多种语义,即为多态性。

面向对象程序设计的这些特点使程序员进行面向对象程序设计与进行过程式的程序设计有很大的不同,体现在以下方面:

(1)设计程序不采用顺序性的结构,而是采用对象本身的属性与方法来解决问题。

(2)在解决问题的过程中可以直接在对象中设计事件处理程序(接受事件消息),而不用调用子过程严格地按顺序执行,很方便地让用户实现自由无顺序的操作。

(3)数据与程序不是分离的,数据是特定对象的数据,也只有对象的函数或过程才能对数据进行处理,一个对象中的函数或过程共享对象的数据,解决了因调用子过程出现大量数据传递的情况(如函数返回值和较多参数)。

(4)不用设计公用程序模块,因特定方法下的公用模块很难再扩展为更复杂的处理方式,只需设计类就可以实现重用,而且类库中提供了大量基类,掌握它们后可以加快开发过程,开发小组还可以把自己设计的基类放入类库共享。

（5）面向对象程序设计非常适合于 Windows 环境下的程序开发，可以充分利用 Windows 的各种资源来构造应用程序，这就需要程序员比较熟悉 Windows。

8.4 系统测试

人们常常有一种错觉，认为程序编写出来之后就接近尾声了，或者认为一个程序输入一些数据运行一两次就"通过"了。事情并没有这么简单。据统计，一个较好的程序员所编写的程序中错误率为 1%，而一个水平低的程序员编写的程序可能每个语句都含有一两个错误。尤其在一个大型的软件系统中，由于人类本身能力的局限发生错误是难免的。但这并不是说可以忽略系统开发中的错误。恰恰相反，随着信息技术在国民经济一些重要领域的应用的日益广泛，软件系统的任何错误都可能造成生命财产的重大损失。解决问题的关键是尽早发现和纠正这些错误，减少因错误造成的损失。

目前检验软件有三种手段，即静态检查、动态检查和正确性证明。

程序正确性证明技术目前还处于初级阶段，在近期内还不可能适用于大型系统。设置命题及其证明需要大量的脑力劳动，推导过程冗长，例如一个 433 行的 Algol 程序，其证明长达 46 页。人们自然要问，怎样证明这 46 页中没有错误？尽管如此，正确性证明仍是一个诱人的课题，对未来的软件可能产生深远影响。

静态检查指人工评审软件文档或程序，发现其中的错误。这种方法手续简单，是一种行之有效的检验手段。据统计，30%~70%的错误是通过评审发现的，而且这些错误往往影响很大。因此，这是开发过程中必不可少的质量保证措施。系统开发的每一个阶段都要对所产生的文档进行评审。这样，错误发现早、纠正早，使开发成本大为降低。评审强调要有局外专家参加，可取各家之长。评审是直接检查软件文档，错误的排除比较容易，也容易发现产生错误的原因。

动态检查就是测试，即有控制地运行程序，从多种角度观察程序运行时的行为，发现其中的错误。也就是说，测试是为了发现错误而执行程序。测试只能证明程序有错误，而不可能证明程序没有错误。认为测试能说明程序没有错误的想法是十分有害的。在这种认识的指导下，人们往往会潜意识地寻找那些容易使程序通过的测试数据，忽视那些容易暴露程序错误的数据，使隐藏的错误不被发现，而不能达到测试的目的。

测试的目的在于：

（1）测试是指用意在发现错误而执行一个程序的过程。

（2）一个好的测试用例是指这个测试用例有很高的概率可以发现一个尚未发现的错误。

（3）一个成功的测试是指它成功地发现了一个尚未发现的错误。

测试的目的是为了发现程序的错误。因此，测试的关键问题是如何设计测试用例，即设计一批测试数据，通过有限的测试用例，在有限的研制时间、研制经费的约束下尽可能多地发现程序中的错误。

8.4.1 系统测试原则

在进行系统测试中应遵循以下基本原则：

（1）测试工作应避免由原开发软件的个人或小组来承担。测试的目的就是挑剔地找错误，而从心理上来讲，软件开发人员对自己的工作成果有所偏爱，总认为自己开发的软件没有错误或错误不大，因而有一种不愿否定自己成果的心理；另一方面，如果开发人员对软件的功能有理解错误，由本人去找，肯定是找不出错误的，正所谓"当局者迷"。

（2）在设计测试方案时不仅要包括确定的输入数据，而且应包括从系统功能出发预期的测试结果。把预期测试结果作为测试方案的组成部分对于发现错误是有帮助的，并且可以提高效率，只要将运行结果与预期测试结果进行对比即可发现有无错误。否则，由于人们的心理作用或粗心大意，常把一些似是而非的结果当成正确结果，把本该发现的问题漏掉。

（3）测试用例不仅要包括合理、有效的输入数据，还要包括无效的或不合理的输入数据。

在测试中人们常常只注意到从系统功能角度而言是合理有效的和可以预想得到的输入数据，而忽视那些无效的和预想不到的输入数据。实际上一个软件在投入运行后一些意想不到的输入是常常会遇到的，如用户按错键、输错数、输入非法命令等，如果软件不能做出适当的反映而失控，就不能说明软件是可靠的。使用预期不合理的数据进行测试往往比用合理的数据收获要大。

（4）不仅要检验程序是否做了该做的事，还要检查程序是否同时做了不该做的事。多余的副作用即使是无意义的也会影响程序的运行效率，有时甚至会带来潜在的危害。

（5）软件中仍存在错误的概率和已经发现错误的个数是成正比的。

有时软件经测试发现了许多错误后，测试者可能认为错误已找得差不多了，因而不必再继续测试了。但经验和统计结果均表明，发现的错误越多，程序中潜在的错误可能会越多。这个事实还可用米中含沙的情况做比喻，当我们发现手中抓到的一把米里有沙时绝不表示米袋里的沙粒只有这些，往往是随手一抓，手中的沙子越多，说明米中的含沙量越高。因此，如软件经测试发现了许多错误，则继续测试发现错误的可能性更大。

（6）保留测试用例，作为软件文档的组成部分。

测试用例无论是否发现软件中的错误都是花费了大量精力精心设计出来的，保留这些测试用例将会给重新测试和追加测试带来方便。一旦程序纠错、改进或扩充后需要重新测试时将在很大程度上重复以往的测试工作，一方面验证原有错误是否确实正确修改了，另一方面能够发现因修改或扩充可能引入的新错误。

8.4.2 系统测试方法

系统测试主要可以采用两类方法：

1. 人工测试

人工测试又称代码复审，主要有下面三种方法。

（1）个人复查：指源程序编完以后直接由程序员自己进行检查。由于心理上对自己的程序的偏爱，因此有些习惯性的错误自己不易发现，如果对功能理解有误，自己也不易纠正。所以这是针对小规模程序常用的方法，效率不是很高。

（2）走查：一般由 3～5 人组成测试小组，测试小组成员应是从未介入过该软件的设计工作的有经验的程序设计人员。测试在预先阅读过该软件资料和源程序的前提下由测试人员扮演计算机的角色，用人工方法将测试数据输入被测程序，并在纸上跟踪监视程序的执行情况，让人代替机器沿着程序的逻辑走一遍，以发现程序中的错误。由于人工运行很慢，因此走查只能使用少量简单的测试用例，实际上走查只是个手段，随着"走"的进程不断从程序中发现错误。

（3）会审：测试小组的成员与走查相似，要求测试成员在会审前仔细阅读软件的有关资料，根据错误类型清单（从以往经验看一般容易发生的错误）填写检测表，列出根据错误类型要提出的问题。在会审时，由程序作者直接逐个阅读和讲解程序，测试人员逐个审查、提问，讨论可能产生的错误。会审对程序的功能、结构及风格等都要进行审定。

2. 机器测试

通过在计算机上直接运行被测程序来发现程序中的错误。机器测试有黑盒测试和白盒测试两种方法。

（1）黑盒测试：也称功能测试，将软件看做黑盒子，在完全不考虑程序的内部结构和特性的情况下测试软件的外部特性。根据软件的需求规格说明书设计测试用例，从程序的输入和输出特性上测试是否满足设定的功能。

（2）白盒测试：也称结构测试，将软件看做一个透明的白盒子，按照程序的内部结构和处理逻辑来选定测试用例，对软件的逻辑路径及过程进行测试，检查它与设计是否相符。

8.4.3 系统测试过程

软件测试工作分为模块测试（单调）、子系统测试（分调）和系统测试（联调）。软件测试成功后还有用户的验收测试，如图 8.3 所示。

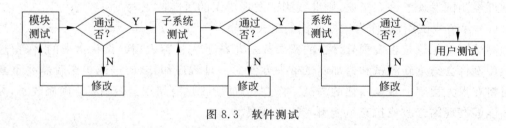

图 8.3 软件测试

1. 模块测试（单调）

模块测试是独立地对单个模块进行测试，是整个系统测试的基础。模块测试比系统测试更容易发现错误之所在，也能更有效地进行排错处理。在进行模块测试前必须先通过编译检查并改正所有语法错误。

模块测试主要从下面 5 个方面检验模块。

(1) 模块接口：测试信息能否正确无误地流入、流出模块。

(2) 模块内部之数据结构：测试内部数据的完整性，包括内容、形式及相互关系。

(3) 逻辑路径：测试应覆盖模块中关键的逻辑路径。

(4) 出错处理：测试模块对错误及产生错误的条件的预见能力，并且检测其出错处理是否适当。

(5) 边界条件：软件往往容易在边界条件上发生问题，如循环的第一次和最后一次执行，判断选择的边界值等。

模块测试方法也分为人工测试和机器测试两种。对于机器测试的黑盒法和白盒法有以下几个具体的典型方法。

(1) 等价分类法：根据选择的测试思想，在所有可能的输入数据中取一个有限的子集作为测试用数据。通常在黑盒测试中将模块的输入域划分成有效等价类（模块中符合规范的输入）和无效等价类（模块中非法的输入）两种。例如，某模块的合理输入是 $0 \sim 100$，则大于等于 0 且小于等于 100 的数据属于有效等价数据；小于 0 或大于 100 的数据为无效等价类，测试数据可以从这两个等价类中抽取。

(2) 边缘分析法：这也是一个黑盒测试法。在编写程序时人们往往只注意正常情况，忽视了边界条件下的程序运行状态。因此，在测试过程中边缘值常被用来作为测试数据。如模块的有效值是 $0 \sim 100$，则可以取 -0.1、0.1、99.9、100.1 作为测试数据。

(3) 逻辑覆盖法：在用白盒法测试模块时要执行程序中的每一条路径，当程序中有循环存在时要测试程序中的每一条路径是不可能的，而用逻辑覆盖法测试模块只要模块中的每一个分支方向都至少测试一次即可。对于模块中的循环语句，只需测试循环语句是否执行，而不必去测试每次的循环情况。

逻辑覆盖测试常用的方法如下。

① 判断覆盖：即让程序中的每个判断语句至少获得一次"真"值和"假"值。以图 8.4 为例，如果一次两组测试数据，使它们能够通过路径 ace 和 abd，或者通过路径 acd 和 abe，就可以达到"判断覆盖"的标准。

② 条件覆盖：一个判断语句中往往含多个条件，能使这些条件的各种可能取值出现的测试方法称为条件覆盖，它比判断覆盖在测错能力上强一些。如图 8.4 所示，它共有 4 个条件，即 $A>1$、$B=0$、$A=2$、$X>1$，所以要选择测试数据能使在 a 点有 $A>1$、$A \leqslant 1$、$B=0$、$B<>0$ 几种情况出现可选择以下两组测试用例：

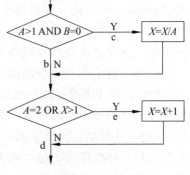

图 8.4　逻辑测试

• $A=1$，$B=0$，$X=3$（沿路径 abe）。

• $A=2$，$B=1$，$X=1$（沿路径 abe）。

③ 判断/条件覆盖：一般来讲，条件覆盖比判断覆盖所取得的测试结果要好一些。但有时并非如此，即条件覆盖的测试用例未能使判断语句中的"真""假"情况都出现，对此可采用判断/条件覆盖方法。它所采用的测试数据使每个条件都取得各种可能值，并使每个判断

也取得"真"和"假"。例如下面的两个测试用例就能满足图 8.4 所示的判断/条件覆盖。

- $A=2,B=0,X=4$(沿路径 ace)。
- $A=1,B=1,X=1$(沿路径 abd)。

④ 条件组合覆盖:上面的判断/条件覆盖看起来似乎能使每个条件取得所有可能的结果,但实际上并不一定能做到,因为在多条件判断中逻辑运算符 AND 或 OR 在某些条件下会屏蔽其他条件。例如在"A OR B"的逻辑表达式中,若 A 为真,则程序通常不会去检查 B, B 中可能隐含的错误也发现不了。采用条件组合覆盖可解决这一问题,条件组合覆盖使每个判断中的各种条件组合至少出现一次。显然满足条件组合覆盖的测试用例是一定能满足判断覆盖、条件覆盖及判断/条件覆盖的。

对于图 8.4 所示的程序来说可以选择以下 4 个测试用例,使它的 8 种条件组合都至少出现一次:

- $A=2,B=0,X=4$ 使 $A>1,B=0$ 和 $A=2,X>1$ 两种情况出现(沿路径 ace)。
- $A=2,B=1,X=1$ 使 $A>1,B\neq0$ 和 $A=2,X\leqslant1$ 两种情况出现(沿路径 abe)。
- $A=1,B=0,X=2$ 使 $A\leqslant1,B=0$ 和 $A\neq2,X>1$ 两种情况出现(沿路径 abe)。
- $A=1,B=1,X=1$ 使 $A\leqslant1,B\neq0$ 和 $A\neq2,X\leqslant1$ 两种情况出现(路径 abd)。

尽管条件组合覆盖要求很严格,但它还没有将程序中的每一条路径都覆盖到,例如路径 acd 就没有执行到。由此可见,在模块测试中单独依靠某一种测试方法并不是很理想的。通常是将两种方法结合起来使用。

2. 子系统测试(分调)

子系统测试是在模块测试的基础上解决模块间相互调用的问题。子系统测试通常可以采用自顶向下测试和自底向上测试两种方法。

(1) 自顶向下测试:先用主控模块作为测试驱动模块,然后将其所有下属模块用桩模块代替。在桩模块中只保留所代替模块的名字、输入/输出参数,而没有具体的处理功能。在子系统测试过程中再逐步将桩模块用实际模块替换。在替换时可以按数据流动的方向(输入模块→处理模块→输出模块的顺序)逐步替换。在替换桩模块时通常是在完成一组测试后用一个实际模块替换一个桩模块,然后再进行下一组测试,这样依次结合构成一个完整的子系统。为保证模块替换后没有引入新的错误,可以在模块替换后先进行回归测试(即重复以前已进行过的部分或全部测试),然后再进行新的测试。

(2) 自底向上测试:从系统结构的最低一层模块开始进行组装和测试。这种测试方法需要设计一些测试驱动模块而不是桩模块。测试驱动模块主要是用来接收不同测试用例的数据,并把这些数据传递给被测试模块,最后打印测试结果。在采用自底向上方法测试子系统时要先将一些低层模块组合成实现某一特定功能的模块群;然后为这些模块设计一个驱动模块作为测试的控制模块,以协调测试用例的输入/输出;在完成这一模块群的测试后按照系统的层次结构从底向上用实际模块替换驱动模块,组合成一个新的规模更大的模块群,然后再进行新的一轮测试。

3. 系统测试（总调或联调）

在所有子系统都测试成功以后就可以进行系统整体测试。它主要解决各子系统之间的数据通信和数据共享（公用数据库）问题以及满足用户要求的程度。

系统测试是对整个系统的测试，将硬件、软件、操作人员看做一个整体，检验它是否有不符合系统说明书的地方。这种测试可以发现系统分析和设计中的错误。如安全测试是测试安全措施是否完善，能不能保证系统不受非法侵入。俗话说“没有不透风的墙”，那么什么才算是安全的呢？即安全的标准是什么？可以这样定义：如果入侵一个系统的代价超过从系统中获得的利益，那么这个系统就是一个安全的系统。再如，压力测试就是测试系统在正常数据数量以及超负荷量（如多个用户同时存取）等情况下是否还能正常工作。

系统测试是管理信息系统开发周期中的一个十分重要而漫长的阶段。其重要性体现在它是保证系统质量与可靠性的最后关口，是对整个系统开发过程（包括系统分析、系统设计和系统实现）的最终审查。尽管在系统开发周期的各个阶段均采取了严格的技术审查，希望尽早发现问题并予以修正，但依然难免遗留下差错，如果没有在投入运行前的系统测试阶段被发现并纠正，问题迟早会在运行中暴露出来，到那时纠正错误将会付出更大的代价，甚至会造成不堪设想的后果。因此不要以为程序设计完成后系统开发工作就接近尾声了，还有大量重要而艰巨的系统测试工作才刚刚开始。

系统测试的依据是系统分析报告，要全面考核系统是否达到了系统分析的目标。在系统测试中可以发现系统分析中所遗留下来的未解决的问题。

4. 验收测试

验收测试主要检验系统说明书的各项功能与性能是否实现，是否满足要求。

验收测试的方法一般是列出一张清单，左边是需求的功能，右边是发现的错误或缺陷。

常见的验收测试是由用户进行的，可以由使用者在应用系统开发所在地与开发者一同进行观察记录，或者由用户在使用环境中独立进行。

8.5 系 统 转 换

系统转换是指从一种处理方法改变到另一种处理方法的过程。用计算机辅助的企业管理信息系统一般都是在现行的手工管理系统的基础上建立起来的，因此必须协调新旧系统之间的关系，否则将造成紊乱与中断，损害经济效益。在进行系统转换之前应该做好充足的准备：

1. 数据准备

在新系统运行前要做好数据准备。准备系统基础数据所需要的时间在很大程度上根据系统转换的类型来确定。

对已有的计算机系统上的文件转换可通过合并和更新来增添和扩展文件。将手工处理的数据录入到计算机系统的外存上是最费时间的转换。若是将一个普通的数据文件转换到数据库中往往需要改组或重建文件，较为费时。

2. 系统文档准备

在系统调试完以后应有详细的说明文档供人阅读。该文档应使用通用的语言说明系统的各部分如何工作、维护和修改。系统说明文件大致可分为以下三类：

1）系统一般性说明文件

（1）用户手册：向用户介绍系统的全面情况，包括目标和有关人员情况。

（2）系统规程：为系统的操作和编程等人员提供总的规程，包括计算机操作规程、监理规程、编程规程和技术标准。

（3）特殊说明：随着外部环境的变化而使系统做出相应调整等，这些是不断进行补充和发表的。

2）系统开发报告

（1）系统分析说明书：包括系统分析建议和系统分析执行报告。

（2）系统设计说明书：涉及输入、输出、数据库组织、处理程序、系统监控等方面。

（3）系统实施说明：主要涉及系统分调、总调过程中某些重要问题的回顾和说明；人员培训、系统转换的计划及执行情况。

（4）系统利益分析报告：主要涉及系统的管理工作和职工所产生的影响，系统的费用、效益分析等方面。

3）系统说明书

（1）整个系统程序包的说明。

（2）系统的计算机系统流程图和程序流程图。

（3）作业控制语句说明。

（4）程序清单。

（5）程序实验过程说明。

（6）输入/输出样本。

（7）程序所有检测点设置说明。

（8）各个操作指令、控制台指令。

（9）操作人员指示书。

（10）修改程序的手续，包括要求填表的手续和样单。

4）操作说明

（1）系统规程：包括系统总的规程，如系统技术标准、编程规程、操作规程、监理规程等。

（2）操作说明：包括系统的操作顺序，各种参数输入条件、数据的备份和恢复操作方法以及系统维护的有关注意事项。

（3）系统的操作顺序：各种参数输入条件、数据的备份和恢复操作方法以及系统维护的有关注意事项。

8.5.1　人员培训

为了使新系统能够按预期目标正常运行，对用户进行必要的培训是在系统转换之前不可忽视的一项工作。

　　管理信息系统是一个人机系统,它的正常运行需要很多人参加工作,将有许多人承担系统所需输入信息的人工处理过程,以及计算机操作过程。这些人通常来自现行系统,他们熟悉或精通原来的人工处理过程,但缺乏计算机处理的有关知识,为了保证新系统的顺利使用,必须提前培训有关人员。

　　需要进行培训的人员主要有以下三类:

1. 事务管理人员

　　新系统能否顺利运行并获得预期目标在很大程度上与这些第一线的事务管理人员(或主管人员)有关系,因此可以通过讲座、报告会的形式向他们说明新系统的目标、功能,说明系统的结构及运行过程,以及对企业组织机构、工作方式等产生的影响。对事务管理人员进行培训时必须做到通俗、具体,尽量不采用与实际业务领域无关的计算机专业术语。例如可以就他们最关心的以下问题展开对话:

　　(1) 计算机管理信息系统能为我们干些什么?

　　(2) 采用新系统后我们和我们的职工必须学会什么新技术?

　　(3) 采用新系统后我们的机构和人员将发生什么变动?

　　(4) 今后如何衡量我们的任务完成情况?

　　大量事实说明许多管理信息系统不能正常发挥预期作用,其原因之一就是没有注意对有关事务管理人员的培训,因而没有得到他们的理解和支持。所以,今后大家在进行新系统开发时必须注意这一点。

2. 系统操作员

　　系统操作员是管理信息系统的直接使用者,统计资料表明管理信息系统在运行期间发生的故障大多数是由于使用方法错误而造成的,如图8.5所示。所以,系统操作员的培训应该是人员培训工作的重点。

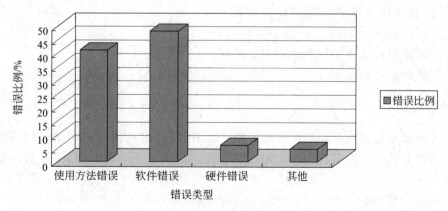

图 8.5　软件故障的原因

对系统操作员的培训应该提供比较充分的时间,除了学习必要的计算机软、硬件知识以及进行键盘指法、汉字输入等训练以外,还必须向他们传授新系统的工作原理、使用方法,以及简单错误的处理等知识。一般来说,在系统开发阶段就可以让系统操作员一起参加。例如录入程序和初始数据,在调试时进行试操作等,这对他们熟悉新系统的使用无疑是有好处的。

3. 系统维护人员

对于系统维护人员来说,要求具有一定的计算机软、硬件知识,并对新系统的原理和维护知识有较深刻的理解。在较大的企业和部门中系统维护人员一般由计算机中心和计算机室的计算机专业技术人员担任。

当有条件时应该请系统维护人员和系统操作员(或其他今后与新系统有直接接触的人员)参加一个或几个确定新系统开发方针的讨论会,因为他们今后的工作将与新系统有直接联系,参加这样的会议有助于他们了解整个系统的全貌,并给他们打好今后工作的基础。

对于大、中企业或部门用户来说,人员培训工作应列入该企业或部门的教育计划中,在系统开发单位配合下共同实施。

8.5.2 系统转换方式

为了保证原有系统有条不紊地顺利转移到新系统,在系统转换前应仔细拟定方案和措施,确定具体的步骤。

系统的转换方式通常有三种,如图 8.6 所示。

1. 直接转换

直接转换就是在原有系统停止运行的某一时刻新系统立即投入运行,中间没有过渡阶段。在使用这种方式时人力和费用最省,适用于新系统不太复杂或原有系统完全不能使用的场合,但新系统在转换之前必须经过详细调试和严格测试。同时在转换时应做好准备,万一新系统不能达到预期目的需采取相应措施。直接转换的示意图如图 8.6(a)所示。

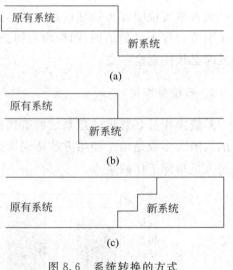

图 8.6 系统转换的方式

2. 平行转换

平行转换就是新系统和原系统平行工作一段时间,经过这段时间的试运行后再用新系统正式替换原有系统。在平行工作期间原系统处理和新系统处理并存,一旦新系统有问题可以暂时停止而不会影响原有系统的正常工作。根据系统的复杂程度和规模大小不同,平行运行的时间一般为 2~3 个月到 1 年。其转换过程如图 8.6(b)所示。

采用平行转换的风险较小,在转换期间还可同时比较新旧两个系统的性能,并让系统操作员和其他有关人员得到全面培训。因此,对于一些较大的管理信息系统来说平行转换是一种最常用的转换方式。

由于在平行运行期间要两套班子或两种处理方式同时并存,因而人力和费用消耗较大,这就要事先做好周密计划并加强管理。

3. 分段转换

这种转换方式是上述两种方式的结合,采取分期、分批逐步转换,如图 8.6(c)所示。一般比较大的系统采用这种方式较为适宜,它能保证平稳运行,费用也不太大。

在采用分段转换时,各子系统的转换次序及转换的具体步骤均应根据具体情况灵活考虑,通常可采用以下策略。

(1) 按功能分阶段逐步转换:首先确定该系统中的一个主要的业务功能,如财务管理率先投入使用,在该功能运行正常后再逐步增加其他功能。

(2) 按部门分阶段逐步转换:先选择系统中的一个合适的部门,在该部门设置终端,获得成功后再逐步扩大到其他部门。这个首先设置终端的部门可以是业务量较少的,这样比较安全、可靠,也可以是业务最繁忙的,这样见效大,但风险也大。

(3) 按机器设备分阶段逐步转换:先从简单的设备开始转换,再推广到整个系统。例如对于联机系统,可先用单机进行批处理,然后用终端实现联机系统。对于分布式系统,可以先用两台微机联网,以后再逐步扩大范围,最终实现分布式系统。

总之,系统转换的工作量较大,情况十分复杂。据国外统计资料表明软件系统的故障大部分发生在系统转换阶段,这就要求开发人员切实做好准备工作,拟定周密的计划,使系统转换不至于影响正常的工作。

此外,在拟定系统转换计划时应着重考虑以下问题:

(1) 系统说明文件必须完整。

(2) 要防止系统转换时数据的丢失。

(3) 要充分估计输入初始数据所需的时间,对管理信息系统而言,在首次运行前需花费大量的人力和时间输入初始数据,对此应有充分准备,以免措手不及。例如,对于一个有5000 条记录的库存数据库,如果每条记录含 200 个字符的描述信息,就意味着有 1 000 000字符必须通过键盘进入磁盘,即使操作员以每小时 8000 个字符输入,对于一个规模较大的系统而言,输入初始数据所需的时间也是非常可观的。

系统开发出来经过测试、试运行以后就可以着手进行系统的转换工作,让系统进入实际运行。系统转换不可能一天完成,需要一个转换过程,并建立与之相适应的一整套健全的管理制度。

案例与问题讨论

案例:杭州医保管理信息系统的设计与实施

杭州医保管理信息系统以市医疗保险服务中心为中心,覆盖了银行、地税、工商、定点医疗机构、定点药店、参保企业等多家单位和个人,主要包括参保对象管理子系统、基金管理子系统、费用审核管理子系统、账户管理子系统等 11 个系统。其中医院端动态链接库子系统主要为医疗中心管理系统与医院管理系统（HIS）的数据交换提供统一规范和标准；医保卡管理子系统是根据本地医保系统和银行系统对卡管理的需求与商业银行联合开发的医保卡管理系统，实现了银行联网和医疗保险系统的联网。整个系统开发完成了多达上百个模块，并和原有养老系统做了数据共享。杭州市劳动和社会保障局经过对投标单位的摸底和考察，对杭州市城镇职工基本医疗保险管理信息系统项目进行招标。招标内容涉及技术咨询、软件开发、系统硬件集成、系统维护人员的培训以及售前和售后服务等多方面内容。东软软件股份有限公司一举中标。按照整个工作计划，在 2001 年 11 月要将 75 万参保职工、上万家参保企业、100 多家定点医疗机构纳入杭州医疗保险信息管理系统内。

前期的规划和设计工作是整个系统实施的基础，同时杭州医保管理信息系统的涉及面非常广泛。

在需求分析阶段有省劳社厅、省卫生厅、市卫生局、市商业银行、市地税局、省市的定点医疗机构、各定点医疗机构的 HIS 开发商、市广电、市电信局、参保企业等多家相关部门共同参与。系统庞大复杂，杭州劳动和社会保障局以及东软都投入了最强大的力量。经过详细的需求分析、各部门大量的沟通和项目会议，初步确定了杭州医保项目的实施范围，决定以广电线路为主干线路，以电信线路为备份线路，采用磁卡作为医保卡，系统采用客户机/服务器结构，以大集中模式来搭建医保系统。

在系统设计阶段需要考虑 75 万参保职工账户的建立、上万家参保企业医疗保险基金的征缴、上百家定点医疗机构医药费用的审核与偿付、医疗保险基金的监控、征集比例的测算等多种问题。在系统架构上，市医保中心主机系统的架构以 IBM RS/6000 M80 双机互为备份为核心，以 7133-SSA 高速磁盘阵列为共享连接，以 3590-E11 磁带库为系统备份。在市医保中心内部，局域网主干网络带宽为千兆，与各二级交换机也采用千兆互联，为内部的各个科室提供 10/100Mb/s 到桌面的一套局域网系统。该系统的广域网系统则根据各个定点医疗机构的具体数据量的大小情况设计了不同的适合自身通信线路的解决方案。

在软件开发上，东软采取了国际流行的控制方法。首先经过正式评审和认可，将一组配置项当做基准，作为进一步开发的基础，只有通过正式的更改控制规程才能被更改，因客户的业务需求变更而进行更改时应有客户的确认。因此，在合同阶段与客户明确了系统更改的控制方法，防止开发人员对软件的随意更改，以确认系统的成功实施。

各项目小组采用团队开发的方法，在开发过程中使用配置管理工具 Source Safe 6.0 来管理，在项目各阶段自动产生配置报告，提交给质量保证（QA）负责人和项目经理，以便随时了解项目的状态。在各项目开发结束后，所有代码和文档备份到专用的代码备份服务器中归档。后期的维护作为新任务的开始，定期整理维护活动产生的结果，追加到原项目的备份中，同时更新配置状态报告。在测试时采用暗箱测试方法。

系统硬件平台的搭建工作主要分为设备到货的跟踪、设备到货的验收、系统的搭建、IP地址的规划、系统的验证等几个方面。在项目实施过程中主要利用 Microsoft Project 工具软件来管理项目。

通过采用以上方法确保了杭州医保管理信息系统在 2001 年 4 月 1 日的试运行和 5 月 1 日的正式上线。在上线时，纳入杭州医保的参保职工有近 3 万人，定点医疗机构有近 20 家，确保了杭州市医疗保险制度改革的顺利启动(资料来源：焦世东,www.ctilz.com.cn\应用案例)。

问题讨论:

请结合以上资料说明一个管理信息系统如果能够顺利投入运行,在系统实施阶段主要应该进行什么工作。

小　　结

本章主要论述了系统分析与系统设计的工作完成以后转入的系统实施的实践阶段,需要进行物理系统的实施、程序设计、程序和系统调试、人员培训、系统转换、系统管理等一系列工作。

练习与作业

1. 系统实施阶段的主要任务是什么?
2. 程序设计的主要方法有哪些? 它们的主要特点是什么?
3. 程序调试的方法有哪些?
4. 系统转换有几种方式? 每种方式各有什么利弊?

第9章 系统运行管理与评价

学习目标和指南

学习目标：

1. 掌握系统运行管理与评价的任务。
2. 掌握系统运行的管理机构、人员构成情况、系统维护的具体内容。
3. 掌握系统评价的方法。

学习指南：

1. 信息系统的建设是一个持续优化与改进的过程，结合前几章的内容理解信息系统在建设后的运行中与实际业务不断融合的过程。

2. 通过案例学习了解信息技术在企业管理中的作用，以及企业信息化建设的重要意义。

课前思考

1. 信息系统是一劳永逸的最终产品吗？
2. 管理信息系统的修改能够随便进行吗？

9.1　系统运行管理与评价的任务

系统切换成功之后进入系统的运行和维护阶段。这一阶段的主要任务是做好系统的正常管理和维护工作，使系统处于良好状态，在系统运行中根据环境变化和用户需求不断修改和扩充软件，使目标系统更加完善。信息系统的组织与管理要确定信息管理的专门机构来负责系统的日常运行管理、系统文档规范管理、系统的安全与保密、信息系统的长远发展建设、信息的开发与利用，为管理与决策服务。在信息管理机构中要设置不同的岗位，同时合理配置人员。

9.2　系 统 运 行

9.2.1　系统运行的管理机构

要充分重视系统的运行管理，成立相应的运行组织管理机构。如成立信息中心或运行管理部门，该部门必须由一名高级管理人员全面负责并组织信息管理工作，信息系统内部的组织可采用集中与分散相结合的管理机制。主要的共享资源由分管信息系统的机构集中管理，而分布在其他部门的资源由有关部门分散管理。按照信息处理过程的特点要建立管理信息系统的岗位责任制，要明确每个岗位的职责范围，切实做到事事有人管、人人有专责、办事有准则、工作有检查。建立管理信息系统岗位责任制,有利于信息管理工作规范化、程序化,有利于落实责任,提高工作效率、工作质量和业务水平。

按照信息管理工作的特点,在信息系统建设的过程中各单位可以按照新的工作流程和内部管理制度的要求重新划分工作岗位,保证系统的安全性与保密性。例如电算化后的工作岗位可分为基本会计岗位和电算化会计岗位。基本会计岗位可分为会计主管、出纳、会计档案管理等。电算会计岗位是指直接操作、管理、维护信息系统的工作岗位,具体可分为电算主管、软件操作、审核记账、电算维护、电算审查、数据分析、软件开发等。

9.2.2 信息部门的人员构成

1. 信息主管(CIO)

到目前为止没有严格的 CIO 定义,美国《CIO》杂志对 CIO 的定义为 CIO 是负责一个公司信息技术和系统所有领域的高级官员。他们通过指导对信息技术的利用来支持公司的目标。他们具备技术和业务两方面的知识,常常是将组织的技术调配战略与业务战略紧密结合在一起的最佳人选。

CIO 在企业中的战略地位是和信息资源的战略地位紧密联系在一起的,可以说 CIO 是为企业长远的战略发展而设立的职位。CIO 是维持现代企业正常运作的基本要素,他们在企业之中应该处于战略决策层,参与企业的战略制定、日常决策。他们对企业的战略意义如下。

(1) CIO 是企业决策层的信息来源:现今社会,企业的决策能力取决于对信息的掌握能力,CIO 应该了解企业决策需要哪些方面的信息,并从运作机制上保证企业决策者能够及时地获取这些信息。

(2) CIO 是企业应用现代管理思想的保障:现代企业普遍采用 ERP、商务智能系统等先进的信息系统来辅助进行管理决策,CIO 在企业中就是要保证这样一套系统正常、有效地运行。

(3) CIO 是组织运作的精神中枢:如果把一个企业比喻成一个人体,信息系统在企业中就相当于神经系统,而 CIO 就是神经系统的总控单元,就是大脑中控制神经传输机制的部分。由于他们的存在才可以有效地协调各部门信息的共享。

(4) CIO 是组织学习、创新机制的重要组成部分:现代组织学习和技术创新都离不开信息技术,产品的信息含量与日俱增,因而 CIO 必须参与到企业技术创新的过程中,为组织创新提供信息上的保证。同时 CIO 也是总经理会议的成员,直接参与公司所有的高层管理与决策活动。

2. 系统开发人员

系统开发一般设置项目组,项目组应包括项目负责人、系统分析员、系统设计员、程序员和测试人员等。

(1) 项目负责人对整个项目的开发负责,对整个项目有控制和决策权。大型项目的负责人应有丰富的项目管理经验和数据库设计经验,对实际的业务有较全面和深入的理解。

（2）系统分析员（简称分析员）的主要任务就是分析、设计和实现信息系统。在大多数公司中分析员还要承担其他更大范围内的与系统有关的任务，例如可行性研究、系统检查、硬件的评价和选择、计算效率估计等。系统设计人员帮助系统分析人员进行模块设计；程序员按照模块设计进行编程；测试人员直接接受项目负责人领导，为整个项目的质量把关。由于信息系统软件的功能越来越复杂，信息系统开发的分工越来越细，专业化程度越来越高，企业独自开发系统的情况越来越少，一般是把系统开发工作委托给专业的开发机构。同时，由于商品化信息系统软件的通用性、适应性的提高，多数企业直接购买商品化软件。一般企业不设专门的系统开发人员。

3. 系统运行管理人员

在运行组织中包括系统管理人员、系统维护人员、系统操作人员及资料管理人员。系统管理人员负责系统的全面技术管理，如初始化、环境维护、资源分配、权限控制。系统维护人员（硬件和软件维护人员）给系统提供硬件和软件的技术支持，他们必须拥有丰富充实的技术知识、快速分析问题的能力以及很强的交流能力。当计算机软/硬件出现问题或者网络不通畅时他们必须在尽可能短的时间里分析并解决问题，以保证系统的正常运行。系统操作人员负责数据的输入、编辑、审核等工作。资料管理人员负责系统数据的备份、系统档案的管理等。

9.2.3 系统运行管理制度

新系统建成后工作流程和内部控制的重点发生了变化。比如建立会计信息系统后会计人员只需输入凭证，登记各类账簿和编制报表等工作由计算机完成。因此，控制的重点放在输入这一环节，会计人员可以从繁重的重复性工作中解脱出来，参与企业的经营管理和决策。信息系统能有效地实现物流、资金流和信息流的同步，原手工流程应随之做出相应调整，原来大量的核对控制工作有所简化，但对操作规程、业务规范等的要求提高。信息系统通常由多个相互关联的功能模块组成，每个模块处理特定的信息，各功能模块间通过信息传递相互联系，完成日常的核算和管理工作。如果流程上的一个节点出现问题，就会影响其他工作的顺利进行，这就要求各岗位间加强协作。

同时，信息系统建立后业务人员必须改变原来手工方式下形成的工作习惯，以适应新系统的要求。计算机的使用把业务人员从繁重的手工计算中解脱出来，使他们有更多的时间和精力参与企业的经营管理和决策，相应地要求他们具有信息综合分析与利用的能力，这就要求业务人员有更高的素质。例如在档案管理方面，计算机信息系统与手工系统的形式和内容都有非常大的区别，因而提出了更高的安全保密的要求。根据《中华人民共和国计算机信息系统安全保护条例》的规定，"计算机信息系统的使用单位应当建立健全安全管理制度，负责本单位计算机信息系统的安全保护工作。"不同的行业部门也对实施计算机信息管理系统的企业制定了有关的规范。实践证明良好的管理制度和操作规范是信息系统实施成功的基础，具体包括以下内容。

（1）信息系统的组织管理制度：主要有机构的设置原则，制定岗位责任制。

（2）信息系统管理制度：主要有机房管理制度、系统安全保密制度、档案管理制度。

（3）系统操作管理制度：主要包括系统运行操作规程、系统定期维护制度、用户使用规范、系统修改规程、系统运行日志的填写规定等。

各种规章制度在制定后必须实施和检查，并进行教育和督促。如果没有执行制度的自觉性和有效的监督体系，要发挥管理信息系统的作用是不现实的。

9.3　系统维护

9.3.1　系统维护的内容

系统维护是指系统投入使用后对系统进行的各种修改，包括硬件、软件、代码、文档等，系统维护根据内容可分为硬件维护、软件维护与数据维护。

硬件维护的目的是尽量减少硬件的故障率，当故障发生时能在尽可能短的时间内恢复工作。为此，使用单位在配置硬件时要选购高质量的硬件设备，配备过硬的维护人员，同时还要建立完善的管理制度。

1. 硬件维护

（1）实施对系统硬件设备的日常检查和维护，做好检查记录，以保证系统的正常运行。

（2）在系统发生故障时及时进行故障分析，排除故障，恢复系统运行；在硬件维护工作中，小故障一般由使用单位的系统维护人员负责，较大的故障应及时与硬件供应商联系解决。

（3）设备更新、扩充、修复工作由系统管理员与维护人员共同研究决定，并由系统维护人员负责安装与调试，直至系统运行正常。

（4）在系统环境发生变化时随时做好适应性的维护工作。

在硬件维护工作中较大的维护工作一般是由销售厂家进行的，使用单位只进行一些小的维护工作，硬件维护员可由网络管理员担任。

2. 软件维护

软件维护是信息系统维护的重要工作，包括操作维护和程序维护两个方面。

操作维护属于日常维护工作，在日常使用过程中发现的问题如不及时解决，将影响企业正常的工作。对于操作不当引起的故障，系统维护人员应尽量设法自己解决；如果是软件功能的漏洞，应及时求助于软件供应商或企业中的开发人员。

对于自行开发软件的单位，程序维护主要包括正确性维护、适应性维护、完善性维护。正确性维护是指诊断和改正错误的过程。软件测试不可能将所有潜在的错误都查找出来，设计再好的测试用例也难免存在遗漏，在运行中必然会发现这些软件错误，需要维护人员进行调试并改正错误。适应性维护是指当企业的工作发生变化时为了适应新的形势而进行的软件修改活动。完善性维护是指为了满足用户增加功能或改进已有功能的需求而进行的软件修改活动。软件维护可以分为操作维护和程序维护两种，操作维护主要是利用软件的各种自定义功能来修改软件，以适应工作的变化，实际上是一种适应性维护；程序维护主要是指需要修改程序的各项维护工作。

对于使用商品化软件的单位,程序维护工作由销售厂家负责,用户单位负责操作维护,用户单位可不配备专职维护员,而由指定的系统操作员兼任。对于自行开发软件的单位一般应配备专职的系统维护员。系统维护员负责系统的硬件设备和软件的维护工作,及时排除故障,确保系统的正常运行,负责日常的各类代码、数据及源程序的正确性维护和适应性维护工作,有时还负责完善性维护。

3. 数据维护和系统维护

数据维护主要包括数据的定期备份与数据恢复,以及由于数据存放格式、精度等发生变化引起的数据内容、结构的调整等修改。

系统维护根据其目的可分为日常维护与适应性维护。

1) 日常维护

信息系统需加以日常维护的有备份、存档、整理及初始化等。大部分的日常维护应该由专门的软件来处理,但处理功能的选择与控制一般还是由使用人员或专业人员来完成。在硬件方面,日常维护主要有各种设备的保养与安全管理、简易故障的诊断与排除、易耗品的更换与安装等。硬件的维护应由专人负责。

信息系统运行中的突发事件一般是由于操作不当、计算机病毒、突然停电等引起的。当发生突发事件时,轻则影响系统功能的运行,重则破坏数据,甚至导致整个系统的瘫痪。突发事件应由企业信息管理机构的专业人员处理,有时需要原系统开发人员或软/硬件供应商来解决。对发生的现象、造成的损失、引起的原因及解决的方法等必须作详细的记录。

2) 适应性维护

由于企业的环境处于不断变化之中,企业为适应环境,为求生存与发展,也必然作相应的变革,作为支持企业实现战略目标的企业信息系统自然也要作不断改进与提高。另外,一个信息系统不可避免地会存在一些缺陷与错误,它们会在运行过程中逐渐暴露出来,为了使系统能始终正常运行,对于所暴露出的问题必须及时地解决。为适应环境的变化及克服本身存在的不足对系统作调整、修改与扩充即为系统的适应性维护。

实践证明,系统维护与系统运行始终并存。系统维护所付出的代价往往要超过系统开发的代价,系统维护的好坏将显著地影响系统的运行质量、系统的适应性及系统的生命周期。我国许多企业的信息系统开发好后不能很好地投入运行或难以维持运行,在很大程度上就是重开发、轻维护所造成的。

系统的适应性维护是一项长期而有计划的工作,并以系统运行情况记录与日常维护记录为基础,其内容如下:

(1) 系统发展规划的研究、制定与调整。

(2) 系统缺陷的记录、分析与解决方案的设计。

(3) 系统结构的调整、更新与扩充。

(4) 系统功能的增设、修改及删除。

(5) 系统数据结构的调整与扩充。

(6) 各工作站点应用系统的功能重组。

（7）系统硬件的维修、更新与添置。

（8）系统维护的记录及维护手册的修订等。

系统维护工作是技术性较强的管理工作。系统投入运行后企业必须建立相应的组织，确定进行维护工作所应遵循的原则和规范化的过程，并建立一套适用于具体系统维护过程的文档及管理措施，以及进行复审的标准。信息系统投入运行后企业应设系统维护管理员，专门负责整个系统维护的管理工作；针对每个子系统或功能模块应配备系统管理人员，他们的任务是熟悉并仔细研究所负责部分系统的功能实现过程，甚至对程序细节有清楚的了解，以便于完成具体维护工作。系统变更与维护的要求常常来自于系统的一个局部，而这种维护要求对整个系统来说是否合理、应该满足到何种程度，还应从全局的观点进行权衡。因此，为了从全局上协调和审定维护工作的内容，每个维护要求都必须通过一个维护控制部门的审查批准后才能予以实施。这个维护控制部门应该由业务管理部门和系统管理部门共同组成，以便于从业务功能和技术实现两个角度控制维护内容的合理性和可行性。

信息系统的维护不仅是系统正常运行所必需的，也是使系统始终能适应系统环境、支持并推动企业战略目标实现的重要保证。系统的适应性维护应由企业信息管理机构领导负责，指定专人落实。系统维护人员应职责明确，保持人员的稳定性，对每个子系统或模块至少应安排两个人共同维护，避免对个人的过分依赖。在系统未暴露出问题时就应着重于熟悉掌握系统的有关文档，了解功能的程序实现过程，一旦有维护要求，立即高效、优质地实施维护。为强调该项工作的重要性，在工作条件的配备上及工作业绩的评定上应等同于系统的开发。

9.3.2 系统运行管理

信息系统运行管理的任务是保证系统正常运行，完成预定任务，保证系统内各类资源信息的安全与完整。如果要进行系统运行管理，首先要明确系统的目标。信息系统是为组织管理服务的，因此信息系统的目标是根据企业各层次上管理目标的性质来制定的。目标管理能大大加快信息系统的反应速度，为高层管理的决策提供及时、准确的信息。其次，要对信息系统的数据的采集与统计渠道、计量手段与计量方法、基础数据标准化等进行管理。不仅如此，还要对系统运行的结果进行分析和检测，得出能够反映组织业务活动发展趋势的信息，提高管理者的决策能力。

1. 日常管理工作

计算机信息系统的运行管理主要是日常管理工作。日常管理工作的内容包括系统运行情况的记录、系统操作管理和系统的软/硬件维护。日常管理工作是系统正常、安全、有效运行的关键。一个单位如果操作管理制度不健全、工作实施不得力，会给各种非法舞弊行为以可乘之机；如果操作不正确，会造成系统内的数据被破坏或丢失，影响系统的正常运行；如果各种数据不能及时备份，则有可能在系统发生故障时使得系统不能恢复正常运行；如果各种差错不能及时记录下来，则有可能使系统错误运行，输出不正确、不真实的信息。

日常管理工作一方面要保证系统的安全、正常运行，另一方面要保证无关人员不得操作系统，操作人员必须在一定的权限内操作，所以在日常管理中主要是加强网络中心的管理、上机操作的管理和软/硬件维护的管理等。

网络中心是企业网内通外达的控制枢纽,所以各种环境应达到相应要求,如机房的卫生要求、防水要求、温度要求、湿度要求等,给网络设备创造一个良好的运行环境,保证网络系统的安全运行。为保证系统数据安全,应配备稳压电源和 UPS(不间断电源),还应设置屏蔽等。另外要防止各种非法人员进入,保护网络设备、机内的程序与数据的安全。一般来说,为便于管理,网络中心在企业中的地理位置应独立,只有网络管理人员、系统维护人员和主管有权进入网络中心。

操作管理是指对网络设备、计算机及软件系统操作运行的管理,主要通过建立和完善各项操作管理制度来实现。操作管理的任务是按照信息系统的运行要求,按规定开启应用服务器,录入数据,执行各子模块的运行操作,输出各类信息,做好系统内有关数据的备份及系统发生故障时的恢复工作,确保计算机系统的安全、有效、正常运行。操作管理要规定哪些人员能上机运行系统,哪些人员不能上机运行系统,明确操作人员的职责、操作权限及操作程序。为了明确责任以及作为维修时的参考,对系统的操作及其运行情况(特别是非正常情况)必须进行记录。对系统运行情况的记录应事先制定尽可能详尽的规章制度,具体工作主要由使用人员完成。无论是自动记录的还是由人工记录的系统运行情况都应作为基本的系统文档长期保管,以备查用。

2. 系统安全与安全管理

随着信息技术的发展,信息系统在运行操作、管理控制、经营管理计划、战略决策等社会经济活动各个层面的应用范围不断扩大,发挥着越来越大的作用。在信息系统中处理和存储的既有日常业务处理信息、技术经济信息,也有涉及企业或政府高层的计划、决策信息,其中相当一部分是极为重要并有保密要求的。社会信息化的趋势导致了社会的各个方面对信息系统的依赖性越来越强,信息系统的任何破坏或故障都将对用户以至于整个社会产生巨大的影响,信息系统安全上的脆弱性表现得越来越明显,信息系统的安全日显重要。

信息系统的安全性,是指为了防范意外或人为地破坏信息系统的运行或非法使用信息资源,而对信息系统采取的安全保护措施。与信息系统安全性相关的因素主要有下面 7 种。

(1) 自然及不可抗拒因素:地震、火灾、水灾、风暴以及社会暴力或战争等,这些因素将直接地危及信息系统实体的安全。

(2) 硬件及物理因素:这是指系统硬件及环境的安全可靠,包括机房设施、计算机主体、存储系统、辅助设备、数据通信设施以及信息存储介质的安全性。

(3) 电磁波因素:计算机系统及其控制的信息和数据传输通道在工作过程中都会产生电磁辐射,在一定地理范围内用无线电接收机很容易检测并接收到,这就有可能造成信息通过电磁辐射而泄露。另外,空间电磁波也可能对系统产生电磁干扰,影响系统正常运行。

(4) 软件因素:软件的非法删改、复制与窃取将使系统的软件受到损失,并可能造成泄密。计算机网络病毒也是以软件为手段侵入系统进行破坏的。

(5) 数据因素:这是指数据信息在存储和传递过程中的安全性,是计算机犯罪的主攻核心,是必须加以安全和保密的重点。

(6) 人为及管理因素:涉及工作人员的素质、责任心,以及严密的行政管理制度和法律法规,以防范人为的主动因素直接对系统安全所造成的威胁。

(7) 其他因素:这是指系统安全一旦出现问题,能将损失降到最小,把产生的影响限制在许可的范围内,保证迅速、有效地恢复系统运行的一切因素。

3. 安全策略

安全策略是指在一个特定的环境里为保证提供一定级别的安全保护所必须遵守的规则。安全策略包括下面三个重要组成部分。

(1) 法律:安全的基石是社会法律、法规与手段,这部分用于建立一套安全管理标准和方法,即通过建立与信息安全相关的法律、法规使非法分子慑于法律,不敢轻举妄动。

(2) 技术:先进的安全技术是信息安全的根本保障,用户对自身面临的威胁进行风险评估,决定其需要的安全服务种类,选择相应的安全机制,然后集成先进的安全技术。

(3) 管理:建立相宜的信息安全管理办法,加强内部管理,建立审计和跟踪体系,提高整体信息安全意识。

4. 安全管理

面对系统安全的脆弱性,除了在系统设计上增加安全服务功能、完善系统安全保密措施外,还必须花大力气加强系统的安全管理,因为诸多的不安全因素恰恰反映在组织管理和人员录用等方面,而这又是信息安全所必须考虑的基本问题,所以应引起重视。

1) 安全管理原则

信息系统的安全管理主要基于下面三个原则。

(1) 多人负责原则:每一项与安全有关的活动都必须有两人或多人在场。这些人应该是系统主管领导指派的,他们忠诚可靠,能胜任此项工作;他们应该签署工作情况记录以证明安全工作已得到保障。以下各项是与安全有关的活动:

① 访问控制者使用证件的发放与回收。

② 信息处理系统使用的媒介的发放与回收。

③ 处理保密信息的规定。

④ 硬件和软件的维护。

⑤ 系统软件的设计、实现和修改。

⑥ 重要程序和数据的删除和销毁等。

(2) 任期有限原则:一般来讲,任何人最好不要长期担任与安全有关的职务,以免使他认为这个职务是专有的或永久性的。为遵循任期有限原则,工作人员应不定期地循环任职,强制实行休假制度,并规定对工作人员进行轮流培训,以使任期有限制度切实可行。

(3) 职责分离原则:在信息系统工作的人员不要打听、了解或参与职责以外的任何与安全有关的事情,除非系统主管领导批准。出于对安全的考虑,下面每组内的两项信息处理工作应当分开:

① 计算机操作与计算机编程。

② 机密资料的接收和传送。

③ 安全管理和系统管理。

④ 应用程序和系统程序的编制。

⑤ 访问证件的管理与其他工作。

⑥ 计算机操作与信息系统使用的媒介的保管等。

2）安全管理的实现

信息系统的安全管理部门应根据管理原则和系统处理数据的保密性制定相应的管理制度或采用相应的规范,具体工作如下。

（1）根据工作的重要程度确定系统的安全等级。

（2）根据确定的安全等级确定安全管理的范围。

（3）制定相应的机房出入管理制度:对于安全等级要求较高的系统要实行分区控制,限制工作人员出入与己无关的区域。出入管理可采用证件识别或安装自动识别登记系统,采用磁卡、身份卡等手段对人员进行识别、登记管理。

（4）制定严格的操作规程:操作规程要根据职责分离和多人负责的原则各负其责,不能超越自己的管辖范围。

（5）制定完备的系统维护制度:对系统进行维护时应采取数据保护措施,如数据备份等。在维护时要首先经主管部门批准,并有安全管理人员在场,对故障的原因、维护内容和维护前后的情况要详细记录。

（6）制定应急措施:要制定系统在紧急情况下如何尽快恢复的应急措施,使损失减至最小。建立人员雇用和解聘制度,对工作调动和离职人员要及时调整相应的授权。

9.4　系　统　评　价

一个花费了大量资金、人力和物力建立起来的新系统,其性能和效果如何,是否达到了预期的目的,用户和开发人员双方都很关心。对系统进行评价,一方面能对系统的当前状态有明确的认识,另一方面也能为今后系统的发展和提高做准备。对新系统全面评价是在新系统运行一段时间以后进行的,以避免片面性。

系统评价通常由开发人员和用户共同进行。系统评价的主要依据是系统日常运行记录和现场实际检测数据。系统评价包括评价内容、评价指标和评价方法。

1. 系统评价的内容

系统评价包括对系统技术性能的评价、对系统经济效益的评价、对系统管理水平的评价。

1）对系统技术性能的评价

对系统的技术性能进行评价,主要包含以下几个方面。

（1）目标评价:针对系统开发所设定的目标逐项检查是否达到了预期目标,实现的程度如何。

（2）功能评价:根据用户所提出的功能要求,在实际的运行环境中检查系统功能的完成情况,评价用户对功能的满意程度和系统中各项功能的实际效果。

（3）性能评价:评价系统的稳定性、可靠性、安全性、容错能力、响应时间和存储效率等。

（4）运行方式评价：评价系统中的各种资源（包括硬件、软件、人与信息）的利用率。

技术上的评价内容主要是系统性能，它是评价系统效率和衡量一个系统先进性的重要标志，性能评价是系统评价的主要工作部分。系统的性能评价可从以下方面进行。

（1）系统的完整性：即系统设计的合理性，具备的功能及其特点，系统是否达到了设计任务的要求等。

（2）系统的可靠性：即系统运行的可靠程度，也就是系统能否无故障正常地工作，当出现异常或故障时采取哪些防止系统破坏的方法和措施。例如，当用户输入错误数据时系统将如何反应，对非法窃取或更改数据的抵制能力如何，对错误操作的反应如何等。除此之外，还包括系统的有效性及维护的难易程度的评价。

（3）系统的效率：与旧系统相比，新系统减轻了多少重复的烦琐劳动和手工的计算量、抄写量。效率提高了多少，这可通过系统的处理速度或者单位时间内处理的业务量来衡量。

（4）系统的工作质量：系统提供数据的精确度，输出结果的易读性，使用是否方便，系统响应时间是否能满足设计要求，终端输入/输出时间、数据通信时间及计算机处理时间等分配是否合理，各有关设备的选择是否能满足响应时间的要求等。

（5）系统的灵活性：系统的环境是不断变化的，系统本身也需要不断修改和完善。扩充能力与修改的难易程度如何以及系统能否扩充是系统生命力的表现。

（6）系统的通用性：信息系统能否被十分顺利地移植到其他应用场合。

（7）系统的实用性：评价对系统工作人员的要求及系统使用、操作的难易程度。

（8）系统文档的完备性：与系统有关的文档资料的完整性、规范性与有效性。

2）对系统经济效益的评价

在经济上的评价内容主要是系统效果和效益，包括直接与间接两个方面。

（1）直接经济效益评价：直接经济效益指的是使企业收入增加和成本下降的收益，其评价的内容如下。

① 系统的投资额。

② 系统运行费用。

③ 系统运行所带来的新增效益。

④ 投资回收期。

（2）间接经济效益评价：间接经济效益指的是系统对提高企业科学管理水平、增强企业竞争力以及提高管理人员素质等带来的收益。这些收益虽然不会为企业带来直接的经济收入，但却是企业的宝贵财富，其潜在的经济效益是巨大的。其评价的内容如下。

① 对企业形象的改观、员工素质的提高所起的作用。

② 对企业的体制与组织机构的改革、管理流程的优化所起的作用。

③ 对企业各部门间、人员间协作精神的加强所起的作用。

3）对系统管理水平的评价

系统管理水平的评价是指对系统认识和管理工作的检查，其评价的内容如下。

（1）领导和各级管理人员对系统的认识水平。

（2）使用者对系统的态度。

（3）管理机构是否健全。

（4）规章制度的建立和执行情况。

（5）外部环境对系统的评价。

系统评价是对系统开发工作的评定与总结，同时也为系统的维护和更新提供依据，因此无论是对开发人员还是对用户来说都是一件很有意义的工作，必须认真把它做好。需要特别指出的是，目前我国信息系统的评价有重计算机、轻信息的倾向，计算机、通信网络等固然重要，但它们毕竟是工具，是信息系统的一个组成部分，评价信息系统好坏的依据主要是信息开发和利用的深度以及对企业的生存与发展所起的作用。

2. 系统评价的指标

系统评价的指标是进行系统评价、新旧系统对比分析的依据。目前大部分系统评价还处于非结构化的阶段，只能就部分评价内容列出可度量的指标，不少内容只能用定性方法做出叙述性的评价。下面介绍系统评价的两个主要指标。

1）系统性能指标

性能评价的主要指标如下：

（1）系统平均无故障时间。

（2）联机响应时间、吞吐量和处理速度。

（3）系统的利用率。

（4）操作的方便性、灵活性。

（5）安全、保密性。

（6）功能的正确性。

（7）输出的正确性。

（8）系统的可扩充性。

2）经济效益指标

经济效益指标可分成以下两种。

（1）直接经济效益指标。

① 系统投资额：主要包括系统硬件及软件的购置、安装，应用系统的开发或购置所投入的资金。另外，企业内部投入的人力、材料等也应计入。在精确计算时还应考虑资金的时间价值。

② 系统运行费用：包括材料费用、系统折旧、维护费用、电费、人员费用等。材料费用包括打印用纸、油墨、磁盘或磁带等。考虑到信息技术的发展速度太快，计算机的折旧年限一般为 5～8 年。

③ 系统收益：主要反映在成本降低、库存减少、流动资金周转加快与占用额减少、销售利润增加及人力的减少等方面。由于引起企业效益增减的因素众多，且相互关系错综复杂，系统收益很难做精确计算。一般可采用年生产经营费用节约额表示。年生产经营费用节约额是一个总括性的货币指标。使用信息系统后的年生产经营费用节约额 U 可用下式计算：

$$U = \sum C_i - C_a + E\left(\sum K_i - K_a\right) + U_n$$

式中，C_i——运用计算机后节约的经营费用；

C_a——运用计算机后增加的经营费用；

E——投资效果系数；

K_i——运行信息系统后节约的投资；

K_a——建立信息系统要求的投资；

U_n——本部门以外其他部门所获得的年度节约额。

只有当 $U > 0$ 时发展信息系统才是合理的。

④ 投资回收期：所谓投资回收期，是指在多长时间内累积的效益值可以等于初始投资。回收期越短，系统经济效益越好。经简化后不考虑贴现率的投资回收期可用下式计算：

$$T = t + I/(B - C)$$

式中，T——投资回收期（年）；

t——资金投入至开始产生效益所需的时间（年）；

I——投资额（万元）；

B——系统运行后每年新增的收益（万元/年）；

C——系统运行中每年所花费的开销（万元/年）。

（2）间接经济效益指标。

间接经济效益是通过改进组织结构及运行方式、提高企业科学管理水平、增加企业竞争力以及提高管理人员素质等途径使企业成本降低、利润增加而逐渐间接地获得的效益。其特点是成因复杂，难于计算，一般只能定性分析。与间接经济效益有关的指标如下。

① 在推动组织为适应环境而进行组织结构、管理制度与管理模式等变革中所起的作用，这种作用是其他方法无法替代的。

② 改善企业形象，提高在客户心目中的信任度，在企业组织内部提高全体员工的自信心与自豪感，增强企业的行业竞争力。

③ 树立不断学习、不断创新的企业文化环境，全面提高员工的素质。

④ 加强企业内部各职能部门之间的联系与信息共享，树立团队精神和协作精神，增强企业的凝聚力。

⑤ 对企业的规章制度、工作规范、定额与标准、计量与代码等的基础管理产生很大的促进作用，为其他管理工作提供有利条件。

⑥ 提高企业对市场的适应能力：由于用计算机可提供辅助决策方案，因此当市场情况变化时企业可及时进行相应决策以适应市场。例如，物资管理系统的使用明显地提高了库存记录的准确性和及时性，减少了库存量，从而减少了物资的积压浪费，同时也能保证生产用料的供应，避免因原料短缺而使生产停顿，最终提高了生产力。生产管理系统的建立可以更合理地安排人力、物力，及时掌握生产进度和产品质量，从而提高生产率和生产管理水平。

3. 系统评价方法

通过上面的内容可以看出信息系统的有利与不利之处体现在定性与定量两个方面，因此系统评价的工作难度较大。目前一般采用多指标评价体系的方法，其具体步骤如下：

（1）根据系统的目标与功能要求提出若干评价指标，形成信息系统评价的多指标评价体系。

（2）组织专家对整个评价指标体系做出分析与评审，确定单项指标的权重，权重的确定要能反映出系统目标与功能的要求。

（3）进行单项评价，确定系统在各个评价指标上的优劣程度的值。对于定性的效果可以利用效果表来估算。

（4）进行单项评价指标的综合，得出某一大类指标的价值。

（5）进行大类指标的综合，依次进行，直到得出系统的总价值。

由此可以看出多指标评价体系的方法是一种综合评价方法，即将评价对象在系统各项指标上的特征进行综合处理，从整体优化的观点出发全面地衡量一个信息系统的利弊得失。

案例与问题讨论

案例：苏盐贸发总公司的钢材销售信息系统

一周末，MIS 一直折磨着凯文。同济大学资深的刘教授给 MBA 学生们布置了一道不难、不易的作业——你心中的 MIS。起初，凯文认为只要几句话就能完成这道简单的作业。可是，随着对教材的翻阅，凯文感到这道题越发显得复杂、深奥，以至于难以下笔。好在自己的好友徐新在苏盐贸发总公司任老总，并在清华的 EMBA 班学习，业内人士都说善于求新的他对新思想接受较快。找他商量商量，也许能有所启发。

走进好友的办公室，整洁的办公桌上除了一部笔记本电脑和一副笔架，竟无分门别类的文件夹，给凯文的眼球冲击最大的是两块刻着红色"销售状元"和"全国钢材销售百强企业"的大字铜牌，颁奖单位分别是"南京钢铁联合有限公司"和"中国流通协会"。

"你在电话中所问的 MIS 问题，几句话说不清楚，请你来看一看，或许你自己能悟出来。"徐新把轻薄型 IBM ThinkPad 推到凯文的面前。

"我先看看你们的进销存吧。"凯文颇为内行地单击了"进货"，展现在屏幕上的是大大小小的窗口。不断变化的数据反映从各钢铁厂进货的瞬时数量，同时显示各种规格、价格、提货期、库名，窗口下面的进货累计和在途累计数在不停地变化。"看看上午碳结钢的进货情况。"徐新边说边在品名栏中输入 T、J、G 三个字母，屏幕上立即显示出从每个钢厂进的各种碳结钢的明细情况，既可以按时间先后分布，也可以按数量大小排列。凯文暗暗赞叹，以前看到的进销存都要到月底盘存时才能得到确切的数目，想不到这里的数据都是实时的、瞬时的。"徐总，看来你真是一目了然啊。""不，董总，公司的每个人都像我一样知道公司的进销存实况。""有了这套系统，你们的对账工作量一定大为减少吧？""我们根本就不对账，所有数据在逻辑上都是关联的。各环节没有未达账，业务部只有开票员，没有商品账会计，财务部不设材料员。""你们的库存与销售是如何作业的呢？"凯文打破沙锅问到底。"9 个销售点都可开票销售每一个仓库的不同钢材，各销售点都能随时调出库存和进货及订货数据，包括钢厂正在生产的品种和数量。往往货还没入库，就提前销售了。"徐新边说边打开"在途"，只见随着一个个数据的变色，不少尚未入库的品种已被预订了。他又单击了一下"南钢生产信息"，屏幕上立即换成了南钢当时正在生产的品种和生产数字。

"这套系统最厉害的还是对价格的反应和控制。"徐新随手单击"价格",又输入"螺纹钢"的汉语拼音字母,屏幕上立即显示各销售点正在开仓的不同钢厂螺纹钢的价格,而"公共信息栏"上一行游动的文字向总经理汇报由各业务员输入的螺纹钢的价格变化情况。正在此时,分管价格的施副总进门向徐新报告:"徐总,根据系统反映和开票情况,本周螺纹钢成交价比上周平均上涨 20 元/吨,建议适当调价。"几乎同时,南钢分管销售的 D 副总给徐新打来电话,向销售商了解螺纹钢的价格走势。徐总对着手机自信地分析:"根据这几天的成交情况和价格走势,我们可以有把握地得出结论——螺纹钢市场已经止跌回升,目前螺纹钢价格成交均价为 3080 元/吨,建议厂家不必下调。我公司下月计划可适当增加。"看来这位南钢的销售状元在厂家的心目中的确不一样。徐新接着介绍:"以前钢材价格变化,少数业务人员利用打时间差、先提货后开票或先开票后提货等手段损害公司利益,导致利润流失。现在上了 MIS,总经理及时调整并锁定价格,控制幅度。价格太低影响效益,电脑不让开票;价格太高影响企业形象,电脑同样不让开票。所有的业务行为都很透明,客户也很放心。"

　　"你们的业务与物流如何结合呢?"凯文没忘记老师讲的 MIS 带来物流方式的变革。"每年的 20 多万吨材料进出,由三家第三方物流公司来做。"徐总边说边单击"承运",只见一张张电子送货单上标明每一笔物资的具体承运单位、承运价格和承运时间;承运回单则分别显示送到时间、地点、收货人和实收数。"这套系统使我们随时了解承运方在多长时间将物资送到客户手中、有无短少。"徐总补充道。凯文从屏幕上看到南京城内的钢材运价低于正常运价,便问:"他们的运费怎么这么低呢?"徐总回答说:"由于我们的配载计划性很强,时间衔接科学,提高了物流公司的效率,加上数量又比较大,所以我们的运费比其他公司要低30%。"凯文心算了一下:每吨运费如果节省 4～7 元,一年就是 100～175 万元! 他不由对这位老友刮目相看了。

　　"再来看看财务系统吧!"凯文显然意犹未尽,徐新马上打开财务系统窗口,只见"财务"的主菜单下又列出了销售、成本、费用、差价、税收、毛利、应收、应付等子菜单,子菜单下面又列出各部门、个人的明细表。每有一笔业务发生,所有的数据自动更新一次。要知道,这些账目涉及十几个钢厂、9 个业务部门、一千多个品种、几百个客户以及好几个仓库。在价格几天一变的情况下,如果没有 MIS,仅是每个月的账账相符、账实相符就不知道要增加多少人手。"你们的财务工作量一定很大吧?""那是当然,每年 8 个亿左右的销售收入,近10 个亿的资金流量,上万笔业务,工作量自然不小,可是 MIS 解放了生产力,我们两个公司只有 3 名财务人员。""3 名? 真是难以想象!"

　　看完了进销存、费用、财务、价格、物流等系统,凯文仍不满足,索性要徐新详细谈谈"享受"MIS 的体会。

　　"我上这套系统是在 2000 年,边开发边完善,2003 年 8 月正式使用。在 2000 年之前,公司销售额已经达到 4 个多亿,成为南钢销售前十强,然而每年的净利润却十分有限,甚至只是保本而已。问题在哪里? 主要在于内部价格竞争、不规范的时间差、膨胀的流通费用和库存及管理成本,最为重要的是调价阶段的时间差导致利润大量流失。1999 年前为处理不规范经营,还辞退了几个业务人员,那时的经营管理实在累啊,你总不能盯着每笔业务吧!2000 年我们被迫上了这套系统,不仅销售逐步上升,更重要的是杜绝了利润流失。你要问我体会最深的是什么,一句话——MIS 就是利润。"说完,他给凯文续了一杯茶。

"这套 MIS 一定投入不菲吧？培训一定很复杂。员工能接受吗？""这套设施软/硬件一共投入 30 万,另外,由于各网点是通过 Internet 连接的,又花 3 万元上了防火墙,系统安全、可靠。至于培训就更简单了,只要会上网就会操作。你看我们的界面多直观哪,你刚才不也操作自如吗？"

"公司从 2000 年以来没有增加员工,但销售却增加了一倍,效益增长了许多倍! 对员工的考核更及时、透明,激励更强。这几年,没有一个员工离开公司,企业内部非常融洽,我们与主要供应商——钢厂的关系进一步深化。两年前,我们成立了南京沿海物资实业有限公司,专门销售南钢的钢材,这个新成立的公司已连续两年夺得'南钢销售状元'称号,MIS 从内容和形式上提升了苏盐贸发"。说到这里,徐新笑了笑:"不瞒老朋友,有了这套 MIS,我现在基本上不听汇报,也很少看材料和主持经济分析会,真正地从文山会海中解脱出来。无论走到哪里,只要带着 ThinkPad,对公司的情况都了如指掌。我现在的时间主要用来学习和拜访大客户。"听完徐新的介绍,凯文仿佛有一种从困顿中解脱的感觉,他举起茶杯,一饮而尽,顿觉神清气爽,心旷神怡——好茶!

问题讨论:

1. 分析案例,指出苏盐贸发公司存在哪几类信息系统(TPS/OA/MIS/DSS/EIS/IOS)？它们各自帮助公司解决了哪些问题？提供了什么服务？

2. 你能画出苏盐贸发公司信息系统的应用体系图吗？

3. 2000 年,当苏盐贸发公司投资 33 万元上 MIS 项目时,该公司当时的注册资本是 150 万元,你认为这一投资理智吗？

4. 2002 年,当苏盐贸发公司投资成立南京沿海物资实业有限公司时,新公司的注册资本是 1000 万元,在分析苏盐贸发公司资本迅速增加的关键因素时有人认为是钢材价格的大幅波动,也有人认为是上了 MIS 项目,你认为呢？

5. 读完案例,请你总结一下信息系统给苏盐贸发公司带来了哪些效益和变化。

6. 你认为苏盐贸发公司信息系统建设成功的主要原因是什么？

小　　结

本章主要从系统运行、维护、评价与管理等方面叙述了管理信息系统的基本知识。

系统运行是将系统设计方案转换为应用软件系统的过程。系统运行以系统设计的方案为依据;系统实施对于系统的质量、可靠性和可维护性等性能有着十分重要的影响,是成功地实现新系统和取得用户对系统信任的关键。系统运行阶段是新系统开发工作的最后且重要的一个阶段。系统运行的任务是按照系统设计说明书组建一个能够实际运行的管理信息系统,即根据用户确认的设计方案建立可操作的应用系统。

系统维护是指在信息系统交付使用后为了改正错误或满足新的需要而修改系统的过程,能不能做好这些工作将直接影响系统的使用寿命。系统维护的内容包括硬件维护、软件维护、数据文件的维护、代码的维护等。长期的实践表明,系统维护与系统运行始终并存,系统维护所付出的代价往往要超过系统开发的代价,系统维护的好坏将显著地影响系统的运行质量、系统的适应性及系统的生命周期。信息系统的维护不仅是系统的正常运行所必需的,也是使系统始终能适应系统环境、支持并推动企业战略目标实现的重要保证。

系统评价是对系统开发工作的评定与总结。在一般情况下,系统评价是在系统运行和维护的过程中进行的,它以使用者的反映以及系统的运行情况为依据。系统评价主要是从系统的使用价值和价值(即技术性能和经济效益)两方面来进行的。

系统评价的目的是检查系统是否达到预期的目标,技术性能是否达到设计要求,系统的各种资源是否得到充分的利用,经济效益是否理想,并指出系统的长处与不足,为系统的改进与扩展提出意见。系统评价无论是对开发人员还是对用户来说都是很有意义的工作,一方面能对系统的当前状态有明确的认识,另一方面也能为今后系统的发展和提高做准备,因此我们必须认真地把它做好。

信息系统的运行管理是新系统投入运行后为使其在生命周期内发挥预期的作用与产生效益所开展的各项工作,包括日常运行的管理、系统文档规范的管理、系统的安全与保密等。日常运行管理是最主要、最频繁的工作,具体有系统运行情况的记录、系统的日常维护及适应性维护等,其目的是使系统能始终保持良好的可运行状态。

练习与作业

1. 简要说明管理信息系统运行阶段的主要工作。
2. 系统硬件维护工作有哪两种类型?
3. 依据自己对管理信息系统评价工作的认识谈一谈系统评价工作的意义。
4. 简述系统评价的几个评价角度。
5. 简述管理信息系统维护工作应遵循的步骤。
6. 为什么要设立系统运行管理维护部门? 它的职责是什么?

第10章　常用的管理信息系统开发工具

学习目标和指南

学习目标：

1. 能够熟练、灵活地运用各种管理信息系统开发工具。

2. 能够综合运用前面章节所学的知识进行管理信息系统开发。

学习指南：

本章结合实例介绍管理信息系统开发过程中的常用工具，包括 Visio、Access、Rational Rose、Visual Basic。本章应该作为学生学习管理信息系统实践环节的参考内容，各种工具的使用可以规范、简化管理信息系统的开发。学生应该在对管理信息系统的开发有了综合的认识之后熟悉本章内容。

课前思考

1. 你在学习中借助过的学习工具有哪些？哪一种令你印象最为深刻？它为你提供了哪些便利？

2. 在前面章节所学过的系统分析、系统设计与系统实施等阶段你有没有考虑过利用什么工具可以简化、规范各阶段的工作？

10.1　Visio 图表开发工具

Visio 是由 Microsoft 公司推出的一种配有一整套范围广泛的模板、形状和先进工具的绘图环境，利用 Visio 可以轻松自如地创建各式各样的业务图表和技术图表。Microsoft Office Visio 2003 提供的模板、形状和绘图工具可用于创建有效的业务图表和技术图表来分析业务流程、安排项目日程、形象地表达思维过程以及绘制组织结构图。

Visio 是专业的建模软件，它包含了 UML 建模所需的符号。使用 Visio 创建的图表能够将信息形象化，并能够以清楚简明的方式有效地交流信息，这是只使用文字和数字所无法实现的。Visio 还可通过与数据源直接同步自动更新数据，以提供最新的图表；用户还可以对 Visio 进行自定义，以满足组织的需要。

绘制一份 Visio 图表的基本程序一般遵循以下过程：

(1) 使用某种类型模板开始创建图表。

(2) 利用拖放技巧从样板（模板）中拖曳图件置于绘图页面。

(3) 将产生的图件连接起来。

(4) 在图表中加注文字说明。

(5) 设置图表中形状的格式美化图表。

(6) 保存和打印图表。

接下来首先介绍 Visio 的环境,并介绍如何利用 Visio 工具来创建流程图、组织结构图。

10.1.1　认识 Visio 环境

在 Visio 环境下通过打开一个模板来开始创建 Microsoft Office Visio 图表。初次运行 Visio 可以看到如图 10.1 所示的工作环境,通过单击某一类别的模板查看具体模板的缩略图,选择某一具体模板后,在绘图页的左侧打开一个或多个模具。模具包含创建图表所需的形状。例如打开"流程图"模板时,它打开一个绘图页和包含流程图形状的模具(如图 10.2 所示)。模板还包含用于创建流程图的工具(例如为形状编号的工具)以及适当的样式(例如箭头)。

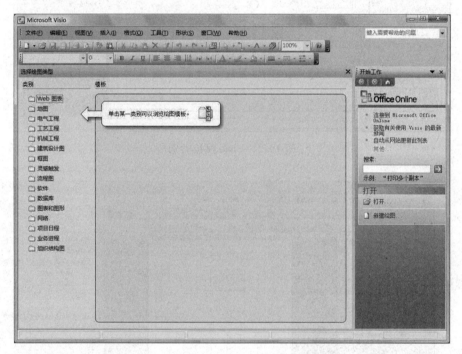

图 10.1　Visio 工作环境

Visio 绘图环境包括菜单、工具栏、包含形状的模具、绘图页和位于绘图页右侧的任务窗格(如图 10.3 所示)。绘图页用于创建绘图,所创建的绘图表示打印页面,并包含帮助调整形状位置的网格。使用任务窗格可以在工作或与其他小组成员协作时快速访问各种类型的信息。Visio 菜单和工具栏与其他 Microsoft Office 系统程序中的菜单和工具栏类似,可以用来打开、打印和保存图表。

当需要快速阐明想法但不知道如何进行时可以使用图示库。只需单击"帮助"菜单,在其中选择"图示库",即可单击目录中的某个图表类型,开始浏览通过 Visio 模板创建的图表集合,如图 10.4 所示。

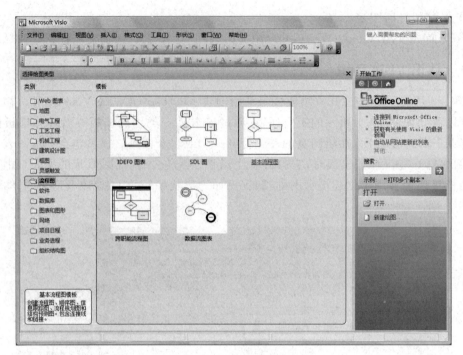

图 10.2　Visio 模板类别

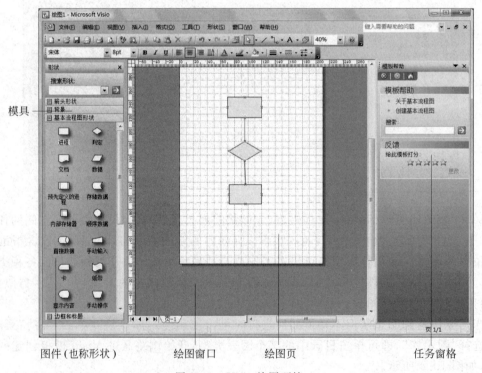

图件 (也称形状)　　　绘图窗口　　　绘图页　　　　　　　　任务窗格

图 10.3　Visio 绘图环境

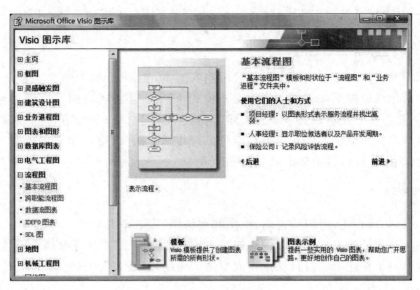

图 10.4　Visio 图示库

10.1.2　Visio 的文件格式

Visio 的文件格式主要有三种。

（1）绘图文件（*.vsd）：用来储存绘制好的图表，可以包含多个绘图页面及所使用的样板。

（2）样板档（*.vss）：用来储存各种图件的文件格式。

（3）范本文件（*.vst）：可以将绘图档与开启的样板一起储存，并事先做好环境设定。

10.1.3　Visio 的基本操作

1. 放大和缩小绘图页

如果要放大图表中的形状，请单击"指针"工具，然后在按下 Ctrl＋Shift 键的同时拖动形状周围的选择矩形，此时指针将变为一个放大工具，表示用户的 Microsoft Office Visio 已可以放大形状。如果要缩小图表以查看整个图表外观，请将绘图页在窗口中居中，然后按 Ctrl＋W 键。

2. 移动形状

移动一个形状只需单击任意形状选择它，然后将它拖到新的位置。此时在指针下将显示一个四向箭头，表示可以移动此形状。用户可以在按下 Shift 键的同时单击各个形状，选中多个形状进行移动。

3. 调整形状的大小

用户可以通过拖动形状的角、边或底部选择手柄来调整形状的大小。当指针变成一个双向箭头←→时表示可以调整该形状的大小。将选择手柄向里拖动可减小形状。

4．添加文本

向形状添加文本只需单击某个形状然后输入文本，Visio 会放大该文本以便查看，单击绘图页的空白区域或按 Esc 键便可退出文本模式。Visio 还可以向绘图页添加与任何形状无关的文本，称为独立文本或文本块。实际上，独立文本就像一个没有边框或颜色的形状。独立文本可以像任何形状那样只需拖动即可进行移动。例如，给页面添加标题只需在工具栏中单击"文本"工具**A**，然后单击页面顶部即可输入标题文字。

5．连接形状

各种图表（如流程图、组织结构图、框图和网络图）有一个共同点——连接。在 Visio 中使用线条工具和连接线工具都可以创建连接，当使用"连接线"工具连接两个形状时，连接线会在移动其中一个相连形状时自动重排或弯曲。当使用"线条"工具连接形状时，连接线不会重排。

例 10-1 利用"连接线"工具实现如图 10.5 所示的两个"进程"形状的连接。

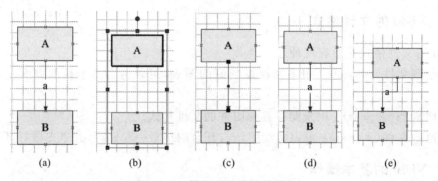

（a）　　　　　（b）　　　　　（c）　　　　　（d）　　　　　（e）

图 10.5　使用连接线连接形状

（1）在"文件"菜单上指向"新建"，然后单击"选择绘图类型"。

（2）在"选择绘图类型"窗口的"类别"下单击"流程图"。

（3）在"模板"下单击"基本流程图"。

（4）从"形状"窗口内的"基本流程图形状"模具中将一个"进程"形状拖到绘图页上。拖动另一个"进程"形状并将它放置在第一个"进程"形状之下，并适当调整两个形状的位置和大小。

（5）单击绘图页上的第一个"进程"形状，然后输入 A。单击第二个"进程"形状，然后输入 B。

（6）在按住 Shift 键的同时依次单击选择两个矩形，将目标形状圈进来（如图 10.5（b）所示）。

（7）单击"连接线"工具，将"连接线"工具放置在第一个"进程"形状底部的连接点×上方。"连接线"工具会使用一个红色框□来突出显示连接点，表示可以在该点进行连接。从第一个形状上的连接点处开始，将"连接线"工具拖到第二个"进程"形状顶部的连接点上。在连接形状时，连接线的端点会变成红色■。这是一个重要的视觉提示，如图 10.5（c）所示。如果连接线的某个端点仍为绿色 ➕，使用"指针"工具将该端点连接到形状。如果想要形状保持相连，两个端点都必须为红色。

（8）单击连接线并输入文本 a，如图 10.5(d)所示。

（9）使用"指针"工具 ↖，单击顶部的"进程"形状以选择它，将该形状向右稍微移动，然后将它移回。注意，文本将随形状一起移动，连接线会重排并保持与两个形状相连，如图 10.5(e)所示。

6. 保存图表

在完成图表的创建后，可以如同保存在任何 Microsoft Office 系统程序中创建的文件那样来保存图表。只需在"文件"菜单上单击"另存为"，在弹出的"文件名"框中输入文件名，然后单击"保存"按钮即可。

在打印图表之前，可以在"文件"菜单上单击"打印预览"，预览它以确保打印正确。在"打印预览"窗口中，灰色边界指示绘图页边距和打印页面的边缘。与此边界重叠的形状将不能完整打印。用户可以移动形状，也可以调整绘图页设置或打印机设置，例如方向、尺寸或边距（要调整页面设置或打印机设置，请在"文件"菜单上单击"页面设置"）。调整满意之后可以在"文件"菜单上单击"打印"进行打印。

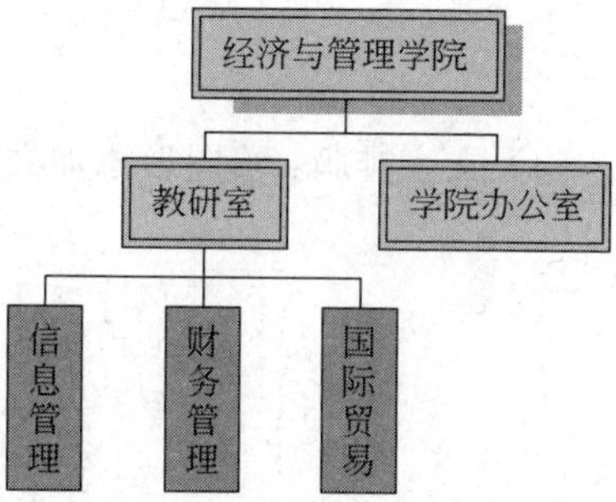

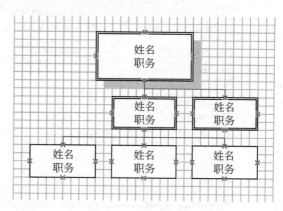

图 10.6　经管学院的组织结构图

例 10-2　绘制如图 10.6 所示的经管学院的组织结构图。

绘制步骤如下：

（1）新建文件：选择"文件"→"新建"→"组织结构图"→"组织结构图"。

（2）添加形状：将"总经理"形状拖到绘图页上，将鼠标指针停放在"经理"形状上，会出现如图 10.7 所示的提示，即"拖到绘图页上，然后直接置于该职位的上级形状上。"，根据提示拖动两个"经理"形状放到"总经理"图形上……再拖动三个"职位"图件到"经理"图形上，如图 10.8 所示。

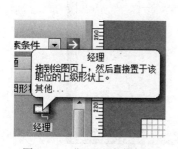

图 10.7　"经理"形状提示

图 10.8　添加形状布局

（3）布局排版：单击"组织结构图"工具栏中的重新布局、水平布局、垂直布局、调整布局、增大图形间间距（组织结构图→更改间距），如图 10.9 所示。

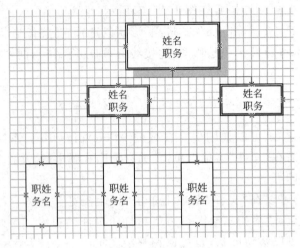

图 10.9　形状布局效果图

（4）文字排版：给图形添加文字并进行排版、定义线条颜色，如图 10.10 和图 10.11 所示。

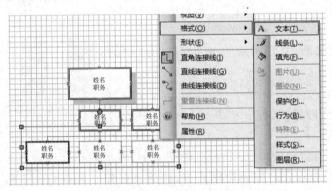

图 10.10　设置形状文本格式

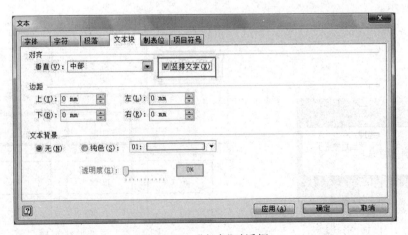

图 10.11　"文本"对话框

（5）颜色调整：为不同的图形填充颜色。最终效果如图10.6所示。

10.2　Access 数据库开发工具

数据库是长期存储在计算机内可共享的信息的集合，这种集合与特定的主题或目标相联系，例如所有对学生信息管理的信息集合。下面以实例介绍如何利用 Access 创建一个学生选课的数据库。

例 10-3　用 Access 创建一个学生选课的数据库，在该数据库中包含了学生信息表、课程信息表以及选课表。

1. 创建数据库

打开 Microsoft Access，选择"文件"→"新建数据库"命令，然后选择一个位置保存数据库文件，比如保存到 D 盘的 Mydatabase 文件夹下，并以 db_student.mdb 命名保存，如图 10.12 所示。

图 10.12　保存新建的数据库

2. 创建数据表

保存数据库后得到如图10.13所示的界面，双击"使用设计器创建表"，开始创建一个数据表。

接下来设计一个学生信息表。双击"使用设计器创建表"，打开设计界面。在"字段名称"栏中输入需要描述学生的信息的字段名。在学生信息表中共创建6个字段，分别为 sno（学生的学号）、sname（学生姓名）、sex（学生性别）、birth（学生出生日期）、pic（学生照片）、tel（学生联系电话）。数据类型如图10.14所示。

在数据库表设计器窗口下方的"常规"选项卡中可以对各字段进行进一步的设置，比如修改 sno（学号）字段的文本长度为10，设置 birth（出生日期）字段的输入掩码为短日期格

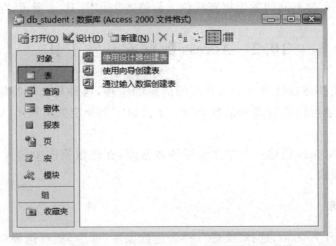

图 10.13　新建的 db_student 数据库

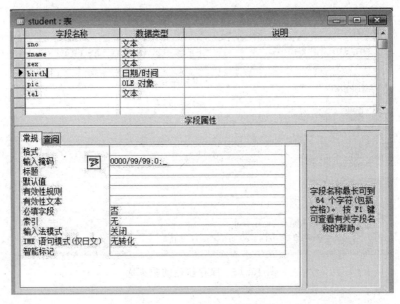

图 10.14　数据库表设计器

式,如图 10.15 所示。

　　修改完毕单击工具栏上的"保存图表"按钮保存新创建的表,如图 10.16 所示,单击"确定"按钮保存后会弹出一个警告对话框,提示表尚未定义主键,如图 10.17 所示。如果没有主键就不能确定该记录在表中具有唯一的标识,单击"是"创建主键,选择 sno 作为主键,创建完毕后学号字段旁边会有一个钥匙形的图标出现,作为主键的属性取值不能有重复值出现,也不能为空。单击"否"可以以后再创建主键。在创建时只要选中作为主键的属性,然后在工具栏上单击 图标即可。

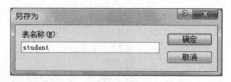

图 10.15 设置输入掩码向导　　　　　　　图 10.16 保存 student 表

图 10.17 尚未定义主键的警示框

3. 录入数据

在创建完成 student 表后可以看到 student 表文件出现在数据库中,如图 10.18 所示。双击打开即可录入数据,如图 10.19 所示。

图 10.18 创建完成的 student 表

图 10.19 录入 student 数据

在录入 OLE 对象的数据时只需单击菜单"插入"→"对象",在弹出的对话框中选中"由文件创建"单选按钮,并使用"浏览"按钮确定对应的学生的图片文件路径即可,如图 10.20 所示。

图 10.20　选择 OLE 对象的数据路径

以此类推,可以创建课程表 course 和学生选课成绩表 sc,其字段类型、长度等信息如表 10.1 和表 10.2 所示。

表 10.1　course 课程表结构

字段名	类　型	长　度	是否主属性	说　明
cno	文本	10	是	课程号
cname	文本	50	否	课程名
credit	数字		否	学分

表 10.2　sc 学生选课成绩表结构

字段名	类　型	长　度	是否主属性	说　明
sno	文本	10	是	学号
cno	文本	10	是	课程号
score	数字		否	成绩

4. 建立表之间的关系

一位学生的选课信息的详细内容是分布在三张数据表中的,学生的个人信息(如学号、姓名、性别、出生日期等)是在 student 表中,而课程的课程号、课程名以及学分的详细信息在 course 表中,学生与课程之间的联系(即哪位学生选了哪些课程、分别取得的成绩的信息)是在 sc 表中的,那么要想取得多张表中的反映某一问题的数据有必要通过建立联系使相关的表关联起来。

首先选择"工具"菜单下的"关系"命令,弹出"关系"对话框,上面还有一个"显示表"对话框,通过"显示表"对话框可以把需要建立关系的"表"或"查询"加到"关系"对话框中,如图 10.21 所示。

将三个表(student、course 和 sc)选中,单击"添加"按钮把它们都添加到"关系"对话框中,如图 10.22 所示,单击"关闭"按钮把"显示表"对话框关闭。则以后需要打开它时只要在"关系"对话框上右击,选择"显示表"命令就可以了。

图 10.21　"显示表"对话框

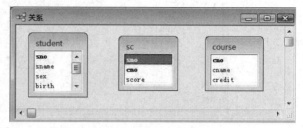

图 10.22　"关系"对话框

　　在"关系"对话框中只有 student、course 和 sc 的字段列表。怎么建立关系呢? 我们知道如果想要了解学号为 05086101 的学生选了哪些课、得了多少分的详细信息,可以根据学号去查他选的课程号,再根据课程号找到该课程的课程名和学分的信息,其实这里的"学号"和"课程号"就是建立联系的依据,它们是已有表中的字段,表之间的关系就是由字段来联系的。让不同表中的两个字段建立联系以后,表中的其他字段自然也就可以通过这两个字段之间的关系联系在一起了。也就是说,在 student 中的学号 sno 和学生选课表 sc 中的 sno 两个字段之间建立关系,让课程表 course 中的课程号 cno 与 sc 中的 cno 两个字段之间建立关系就可以了。先在 student 字段列表中选中 sno 项,然后按住鼠标左键并拖动到 sc 中的 sno 项上,松开鼠标左键,这时在屏幕上出现"编辑关系"对话框,如图 10.23 所示。

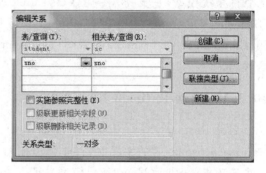

图 10.23　"编辑关系"对话框

　　利用"编辑关系"对话框可以编辑所建立的关系,通过左面的列表框可以改变建立关系的两个字段的来源。用户可以单击"新建"按钮创建新的关系,或者单击"联接类型"为联接选择一种联接类型。单击"联接类型"按钮,在弹出的对话框中还可以确定联接类型的设置,包括实现两表的自然联接、左外联接和右外联接,默认是自然联接,即"只包含两个表字段相等处的行",然后单击"确定"按钮就可以了。回到"编辑关系"对话框后单击"创建"按钮。在"编辑关系"对话框中还可以选中"实施参照完整性"复选框,使数据表中实现参照完整性的约束。举例来讲,选中该复选框后 sc 表中出现的学号要受 student 表中已有学生的学号的约束,即只能是 student 表内已经存在的学号。用同样的方法创建课程表 course 中的 cno 与 sc 表中的 cno 的联系,其效果如图 10.24 所示。

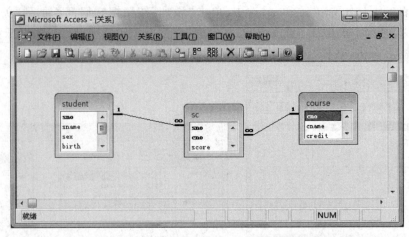

图 10.24 student、sc、course 表之间的关系

10.3 Rational Rose 需求分析工具

Rose 是美国 Rational 公司的面向对象的建模工具,利用该工具可以建立用 UML 描述的软件系统模型,它支持用例图(Use Case Diagram)、活动图(Activity Diagram)、序列图(Sequence Diagram)、合作图(Collaboration Diagram)、状态图(Statechart Diagram)、构件图(Component Diagram)和部署图(Deployment),而且可以自动生成 C++、Java、VB 等语言代码。

10.3.1 启动 Rational Rose 2003

启动 Rational Rose 2003,出现如图 10.25 所示的启动界面,启动界面消失后进入 Rational Rose 2003 的主界面,首先弹出如图 10.26 所示的创建模型对话框,该对话框共有三个选项卡,分别为 New(新建模型)、Existing(现有模型)和 Recent(最近打开模型)。如果不需要任何系统模板,可以单击 Cancel 按钮,显示 Rational Rose 2003 的主界面,如图 10.27 所示。

图 10.25 Rational Rose 2003 启动界面

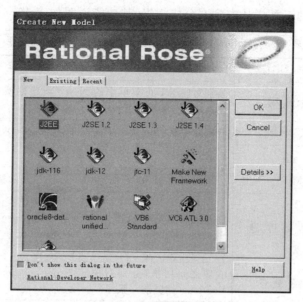

图 10.26　创建模型对话框

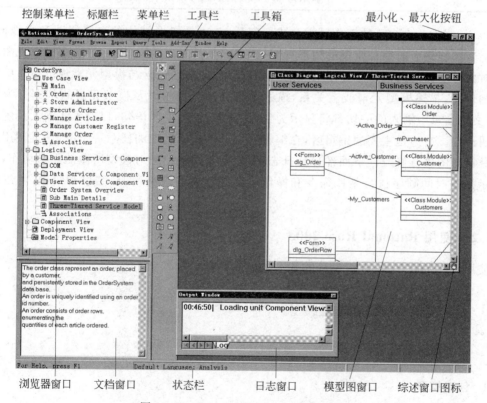

图 10.27　Rational Rose 2003 的主界面

　　Rational Rose 2003 主界面中的标题栏显示当前正在编辑的模型名称,菜单栏包括了所有操作的菜单,工具栏包含了最常用的一些操作的快捷方式,用户可以自行添加或者删除工具栏中的按钮,默认的工具栏从左到右分成 7 组,其功能说明如表 10.3 所示。

表 10.3 Rational Rose 2003 默认工具栏的常用功能说明

组　别	工具栏图标	含　义
第一组		分别对应于 File 菜单中的 New(新建模型)、Open(打开现有模型)、Save(保存模型)
第二组		分别对应于 Edit 菜单中的 Cut(剪切)、Copy(复制)、Paste(粘贴)
第三组		Print(打印)
第四组		分别对应于 Help(帮助)和 View Doc(显示文档)
第五组		分别对应于 Browse Class Diagram(浏览类图)、Browse Interaction Diagram(浏览接口图)、Browse Component Diagram (浏览构件图)、Browse State Machine Diagram(浏览状态机图)和 Browse Deployment Diagram(浏览部署图)
第六组		在图之间切换,分别对应于 Browse Parent(浏览父图)、Browse Previous(浏览前一张图)
第七组		分别对应于 Zoom Out(放大)、Zoom In(缩小)、Fit In Window(和显示窗口一样大)、Undo Fit In Window(恢复原来大小)

Rational Rose 2003 的工作区被分成三部分,左边是树形结构的浏览视图和文档窗口,其中上半部分是当前项目模型的树形视图,下半部分是对应的文档区,当选中树形视图中的某个对象时下面的文档区会显示对应的文档内容。文档区包含与模型元素规范窗口中完全相同的信息,描述模型元素或者关系,描述角色、约束、目的以及模型元素的基本行为等信息,在文档窗口中输入的一切都将显示为生成的代码中的说明语句,以后不必输入系统代码的说明语句。右边是主要的编辑区,在编辑区可以打开模型中的任意一张图,并且利用左侧的工具箱对图进行修改。下面部分是日志窗口,主要用来记录对模型所做的重要动作,日志的显示是按时间顺序执行某些命令和操作后应用程序的进展情况、结果和错误,可以保存日志。

10.3.2 使用 Rational Rose 2003

使用 Rational Rose 进行设计的基本过程如下:
- 启动。
- 选择目标项目或向导创建模型。
- 创建各种模型图。
- 生成代码框架。

1. 创建模型

创建模型是使用 Rational Rose 的第一步,模型可以从头创建,也可以借助框架向导,框架是一系列预定义的模型元素,可以定义某种系统的体系结构,也可以提供一系列可重用构件。在默认情况下,Rose 模型都以扩展名为 .mdl 的文件进行保存。

如果要创建模型,需要按照以下步骤进行:

(1) 从菜单中选择 File,然后选择 New,或者单击标准工具栏中的 New 按钮。

(2) 在弹出的创建模型对话框(如图 10.26 所示)中选择要用到的框架模板,单击 OK 或者 Cancel 按钮(表示不使用任何模板),如果选择了某框架模板,则 Rose 会自动加载框架模板的默认包、类和构件。比如选择 J2EE 框架,如图 10.28 所示。

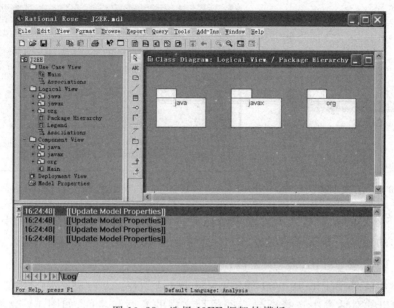

图 10.28　选择 J2EE 框架的模板

2. 保存模型

在模型进行编辑后应该定时保存,模型的保存可以通过 File 菜单中的 Save 命令进行。

另外,日志也可以进行保存。单击日志窗口,激活日志窗口后通过在日志窗口内右击,在弹出的快捷菜单中选择 Save log as 进行保存。

3. 模型的导入/导出

Rational Rose 可以将设计的模型及模型元素导出到 Petal 文件(.ptl),以便将模型或模型元素导到另一个模型,或者在不同的平台之间传送模型或模型元素,或者将一个模型或它的元素添加到一个新的软件版次。整个模型、类、逻辑包以及构件包都可以导到 Petal 文件中。

模型导出的步骤如下:

(1) 选择 File 菜单中的 Export Model 命令,如图 10.29 所示。

(2) 在弹出的对话框中对导出的模型文件命名,如图 10.30 所示。

*.ptl 格式文件类似于模型文件 *.mdl,但只是模型文件的一部分,模型文件 *.mdl 则保存完整的模型。

在 Rational Rose 中也可以导入已有的模型及模型元素,导入时可选择的文件类型有模型(.mdl)、Petal(.ptl)、类别(.cat)和子系统(.sub)。

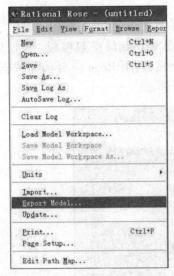

图 10.29　导出模型操作

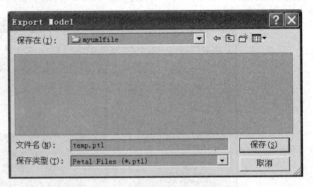

图 10.30　导出模型保存文件对话框

Rose 会将导入的元素和当前模型中的相关元素进行比较,提示是否要用导入的元素取代当前模型中的元素。导入元素之后 Rose 会更新当前模型中的所有模型图。

模型导入的步骤与导出的步骤类似:

(1) 选择 File 菜单中的 Import 命令,如图 10.31 所示。

(2) 在弹出的对话框中选择要导入的模型文件的类型和名称,如图 10.32 所示。

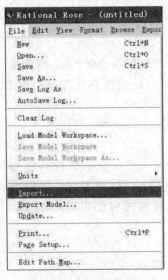

图 10.31　导入模型操作

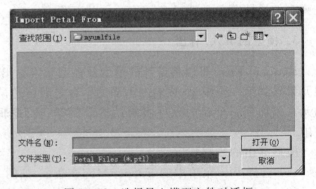

图 10.32　选择导入模型文件对话框

4. 发布模型

利用 Rational Rose 2003 可以通过 Web 发布器(Web Publisher)方便地将 Rose 模型发

布到 Web,这样可以便于没有安装 Rose 的用户通过浏览器顺序或非顺序地浏览模型。在发布模型之前应当创建一个新的文件夹。

发布模型的步骤如下:

(1) 选择菜单栏中的 Tools→Web Publisher,在弹出的对话框中选择要发布的模型视图和包,如图 10.33 所示。

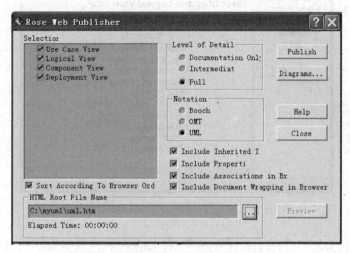

图 10.33　Rose Web Publisher 对话框

(2) 设置发布内容所需要的细节。Documentation Only 选项只显示创建模型时在文档窗口中输入的信息,对于模型的属性、操作、联系等均不显示。Intermediate 选项显示模型 General 标签中的属性。Full 选项用于发布所有模型元素的属性,包括模型元素规范 Detail 标签中的属性。

(3) 选择发布时使用图注的方法,Notation 的默认选项为 UML。

(4) 选择 Include Inherited Items(是否发布继承项目)。

(5) 选择 Include Properties(是否发布属性)。

(6) 选择 Include Associations in Browser (是否发布关联,即模型元素之间的联系)。

(7) 输入发布模型的 HTML 文件名。

(8) 如果要选择框图的图形文件格式,可以单击 Diagrams 按钮,弹出如图 10.34 所示的 Diagram Options 对话框。

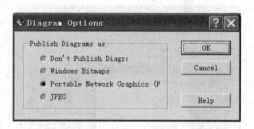

图 10.34　Diagram Options 对话框

(9) 设置完成后单击 Publish 按钮,Rose 将发布模型的所有 Web 页面。

(10) 如果有需要可以单击 Preview 按钮预览发布的模型,如图 10.35 所示。

5. 生成代码框架

Rational Rose 作为一种应用最为广泛的 UML 建模工具,可以将所建模型映射成多种

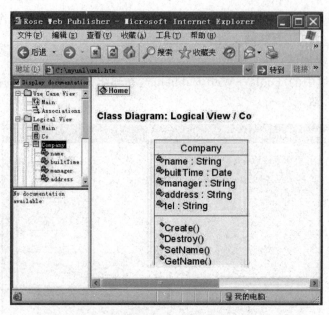

图 10.35　Web Publisher 发布的模型预览图

编程语言,例如 Java、C++ 和 Visual Basic 等,即从模型生成相应的代码,称之为前向工程。而且 Rational Rose 也支持从编程语言重新构造 UML 模型,即从用户原来的软件系统导出该系统的模型,称之为逆向工程。

下面以 Java 为例说明使用 Rose 从模型生成代码框架的步骤。

(1) 检查模型:检查模型通常包括一致性检查、非法访问的检查、语言语法检查等。为了发现模型中的问题和不一致性,从菜单栏中选择 Tools→Check Model 命令,Rose 即可将发现的错误写入日志窗口。模型中还有可能存在例如不同包之间的两个类存在关系时是否存在非法访问的问题,可以选择 Report→Show Access Violations 命令进行检查,根据不同的生成语言还可以进行语言语法检查,如使用 Java 可以选择 Tools→Java→Syntax Check。

图 10.36　组件规范化窗口指定实现的类

按照检查出的错误提示逐一修改错误,直到没有错误为止,转入下一步。

(2) 创建组件:在浏览窗口中选择 Component View,右击选择 New→Component,为创建好的类创建组件。

(3) 将类映射到组件:通过选中组件图中或浏览器中用于实现类的组件图标,右击打开组件的规范窗口(Specification),选择 Realizes 标签,选中 Show all classes 复选框,在类的列表中找到并右击所要实现的类,在快捷菜单中选择 Assign 命令,如图 10.36 所示。

(4) 设置代码生成属性:生成代码框架中所包含的类、属性、组件等元素根据语言的不同可以设置一些生成代码的属性,需要选择 Tools→Options 命令,然后选择相应的语言标签进行设置,如图 10.37 所示。

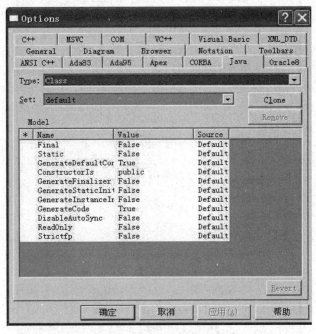

图 10.37　Java 标签

（5）选择要生成代码转换的类、组件和包：在生成代码时可以一次生成一个或多个类、一个组件或一个包。

（6）生成代码：使用 Tools→Java→Generate Code 即可生成相应的代码框架。

10.3.3　Rational Rose 2003 全局设置

为了方便用户在 Rational Rose 2003 环境下工作,可以通过 Tools→Options 命令进行设置,图 10.38 所示为对 Rose 属性进行设置的对话框。通过该对话框可以对字体的大小、样式、颜色等属性进行设置,还可以设置模型的保存方案,比如自动保存模型的时间,是否创建备份文件等。

10.3.4　Rational Rose 框图设计

Rose 模型包括很多框图,下面仅以用例图为例介绍如何使用 Rose 进行模型设计。

现有某网上选课系统主要包括以下功能：管理员通过管理界面进入,建立本学期要开的各种课程,将课程信息保存在数据库里并可以对课程进行改动和删除。学生通过客户机浏览器根据学号和密码进入选课界面,在这里学生可以进行的操作包括查询已选课程、选课。这些操作都要存入数据库。本系统涉及的用户包括管理员（Register）和学生（Student）,他们是用例图中的活动。数据库管理系统是另外一个活动者。用户可以按照以下步骤创建该系统用例图模型：

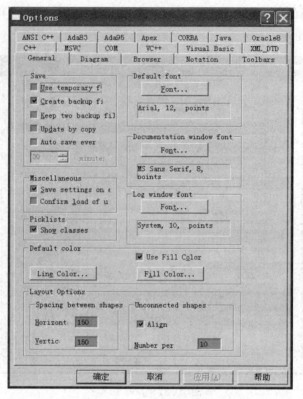

图 10.38　Options 对话框

（1）右击浏览器中的 Use Case View 文件夹。

（2）在弹出的快捷菜单中选择 New→Use Case Diagram 命令，如图 10.39 所示。

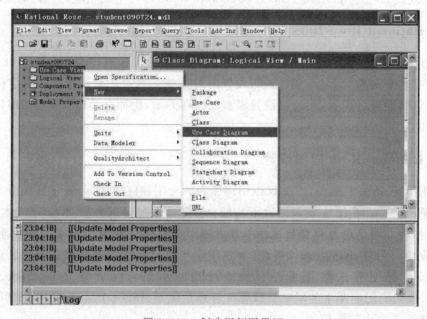

图 10.39　创建用例图界面

（3）输入新创建的用例图名称，如图 10.40 所示，添加用例。

（4）双击新创建的用例图将其打开，进入用例图的设计界面，可以根据图形建模的工作需要将左边部分的用例图的工具箱中的元素拖放到右边的设计窗口中，如单击 Actor 选项后拖放到设计窗口进行用例图设计。

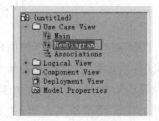

图 10.40　输入用例图名称

提示：（1）如果在工具箱中看不到需要的工具按钮，可以通过菜单 View→Toobars→Configure 进行设置，如图 10.41 所示。或者在工具箱处右击，在弹出的快捷菜单中选择 Customize 命令自行定义工具栏，如图 10.42 所示。

图 10.41　工具栏设置界面

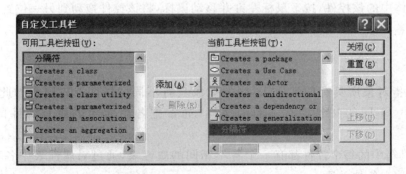

图 10.42　自定义工具栏界面

（2）对于设计窗口中不需要的模型元素，可以单击选中后按 Ctrl＋D 键删除，或者在左侧的浏览窗口中右击该模型元素，在弹出的快捷菜单中选择 Delete 命令。

10.4　Visual Basic 软件开发工具

Visual Basic 是一种面向对象的程序设计语言。它将代码和数据集成在一个独立的对象中,当运行这个对象的某个任务时并不需要知道这个对象是如何工作的,只需编写一段代码简单地给其发出一个动作即可。本节讨论 VB 中面向对象的程序设计的基本概念和 VB 中工程管理的基本方法,最后给出创建一个 VB 应用程序的过程。

10.4.1　基本概念

1. 对象

对象是用户感兴趣的或要加以研究的事物,是数据与操作相结合的统一体。对象的基本思想是用系统的观点把要研究的事物看成一个整体,整个世界是由各种不同的对象所构成的。

对象是面向对象的程序设计的基本概念,也是其核心。VB 中的对象主要分为窗体和控件两类。窗体是用户工作区。所有控件都在窗体中得到了集成,从而构成应用程序的界面;控件是指"空的对象"或基本对象,是应用程序的图形用户界面的一个组件,对其属性可以进行不同的设置,从而构成不同的对象。

VB 中的每个对象都是由类定义的。工具箱中提供了各种控件,控件代表类。直到在窗体上画出这些被称为控件的对象为止,它们实际上并不存在。在创建控件时也就是在复制控件类,或建立控件类的实例。这个类实例就是应用程序中引用的对象。

使用鼠标在某个控件上双击即可将该控件复制到窗体中,通过对其属性的不同设置可建立不同的应用程序。

VB 的工具箱如图 10.43 所示。

在工具箱中的文本框控件上用鼠标双击,即可将该控件复制到窗体的正中央。然后用鼠标指向窗体中的该控件,按下鼠标左键并移动鼠标,将该控件拖动到另一位置。用同样的方法可将标签和命令按钮控件复制到窗体中,如图 10.44 所示。

2. 属性

属性是指对象所具有的性质,不同的对象具有不同的属性。正因为如此,各种对象才会有区别。不同的对象含有不同的属性,通常把各个对象的所有属性的集合称为"属性表"。

VB 工具箱中的每个控件都有一个各不相同的属性表,通过对属性表中各项属性的不同设置可以建立各种对象。

各种控件共同的属性如表 10.4 所示。一个控件的所有属性构成一个属性表,图 10.45 所示为一个命令按钮的属性窗口,通过对其中各项属性值的不同设置形成不同的命令按钮。

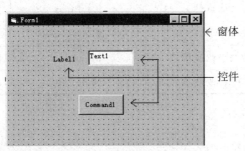

图 10.43　VB 工具箱　　　　图 10.44　窗体和控件　　　　图 10.45　命令按钮的属性表

表 10.4　控件常用的共同属性

属 性 名	说　　　明	属 性 名	说　　　明
Name	对象变量的名称	Visible	对象是否可见
Caption	对象的标题	MousePointer	鼠标指针在该对象上时的外形
Left,Top	对象左上角的坐标	TabIndex	对象在父窗体中的定位顺序
Width,Height	对象的宽度和高度	Appearance	对象在运行阶段的外观
BorderStyle	对象边界类型	BackColor	对象的背景颜色
Font	对象内文字的字体、大小和样式	ToolTipText	鼠标在其上时显示的提示文字
Enabled	对象是否有效		

3. 事件

事件是指发生在对象上的一件事情。事件可分为系统事件和用户事件两种。系统事件由计算机系统自动产生,例如定时信号;用户事件是由用户产生的,例如键盘输入和鼠标的单击、双击、拖动等。用鼠标单击或双击是 Windows 应用程序的常见事件。

发生在不同对象上的事件可能是不同的。例如,时钟对象只能发生 Timer 事件。VB控件的常用事件如表 10.5 所示。

4. 事件过程

事件过程是指对象对发生在其上的某一事件的反应。不同的对象对同一事件的反应可能是不同的,这是因为不同对象的事件过程是不同的。例如,候机大厅传来广播"我们抱歉地通知您××航班因天气原因推迟到××××起飞。"乘客们的反应可能完全不同,有的乘客会耐心等待,而有些乘客会暴跳如雷。如果把乘客们看成"对象","广播"就是发生在对象上的事件。

表 10.5　控件的常用事件

事 件 名	说　明	事 件 名	说　明
Click	单击鼠标事件	KeyDown	键盘按键按下事件
DblClick	双击鼠标事件	KeyUp	键盘按键松开事件
Load	加载窗体事件	KeyPress	按下可显示字符键事件
Unload	卸载窗体事件	MouseDown	鼠标按下事件
Resize	控件大小改变事件	MouseUp	鼠标松开事件
Change	控件内容改变事件	MouseMove	鼠标移动事件

事件过程的语法如下：

```
Sub 对象名字_某一事件()
    事件过程的内容
End Sub
```

例如，单击 Command1 命令按钮，在文本框 Text1 中显示"天津科技大学"，则对应的事件过程如下：

```
Sub Command1_Click
    Text1.Text="天津科技大学"
End Sub
```

在 VB 中建立了许多对象之后，如果希望某个对象在收到某个事件之后能作出预期的反应，就要在该对象的特定事件过程中编写相应的程序代码。例如，在窗体中放置一个命令按钮 Command1，然后在该命令按钮上双击鼠标就会打开代码窗口，出现该命令按钮的单击事件过程，如图 10.46 所示。

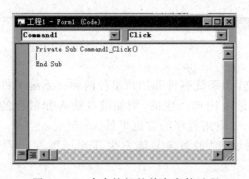

图 10.46　命令按钮的单击事件过程

5. 方法

方法是指对象本身所具有的、反映该对象功能的内部函数或过程（这不是事件过程）。

方法的内容是不可见的。用户只知道某个对象具有哪些方法、能完成哪些功能以及如何使用该对象的方法，并不知道该对象是如何实现这一功能的。当使用方法来控制某个对象时就是调用、执行该对象内部的某个函数或过程。

而事件过程不同，它是可见的。我们知道某个对象的事件过程的功能和使用方法，也知道该事件过程是如何实现的，并且可以改变这一事件过程。

方法是与对象相关的，所以在调用时一定要指明对象。对象方法的调用格式如下：

```
[对象.]方法 [参数名表]
```

其中省略对象时表示在当前对象。

例如,在窗体 Form1 中使用 Print 方法显示字符串"学生管理系统"的语句如下:

```
Form1.Print "学生管理系统"
```

6. 事件驱动应用程序的工作方式

事件是窗体或控件识别的行为和动作。在响应事件时,事件驱动应用程序会执行代码。VB 的每一个窗体或控件都有一个预定义的事件集。如果其中有一个事件发生,而且在关联的事件过程中存在代码,则 VB 将调用该代码。

尽管 VB 中的对象自动识别预定义的事件集,但要判定它们是否响应具体事件以及如何响应具体事件则是编程的责任了。代码部分(即事件过程)与每个事件对应。当想让控件响应事件时可以把代码写入这个事件的事件过程之中。

对象所识别的事件类型多种多样,但多数类型为大多数控件所共有。例如,大多数对象都能识别 Click 事件:如果单击窗体,则执行窗体的单击事件过程中的代码;如果单击命令按钮,则执行命令按钮的 Click 事件过程中的代码。但是,每种情况中的实际代码几乎完全不一样。

下面是事件驱动应用程序中的典型事件序列:

(1) 启动应用程序,加载和显示窗体。

(2) 窗体(或窗体上的控件)接收事件。事件可由用户引发(例如鼠标操作),也可由系统引发(例如定时器事件),还可由代码间接引发(例如当代码加载窗体时的 Load 事件)。

(3) 如果在相应的事件过程中存在代码,就执行代码。

(4) 然后应用程序等待下一次事件。

10.4.2 工程管理

在使用 VB 创建应用程序时必须涉及工程(Project)的概念。这里的工程不是我们日常工作中所指的工程,它是一个文件。在我们建立一个应用程序后,实际上 VB 系统已根据应用程序的功能建立了一系列的文件,而这些文件的有关信息就保存在被称为"工程"的文件中。工程是指用来建立应用程序的所有文件的集合。工程管理是通过工程窗口来实现的。

1. 工程的组成

在一个工程中应该包含下面几种类型的文件。

(1) 工程文件:用于跟踪所有部件,相当于给出了一份与工程有关的全部文件和对象的清单,其扩展名为.vbp。每个工程都必须对应一个工程文件。

(2) 工程组文件:若程序是由多个工程组成的工程组,则此时会生成一个工程组文件,扩展名为.vbg。

（3）窗体文件：每个窗体都必须对应一个窗体文件，扩展名为.frm。在一个工程中可以有多个窗体，所以相应存在多个窗体文件。

（4）模块文件：也叫标准模块文件，一般在大型应用程序中才可能用到，用于合理组织程序结构，扩展名为.bas。其主要由代码组成，声明全局变量和一些 Public 过程，可被整个程序内的多个窗体调用。该文件可以由用户自己生成，也可以不存在。

（5）类模块文件：在 Visual Basic 中允许用户自己定义类，每个用户定义的类都必须有一个相应的类模块文件，扩展名为.cls。

（6）数据文件：为一个二进制文件，用于保存窗体上控件的属性数据。此文件是由系统自动生成的，用户不能对其进行直接编辑。

2. 建立、打开及保存工程

当程序中只有单个工程存在时可以使用"文件"菜单中的几个命令来建立、打开及保存文件。

（1）"新建工程"：选择此命令可以建立一个新工程。若当前有其他工程存在，则系统会关闭当前工程，并提示用户保存所有修改过的文件。然后会出现一个关于新建工程类别的对话框，用户可以进行选择，然后系统会根据用户的选择建立一个带有单个文件的新工程。

（2）"打开工程"：选择此命令可以打开一个已经存在的工程。若当前有工程存在，会先关闭当前工程，提示用户保存修改过的文件，然后打开一个现有的工程，包括工程文件中所列的全部窗体、模块等。

（3）"保存工程"：用于将当前工程中的工程文件和所有的窗体、模块、类模块等进行重新保存，更新原有的此工程的全部存储文件。

（4）"工程另存为"：用于以一个新名字将当前工程文件加以保存，同时系统会提示用户保存此工程中修改过的窗体、模块等文件。

当程序中存在由多个工程组成的工程组时，"文件"菜单中的"保存工程"和"工程另存为"命令被自动修改为"保存工程组"和"工程组另存为"。所以在保存工程组文件时可以使用这两个命令，这两个命令的区别与单个工程文件中相应命令的区别相同。

在工程组中要建立一个新工程，应该向原有的工程组中添加一个工程。添加方法如下：

• 在"文件"菜单中选择"添加工程"命令，会出现一个对话框，要求用户在"新建"选项卡内选择合适的工程文件类型。

• 在工具栏中单击"添加工程"按钮，会出现同上的对话框，由用户选择。

3. 在工程中添加、删除及保存文件

1）添加文件

向一个工程中添加一个文件的具体步骤如下：

（1）选择"工程"菜单中的"添加"命令，根据要添加的文件类型的不同选择相应的选项。

（2）在出现的对话框中根据要添加的是已经存在的文件还是新文件来选择"现存"选项卡或"新建"选项卡。

（3）根据选定的选项卡，在其中选择新建文件的类型或现存文件的名字，并单击"打开"按钮。

注意：在添加一个现存的文件时，所谓"添加"，并不是将文件内容复制一份放在当前位置，而是用一个连接将当前工程与文件联系起来。一旦文件的内容被更改，则包含该文件的所有工程均会受到影响。所以，如果只想改变文件而不影响其他工程，可以在"工程资源管理器"中选定该文件，然后用"文件"菜单中的"文件另存为"命令换名保存该文件。其中的"文件另存为"命令根据文件类型的不同名称也不同。

有时需要在代码中引用一部分文本文件的内容，此时可以通过向代码中插入文件来实现。具体步骤如下：

（1）在"工程资源管理器"窗口内选定要插入文本文件的窗体或模块文件。

（2）单击"查看代码"按钮，将该窗体或模块文件的代码窗口调出，将光标移动到要插入文本文件的位置。

（3）在"编辑"菜单中选择"插入文件"，然后在出现的浏览对话框中查找文本文件的名字即可。

2）删除文件

在工程中删除一个文件可以按照以下步骤进行：

（1）在"工程资源管理器"窗口内选定要删除的窗体或模块文件。

（2）在"工程"菜单中选择"删除该文件名"命令。在"工程"菜单中对于工程中的每个文件都具有一个对应的"删除该文件名"命令。

注意：按照上述方法删除的文件只是在该工程中不再存在，但仍在磁盘上存在，可以被其他工程使用。在保存当前删除过文件的工程时，系统会自动将被删除文件与工程的连接截断。如果使用其他方法将磁盘上的某个文件删除，则再打开包含该文件的工程时就会出现错误信息，提示有一个文件丢失。

3）保存文件

在有些情况下需要只保存某个文件而不保存整个工程，此时可以按照以下步骤进行：

（1）在"工程资源管理器"中选定要保存的文件。

（2）在"文件"菜单中选择"保存该文件名"命令。在"文件"菜单中对于工程中的每个文件都具有一个对应的"保存该文件名"命令。

4. 多个工程协同工作

用户可以通过单个工程进行工作来创建许多应用程序。但是，随着应用程序越来越复杂，人们希望在编程环境的同一会话中利用多个工程进行工作。

通过将一个新的或已有的工程添加到工程组可以将其添加到当前的编辑会话中，然后可以保存该工程组并在以后的编辑会话中利用其进行工作。

1）添加或删除工程

在 VB 启动时或者通过在"文件"菜单中选择"新建工程"命令创建一个新的工程时，VB自动创建一个工程组，然后可以将新的或现有的工程添加到该工程组中。

如果要向工程组中添加新的工程，可单击工具栏中的"添加工程"按钮或从"文件"菜单中选择"添加工程"命令,此时会出现"添加工程"对话框,其中有"新建""现存"和"最新"三个选项卡,用户可进行相应的操作。例如先打开"工程 1",然后单击"添加工程"按钮,选择"新建"选项卡,建立"工程 2",这时的工程资源窗口如图 10.47 所示。

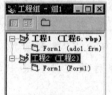

图 10.47 工程组

如果要从工程组中删除一个工程,先从"工程"窗口中选择要删除的工程的名称,然后从"文件"菜单中选择"删除工程"命令即可。

2) 指定一个启动工程

由于一个工程组中包含了多个工程,因此当从"运行"菜单中选择"启动"命令或者在工具栏中单击"启动"按钮时 VB 需要知道运行哪个工程。在默认情况下,VB 运行添加到工程组中的第一个可执行工程。但是,用户可以指定一个不同的启动工程。其操作过程是先在"工程"窗口中选择一个工程,然后右击并从出现的快捷菜单中选择"设置启动为"命令。VB 在工程窗口中以粗体显示启动工程的名称。

5. 对象浏览器

在对一个工程进行操作时,需要经常使用的观察工程中各组成部件的两个窗口为工程资源管理器窗口和对象浏览器窗口。前面已经介绍过了工程资源管理器窗口,这里主要介绍对象浏览器窗口。

对象浏览器主要用于显示工程和库中存在的有效的类和用户自己定义的类,同时还能显示这些类所拥有的各个成员。

1) 显示对象浏览器

在一般情况下显示对象浏览器有以下三种方法:

- 在"视图"菜单中选择"对象浏览器"命令。
- 直接使用功能键 F2。
- 在工具栏中单击快捷按钮"对象浏览器"。

在系统默认情况下对象浏览器窗口不能与其他窗口连接,此时可以使用 Ctrl＋Tab 键在对象浏览器窗口和代码编辑器窗口之间进行切换。如果在对象浏览器窗口内右击鼠标调出上下文菜单,并选择"可连接的"命令,则对象浏览器窗口可与其他窗口连接。此时不能再使用 Ctrl＋Tab 键在对象浏览器窗口和代码编辑器窗口之间切换。

2) 内容介绍

对象浏览器按照三个层次显示信息,如图 10.48 所示。

- 库或工程框:用于显示一个范围,指明查看的类在哪个工程中或哪个库中。当不清楚具体库名时可以选择"所有库"为范围。
- 类列表:将给定范围内的所有类以列表形式给出。单击列表中的某个类可以在窗口下部的描述区内查看对于该类的简单描述。
- 成员列表:将给定的类中的所有成员以列表形式列出。单击成员列表中的某个成员可以在窗口下部的描述区内查看对于该成员的参数及返回值等的简单描述。

在类列表和成员列表中,当输入某个名字的首字母后,光标会自动移动到以该字母打头的一类名字处。

图 10.48 "对象浏览器"窗口

在该窗口右上部还有几个按钮,分别实现不同的功能。

- 左箭头按钮:用于将光标移动到上次查看的类或成员的名称处。
- 右箭头按钮:在使用完左箭头按钮后可用于将光标移动到下一次查看的类或成员的名称处。
- 复制按钮:用于将选定的某个类名称或成员名称复制到剪贴板上,在其他编辑环境中可以用"粘贴"命令将剪贴板上的内容粘贴到当前的编辑环境中。
- 查看定义:可以用来查看工程中某些文件的代码部分。

3) 快速进入工程的代码部分

用户可以使用代码编辑器快速进入工程的各个代码部分。具体步骤如下:

(1) 如果"库或工程框"中不是"所有库",要先选择需要进入的工程的名称,否则可以不选择。

(2) 属于选定工程的类、模块、窗体及成员等均会以粗体显示。在其中查找到要进入的部分的名称,然后双击该名称即可快速进入与该名称对应的类、模块或成员在代码编辑器窗口内的代码部分;或者选定一个名称后右击鼠标选择"查看定义"命令,可以达到同样的效果;也可以在选定名称后直接用鼠标单击窗口右上部的"查看定义"按钮得到对应的代码部分。

6. 运行工程

在工程文件制作完成后需要运行该程序查看一下运行效果是否满足设计要求。如果只是简单地运行程序查看结果,不需要在其他环境下执行,可以使用解释性运行,否则必须生成可执行文件(.exe)才可以作为应用程序在其他环境下运行。

1) 解释性运行

通常有三种方法可以开始此种运行程序:

- 在"运行"菜单中选择"启动"命令可以直接执行程序。
- 按功能键 F5 也可以直接执行程序。

- 在工具栏中单击"启动"按钮。

程序执行后有两种方法可以结束程序运行：
- 在"运行"菜单中选择"结束"命令。
- 在工具栏中单击"结束"按钮。

如果只是暂停程序的运行，可以有以下两种方法：
- 在"运行"菜单中选择"中断"命令。
- 在工具栏中单击"中断"按钮。

在暂停后如果要继续运行原来的程序，有以下两种方法：
- 在"运行"菜单中选择"继续"命令，此时的"继续"命令其实为最初的"启动"命令。
- 在工具栏中单击"继续"按钮。

如果在暂停后要重新启动程序，可以有两种方法：
- 在"运行"菜单中选择"重新启动"命令。
- 直接使用 Shift＋F5 键。

2）生成可执行文件

如果要生成可执行文件，以便在其他环境中运行，可以按照以下步骤执行：

（1）在"文件"菜单中选择"生成工程名.exe"。

（2）在出现的对话框中默认的文件名为当前的工程文件名，扩展名为.exe。如果用户不想使用默认文件名，可以在该对话框中的文件名部分直接输入新的文件名。

（3）单击对话框中的"确定"按钮，即可生成以对话框中文件名部分为文件名、以.exe为扩展名的可执行文件。

对于生成的可执行文件可以用两种方法直接运行：
- 单击桌面左下角的"开始"按钮，然后选择"运行"命令，在出现的对话框中输入生成的可执行文件的所在路径和文件名，单击"确定"按钮或直接按 Enter 键。
- 在"资源管理器"或"我的电脑"中查找该文件，然后双击该文件名即可。

10.4.3　创建一个 VB 应用程序

一般来说，创建 VB 应用程序有以下主要步骤：

1. 创建工程

首先从"文件"菜单中选择"新建工程"，然后从"新建工程"对话框中选择"标准 EXE"（首次启动 VB 时会显示"新建工程"对话框），VB 会创建一个新的工程并显示一个新的窗体。

窗体是创建应用程序的基础，在 VB 中通过使用窗体可将窗口和对话框添加到应用程序中。用户也可把窗体作为项的容器，这些项是应用程序界面中不可视的部分。例如，应用程序中可能有一个作为图形容器的窗体，而这些图形是打算在其他窗体中显示的。

创建 VB 应用程序的第一步是创建窗体，这些窗体将是应用程序界面的基础。然后在创建的窗体上绘制构成界面的对象。对于下面要创建的应用程序，可用工具箱中的两个控件,即文本框控件和命令按钮控件。

下面的步骤用于绘制控件:

(1) 单击绘制控件的"文本框"工具。

(2) 将鼠标指针移到窗体上,该指针变成十字线。

(3) 将十字线放在控件的左上角所在处。

(4) 拖动十字线画出适合控件大小的方框。

(5) 释放鼠标按键,控件出现在窗体上。

在窗体上添加控件的另一种简单方法是双击工具箱中的控件按钮,这样会在窗体中央创建一个大小为默认值的控件,然后再将该控件移到窗体中的其他位置。

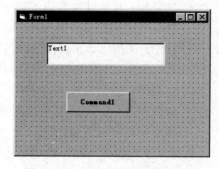

图 10.49　Form1 窗体的设计界面

例如,创建的第一个应用程序的窗体 Form1 的设计界面如图 10.49 所示。

2. 调整大小、移动和锁定控件

在绘制控件时出现在控件四周的小矩形框称为尺寸句柄,用户可用这些尺寸句柄调节控件尺寸,也可用鼠标、键盘和菜单命令移动控件、锁定和解锁控件位置以及调节控件位置。

调节控件尺寸的步骤如下:

(1) 单击要调整尺寸的控件,在选定的控件上会出现尺寸句柄。

(2) 将鼠标指针定位到尺寸句柄上,拖动该尺寸句柄直到控件达到所希望的大小为止。角上的尺寸句柄可以同时调整控件水平和垂直方向的大小,而边上的尺寸句柄调整控件一个方向的大小。

(3) 释放鼠标按键,或用 Shift 键加上箭头键调整选定控件的尺寸。

用户还可以用鼠标把窗体上的控件拖动到一个新位置,或用属性窗口改变 Top 和 Left 属性。选定控件后,可用 Ctrl 键加箭头键每次移动控件一个网格单元。如果该网格关闭,控件每次移动一个像素。

从"格式"菜单中选择"锁定控件"命令,或在"窗体编辑器"的工具栏上单击"锁定控件切换"按钮,可以锁定所有控件的位置。这个操作将把窗体上所有的控件锁定在当前位置,以防止已处于理想位置的控件因不小心而移动。本操作只锁住选定窗体上的全部控件,不影响其他窗体上的控件。这是一个切换命令,因此也可用来解锁控件位置。

如果要调节锁定控件的位置,可按住 Ctrl 键,再用合适的箭头键微调已获焦点的控件的位置,或在属性窗口中改变控件的 Top 和 Left 属性。

3. 设置属性

创建一个应用程序的下一步是给创建的对象设置属性。属性窗口给出了设置所有的窗体对象属性的简便方法。在"视图"菜单中选择"属性窗口"命令,或者单击工具栏上的"属性窗口"按钮或使用控件的上下文菜单,都可以打开属性窗口,属性窗口如图 10.50 所示。

属性窗口中包含以下元素。

- 对象框:显示可设置属性的名字。单击对象框右边的箭头显示当前窗体的对象列表。
- 排序:从按字母顺序排列的属性列表中进行选取,或从按分类(诸如与外观、字体或位置有关的)的层次结构视图中进行选取。
- 属性列表:左列显示所选对象的全部属性,右列可以编辑和查看设置值。

图 10.50　属性窗口

执行以下步骤可以在属性窗口中设置属性:

(1) 从"视图"菜单中选择"属性"命令,或在工具栏中单击"属性"按钮。属性窗口中显示所选窗体或控件的属性设置值。

(2) 从属性列表中选定属性名。

(3) 在右列中输入或选定新的属性设置值。

列举的属性有预定义的设置值清单,单击设置框右边的向下箭头可以显示这个清单,或者双击列表项循环显示这个清单。

例如,设置上面建立的 Form1 窗体以及控件的属性如表 10.6 所示。

这时窗体 Form1 的设计界面如图 10.51 所示。

表 10.6　Form1 窗体以及控件的属性表

对　象	属性	设　置
窗体 Form1	Caption	example
文本框 Text1	Text	Text1(默认值)
命令按钮 Command1	Caption	显示

图 10.51　设置属性后窗体 Form1 的设计界面

4. 编写代码

代码编辑器窗口是编写应用程序的 VB 代码的地方。代码是由语句、常量和声明部分组成的,使用代码编辑器窗口可以快速查看和编辑应用程序代码的任何部分。

双击要编写代码的窗体或控件,或从工程资源管理器窗口中选定窗体或模块的名字,然后单击"查看代码"按钮可以打开代码窗口。

在同一个代码窗口中可以显示全部过程,也可以只显示一个过程。如果要在同一个代码窗口中显示全部过程,在"工具"菜单下选择"选项"命令,然后在"选项"对话框的"编辑器"选项卡中选中"默认为全模式查看"左边的复选框。对于"过程分隔符"左边的复选框,可在各过程间添加或去掉分隔线。另外,用户也可以在代码编辑器窗口的左下角单击"全模块查看"按钮。

如果要在代码窗口中每次只显示一个过程,可以在"工具"菜单下选择"选项"命令,然后在"选项"对话框的"编辑器"选项卡中清除"默认为全模式查看"左边的复选框。另外,也可以在代码编辑器窗口的左下角单击"过程查看"按钮。

在代码窗口中包含以下元素。

- 对象列表框:显示所选对象的名称。单击列表框右边的箭头显示和该窗体有关的所有对象的清单。
- 过程列表框:列出对象的过程或事件。该框显示选定过程的名字。选取该框右边的箭头可以显示这个对象的全部事件。

VB 应用程序的代码被分成称为过程的小代码块。事件过程包含了事件发生(例如单击按钮)时要执行的代码。控件的事件过程由控件的实际名字(Name 属性中所指定的)、下画线(_)和事件名组合而成。例如,在单击一个名字为 Command1 的命令按钮时调用的事件过程为 Command1_Click。

例如,上面的 Form1 窗体中 Command1 控件的事件过程窗口如图 10.52 所示。

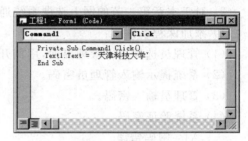

图 10.52　事件过程窗口

5. 运行应用程序

为了运行应用程序,可以从"运行"菜单中选择"启动"命令,或者单击工具栏中的"启动"按钮,或者按 F5 键。

在启动上面建立的窗体后初始执行界面如图 10.53 所示,单击"显示"按钮,文本框中就会显示"天津科技大学",如图 10.54 所示。

图 10.53　应用程序执行界面(1)

图 10.54　应用程序执行界面(2)

6. 保存工程

最后,从"文件"菜单中选择"保存工程"命令结束本次创建应用程序的工作。VB 将分别提示保存窗体和保存工程。

本例以 Form1 保存窗体(本工程只有这一个窗体),以 example 保存工程。

小　结

本章主要对管理信息系统开发过程中应用到的常用工具结合实例进行了介绍,包括 Visio、Access、Rational Rose 以及 Visual Basic 软件开发工具,学生应该不拘泥于本章所介绍的管理信息系统开发过程中所用到的工具,可尝试多种工具。

练习与作业

1. 请用 Visio 完成一个学校的组织结构图。

2. 对于本章第 4 节的网上选课系统通过分析包括以下事件流。

1) 添加课程事件流:

(1) 管理员选择进入管理界面,用例开始。

(2) 系统提示输入管理员密码。

(3) 管理员输入密码。

(4) 系统验证密码。

　　A1:密码错误

(5) 进入管理界面,系统显示目前所建立的全部课程信息。

(6) 管理员选择添加课程。

(7) 系统提示输入新课程信息。

(8) 管理员输入信息。

(9) 系统验证是否和已有课程冲突。

　　A2:有冲突

(10) 系统添加新课程,提示课程添加成功。

(11) 系统重新进入管理主界面,显示所有课程。

(12) 用例结束。

　　其他事件流:

　　A1:密码错误

(1) 系统提示再次输入。

(2) 用户确认。

(3) 三次错误,拒绝再次访问。

(4) 否则进入添加课程事件流的第(5)步。

　　A2:有冲突

(1) 系统提示冲突,显示冲突课程信息。

(2) 用户重新输入。

(3) 继续验证直到无冲突。

(4) 进入添加课程事件流的第(10)步。

注:删除课程事件流和修改课程事件流与此类似,在此不再详述。

2）选课事件流：

（1）学生进入选课登录界面，用例开始。

（2）提示输入学号和密码。

（3）学生输入学号和密码。

（4）系统验证：

　　　A1：验证失败

（5）进入选课主界面。

（6）学生点击选课。

（7）系统显示所有课程信息。

（8）学生选择课程。

（9）系统验证课程是否可选。

　　　A2：不可选

（10）系统提示课程选择成功，提示学生交费。

（11）用例结束。

　　　错误流：

　　　A1：验证失败

（1）系统提示验证失败，提示重新输入。

（2）三次失败，拒绝访问。

（3）成功，转选课事件流的第(5)步。

　　　A2：不可选

（1）系统提示不可选及原因。

（2）学生重新选课。

（3）重新验证直至成功。

（4）转选课事件流的第(10)步。

注：查询事件流比较简单，在此不再详述。

请根据本章和第 6 章学习的内容为该系统设计适合的类图、活动图、序列图、合作图、部署图，并在 Rational Rose 上实现。

第11章　管理信息系统的应用

学习目标和指南

学习目标：

1. 掌握先进的现代化管理理念与模式，例如 BPR、JIT、SCM、DSS、ERP 等。
2. 掌握各种先进管理模式的特点及相关业务流程。
3. 理解知识链管理的相关内容。
4. 了解各种先进的管理模式对于管理信息的发展起了怎样的作用。

学习指南：

1. 掌握 ERP 的发展历程及特点。
2. 了解 SCM、ERP 的相互关系。
3. 理解知识在 DSS、KCM 中所起的作用。

课前思考

1. MRP、MRPⅡ、ERP 分别是什么含义？差异何在？
2. DSS、KCM、ERP、MIS 各自的特点是什么？有何关系？

11.1　先进的现代化管理理念与模式

虽然管理的思想自古就有，但是直到 20 世纪前期，美国工程师费雷德里克·泰勒(Frederick W Taylor,1856—1915)倡导"科学管理"，把科学的定量分析方法引入到生产与作业管理中，这才标志着一套成熟的科学理论的诞生，使得管理技术作为一项重要的生产要素得到企业界的认可和重视。

11.1.1　业务流程重组(BPR)

1. BPR 的定义及内涵

业务流程重组(Business Process Reengineering,BPR)最初于 1990 年由美国的 Michael Hammer 在"Reengineering Work：Don't Automate，But Obliterate"一文中提出。BPR 是国外管理界在 TQM(全面质量管理)、JIT(准时生产)、WorkFlow(工作流管理)、WorkTeam(团队管理)、标杆管理等一系列管理理论与实践全面展开并获得成功的基础上产生的，是西方发达国家在 20 世纪末对已运行了 100 多年的专业分工细化及组织分层制的一次反思及大幅度改进。

1993 年，Michael Hammer 和 James Champy 在 *Reengineering The Corporation* 一书

中对 BPR 做出定义,业务流程重组"是对企业的业务流程做根本性的思考和彻底重建",其目的是"在成本、质量、服务和速度等方面取得显著的改善",使得企业能最大限度地适应以"顾客(Customer)、竞争(Competition)、变化(Change)"为特征的现代企业经营环境。

在这个定义中包含 4 个关键特征,即显著的(Dramatic)、根本的(Radical)、流程(Process)和重新设计(Redesign)。BPR 追求的是一种彻底的重构,而不是追加式的改进。它要求人们在实施 BPR 时做这样的思考:"我们为什么要做现在的事? 为什么要以现在的方式做事?"这种对企业运营方式的根本性改变目的是追求绩效的飞跃,而不是改善。

2. BPR 的特性

BPR 的特性如下:
(1) 强调顾客满意。
(2) 使用业绩改进的量度手段。
(3) 关注于更大范围的、根本的、全面的业务流程。
(4) 强调团队合作。
(5) 对企业的价值观进行改造。
(6) 高层管理者的推动。
(7) 在组织中降低决策的层级。

3. 实施 BPR 的战略因素

实施 BPR 的战略因素如下:
(1) 认识到竞争对手将在成本、灵活性、质量及服务等方面产生优势。
(2) 增加运营能力所需的战略。
(3) 重新评估战略选择的需要:进入新市场或重新定位产品与服务。
(4) 核心运营流程基于过时的商业假设或技术建立。
(5) 企业的战略目标似乎无法实现。
(6) 市场上有了新变化,如市场份额需要扩大、出现新的竞争对手等。

4. 流程简化

1) 流程简化的时机
问题解决流程所占用的时间或成本存在改进的可能;瞄准标杆的结果表明,与竞争者相比,企业在产品或服务的配送成本或包括服务或技术支持的响应速度上存在明显的劣势;在分析问题解决流程过程中发现了对满足顾客需要贡献甚微或几乎无贡献的活动。
2) 流程简化的作用
提高响应能力;降低成本;降低次/废品率;提高员工满意度。
3) 流程简化的主要方法
(1) 成本导向的流程简化:一种最基本的流程简化方法,它旨在通过对特定流程进行的成本分析来识别并减少那些诱使资源投入增加或成本上升的因素。
(2) 时间导向的流程简化:一种旨在降低产品周期的流程简化方法。其特点是注重对整个流程中各环节占用的时间,以及各环节间的协同时间进行深入的量化分析。

（3）重组性的流程简化：立足长期流程能力大幅改进，而对整个业务流程进行根本性的再设计的方法，强调在企业组织的现有业务流程绩效及其战略发展需要之间寻找差距与改进空间。

4）管理过程重组的实施步骤

管理过程重组就是对原有的管理过程进行改造和重新设计，以使其有效地运行。其具体实施步骤如图 11.1 所示。

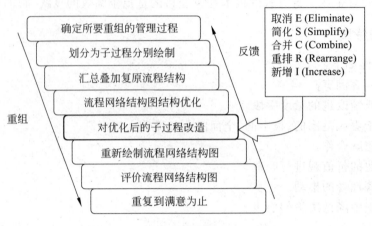

图 11.1　管理过程重组的实施步骤

近年来，BPR 正被企业界普遍接受，并像一股风潮席卷了美国和其他工业化国家。BPR 被称为"恢复美国竞争力的唯一途径"，并将"取代工业革命，使之进入重建革命的时代"。果真如此吗？诚然，不少企业的 BPR 项目取得了巨大的成功，但据估计，70％以上的BPR 项目均归于失败。BPR 不是神话，也不是洪水猛兽，而是一种新兴的管理思想，它的观点和方法对于解决我国当前企业面临的问题或许有可借鉴之处。

11.1.2　准时制生产方式（JIT）

1. JIT 的概念

准时制生产方式（Just In Time，JIT）是日本丰田汽车公司在 20 世纪 60 年代实行的一种生产方式，是继泰勒的科学管理（Taylor's Scientific Management）和福特的大规模装配线生产系统（Ford's Mass Assembly Line Production）之后的又一革命性的企业管理模式。

1973 年以后，这种方式对丰田公司渡过第一次能源危机起到了突出的作用，后引起其他国家生产企业的重视，并逐渐在欧洲和美国的日资企业及当地企业中推行开来，现在这一方式与源自日本的其他生产、流通方式一起被西方企业称为"日本化模式"，其中日本生产、流通企业的物流模式对欧美的物流产生了重要影响。近年来，JIT 不仅作为一种生产方式，也作为一种通用管理模式在物流、电子商务等领域得到推行。

在 20 世纪后半期，整个汽车市场进入了一个市场需求多样化的新阶段，而且对质量的要求也越来越高，随之给制造业提出的新课题是如何有效地组织多品种小批量生产，否则生产过剩所引起的只是设备、人员、非必须费用等一系列的浪费，从而影响到企业的竞争能力以至生存。在这种历史背景下，1953年日本丰田公司的副总裁大野耐一综合了单件生产和批量生产的特点和优点，创造了一种在多品种小批量混合生产条件下高质量、低消耗的生产方式，即准时生产。准时制指的是将必要的零件以必要的数量在必要的时间送到生产线，并且只将所需要的零件、只以所需要的数量、只在正好需要的时间送到生产线。这是为适应20世纪60年代消费需要变得多样化、个性化而建立的一种生产体系及为此生产体系服务的物流体系。

2. JIT 的核心思想

JIT 即在正确时间(Right Time)、正确地点(Right Place)干正确的事情(Right Thing)，以期达到零库存、无缺陷、低成本的理想生产模式，为此主张精简产品结构，不断简化与改进制造与管理过程，消除一切浪费。

在准时制生产方式倡导以前，世界汽车生产企业包括丰田公司均采取福特式的"总动员生产方式"，即一半时间人员和设备、流水线等待零件，另一半时间等零件一运到，全体人员总动员，紧急生产产品。这种方式造成了生产过程中的物流不合理现象，尤以库存积压和短缺为特征，生产线或者不开机，或者开机后就大量生产，这种模式导致了严重的资源浪费。丰田公司的准时制采取的是多品种、少批量、短周期的生产方式，实现了消除库存、优化生产物流、减少浪费的目的。

因此，准时制生产方式的基本思想可概括为"在需要的时候按需要的量生产所需的产品"，也就是通过生产的计划和控制及库存的管理追求一种无库存，或库存达到最小的生产系统。准时制生产方式的核心是追求一种无库存的生产系统，或使库存达到最小的生产系统。为此开发了包括"看板"在内的一系列具体方法，并逐渐形成了一套独具特色的生产经营体系。

3. JIT 生产管理模式的目标、方法与手段

准时制生产方式以准时生产为出发点，首先暴露出生产过量和其他方面的浪费，然后对设备、人员等进行淘汰、调整，达到降低成本、简化计划和提高控制的目的。在生产现场控制技术方面，准时制的基本原则是在正确的时间生产正确数量的零件或产品，即准时生产。它将传统生产过程中前道工序向后道工序送货改为后道工序根据"看板"向前道工序取货，看板系统是准时制生产现场控制技术的核心，但准时制不仅仅是看板管理。

JIT 生产管理模式的最终目标是获取企业的最大利润；JIT 最基本的方法是降低成本，排除一切浪费；JIT 最主要的手段是适时适量的生产、弹性配置作业人数及质量保证，如图 11.2 所示。

4. JIT 对生产制造的影响

1）生产流程化

生产流程化即按生产汽车所需的工序从最后一个工序开始往前推，确定前面一个工序的类别，并依次恰当安排生产流程，根据流程与每个环节所需的库存数量和时间先后来安排库存和组织物流，尽量减少物资在生产现场的停滞与搬运，让物资在生产流程上毫无阻碍地

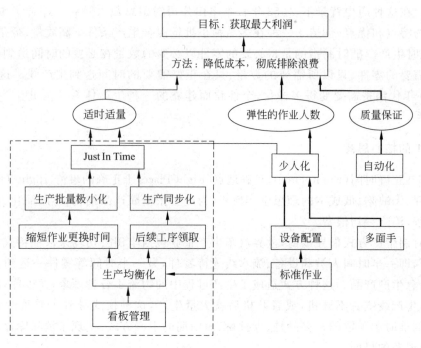

图 11.2　JIT 的目标、方法与手段

流动。

"在需要的时候按需要的量生产所需的产品。"对于企业来说,各种产品的产量必须能够灵活地适应市场需要量的变化。众所周知,生产过剩会引起人员、设备、库存费用等一系列的浪费。避免这些浪费的手段就是实施适时适量生产,只在市场需要的时候生产市场需要的产品。

为了实现适时适量生产,首先需要致力于生产的同步化。这样的同步化生产还需通过采取相应的设备配置方法以及人员配置方法来实现,但这从作业人员的角度来看意味着标准作业中的作业内容、范围、作业组合以及作业顺序等的一系列变更。因此为了适应这种变更,作业人员必须是具有多种技能的"多面手"。

2) 生产均衡化

生产均衡化是实现适时适量生产的前提条件。所谓生产的均衡化,是指总装配线在向前工序领取零部件时应均衡地使用各种零部件,生产各种产品。为此,在制定生产计划时就必须加以考虑,然后将其体现于产品生产顺序计划之中。在制造阶段,均衡化通过专用设备通用化和制定标准作业来实现。所谓专用设备通用化,是指通过在专用设备上增加一些工具的方法使之能够加工多种不同的产品。标准作业是指将作业节拍内一个作业人员所应担当的一系列作业内容标准化。

标准化作业是实现均衡化生产和单件生产单件传送的又一重要前提。丰田公司的标准化作业主要是指每一位多技能作业员所操作的多种不同机床的作业程序,是指在标准周期时间内把每一位多技能作业员所承担的一系列的多种作业标准化。丰田公司的标准化作业主要包括三个内容,即标准周期时间、标准作业顺序、标准在制品存量,它们均用"标准作业组合表"来表示。

　　3) 资源配置合理化

　　资源配置合理化是实现降低成本目标的最终途径,具体指在生产线内外所有的设备、人员和零部件都得到最合理的调配和分派,在最需要的时候以最及时的方式到位。

　　从设备而言,设备包括相关模具实现快速装换调整,例如丰田公司发明并采用的设备快速装换调整的方法是 SMED 法。丰田公司所有大中型设备的装换调整操作均能够在 10 分钟之内完成,这为"多品种、小批量"的均衡化生产奠定了基础。

11.1.3　虚拟组织管理(VOM)

　　在过去的二十年,世界经济发生翻天覆地的变化,科学技术的进步、信息网络技术的飞速发展推动着经济全球化的进程,任何一个公司都不能忽视来自本国和外国的竞争者,也不能忽视消费者的需求。可以说,市场和竞争中急剧而不确定的变化是企业如今必须应付的市场现实。产品生命周期日趋缩短,革新的步伐在加速,而革新的方向却变得无法预测,产品多样化已经达到了纷繁缭乱的程度,同时,采用模仿战略的竞争迅速出现并正在影响企业能够获得的利润。企业在以多变和不确定性及全球化趋向为特征的市场环境中寻求生存和发展的同时,一种动态组织机制——虚拟组织出现了,它使企业能够集中面对以时间为基础的转瞬即逝的市场机会。

1. 虚拟组织的含义

　　《商业周刊》在 1993 年 2 月 8 日的封面报道中把虚拟企业定义为一种新的组织形式,它运用技术手段把人员、资产、创意动态地联系在一起。

　　虚拟组织(Virtual Organization,VO)是一种区别于传统组织的以信息技术为支撑的人机一体化组织。其特征是以现代通信技术、信息存储技术、机器智能产品为依托,实现传统组织结构、职能及目标。在形式上,它没有固定的地理空间,也没有时间限制。组织成员通过高度自律和高度的价值取向共同实现团队的共同目标。

　　通俗地讲,虚拟组织指两个以上的独立实体为迅速向市场提供产品和服务在一定时间内结成的动态联盟。它不具有法人资格,也没有固定的组织层次和内部命令系统,而是一种开放式的组织结构,因此可以在拥有充分信息的条件下从众多的组织中通过竞争招标或自由选择等方式精选出合作伙伴,迅速形成各专业领域中的独特优势,实现对外部资源的整合利用,从而以强大的结构成本优势和机动性完成单个企业难以承担的市场功能,如产品开发、生产和销售。

　　虚拟组织中的成员可以遍布在世界各地,彼此也许并不存在产权上的联系,不同于一般的跨国公司,相互之间的合作关系是动态的,完全突破了以内部组织制度为基础的传统的管理方法。

　　网络的发展推动了虚拟组织的发展。其实,网络本身也是虚拟组织的一种形式,它是一系列预先认证合格的合作伙伴。同时,作为辅助工具,网络又推动了各个领域中合作的开展和众多虚拟组织的形成。

　　真正吸引顾客的是虚拟组织天衣无缝的合作。购买了福特汽车的顾客不会了解是一个虚拟设计工作室在负责福特汽车的款式设计,它通过电子手段将世界各地的设计人员组合在一起,这些人实际上分属福特的 7 个设计中心。现在,越来越多的航空公司(如美国航空公司与英国航空公司、西北航空公司与荷兰皇家航空公司、联合航空公司与汉莎航空公司)正在整合他们的飞行业务,以便向乘客提供更多的飞行航线。对于顾客来说,一体化实现以后他们面对的好像只是一家航空公司。

2. 虚拟组织的特征

《商业周刊》在提出虚拟组织概念的同时也对其关键特征进行了总结,大致表现在以下几个方面:

(1)虚拟组织具有较大的适应性,在内部组织结构、规章制度等方面具有灵捷性。虚拟组织是一个以机会为基础的各种核心能力的统一体,这些核心能力分散在许多实际组织中,它被用来使各种类型的组织部分或全部结合起来以抓住机会。当机会消失后虚拟组织就解散。所以,虚拟组织可能存在几个月或者几十年。

(2)虚拟组织共享各成员的核心能力。虚拟组织是通过整合各成员的资源、技术、顾客市场机会而形成的。它的价值就在于能够整合各成员的核心能力和资源,从而降低时间、费用和风险。例如波音 777 型客机开发小组的某些成员具有互补性核心能力,某些成员具有协同操作能力,而另一些成员能提供进入非波音公司市场的途径。

现在,建立这样一个特殊工作团体并非难事,把实现既定目标所需要的理想资源整合到一起,又不改变团体成员的生活方式,像组成体育运动队中的全明星队那样集中了各代表队中最优秀的运动员去应付每天的变革所带来的挑战。显然,在相同的市场机会下,虚拟组织会优于各成员公司。对于顾客而言,整合的特征是无形的、无边界的。

(3)虚拟组织中的成员必须以相互信任的方式行动。合作是虚拟组织存在的基础。但由于虚拟组织突破了以内部组织制度为基础的传统的管理方法,各成员又保持着自己原有的风格,势必在成员的协调合作中出现问题。但各个成员为了获取一个共同的市场机会结合在一起,他们在合作中必须彼此信任,当信任成为分享成功的必要条件时就会在各成员中形成一种强烈的依赖关系,否则这些成员无法取得成功,顾客们也不会和他们开展业务。

有些企业通过拥有突出的能力处于虚拟组织的中心,并对其他成员产生有力的影响,使虚拟组织的协调变得相对容易。例如耐克公司凭借设计和营销方面的卓越能力将负责生产的亚洲的合作伙伴紧密联系在一起,实施有效的控制和协调。

3. 虚拟企业的运作模式

1)虚拟生产

虚拟生产是虚拟经营的最初形式,它以外包加工为特点,是指企业将其产品的直接生产功能弱化,把生产功能用外包的办法转移到其他企业去完成,而自己只留下最具优势并且附加值最高的开发和营销功能,并强化这些部门的组织管理。最著名的例子是美国生产运动鞋的耐克(NIKE)公司。耐克公司本身没有一条生产线,而是集中企业的所有资源,专攻设计和营销两个环节,运动鞋的生产则采用订单的方式放到人工成本低的发展中国家进行。耐克公司以虚拟生产的方式成为世界上最大的运动鞋制造商之一。

2）虚拟开发

虚拟开发是指几个企业通过联合开发高技术产品取得共同的市场优势,谋求更大的发展。例如几家各自拥有关键技术并在市场上拥有不同优势的企业为了彼此的利益进行策略联盟,开发更先进的技术。IBM 和 AMD 于 2003 年年初共同表示,为了跟上 Intel 的速度,双方联合开发下一代微处理器技术。

3）虚拟销售

虚拟销售是指企业或公司总部与下属销售网络之间的"产权"关系相互分离,销售虚拟化,促使企业的销售网络成为拥有独立法人资格的销售公司。此类虚拟化的销售方式不仅可以节省公司总部的管理成本与市场推广费用,充分利用独立的销售公司的分销渠道以广泛推广企业的产品,促使本企业致力于产品与技术的创新,不断提升企业品牌产品的竞争优势,而且还可以推动销售公司的快速成长,网罗大批优秀的营销人才,不断扩展企业产品的营销网络。

4）虚拟管理

虚拟管理是指在虚拟企业中把某些管理部门虚拟化,虽然保留了这些管理部门的功能,但其行政组织并不真正存在于企业内部,而是委托其他专业化公司承担这些管理部门的责任。例如企业可以不设人力资源部门,对员工的培训可以委托专门的培训机构完成。

4. 基于 IT 的虚拟组织管理

信息技术的发展使得管理者能够高效地管理复杂的虚拟组织。通过 IT 可以使产品设计、制造、物流、销售、售后服务等整个过程集成在一起并有效地进行管理。IT 使虚拟组织的管理成为可能,IT 是虚拟组织(VO)创建和管理必需的基础条件,IT 可以跨地域、时间和文化实现信息交流。虚拟组织需要建立新的管理与协调机制。一个虚拟组织需要对客户的需求更快地做出反应,要更快地将新产品投放市场,要比其他组织更快地改变战略。然而,要做到这些,虚拟组织首先要做好的就是协调。由于组织成员的管理要跨时空来进行,导致协调成本比较高。由于这种组织关系的复杂性,传统的管理、协调机制显得无能为力。所以,如果没有 IT 将这些组织联系在一起,也就没有虚拟组织。

IT 可以用于基于网络的组织信息管理、数据挖掘、大量定制技术、商务报价、决策支持等功能。

11.1.4 供应链管理(SCM)

1. 供应链管理的产生背景

(1) 全球竞争环境的变化:信息技术飞速发展和信息资源利用要求提高;产品研发提升到企业竞争的重要地位;全球化市场的建立和无国界竞争的加剧;用户个性化、多样化需求的出现;全球性技术支持和售后服务。

(2) 企业面临压力和挑战:经济全球化下企业面临的压力包括进一步满足顾客需求的压力,平衡售前、售后服务和运作成本的压力,企业内部变革面临的更多压力。全球化压力使企业面对的具体挑战包括缩短产品研发周期、降低库存水平、缩短交货期、提供定制化服务产品和服务。

（3）传统管理模式存在弊端：传统的"纵向一体化"管理模式的主要弊端是增加企业投资负担；承担丧失市场时机的风险；迫使企业从事不擅长的业务活动；在每个业务领域都直接面临众多竞争对手；增大企业的行业风险。

（4）供应链管理模式产生：鉴于"纵向一体化"管理模式的种种弊端，"横向一体化（Horizontal Integration）"思想兴起。"横向一体化"形成了一条从供应商到制造商再到分销商的贯穿所有企业的"链"——供应链（Supply Chain）。

2. 供应链管理的定义

供应链管理（Supply Chain Management，SCM）作为管理学的一个新概念，已经成为管理哲学中的一个新要素。以下是若干经典的对供应链管理的相关描述：

哈兰德（Harland）将供应链管理描述成对商业活动和组织内部关系、与直接采购者的关系、与第一级或第二级供应商的关系、与客户的关系等整个供应链关系的管理。

斯科特（Scott）与韦斯特布鲁科（Westbrook）将供应链管理描述成一条连接制造与供应过程中每一个元素的链，包含了从原材料到最终消费者的所有环节。

巴茨（Baatz）进一步将供应链管理扩展到物资的再生或再利用过程。

广义的供应链管理定义包含了整个价值链，它描述了从原材料开采到使用结束整个过程中的采购与供应管理流程。

狭义的供应链管理定义为在一个组织内集成不同功能领域的物流，加强从直接战略供应商通过生产制造商与分销商到最终消费者的联系，通过利用直接战略供应商的能力与技术，尤其是供应商在产品设计阶段的早期参与，已经成为提高生产制造商效率和竞争力的有效手段。

总部设于美国俄亥俄州立大学的全球供应链论坛将供应链管理定义成"为消费者带来有价值的产品、服务以及信息的，从源头供应商到最终消费者的集成业务流程"。

2001 年，我国发布实施的国家标准《物流术语》（GB/T 18354—2001）对供应链管理的定义是"利用计算机网络技术全面规划供应链中的商流、物流、信息流、资金流等，并进行计划、组织、协调与控制等"。

马士华教授认为供应链管理是借助信息技术（IT）和管理技术将供应链上业务伙伴的业务流程相互集成，从而有效地管理从原材料采购、产品制造、分销到交付给最终用户的全过程，在提高客户满意度的同时降低整个系统的成本，提高各企业的效益。

3. 供应链管理思想的体现

作为流通中各种组织协调活动的平台，将产品或服务以最低的价格迅速向顾客传递为特征的供应链管理已经成为竞争战略的中心概念。供应链管理的思想可以从以下几个方面去理解：

1）信息管理

在供应链中信息是供应链各方的沟通载体，供应链中各个阶段的企业就是通过"信息"这条纽带集成起来，可靠、准确的信息是企业决策的有力支持和依据，能有效降低企业运作中的不确定性,提高供应链的反应速度。

供应链管理的主线是信息管理,信息管理的基础是构建信息平台,实现信息共享,将供求信息及时、准确地传达到供应链上的各个企业,在此基础上进一步实现供应链的管理。

2) 客户管理

在供应链管理中,客户管理是供应链管理的起点,供应链源于客户需求,同时也终于客户需求,因此供应链管理是以满足客户需求为核心运作的。

由于客户需求千变万化,而且存在个性差异,因此真实、准确的客户管理是企业供应链管理的重中之重。

3) 库存管理

如果能够实时地掌握客户需求变化的信息,做到在客户需要时再组织生产,那就不需要持有库存,即以信息代替了库存,实现库存的"虚拟化"。

供应链管理的一个重要使命就是利用先进的信息技术收集供应链各方以及市场需求方面的信息,用实时、准确的信息取代实物库存,减小需求预测的误差,从而降低库存的持有风险。

4) 关系管理

现代供应链管理理论提供了提高竞争优势、降低交易成本的有效途径,这种途径就是通过协调供应链各成员之间的关系,加强与合作伙伴的联系,在协调的合作关系的基础上进行交易,为供应链的全局最优化而努力,从而有效地降低供应链整体的交易成本,使供应链各方的利益获得同步增加。

5) 风险管理

供应链上企业之间的合作会因为信息不对称、信息扭曲、市场不确定性以及其他政治、经济、法律等因素的变化而导致各种风险的存在。

为了使供应链上的企业都能从合作中获得满意结果,必须采取一定的措施规避供应链运行中的风险,如提高信息透明度和共享性、优化合同模式、建立监督控制机制等,尤其是必须在企业合作的各个阶段通过激励机制的运行采用各种手段实施激励,以使供应链企业之间的合作更加有效。

4. 供应链管理的特点

供应链管理是一种新型的管理模式,它的特点可以从与传统的管理方法和与传统物流管理的比较中显现出来。

1) 与传统的管理方法相比较的特点

(1) 以客户为中心。

(2) 跨企业的贸易伙伴之间密切合作、共享利益和共担风险。

(3) 集成化管理。

(4) 供应链管理是对物流的一体化管理。

2）与传统物流管理相比较的特点

（1）供应链管理的互动特性：物流是以存货资产作为管理对象的；供应链管理是对存货流动（包括必要的停顿）中的业务过程进行管理，它是对关系的管理，因此具有互动的特征。

（2）供应链管理成为物流的高级形态：物流是通过操作功能的整合形成的，供应链管理则是通过渠道关系的整合形成的。从操作功能的整合到渠道关系的整合使物流从战术的层次提升到战略高度，所以供应链管理是物流在逻辑上的延伸。

（3）供应链管理决策的发展：供应链管理决策在包含运输决策、选址决策和库存决策的物流管理决策的基础上增加了关系决策和业务流程整合决策，成为更高形态的决策模式。

（4）供应链管理的协商机制：供应链管理通过在节点企业之间建立协商机制谋求成员之间的联合和协调，减少或消除所有供应链成员企业所持有的缓冲库存。

（5）供应链管理认为只有组织内部的一体化是远远不够的，必须考虑在组织内部和组织之间不同层次上相互关联的技术经济问题，进行成本效益权衡。

（6）供应链管理对共同价值的依赖性：供应链管理首先解决的是供应链伙伴之间信息的可靠性问题。如何管理和分配信息取决于供应链成员之间对业务过程一体化的共识程度。供应链管理是为了在供应链伙伴间形成一种相互信任、相互依赖、互惠互利和共同发展的价值观和依赖关系而构筑的信息化网络平台。

（7）供应链管理是"外源"整合组织：供应链管理是在自己的"核心业务"基础上通过协作的方式来整合外部资源以获得最佳的总体运营效益，除了核心业务以外，几乎每件事都可能是"外源的"，即从公司外部获得的。

（8）供应链管理是一个动态的响应系统：高度动态的市场环境要求企业管理层能够经常对供应链的运营状况实施规范的监控和评价，如果没有实现预期的管理目标，就必须考虑可能的替代供应链并做出适当的应变。

5. 供应链管理的目标

（1）总成本最低化：总成本最低化目标并不是指运输费用或库存成本，或其他任何供应链物流运作与管理活动的成本最小，而是整个供应链运作与管理的所有成本的总和最低化。

（2）客户服务最优化：供应链管理的实施目标之一就是通过上下游企业协调一致的运作保证达到客户满意的服务水平，吸引并保留客户，最终实现企业的价值最大化。

（3）总库存成本最小化：按照 JIT 管理思想，库存是不确定性的产物，任何库存都是浪费。因此，在实现供应链管理目标的同时要使整个供应链的库存控制在最低的程度。

（4）总周期时间最短化：供应链之间的竞争实质上是时间竞争，即必须实现快速有效客户反应，最大限度地缩短从客户发出订单到获取满意交货的整个供应链的总时间周期。

（5）物流质量最优化：达到与保持物流服务质量的水平，这也是供应链管理的重要目标。这一目标的实现必须从原材料、零部件供应的零缺陷开始，直至供应链管理全过程、全方位质量的最优化。

6. 集成化供应链管理

如果要成功地实施供应链管理,使供应链管理真正成为有竞争力的武器,就要摒弃传统的管理思想,把企业内部及节点企业之间的各种业务看做一个整体功能过程,形成集成化供应链管理体系。

1) 集成化供应链管理的理论模型

集成化供应链管理的理论模型如图 11.3 所示。

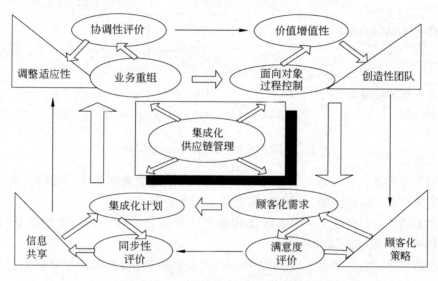

图 11.3　集成化供应链管理的理论模型

2) 集成化供应链管理实现的步骤

企业从传统的管理模式向集成化供应链管理模式转化一般要经历 5 个阶段,如图 11.4 所示。

11.1.5　知识链管理(KCM)

1. 知识的定义及分类

1) 知识的定义

知识到底是什么,目前仍然有争议。我国对知识的定义一般是从哲学角度做出的,如在《中国大百科全书·教育》中"知识"条目是这样表述的:"所谓知识,就它反映的内容而言,是客观事物的属性与联系的反映,是客观世界在人脑中的主观映像。就它的反映活动形式而言,有时表现为主体对事物的感性知觉或表象,属于感性知识,有时表现为关于事物的概念或规律,属于理性知识。"

Davenport & Prusak 整合了知识的形态、组成元素、主要作用和存储主体等元素,从以下方面描述了知识的定义:

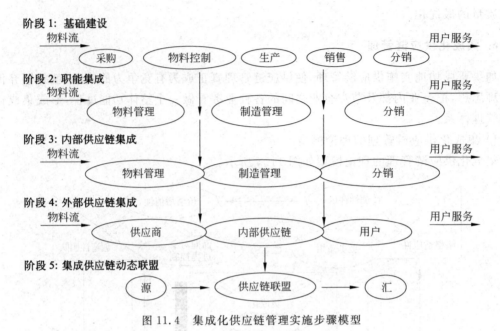

图 11.4　集成化供应链管理实施步骤模型

（1）知识的形态：知识是一个流动、动态的混合体，随着刺激和学习随时改变、更新。

（2）组成元素：包括经验、价值观、情景信息和专业洞察力。

（3）主要功能：它提供了一个参考结构来评估和整合新刺激所产生的信息与经验，形成新的结构并可以指导决策和行为。

（4）存储主体：它由知者（knower）的心志产生并被利用，在组织中知识不仅仅存在于文件与知识库中，更存在于例行的工作、流程、实践与文化中。

2）知识的分类

按现代认知心理学的理解，知识有广义与狭义之分。广义的知识可以分为两类，即陈述性知识、程序性知识。

陈述性知识是描述客观事物的特点及关系的知识，也称为描述性知识。陈述性知识主要包括三种不同水平，即符号表征、概念、命题。

程序性知识是一套关于办事的操作步骤和过程的知识，也称操作性知识。这类知识主要用来解决"做什么"和"如何做"的问题，可用来进行操作和实践。

策略性知识是一种较为特殊的程序性知识。它是关于认识活动的方法和技巧的知识。例如"如何有效记忆？""如何明确解决问题的思维方向？"等。

世界经合组织（OECD）在 1996 年的年度报告《以知识为基础的经济》中将知识分为4 类：

（1）知道是什么的知识（Know-what），主要是叙述事实方面的知识。

（2）知道为什么的知识（Know-why），主要是自然原理和规律方面的知识。

（3）知道怎么做的知识（Know-how），主要是指对某些事物的技能和能力。

（4）知道是谁的知识（Know-who），涉及谁知道和谁知道如何做某些事的知识。

2. 知识链的定义及特征

1）知识链的定义

知识链（Knowledge Chain）是指以企业为创新的核心主体、以实现知识共享和知识创造为目的通过知识在参与创新活动的不同组织之间流动而形成的链式结构。

知识链的组织形式是知识联盟（Knowledge Alliance）。知识链中组织之间的合作是一种战略合作伙伴关系，各成员通过签订合作协议建立知识联盟，协调各成员之间的合作关系。各成员之间既合作又竞争，共担创新风险，共享创新收益。

2）知识链的特征

（1）知识链具有不确定性。

（2）知识链具有复杂性。

（3）知识链具有动态性。

（4）知识链具有网状性。

（5）知识链具有价值增值性。

3）知识链中的活动

较早提出知识链模型的是美国学者 Hollsopple 和 M. Singh，他们在 1998 年提出了一个系统知识链的概念，该知识链是从组织内的知识和组织的核心竞争能力的关系出发构建的。知识链中的主要活动功能和辅助活动功能如表 11.1 和表 11.2 所示。

表 11.1　知识链模型中的主要活动功能

活　　动	功　　能
知识获得	从组织外部获取知识，并使之变得易为组织所用
知识选择	从组织内部选择知识资源，并使之易为组织所用
知识生成	从现有的知识中发现和分化出新的知识
知识内化	将已经获得、选择和生成的知识通过分发和储藏等方式进行整理，从而改变组织的知识资源状态
知识外化	将知识融入组织的产出中

表 11.2　知识链模型中的辅助活动功能

活　　动	功　　能
领导	建立条件使得知识管理的引导工作更富有成效
合作	在知识管理活动中加强合作管理，将合适的过程和资源在合适的时间带到合适的地点，并充分加以利用
控制	使知识的质量和数量满足要求，并符合安全性的要求
测量	评估知识资源、知识生成和知识新陈代谢的价值

3. 知识链管理

1）知识链管理的含义

知识链管理（Knowledge Chain Management，KCM）是指核心企业在知识链的酝酿、构建、运行和解体的整个过程中通过优化组织之间的知识流动过程促进组织之间的交互学习，实现知识共享和知识创造，从而将各成员的知识优势集成为知识链整体知识优势的决策过程。

从上面知识链管理的含义不难看出：

(1) 知识链管理的实质是跨越组织边界重组和优化组织间的知识流动，有效整合知识资源，实现知识共享和知识创造。

(2) 知识链管理强调各成员都专注于自身独特的知识资源，通过成员之间的知识流动获取或创造新知识，巩固和拓展自身的核心能力，形成知识联盟能力。

(3) 知识链管理强调战略合作，通过建立成员间的战略合作伙伴关系协同运作管理，实现"共赢(win-win)"。

(4) 知识链管理通过知识流动的整合与优化形成知识优势。

2) 知识链管理的原则

(1) 系统原则：创新是一个系统化、集成化的过程。知识链将拥有创新所需的各种知识资源的组织整合起来，通过科学的管理方法合理配置和使用知识资源，大大降低创新成本，提高创新质量和速度，使知识流动过程从无序变为有序，保证知识链的整体优化。知识链中的每一个伙伴必须认识到自己是链中不可缺少的重要环节。

(2) 共赢原则：知识链各成员是独立的社会经济主体，尽管组织目标有差异，但各方的自主利益必须得到充分保证，否则会影响其合作的积极性，甚至导致合作的失败或破裂。为了使知识链能够获得成功并持续发展，必须确保每个成员都能获益，实现"共赢(win-win)"。

(3) 公平原则：公平是保持知识链长期稳定发展的关键，只有保持公平原则才能协调知识链成员之间的相互关系，有效解决知识链中成员之间的利益冲突，确保知识链的有效运行。

(4) 共享原则：知识具有收益递增的特性，使用得越多，产生的效益越大。知识链成员之间加强知识共享，可以降低成员获取和创造知识的成本，提高知识的运用效率，从而形成知识链的知识优势。

知识链管理是一项复杂的系统工程，其导入、实施是一个分阶段逐步实现的循序渐进的过程。知识链管理的终极目标就是要形成知识优势。知识优势是一条知识链相对于另一条知识链所表现出来的优势。未来的竞争是知识链与知识链之间的竞争，只有形成知识优势，进而将知识优势转化为竞争优势，才能在未来的竞争中立于不败之地。

11.2 办公自动化系统

11.2.1 办公自动化系统的简介

办公自动化(Office Automation，OA)是指通过先进技术的应用将人们的部分办公业务物化于人以外的各种设备，并由这些设备和办公人员共同完成办公业务的人机信息系统。为满足办公业务处理的需要，OA 具有以下功能：完善的文字处理功能、较强的数据处理功能、语音处理功能、图像处理功能、通信功能等。

办公自动化系统(Office Automation System，OAS)是人机信息系统，是办公自动化技术与管理科学、行为科学、组织理论等相融合,贯穿到办公活动的各个方面,并对这些方面产生一系列影响之后形成的系统,其目的是尽可能充分利用信息资源,提高办公质量和办公效率。

办公自动化系统的功能与办公室自动化的功能在概念上存在差别。办公室自动化功能通常指办公室中配备具有自动化功能的设备,这些设备能使某些办公活动自动化或实现某个单位业务的自动化处理;而办公自动化系统则是在办公室自动化功能的基础上发展起来,以办公自动化技术为主体,和人、组织、制度、环境等相结合的完整的系统。

办公自动化系统利用先进的技术使人的各种办公业务活动逐步由各种设备、各种人机信息系统来协助完成,达到充分利用信息,提高工作效率和工作质量,提高生产率的目的。办公自动化系统也是每个企业在信息化初期就开始投入建设的基本系统。从 C/S 结构到 B/S 结构,从最初桌面办公软件的应用、收发邮件到后来公文流转、车辆管理、会议管理、网上审批等功能应用,办公自动化系统已经是我们日常使用最多、最频繁的一个基本系统。一个企业实现办公自动化的程度也是衡量其实现现代化管理的标准。

随着企业信息化的发展和成熟,目前很多企业的 OA 系统已经整合了越来越多的应用,日趋变得复杂,也远远超出了传统 OA 的范畴,集成了人、财、物、信息、知识等诸多企业的资源,逐步成为一个员工办公、中层管理、领导决策的知识协同的平台。新一代的 OA 更是融合了协同、知识管理、门户等精髓,OA 这棵"老树"开始绽放"新花",脱胎换骨,重新焕发出新的光彩。因此我们需要用发展的眼光来看待这种新的发展趋势。

11.2.2 OA 发展的阶段

OA 的发展其实是一个不断求新、求变的过程,纵观 OA 的发展历程,它是伴随着企业信息化发展的浪潮起伏的。不同的信息化发展阶段对应不同的 OA 发展阶段。

1. 第一阶段:文件型 OA(1980—1999 年)

我们对 OA 的初步认识实际上从 20 世纪 80 年代开始。1985 年全国召开了第一次办公自动化(OA)规划会议。那时计算机还是一个稀罕物,初步的办公自动化实际上从单机版的办公应用软件开始,例如 WPS、MS Office、Lotus1-2-3 等软件,当时许多人把 OA 称为"无纸化办公"。该阶段主要关注个体的工作行为,主要提供文档电子化等服务,所以我们可以将该阶段称为"文件型 OA"。

到了 20 世纪 90 年代,由于网络经济的到来,政府和一些企业开始搭建网络,建立自己的邮件系统,并借助 Lotus Notes 等平台做初步的应用开发,一些工作审批、流转也有了初步的雏形,OA 的概念开始逐渐形成,但是似乎还没有形成专门做 OA 的软件厂商。毕竟当时竞争还不充分,企业的管理比较粗放,软件市场也没有进行细分,而 OA 的成熟是市场竞争的产物,也只有随着竞争的加剧才能得到重视和振兴,因为竞争迫使企业加强内部管理,规范办公流程,提高工作效率。

2. 第二阶段:流程性 OA(2000—2005 年)

该阶段从最初的关注个体、以办公文件/档案管理为核心的文件型 OA 到目前正在成为应用主流的流程性 OA,它以工作流为中心,实现了公文流转、流程审批、文档管理、制度管理、会议管理、车辆管理、新闻发布等众多实用的功能。

在这个阶段 OA 市场才真正兴起,一批专业的 OA 软件公司开始崭露头角,其中有蓝凌、慧点、合强、新思创、泛微、点击、红帆、凌科、京华、品高、奥尊、朝华、通达等。在 2003 年之后更是出现数百家 OA 软件公司群雄逐鹿的局面,这一方面反映出市场需求的旺盛,OA 系统作为基础的系统已经成为各家企业信息化建设的必选,另一方面也反映出市场还没有完全成熟,鱼龙混杂、泥沙俱下的行情估计还会持续一段时间,能够专注 OA 系统、不断升级产品、强调后期服务的 OA 厂家并不多。有的供应商可能是 OEM 其他 OA 的产品,有的可能直接从网上买一套源代码修改一下就发布了,而有的厂商直接干脆模仿一些知名公司的产品了事,这样造成了软件 Bug 不断、系统质量低下、知识产权存在隐患、低价恶性竞争、可拓展性不高等诸多问题。

3. 第三阶段:知识型 OA(2005—2010 年)

随着 OA 系统应用的逐步深入,企业的员工每天上班做的第一件事情可能就是登录 OA 系统,收一下邮件、看看公司最新的新闻、处理自己今天需要做的工作等。OA 俨然成为一个日常工作的基础平台,企业已经离不开它了。但是新的挑战又产生了:如何借助这个平台让员工在合适的场景下、合适的时间里获取合适的知识?如何借助该平台来沉淀组织的最佳实践并传递到整个组织?这样可以大大节省员工查找知识的时间,减少不必要的重复劳动,提高工作的效率,沉淀组织的知识,提高组织的应变速度,并最终最大化提升组织及个体的产能,全面提升企业的管理。

随着客户这种需求的产生,OA 的发展也派生出全新的气象。以"知识管理"为思想,以"协同"为工作方式,以"门户"为技术手段,整合组织内的信息和资源发展出来的 OA 系统即我们通常所说的"知识型 OA"。其中一些企业(如蓝凌、明基逐鹿、华炎、AMT 等)也敏锐地洞察了这一趋势,将知识管理的思想融入到日常的办公协同平台软件中(当然,知识管理更强调综合的因素,管理、文化、IT 系统一个都不能少),同时整合进以团队协作和项目管理为目标的沟通协作软件工具,包括各种通信软件(如腾讯 QQ、即时通信、VoIP 等)、实时会议(包括电话会议、视频会议等)、群组协作(如工作流管理、群件、网络化项目管理)、联系人管理以及相关的信息安全产品(如信息加密、身份认证等)。这时候 OA 系统已经不仅仅是我们日常协同办公的平台,更是一个企业或组织进行知识管理的基本平台;传统的 OA 系统全面蜕变成企业的管理支撑平台,担负起更加复杂、综合的作用,例如协同工作平台、知识管理平台、项目协作平台、企业通信平台、信息发布平台、行政办公平台、信息集成平台等。

4. 第四阶段:智能型 OA(2010 年至今)

随着组织流程的固化和改进、知识的积累和应用、技术的创新和提升,最终 OA 系统将会脱胎换骨,全新的"智能型 OA"成为未来的发展方向,该阶段 OA 更关注组织的决策效率,提供决策支持、知识挖掘、商业智能等服务。

可能它不叫 OA,换为更能体现其价值的名称(例如"企业知识门户 EKP""管理支撑平台 MSS"等），这已经远远超出传统 OA 的范畴，转变成为企业的综合性管理支撑平台。传统的 OA 功能已经融进这个更大层面的工作平台框架中，有些功能可能在某些模块还能体现出来，但更多的是与其他功能模块一起，形成你中有我、我中有你、共同服务的混合体了。

从总体来看，未来 OA 的发展会有以下几个明显特征：

（1）门户导向。

未来 OA 更加强调人性化，强调易用性、稳定性、开放性，强调人与人沟通、协作的便捷性，强调对于众多信息来源的整合，强调构建可以拓展的管理支撑平台框架，从而改变目前"人去找系统"的现状，实现"系统找人"的全新理念。

（2）业务导向。

加强与业务的关联，在基于企业战略和流程的大前提下通过类似"门户"的技术对业务系统进行整合，使得 ERP、CRM、PDC 等系统中的结构化数据通过门户能够在管理支撑系统中展现出来；使得业务流程和管理流程逐步整合，实现企业数字化、知识化、虚拟化。

（3）知识驱动。

以知识管理为核心理念，建立知识和角色的关联通道，让合适的角色在合适的场景、合适的时间里获取合适的知识，充分发掘和释放人的潜能，并真正让企业的数据、信息转变为一种能够指导人行为的能力。

11.2.3　办公自动化程度的分类

目前企业的办公自动化程度可以划分为以下 4 类：

（1）起步较慢，还停留在使用没有联网的计算机，使用 MS Office 系列、WPS 系列应用软件以提高个人办公效率。

（2）已经建立了自己的 Intranet 网络，但没有好的应用系统支持协同工作，仍然是个人办公。网络处在闲置状态，企业的投资没有产生应有的效益。

（3）已经建立了自己的 Intranet 网络，企业内部员工通过电子邮件交流信息，实现了有限的协同工作，但产生的效益不明显。

（4）已经建立了自己的 Intranet 网络；使用经二次开发的通用办公自动化系统；能较好地支持信息共享和协同工作，与外界联系的信息渠道畅通；通过 Internet 发布、宣传企业的产品、技术、服务；Intranet 网络已经对企业的经营产生了积极的效益。现在正着手开发或已经在使用针对业务定制的综合办公自动化系统，实现科学的管理和决策，增强企业的竞争能力，使企业不断发展壮大。

办公自动化已经成为企业界的共识。众多企业认识到尽快进行办公自动化建设并占据领先地位将有助于保持竞争优势，使企业的发展形成良性循环。

办公自动化的实施应该考虑企业的实际情况，主要是企业的经济实力。按照上述分析，第一类企业进行办公自动化建设需要较多投入，既要搭建企业 Intranet 网络，又要开发办公自动化系统，需要企业有较强的经济实力才能完成；而对于第二、第三类企业，由于企业 Intranet 网络已经存在，只是没有或没有好的办公应用系统，所以只需投入相对网络投资少得多的资金即可开发通用办公自动化系统，产生较高的投资回报，即使一步到位开发综合办公自动化系统其投资也要比网络投资少得多,而产生的经济效益更高;对于第四类企业,由于其办公自动化基础好,只需较少的投资即可达到目前办公自动化的最高水平。

原通用电气的 CEO 杰克·韦尔奇说:"一个组织机构获取知识以及将知识快速转化为行动的能力是其最终的竞争优势。"作为企业信息化、知识化基础平台,未来的 OA 系统应该为实现这个目标而发挥其重要的作用。

11.3 决策支持系统

11.3.1 决策支持系统的定义

决策支持系统(Decision Support System,DSS)是辅助决策者通过数据、模型和知识以人机交互方式进行半结构化或非结构化决策的计算机应用系统。它是管理信息系统(MIS)向更高一级发展而产生的先进信息管理系统。它为决策者提供分析问题、建立模型、模拟决策过程和方案的环境,调用各种信息资源和分析工具,帮助决策者提高决策水平和质量。

11.3.2 决策支持系统的分类

决策按其性质可分为三类。

(1)结构化决策:指对某一决策过程的环境及规则能用确定的模型或语言描述,以适当的算法产生决策方案,并能从多种方案中选择最优解的决策。

(2)非结构化决策:指决策过程复杂,不可能用确定的模型和语言来描述其决策过程,更无所谓最优解的决策。

(3)半结构化决策:介于以上两者之间的决策,这类决策可以建立适当的算法产生决策方案,从决策方案中得到较优的解。

非结构化和半结构化决策一般用于一个组织的中、高管理层,其决策者一方面需要根据经验进行分析判断,另一方面也需要借助计算机为决策提供各种辅助信息,及时做出正确、有效的决策。

11.3.3 决策支持系统的功能

DSS 的功能由系统结构决定,不同结构的系统,功能不尽相同。但从总体上 DSS 的功能可归纳为如下:

(1)管理并随时提供与决策问题有关的组织内部信息,如订单要求、库存状况、生产能力与财务报表等。

(2)收集、管理并提供与决策问题有关的组织外部信息,如政策法规、经济统计、市场行情、同行动态与科技进展等。

(3)收集、管理并提供各项决策方案执行情况的反馈信息,如订单或合同执行进程、物料供应计划落实情况、生产计划完成情况等。

(4)能以一定的方式存储和管理与决策问题有关的各种数学模型,如定价模型、库存控制模型与生产调度模型等。

（5）能够存储并提供常用的数学方法及算法，如回归分析方法、线性规划、最短路径算法等。

（6）使系统中的数据、模型与方法能容易地修改和添加，如数据模式的变更、模型的连接或修改、各种方法的修改等。

（7）能灵活地运用模型与方法对数据进行加工、汇总、分析、预测，得出所需的综合信息与预测信息。

（8）具有方便的人机会话和图像输出功能，能满足随机的数据查询要求，回答"如果……则……"（What…if…）之类的问题。

（9）提供良好的数据通信功能，以保证及时收集所需数据，并将加工结果传送给使用者。

（10）具有使用者能接受的加工速度与响应时间，不影响使用者的情绪。

11.3.4　决策支持系统的组成

决策支持系统的组成反映了 DSS 的形式及其与"真实系统"、人和外部环境的关系。该部分的建立是开发中最初阶段的工作，它通过对决策问题与决策过程的系统分析来描述。基本概念模式如图 11.5 所示。

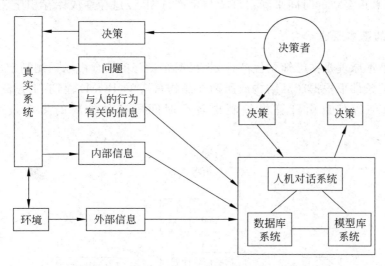

图 11.5　DSS 的概念模式图

由图 11.5 可见，决策者在决策过程中处于中心地位，因此在基本模式中同样占据着核心位置。决策者运用自己的知识把他和 DSS 的响应输出结合起来对他所管理的"真实系统"进行决策。对"真实系统"而言，提出的问题和操作的数据是输出信息流，而人们的决策是输入信息流；该图的下部表示了与 DSS 有关的基础数据，包括来自真实系统并经过处理的内部信息、环境信息、与人的行为有关的信息等。该图的右边是最基本的 DSS，由模型库系统、数据库系统和人机对话系统等组成。

11.4　MRP 和 MRPⅡ

11.4.1　MRP

20世纪60年代中期,美国 IBM 公司的奥列基博士(Dr. Joseph A. Orlicky)首先提出物料需求计划(Material Requirements Planning,MRP)方案,把企业生产中涉及的所有产品、零部件、原材料、中间件等在逻辑上统一视为物料,再把企业生产中需要的各种物料分为独立需求和相关需求,其中独立需求是指其需求量和需求时间由企业外部的需求(如客户订单、市场预测、促销展示等)决定的那部分物料需求;相关需求是指根据物料之间的结构组成关系由独立需求的物料产生的需求,如半成品、零部件、原材料等。

MRP 管理模式为实现准时生产、减少库存的基本方法是将企业产品中的各种物料分为独立物料和相关物料,并按时间段确定不同时期的物料需求;基于产品结构的物料需求组织生产,根据产品完工日期和产品结构制定生产计划,从而解决库存物料订货与组织生产问题。

早期的 MRP 是基于物料库存计划管理的生产管理系统。MRP 系统的目标是围绕所要生产的产品,应当在正确的时间、正确的地点、按照规定的数量得到真正需要的物料;通过按照各种物料真正需要的时间来确定订货与生产日期,以避免造成库存积压。

1. MRP 的基本原理

MRP 的基本原理是在已知主生产计划(根据客户订单结合市场预测制定出来的各产品的排产计划)的条件下根据产品结构或所谓产品物料清单(BOM)、制造工艺流程、产品交货期以及库存状态等信息由计算机编制出各个时间段各种物料的生产及采购计划,如图 11.6 所示。

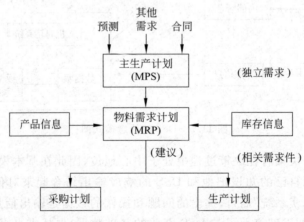

图 11.6　MRP 的逻辑流程图

MRP 管理模式运作的假设前提:

首先,MRP 系统的建立是在假定已有了主生产计划,并且主生产计划是可行的前提之下来对主生产计划所引发的物料需求进行有效管理的。这也就意味着在已经考虑了生产能力是可能实现的情况下有足够的生产设备和人力来保证生产计划的实现。对于已定的主生产计划应该生产些什么属于 MRP 系统功能的管辖范围，而工厂的生产能力有多大、能生产些什么，则属于制定主生产计划时考虑的范围。对此，MRP 系统就显得无能为力了。

其次，MRP 系统的建立是假设物料采购计划是可行的，即认为有足够的供货能力和运输能力来保证完成物料的采购计划。实际上，有些物料由于市场紧俏、供货不足或者运输工作紧张而无法按时、按量满足物料采购计划，那样 MRP 系统的输出将只是设想而无法付诸实现。因此，用 MRP 方法所计算出来的物料需求有可能因设备工时的不足而没有能力生产，或者因原料供应的不足而无法生产。

再次，MRP 系统的建立是认定生产执行机构是可胜任的，有足够的能力来满足主生产计划制定的目标，所以 MRP 系统没有涉及车间作业计划及作业分配问题。如果临时出现生产问题则由人工进行调整，因此不能保证作业的最佳顺序和设备的有效利用。

尽管 MRP 有些不足之处，但 MRP 根据物料结构特点和时间分割原理进行生产计划的管理提供了足够准确的物料需求管理数据，产生了巨大的效益，以至于 MRPⅡ/ERP 管理模式的发展一直是以 MRP 为基础的扩充。MRP 是 MRPⅡ发展的初级阶段，也是 MRPⅡ的基本核心。MRP 是 MRPⅡ/ERP 的根本。

2．MRP 与订货点法的区别

20 世纪 50 年代后期，美国一些企业在计算机的支持下开始实行库存 ABC 分类管理，根据"经济批量"和"订货点"的原则对生产所需的各种原材料进行采购管理，从而达到降低库存、加快资金周转速度的效益。订货点法依靠对库存补充周期内的需求量预测，并保持一定的安全库存储备来确定订货点。

MRP 与订货点法的区别如表 11.3 所示。

表 11.3　MRP 与订货点法的区别

方法 ＼ 参数	消　耗	依　据	相关需求	库　存	供　给	优先级
订货点法	均衡	历史资料	不考虑	有余	定时	不考虑
MRP	不均衡	产品结构展开	考虑	减少	需要时	考虑

MRP 和订货点法相比有一个质的进步，但还只是一种库存订货的计划方法。它只说明了需求的优先顺序，没有说明是否有可能实现，所以也叫基本 MRP。

3．闭环 MRP

20 世纪 70 年代初，MRP 由传统式发展为闭环的 MRP，它是一个结构完整的生产资源计划及执行控制系统。

闭环 MRP(closed-loop MRP)在基本 MRP 的基础上引进能力需求计划，并进行运作反馈，从而克服基本 MRP 的不足，所以它是一个结构完整的生产资源计划及执行控制系统。这个系统的特点如下：

（1）以整体生产计划为系统流程的基础，主生产计划及生产执行计划的产生过程中均包括能力需求计划，这样使物料需求计划成为可行的计划。

（2）具有车间现场管理、采购等功能，各部分相关的执行结果均可立即取得和更新。

APICS 的闭环 MRP 模式要求闭环 MRP 必须根据需求建立生产规划，主生产计划的内容是由生产规划而来的，这个计划可以通过多次模拟进行粗能力计划的平衡。有了主生产计划、库存状况和物料清单就可以进行物料需求的计算，建立物料需求计划，得到分时间阶段的物料计划。为了使物料计划可行，要通过细能力计划平衡后才发放订单至车间和采购，采购和车间又都与库存有关，无论粗能力计划还是细能力计划都是根据物料清单和制造工序建立的。

闭环 MRP 是一个集计划、执行、反馈为一体的综合性系统，它能对生产中的人力、机器和材料各项资源进行计划与控制，使生产管理的应变能力有所加强，但它仅局限在生产中物的管理方面。

11.4.2 MRPⅡ

1. MRPⅡ的由来

20 世纪 70 年代末和 80 年代初，物料需求计划 MRP 经过发展和扩充逐步形成了制造资源计划的生产管理方式。制造资源计划（Manufacturing Resources Planning，MRPⅡ）是指以物料需求计划 MRP 为核心的闭环生产计划与控制系统，它将 MRP 的信息共享程度扩大，使生产、销售、财务、采购、工程紧密结合在一起，共享有关数据，组成了一个全面生产管理的集成优化模式，即制造资源计划。制造资源计划是在物料需求计划的基础上发展起来的，与后者相比，它具有更丰富的内容。因物料需求计划与制造资料计划的英文缩写相同，为了避免名词的混淆，将物料需求计划称为狭义 MRP，而将制造资源计划称为广义 MRP 或 MRPⅡ。

2. MRPⅡ的原理

在闭环 MRP 的基础上，如果以 MRP 为中心建立一个生产活动的信息处理体系，则可以利用 MRP 的功能建立采购计划；生产部门将销售计划与生产计划紧密配合制定出生产计划表，并不断地细化；设计部门不再孤立地设计产品，而是将改良设计与以上生产活动信息相联系；产品结构不再仅仅只有参考价值，而是成为控制生产计划的重要方面。如果将以上一切活动均与财务系统结合起来，把库存记录、工作中心和物料清单用于成本核算，由 MRP 所得到的采购及供应商情况来建立应付账，销售产生客户合同和应收账，应收账与应付账又与总账有关，根据总账又产生各种报表……这就形成了总体的 MRPⅡ系统，图 11.7 是 MRPⅡ的逻辑流程图。

在 MRPⅡ中，一切制造资源（包括人工、物料、设备、能源、市场、资金、技术、空间、时间等）都被考虑进来。

MRPⅡ的基本思想是基于企业经营目标制定生产计划，围绕物料转化组织制造资源，实现按需按时进行生产。MRPⅡ的主要技术环节涉及经营规划、销售与运作计划、主生产

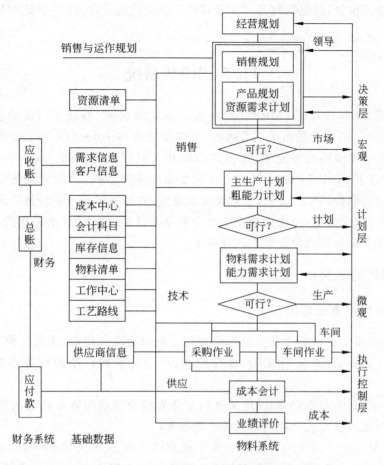

图 11.7　MRPⅡ的逻辑流程图

计划、物料清单与物料需求计划、能力需求计划、车间作业管理、物料管理(库存管理与采购管理)、产品成本管理、财务管理等。

从一定意义上讲,MRPⅡ系统实现了物流、信息流与资金流在企业管理方面的集成。由于 MRPⅡ系统能为企业的生产经营提供一个完整而详尽的计划,可使企业内各部门的活动协调一致,形成一个整体,能提高企业的整体效率和效益,因此 MRPⅡ成为制造业所公认的管理标准系统。

3. MRPⅡ的局限性

(1) 企业之间的竞争范围扩大,要求在企业管理的各个方面加强管理,要求企业的信息化建设应有更高的集成度,同时企业信息管理的范畴要求扩大到对企业的整个资源集成管理而不仅仅是对企业的制造资源的集成管理。

(2) 企业规模扩大化,多集团、多工厂要求协同作战,统一部署,这已经超出了 MRPⅡ的管理范围。

(3) 信息全球化趋势的发展要求企业之间加强信息交流与信息共享,企业之间既是竞争对手,又是合作伙伴,信息管理要求扩大到整个供应链的管理,这些更是 MRPⅡ 所不能解决的。

11.5 ERP 系统

自 20 世纪 90 年代以来,MRPⅡ 经过进一步发展完善,形成了目前的企业资源计划(ERP)系统。ERP 的概念是由美国著名的 IT 咨询公司 Gartner Group Inc. 提出的,由于它反映了 MRPⅡ 的发展特点和要求,所以立即得到人们广泛的认同。与 MRPⅡ 相比,ERP 除了包括和加强了 MRPⅡ 的各种功能之外更加面向全球市场,功能更为强大,所管理的企业资源更多,支持混合式生产方式,管理覆盖面更宽,并涉及了企业供应链管理,从企业全局角度进行经营与生产计划,是制造企业的综合集成经营系统。ERP 所采用的计算机技术也更加先进,形成了集成化的企业管理软件系统。

11.5.1 ERP 的定义

1. 典型的 ERP 系统定义

(1) ERP 是用于改善企业业务流程性能的一系列活动的集合,由基于模块的应用程序支持,它集成了产品计划、零件采购、库存控制、产品分销和订单跟踪等多个职能部门的活动。

这是一个 ERP 的基本定义,该定义强调业务流程的活动和业务功能的集合,并且限制了 ERP 的作用范围主要是企业内部的各个职能部门。

(2) ERP 是一个工业术语,它是由多个模块的应用程序支持的一系列活动组成的。ERP 可以帮助制造企业或者其他类型的企业管理主要的业务,包括产品计划、零件采购、库存维护、与供应商交流沟通、提供客户服务和跟踪客户订单等。

这也是一个典型的 ERP 定义,该定义扩大了 ERP 的内涵。也就是说,ERP 不仅可以管理企业内部的资源,还强调了与供应商和客户的关系管理,实际上延伸了 ERP 的作用范围。

(3) ERP 系统是一种集成了所有制造应用程序和与制造应用程序相关的其他应用程序、用于整个企业的信息系统。

该定义有这样几个特点:使用了"ERP 系统"术语,而不是 ERP 术语;该定义突出了信息系统的作用,强调 ERP 系统实际上是信息系统的一种类型;该定义没有提到在企业中具体的应用范围,而是突出信息技术的作用。

(4) ERP 系统是一种商业软件包,允许企业自动化和集成主要的业务流程、共享通用的数据且分布在整个企业范围内,并且提供了生成和访问业务信息的实时环境。

该定义的主要特点是完全从信息系统的角度来看待 ERP 系统的作用,软件包、自动化、集成、共享、分布和访问都是信息系统的特点和作用。该定义通过自动化和集成业务流程、共享业务信息隐含了 ERP 系统对企业管理的促进和提高。

(5) ERP 系统是一种商业战略,它集成了制造、财务和分销职能以便实现动态的平衡和优化企业的资源。ERP 系统是一种集成的应用软件包,可以用于平衡制造、分销和财务功能。ERP 系统是通过利用关系型数据库管理系统（Relational Database Management System，RDBMS）、计算机辅助软件工程（Computer-aided Software Engineering，CASE）、第四代语言开发工具和客户机/服务器体系架构从制造资源计划（MRPⅡ）演变过来的。当成功地实施了完整的 ERP 系统之后，ERP 系统允许企业优化业务流程、执行各项必要的管理分析以及快速有效地提供决策支持。随着技术的不断进步，ERP 系统不断增强了应对市场变化的能力。

（6）ERP 是一个信息技术工业术语，它是集成的、基于多模块的应用软件包，为企业的各种相关业务职能提供服务。ERP 系统是一个战略工具，它通过集成业务流程可以帮助企业提高经营和管理水平，有助于企业优化可以利用的资源。ERP 系统有助于企业更好地理解其业务、指导资源的利用和制定未来的计划。ERP 系统允许企业根据当前行业的最佳管理实践标准化其业务流程。

该定义有一个与上面完全不同的新的特点，即 ERP 系统是一种标准化的工具，它提供了许多可供选择的标准化业务流程，可以让企业根据自己的特点选择当前行业的最佳管理实践。

从理论上来讲，这是一种十分有效的提高企业管理水平的方法和工具。但是，在实践中 ERP 系统的这种作用受限于其本身是否真正拥有适合于不同企业特点的当前行业的最佳管理实践。

2. 为什么会造成这么多不同版本的定义

原因一：ERP 或 ERP 系统本身的内涵比较复杂，很难从一方面将其完整、准确地描述清楚，只有通过多种不同的角度来看待这个问题。

原因二：ERP 或 ERP 系统是一种新生的思想和方法，人们对它的理解和认识还没有达到完全成熟的地步，再加上它本身处于不断发展和不断完善的过程中，要想使用一个定义来准确捕捉其本质是一项极其困难的工作。

11.5.2 ERP 的特点

ERP 是信息时代的现代企业向国际化发展的更高层管理模式，也代表了当前集成化企业管理软件系统的最高水平。

1. ERP 技术及系统特点

（1）ERP 更加面向市场，面向经营，面向销售，能够对市场快速响应；它包含供应链管理功能，强调了供应商、制造商与分销商间新的伙伴关系；并且支持企业后勤管理。

（2）ERP 更强调企业流程与工作流，通过工作流实现企业的人员、财务、制造与分销间的集成，支持企业过程重组。

（3）ERP 更多地强调财务，具有较完善的企业财务管理体系，这使得价值管理概念得以实施，资金流与物流、信息流更加有机地结合。

（4）ERP 较多地考虑人的因素作为资源在生产经营规划中的作用，也考虑了人的培训成本等。

（5）在生产制造计划中，ERP 支持 MRPⅡ 与 JIT 的混合生产管理模式，也支持多种生产方式(离散制造、连续流程制造等)的管理模式。

(6) ERP 采用了最新的计算机技术,如客户机/服务器分布式结构、面向对象技术、电子数据交换 EDI、多数据库集成、图形用户界面、第四代语言及辅助工具、电子商务平台等。

此外,有的 ERP 系统包括了金融投资管理、质量管理、运输管理、项目管理、法规与标准、过程控制等补充功能,这使得企业的物流、信息流与资金流更加有机地集成。它能更好地支持企业经营管理各方面的集成,并将给企业带来更广泛、更长远的经济效益与社会效益。

2. ERP 系统的定性优点

(1) 可以大大减少库存量,从而降低库存成本。

(2) 可以大大加快订单的处理速度,提高订单的处理质量,从而降低订单的处理过程成本。

(3) 通过自动化方式及时采集各种原始数据,提高了数据的处理速度和处理质量,从而降低了财务记账和财务记录保存的成本。

(4) 由于提高了设备的管理水平,可以充分利用企业的现有设备,从而可以降低设备投资。

(5) 生产流程更加灵活,可以有效地应对生产过程中各种异常事件的发生。

(6) 由于提高了生产计划的准确性,从而降低了生产线上的非正常停产时间。

(7) 更加有效地确定生产批量和调度生产,提高生产效率。

(8) 减少生产过程中由于无法及时协调而出现的差错率,提高管理水平。

(9) 可以降低生产过程的成本。

……

3. ERP 系统的定量优点

(1) 降低库存资金占用 15%～40%。

(2) 提高库存资金周转次数 50%～200%。

(3) 降低库存误盘误差,控制在 1%～2%。

(4) 减少 10%～30% 的装配面积。

(5) 减少 10%～50% 的加班工时。

(6) 减少 60%～80% 的短缺件。

(7) 提高了 5%～15% 的生产率。

(8) 降低了 7%～12% 的成本。

(9) 增加了 5%～10% 的利润。

4. ERP 的缺点

(1) ERP 系统的实施是非常复杂的,实施过程具有很大的风险。

(2) 与传统系统的集成问题,接口、数据等如何更好地处理。

(3) 客户定制问题,如何更好、更快地满足客户的要求。

(4) 实施成本高昂,大多数 ERP 系统的实施都超过了预期的成本和项目期限。

（5）由于组织流程和结构的变化造成企业内部员工的消极抵触。

（6）经常与企业的战略冲突。

（7）计算机系统的安全性问题和病毒问题都会时刻对企业的正常生产经营活动带来严重危害。

据统计，ERP 系统实施过程中的管理问题如表 11.4 所示。

表 11.4　ERP 系统实施过程中的主要管理问题

问 题 类 型	发生的概率
项目成本超预算	60%
项目延期	58%
与企业战略的冲突，实施之后不能适应企业的变化和战略	42%
员工对流程和组织变化的抵触	42%
与咨询公司的冲突	38%
内部冲突	34%
与供应商的冲突	30%

11.5.3　ERPⅡ 系统

ERPⅡ 的概念是由美国著名的计算机技术咨询和评估集团公司 Gartner Group 于 2000 年提出的，这是基于该公司在 1990 年提出的 ERP 概念上的提升。Gartner Group 公司将 ERP 定义为建立在信息技术基础之上以系统化的管理思想为企业决策层及员工提供决策运行手段的管理平台，将 ERPⅡ 定义为通过支持和优化公司内部及公司之间的协作运作和财务过程以创造客户和股东价值的一种商务战略和一套面向具体行业领域的应用系统。ERPⅡ 在 ERP 的基础上增加了新的功能，拥有较广阔的发展前景。

与 ERP 系统相比，ERPⅡ 系统的最大优点是集成了协同电子商务，允许位于多个地理位置的合作伙伴公司以基于电子商务的形式交换信息。ERPⅡ 的立足点是企业向自己的供应商、客户等合作伙伴开放自己的核心系统，这些合作伙伴可以按照约定自由访问企业的核心系统。这里提到的核心系统已经扩大了 ERP 系统的内涵，包括 Internet、SCM、CRM、B2B、B2C 等。

11.6　计算机集成制造系统（CIMS）

11.6.1　CIMS 的定义

1. CIMS 概念的提出

计算机集成制造系统（Computer Integrated Manufacturing System，CIMS）是于 1973 年由美国哈林顿（Harrington）博士首先提出概念，在 20 世纪 80 年代得到发展与成熟的一种制造业先进管理模式。

哈林顿博士认为：企业的各个生产环节是不可分割的，需要同时考虑；整个生产过程实际上是对信息的采集、传递和加工处理过程。

CIMS 要求把过程控制数据和其他业务信息结合于一个集成信息体系之中，从而构成一体化的计算机控制、管理、决策系统。它将企业的全部活动（从产品设计、生产、制造到经营决策和管理）通过计算机有机集成起来，形成一个整体，达到相互协调、总体优化、促进企业的技术进步，提高企业管理水平，缩短产品开发和制造周期，提高产品质量和劳动生产率，增强企业的应变能力和竞争力。

CIMS 概念已被越来越多的人所接受，成为指导工厂自动化的哲理，有越来越多的工厂按 CIMS 哲理，采用计算机技术实现信息集成，建成了不同水平的计算机集成制造系统。

CIMS 与计算机综合自动化制造系统是同义词，后者是 CIMS 在中国早期的另一种叫法，虽然通俗些，但因此无法表达集成的内涵，使用得较少。

CIMS 是自动化程度不同的多个子系统的集成，如管理信息系统（MIS）、制造资源计划系统（MRPⅡ）、计算机辅助设计系统（CAD）、计算机辅助工艺设计系统（CAPP）、计算机辅助制造系统（CAM）、柔性制造系统（FMS），以及数控机床（NC、CNC）、机器人等。CIMS 正是在这些自动化系统的基础之上发展起来的，它根据企业的需求和经济实力把各种自动化系统通过计算机实现信息集成和功能集成。当然，这些子系统也使用了不同类型的计算机，有的子系统本身也是集成的，如 MIS 实现了多种管理功能的集成，FMS 实现了加工设备和物料输送设备的集成，等等。这些集成是在较小的局部，而 CIMS 是针对整个工厂企业的集成。CIMS 是面向整个企业，覆盖企业的多种经营活动，包括生产经营管理、工程设计和生产制造各个环节，即从产品报价、接受订单开始，经计划安排、设计、制造直到产品出厂及售后服务等的全过程。

2. CIMS 的新含义

在当前全球经济环境下 CIMS 被赋予了新的含义，即现代集成制造系统（Contemporary Integrated Manufacturing System），将信息技术、现代管理技术和制造技术相结合，并应用于企业全生命周期的各个阶段，通过信息集成、过程优化及资源优化实现物流、信息流、价值流的集成和优化运行，达到人（组织及管理）、经营和技术三要素的集成，以加强企业新产品开发的 T、Q、C、S、E，从而提高企业的市场应变能力和竞争力。

11.6.2　CIMS 的功能结构

从功能上看，CIMS 包括了一个制造企业的设计、制造、经营管理三种主要功能，要使这三者集成起来还需要一个支撑环境，即分布式数据库和计算机网络以及指导集成运行的系统技术。其功能结构示意图如图 11.8 所示。

1. 4 个功能分系统

（1）管理信息分系统。

（2）产品设计与制造工程设计自动化分系统。

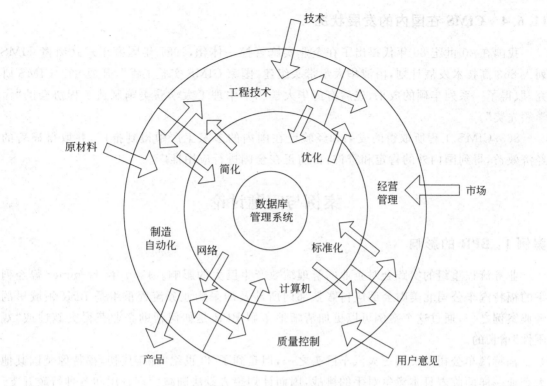

图 11.8　CIMS 的功能结构示意图

（3）制造自动化或柔性制造分系统。

（4）质量保证分系统。

2．两个支撑分系统

（1）计算机网络分系统。

（2）数据库分系统。

11.6.3　CIMS 集成的内涵

集成和连接不同，它不是简单地把两个或多个单元连接在一起，而是将原来没有联系或联系不紧密的单元组成为有一定功能的、紧密联系的新系统。两种或多种功能的集成包含着两种或多种功能之间的相互作用。集成属于系统工程中的系统综合、系统优化范畴。

CIMS 的集成从宏观上看主要包括以下 5 个方面：

（1）系统运行环境的集成。

（2）信息的集成。

（3）应用功能的集成。

（4）技术的集成。

（5）人和组织的集成。

11.6.4　CIMS 在国内的发展状况

我国在 20 世纪 80 年代提出了在企业实施管控一体化,1987 年国家正式立项将 CIMS 列入 863 高技术发展计划,由清华大学带头组建"国家 CIMS 实验工程",开展 863/CIMS 研究,取得了一系列丰硕的成果,先后有清华大学和华中理工大学获美国制造工程协会的"大学领先奖"。

863/CIMS 工程所取得的成果和经验已在国内的多家工厂中得到推广,并取得显著的经济效益,得到国内外的肯定和赞许,目前正在全国进行应用推广。

案例与问题讨论

案例 1: BPR 的影响

业务流程重组的实践会对企业的管理绩效产生巨大的影响。1990 年,Hammer 曾经列举的福特汽车公司北美财会部应付账款部门所涉及的采购业务流程重组是 BPR 领域里的经典案例之一,通过这个案例可以更加清晰地了解 BPR 是如何帮助企业获得突破性或"戏剧性"增长的。

福特汽车公司是美国三大汽车巨头之一,但是到了 20 世纪 80 年代初,福特像美国其他大企业一样面临着日本竞争对手的挑战,因而计划想方设法削减管理费用和各种行政开支。位于北美的福特汽车公司有 2/3 的汽车部件需要从外部供应商购买,为此需要有相当多的雇员从事应付账款管理工作。在进行业务流程重组之前,北美福特汽车公司的应付账款部门雇员有 500 多人。最初,管理人员计划通过业务处理程序合理化和应用计算机系统,将员工裁减到最多不超过 400 人,实现裁员 20% 的目标。日本马自达公司在福特公司占有 22% 的股份,而在马自达汽车公司做同样工作的人只有 5 个人。尽管两个公司在规模上存在一定的差距,但 5:500 的差距让福特公司震惊了。为此,福特公司决定对公司与应付账款部门相关的整个业务流程进行彻底重组。

福特汽车公司应付账款部门的工作就是接收采购部门送来的采购订单副本、仓库的收货单和供应商的发票,然后将三类票据放在一起进行核对,查看其中的 14 项数据是否相符,绝大部分时间被耗费在这 14 项数据由于种种原因造成的不相符上。原有的业务流程如图 11.9 所示。

业务流程重组后应付账款部门不再需要发票,需要核实的数据项减少为三项,即零部件名称、数量和供应商代码,采购部门和仓库分别将采购订单和收货确认信息输入到计算机系统后由计算机进行电子数据匹配。最后结果是应付账款部门的员工减少了 75%,而不是原计划的 20%。重组后的公司业务流程如图 11.10 所示。

从福特汽车公司的业务流程重组中可以看出,业务流程重组不能仅面向单一部门,而是作为企业全局的业务流程来处理。倘若福特公司仅仅重组财务应付账款部门,那将是徒劳无功的。正确的重组过程应将注意力放在整个物料获取的流程上,其中涉及采购、仓库和财务应付账款部门,这样才能获得戏剧性改善的成就。

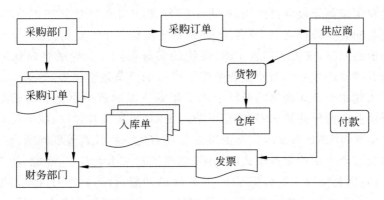

图 11.9　原有的业务流程图

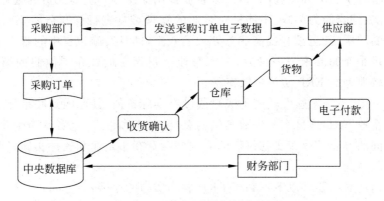

图 11.10　重组后的业务流程图

类似的案例还有很多,如 IBM 信用卡公司(IBM Credit Corporation)通过业务流程重组工程使信用卡发放周期由原来的 7 天缩减到 4 个小时,即提高生产能力 100 倍;柯达公司对新产品开发实施企业业务流程重组后结果把 35 毫米焦距一次性照相机从产品概念到产品生产所需要的开发时间一下子缩减了 50%,从原来的 38 周降低到 19 周;一家美国的矿业公司通过流程重组实现了总收入增长 30%,市场份额增长 20%,成本压缩 12%,以及工作周期缩短 25 天的好成绩;欧洲一个零售组织将工作周期缩短了 50%,并使生产率提高了15%;一家北美化学公司的订单传递时间缩短了 50% 以上,所节约的成本超过了300 万美元。

问题讨论:

1. 什么是 BPR?
2. 实施 BPR 究竟给福特汽车公司带来了哪些好处?

案例 2:中小企业 ERP 系统实施失败总结与原因分析

何谓"ERP 实施失败"? 简单地理解就是企业在投入了一定的资金、资源和一系列企业活动,启动并实施以 ERP 系统为主要内容的信息化项目之后,因为在实施过程中碰到了很多意外的情况和困难而导致项目停止,或者是因为 ERP 软件的功能和实施者的解决方案远远不能满足企业的真实管理需求,或者是 ERP 系统实施并上线运行之后企业没有得到应有的管理提升和价值回报,或者是尽管 ERP 系统的实施得到了企业的暂时认可,但因为软件供应商和实施者的维护服务原因使企业遭受了严重的经营效益损失,等等。

笔者前不久在中小企业密集的浙江宁波了解到三家民营中小企业的 ERP 实施失败的经历。这三家企业前两年开始 ERP 选型之前对 ERP 系统及其效用、风险都有粗浅的认识,也很迫切地希望通过 ERP 系统的实施解决企业现有的一些经营管理问题,在选型的时候特别关注软件功能与企业现行业务模式的匹配,忽略了对实施者背景、经验、能力、服务效率等方面的考察,当时因为觉得中国台湾某 ERP 软件的功能、台湾顾问的讲解都很亲切(比较贴近各自企业的现行业务),价格又低,所以就选择了这款由国内著名公司销售、实施的 ERP 软件产品。但随着实施的开始和深入,三家企业都明显感觉到实施人员的企业经验不足、过分依赖软件功能、综合能力欠缺,不能针对企业的管理难点进行诊断分析,软件功能的实现没有解决企业的问题,甚至没有提高业务处理的效率,而且实施过程中的基本维护和服务效率远远不能满足企业的要求……最后,三家企业都很无奈地放弃了他们的第一个 ERP 项目。这也是比较典型的 ERP 实施失败案例。

中小企业 ERP 系统实施失败或不成功或没有实际价值,其原因到底是什么呢? 通过对国内一些中小企业 ERP 项目实施失败案例的总结、分析和思考,笔者认为企业 ERP 系统没有取得企业认同的"成功"或者实施价值的原因同时存在于企业和软件实施者两个方面。对于中小企业尤其如此。

从企业的角度看主要有以下不利于 ERP 成功实施的原因:

1. 认识有误区

很多企业从选型到商务到组织实施都有一定程度的盲目性,很少有企业决策者充分认识到 ERP 项目是一个管理项目,而不仅仅是 IT 技术项目。很多企业没有认真地分析企业现状和经营管理上的问题,没有从流程管理的角度去确定业务管理需求,没有设定切实可行的实施目标,对 ERP 项目的预期或者过高或者过低。因为 ERP 系统涉及了很多 IT 专业知识,不少企业管理者对 ERP 项目有畏惧心理,常常听任 IT 专业技术人员去主导选型,或听任业务操作和基层管理人员去主导实施,在软件选型、供应商选择、实施者考察等方面缺乏管理高度、缺乏前瞻性,甚至有不少企业错误地认为所有供应商的解决方案都差不多,所以主要看产品功能、比价格高低,而忽略了最主要、最根本的——是否具有分析解决企业管理问题的咨询能力和用软件产品提升业务流程效率的实施经验,当然还有实现知识和技能转移的培训体系、系统上线之后的长期维护和有效服务能力等。还有的企业高估 ERP 系统的作用,认为 ERP 系统上线运行就能解决企业的所有问题,一旦发现 ERP 系统的价值实现还需要企业做很多的基础数据和业务流程梳理、管理措施配套、组织架构调整等,就担心打破了原有的运营平衡会出现失控的局面,就觉得难以接受等。

2. 基础没夯实

ERP 系统的成功实施往往需要企业具备一定的基础,首先是数据基础,例如物品编码、产品结构、工艺路线、期量标准、仓库货位等,都需要按照企业经营发展的需求和信息管理的要求进行规范和统一。但很多企业对枯燥、费时的基础数据梳理工作没有思想准备,也很难落实到最适合的技术管理部门去做,因为技术管理部门通常承担了繁重的设计、出图、技术支持等工作。其次是管理基础,包括业务流程是否顺畅、规章和考核是否合理、企业各层级的执行力等,企业的管理基础不仅是 ERP 蕴含的先进管理理念在企业落地的基础,还是保障 ERP 项目成功实施的前提。国内外有的管理专家呼吁企业在实施 ERP 系统之前要对企业进行必要的业务流程重组,或者流程再造,就是要强调一个好的管理基础对 ERP 系统的成功实施是非常重要的。第三是人员基础,包括企业决策层和基层管理人员对 ERP 系统的认识、接受管理变更的心理准备、必要的计算机基础技能等。很多企业在 ERP 项目实施过程中不理解 ERP 系统与数据、管理和配套措施的关系,不接受花时间和精力去整理规范基础数据,不认可实施顾问对业务处理流程的优化建议,甚至有的基层管理人员拒绝使用 ERP 系统来处理业务,等等。

3. 方法欠妥当

上文已经提到有些企业的选型主要由 IT 技术人员主导,很关注 ERP 软件的实现技术、产品功能,很关注软件的先进性、完备性,而常常忽略了要解决什么问题、要提高哪些方面的效率、要实现什么样的管理目标等最主要的选型要求。很多 ERP 项目的夭折和不成功实际上是从企业选型方法的确定就已经可以预见到的。笔者不太认同中小企业对 ERP 项目采用招投标的方式来选型,因为招投标的主要目的是比质比价,适用于那些比较规范、能明确界定边界、不容易产生歧义理解、容易用定量和定性打分方式进行比较判断的商品或项目,而企业对 ERP 项目的理解、对自身问题的界定、对管理目标的预期、对涉及IT 技术的处理逻辑和方法模型、对具体要实施的内容和难度都很难用一种确定的模式来比较,特别是实施者和现场实施顾问的企业经验、实施经历、支持团队、知识库内容、资源协调效率、个人和团队积极性等更难在招标评价体系中得到体现,所以说对一个即将实施的 ERP 项目很难进行有意义的"比质"。既然不能比质,剩下的就只有"比价"了,比价的直接后果就是 ERP 软件供应商和实施者对实施资源的低价值匹配。

4. 措施不到位

很多企业的"一把手"没有直接领导或参与 ERP 项目的实施,高层的推动力不够;有的"一把手"很有决心,但面对长期缺乏的执行力没有有效的方法和措施,中层的推动力缺失;没有建立一个熟悉企业业务、能协调企业资源、理解 ERP 实施方法的项目实施小组;面对实施初期大量、繁复的基础数据整理没有思想准备,难以落实到具体的责任部门;过分相信和依赖现有的业务处理流程和管理方法,不愿意根据 ERP 系统的管理逻辑进行必要的业务流程优化;迁就生产、销售等主要业务部门的繁忙现状,使 ERP 项目的实施进程时断时续或此断彼续;规章制度、绩效考核等管理措施不配套,业务现场的动态数据不能及时、准确、有效地采集等;企业在实施过程中的配套措施不得力、不到位也是导致 ERP 项目拖延乃至失败的重要原因。例如:

1）重方案轻实施

目前国内主流的 ERP 软件供应商和实施者善于制作内容和形式都华丽精美的 ERP 解决方案，也很重视解决方案对于目标企业的行业和业务针对性，更重视解决方案的呈现和讲解。当然这些对企业正确认识 ERP 项目、合理选型都是有帮助的，但有不少 ERP 软件供应商和实施者只重视销售和售前环节的解决方案，很少进行解决方案实施的可行性评估；在实施顾问和实施资源明显缺乏的情况下有意无意地误导企业，对明显不能实现的实施内容也做出承诺；在实施开始的时候对已经意识到的项目风险不能坦率地与企业一起研究规避风险的策略和方法，等等。

2）重功能轻流程

很多 ERP 软件供应商和实施者在实施 ERP 软件的过程中没有对企业的业务模型和管理流程进行深入细致的调查，没有研究、分析企业经营管理问题的症结，只是用 ERP 软件的处理逻辑和功能去生套企业的业务管理流程，把业务的手工处理变为计算机处理，也就是完全基于软件功能的实施，而不是基于流程优化、管理提升的 ERP 实施。不少 ERP 软件供应商和实施者没有管理咨询顾问和专家团队，不具备对企业基础数据进行规范、对企业业务流程进行优化的基本能力，根本不能够承接管理基础相对薄弱、经营环境比较复杂的企业的 ERP 实施项目，却也敢于拿企业的成败生死做试验。

3）重上线轻服务

ERP 软件供应商和实施者基于成本和资源的考虑都比较重视快速实施和 ERP 系统的上线运行，但往往不重视上线之后的升级、维护和服务。目前不少 ERP 软件产品的实现技术落后、升级难以实现、服务不能保障，有些实施者和软件供应商是两个经营实体，实施以及客户化开发的内容与软件产品的核心部分不能有效集成，不能与升级的版本做无缝的连接；有的软件供应商和实施者根本就没有企业所需要的服务体系，不能及时响应企业的服务请求，导致 ERP 系统难以持续运行。曾有一家山东的企业因为 ERP 系统出现突发故障，实施者不能提供及时、有效的技术支持，结果发生了重大的经济损失。

4）重形式轻实绩

很多 ERP 软件供应商和实施者宣传的成功实施案例都是强调 ERP 系统的上线运行、其应用的覆盖度、特殊软件功能的实现，其价值大多也是"提高了……的效率""提升了……的水平""减少了……的误差""降低了……的错漏"等定性的描述，很少有实施者可以像用友软件的成功案例那样能够用 ERP 实施前后的经营数据来说明实施的价值，例如"订单及时交付率从 56％上升到 96％""材料购销比从 60.6％下降到 42％""原材料库存的资金占用从 3500 万元下降到 2600 万元"……

这里分析到的企业和实施者两方面的原因未必是全部，比如有的 ERP 软件产品本身有着缺陷而完全不能满足企业的业务管理需求，有的企业愿意支付的项目费用严重偏离了正常 ERP 项目实施的价格体系，有的 ERP 项目在实施过程中合作的一方出现了严重的财政问题，等等。但笔者相信本文分析的原因是最主要的。可喜的是，对于以上分析到的 ERP 实施失败原因很多中小企业已经有了比较深刻的认识。比如上文提到的那三家宁波中小企业，他们根据失败的教训和对 ERP 项目的再认识调整思路，在前不久重新进行了 ERP 选型，不约而同地从"能持续提供有效实施、服务和产品升级"的角度、从选择长期战略合作伙伴的高度选择了国内最大软件公司及其 ERP 解决方案,进行了二次 ERP 选型和实施,其中有一家企业已经取得了很好的实施效果。

问题讨论:

1. 何谓"ERP 实施失败"?
2. 你认为在 ERP 实施过程中哪些因素是至关重要的? 中小型企业的实施成败与大型企业有何差异?
3. 谈谈你对 ERP 实施成功与失败的看法。

小　　结

本章从先进的管理模式入手介绍了几种现代先进的生产管理模式,包括 BPR、JIT、VOM、DSS、SCM、KCM、OAS、MRP、MRPⅡ、ERP、CIMS 等,这些先进的管理模式无疑也是管理信息系统在社会经济中的具体应用,同时也代表了它的发展方向。

练习与作业

1. 简述 BPR 的实施步骤。
2. 集成化的供应链管理有哪些特征?
3. 办公自动化发展到现在经历了哪些阶段?
4. 知识链管理需要遵循哪些原则?
5. DSS 有哪些功能?
6. CIMS 的功能结构是怎样的?

第 12 章　信息系统的新发展

学习目标和指南

学习目标：

1. 了解信息系统的新发展模式，如基于 WWW 的敏捷制造系统（AIS）、客户关系管理系统（CRM）、电子商务系统、电子政务系统等。

2. 理解各种新模式的发展历程、含义、特点。

学习指南：

结合案例学习了解信息系统的发展方向，对各种新的管理信息系统的特点有所了解和掌握。

课前思考

1. 信息系统的新发展主要有哪些？它们之间的关系如何？

2. 电子商务与电子政务的主要差异是什么？

12.1　基于 WWW 的敏捷制造信息系统

12.1.1　敏捷制造的概念

1991 年美国在《21 世纪制造企业发展战略报告》中提出敏捷制造的概念后在世界范围内引起了强烈的反响，受到政府及工业界的广泛重视。敏捷制造和国际上的许多研究计划（如 STEP、CALS、IMS 等）有着密切的关系，正逐步成为一项国际性的研究计划圈。美国几乎所有的大公司都参加了这一研究计划，欧洲和日本等其他发达国家也纷纷成立了相应的机构进行相应的研究和实施工作。可以说敏捷制造是一种全新的制造组织模式，代表着21 世纪制造业的发展方向。

敏捷制造就是以"竞争-合作（协同）"的方式把动态灵活的虚拟企业（或动态联盟）、先进的柔性生产技术和高素质的人员全面集成，从而使企业能从容应付快捷变化和不可预测的市场需求，获得企业的长期经济效益。这是一种提高群体竞争能力的全新的制造组织模式，代表着制造业未来的发展方向。它主要是通过计算机网络技术以敏捷动态优化的形式组织新产品开发，迅速响应客户需求，缩短产品开发与生产时间，提高产品质量，降低产品成本，从而赢得市场竞争。敏捷制造强调人、组织、管理、技术的高度集成，强调企业面向市场的敏捷性（Agility）。

12.1.2　敏捷制造企业的特点

敏捷制造企业具有以下主要特点：

（1）在全球化的市场竞争中能以最短的交货期和最经济的方式按用户需求生产出用户满意的、具有竞争力的产品。

（2）具有灵活的动态组织机构，它能以最快的速度把企业内部和企业外部不同企业的优势力量集中在一起，形成具有快速响应能力的动态联盟。

（3）具有高度柔性、可重构的生产设备及相应软件。

（4）具有持续创新的能力。

（5）具有创新能力和经验的员工。

（6）企业和用户之间存在一种"战略"依存关系。

动态联盟是敏捷企业合作的主要方式。这是一种既有合作又有竞争的动态组织形式，为了响应已经或即将出现的市场机遇，若干个优势互补的企业临时、快速地组成一个联盟，进行企业间技术、人员、管理、资金、服务等因素的重组和集成，以低成本、小风险、短的设计和制造周期制造出高质量产品以投放市场，并按一定的方式共享利益、分担风险。当市场需求消失时联盟又迅速解体。其特点是整个企业功能上的不完整性、地域上的分散性和组织结构上的非永久性，即功能、地域、组织的虚拟化。

12.1.3　敏捷信息系统

信息系统为企业提供了不同的信息和服务，为满足敏捷制造的要求，信息系统必须采用新的技术作为生长点。要达到敏捷性要求，关键的一点在于从信息系统的设计开始就应使系统有能力面向有限度的无法预测的应用环境，充分考虑到它们未来可能适应的不同环境和任务。在构建作为敏捷制造信息支撑体系的敏捷信息系统（Agile Information System，AIS）时应着重考虑以下几点：

（1）打破原有的设计模式和实现方法，使系统在建立之初就体现敏捷性的可重构、可重用和可扩充。

（2）在系统结构中要全面、客观地分析企业的信息需求，充分细化结构单元，使其能够依据不同的管理功能和要求进行重组，以适应变化的市场要求。

（3）面向企业运行，具有信息综合和信息决策能力；面向企业间资源共享与优化合作，提供全球供应链的管理。

（4）在 Internet 环境下基于 WWW 技术实现信息的无缝传递，即标准的信息交换接口。

（5）具有自治性，既可以自我规划，又可以和其他自治系统协调工作。

基于上述分析可以得到敏捷制造系统的结构模型，如图 12.1 所示。

12.1.4　基于网络的敏捷制造信息系统的总体结构

随着网络技术的发展和普及，现在又有学者提出了基于网络的敏捷制造信息系统，该系统的结构方案是采用 CORBA-Web 的多层体系结构来实现的。

当客户端访问 Web Server 时，浏览器从 HTTP 服务器上下载一个 CORBA 客户端——Applet，并嵌在其中。当用户请求 CORBA 服务时，由 Applet 向位于 Web Server 上的应用服务器上的 CORBA 应用对象发出对象请求。CORBA 应用对象首先对客户的请求进行认证和解释，如果请求的是本地 CORBA 对象，便调用相应对象的方法，并将结果返回

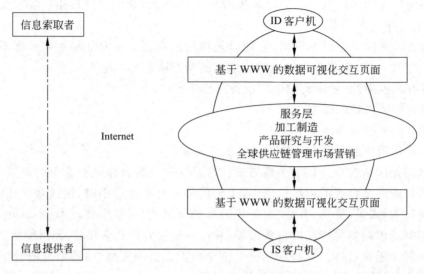

图 12.1 AIS 的系统结构模型

给 Applet；否则就将应用服务器作为一个 CORBA 客户端，通过 ORB 请求网络上其他的 CORBA 对象（其他联盟伙伴）服务，获得结果后返回给 Applet。

每个联盟企业可以通过动态联盟资源共享与网络协作系统来实现动态联盟的建立与实施。企业一方面可以通过对象代理提出请求来获取异地的服务和资源，另一方面可以通过对本地资源的封装定义 IDL 接口来向外界提供本地的服务和资源。

联盟中心是企业互相联系的纽带，是实现动态联盟的基础。联盟中心的通信 Agent 的作用如下：

（1）允许企业向其注册（或注销），记录各个企业的网络地址、提供给联盟伙伴的 CORBA 对象名，以便于企业间的通信。

（2）负责把各个企业有关对外 CORBA 服务的信息通知其他联盟伙伴。

（3）如果已经开启服务的企业上线，通信 Agent 立刻将这一消息通知其他联盟伙伴，并把其他在线的联盟伙伴的信息告诉该上线企业。

12.2 客户关系管理系统

12.2.1 客户关系管理的产生及内涵

1. 客户关系管理的产生

最早开始发展 CRM 的国家是美国，于 20 世纪 80 年代初期便有所谓的"接触管理"（Contact Management），专门收集客户与公司联系的所有信息。到 20 世纪 90 年代初期则演变成为包括电话服务中心与支援资料分析的客户服务功能（Customer Care）。在电子化企业时代 CRM 有了更大的应用与发展空间，结合信息系统的应用，CRM 的定义更进一步延伸到运用电信科技加以整合企划、行销与客户服务，提供客户量身定做的服务。近年来

CRM 与 ERP 相结合,并与 Internet 融合,产生了巨大的影响力,进一步开拓了市场空间。

2. 客户关系管理的内涵

CRM 由 Gartner Group 提出,被定义为"企业与客户之间建立的管理双方接触活动的信息系统"。在网络时代的客户关系管理应该是利用现代信息技术手段在企业与客户之间建立一种数字的、实时的、互动的交流管理系统。

IBM 则认为客户关系管理包括企业识别、挑选、获取、发展和保持客户的整个商业过程。IBM 把客户关系管理分为三类,即关系管理、流程管理和接入管理。

CRM 是一种全新的管理理念隔离技术。其核心思想是企业的客户作为最重要的企业资源;是一种旨在改善企业与客户关系的新型管理机制,要求以客户为中心来构架企业;是一种信息技术,将数据挖掘、数据仓库、销售自动化等与最佳的商业实践紧密结合;是一种实实在在的软件。

CRM 有三层含义:体现为现代经营管理理念;是创新的企业管理模式和运营机制;是企业管理中信息技术、软/硬件系统集成的管理方法和应用解决方案的总和。CRM 是指建立一种使企业在客户服务、市场竞争、销售及服务支持方面彼此协调的关系系统,帮助企业确立长久的竞争优势。

3. CRM 的定义

CRM 指的是从公司的战略和竞争力角度出发,通过对企业业务流程中客户关系的交互式管理提升客户的满意度和可感知价值,建立长期的客户关系,拓展企业附着于客户关系网络的无形资产,为相关的业务流程提供有效的决策信息,提高业务流程的效率和整合程度,从而为公司获取有利的市场定位和持续的竞争优势提供保证。

在这里要理解三个关键概念。

(1) 顾客可感知价值:客户从拥有和使用产品上所取得的价值和效用与其所支付的成本之间的差值。

(2) 客户满意度:取决于客户所理解的产品价值与期望值之间的比较。

(3) 交互式管理:指管理者和执行者不再是对立的,而是互为彼此。在交互式管理模式中管理者和执行者不断进行着一种职能、两种角色的转换。管理者会给下属更多的机会参与思考、判断、计划……使之真正自觉自愿地成为"参与者",这样就发挥出他们最大的潜能。

4. 电子商务下的 CRM 的定义

电子客户关系管理(eCRM)是指企业借助网络环境下信息获取和交流的便利,充分利用数据仓库和数据挖掘等先进的智能化信息处理技术,把大量客户资料加工成信息和知识,用来辅助企业经营决策,以提高客户满意度和企业竞争的一种过程或系统解决方案。

12.2.2 CRM 的体系结构

1. CRM 系统的构成

CRM 系统主要由以下几部分构成。

（1）客户信息系统（CIS）。

（2）市场营销管理平台：市场预测与市场策划管理。

（3）销售管理平台：销售计划的制定。

（4）客户服务平台：客户的整体关怀、客户咨询、技术支持。

（5）订单录入与跟踪。

CRM 的业务流程如图 12.2 所示。

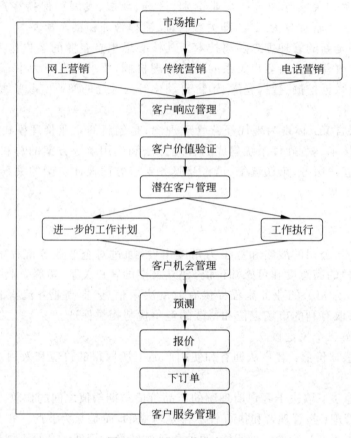

图 12.2　CRM 的业务流程

2. CRM 系统的构建步骤

CRM 系统的构建步骤可分为规划、实施、评估与改进，如图 12.3 所示。

1）规划阶段

（1）业务流程的诊断：寻找目前在 CRM 上存在的问题及其原因，定位出客户对企业的产品及服务最注重和关心的焦点。

（2）CRM 的规划：在实施 CRM 前必须规划、设定战略目标和阶段目标。定量化的方法可以采用加权指数法。但 CRM 的规划并不是一蹴而就的，需要分阶段实现。

2）实施阶段

（1）建立客户群的分类与管理策略。

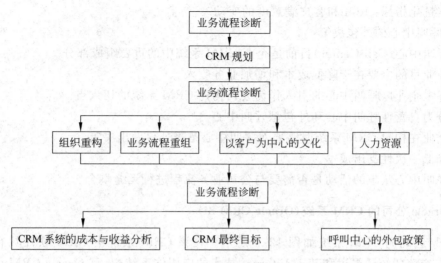

图 12.3　CRM 系统的实施步骤

（2）技术系统的构建：具体包括不同企业会选择不同的 CRM 切入点；客户服务中心；Web 站点；CRM 工作模块。

3）实施效果评估与改进

（1）CRM 系统最终必须实现的目标：

- CRM 系统必须把公司内部各个部门孤立和分散的客户数据整合起来。
- 实施 CRM 后，客户不论是通过何种渠道与公司打交道，或与某个部门打交道，对于客户服务和业务完成都没有区别。
- 客户信息的一致性与同步化。
- 不管公司通过何种渠道与客户交往，与客户的每一次交往都是具有个性化的，数据库中存有详细的记录。
- 尽可能地为客户提供更多的工具和方式选择。

（2）CRM 系统的成本与收益分析：客户关系管理系统的成本需要考虑以下因素。

- 企业为获取顾客"注意力"而进行的投资。
- 在客户服务活动上的直接投入。
- 顾客通过 CRM 系统来获取和使用产品信息及服务时所发生的成本。
- 最大的成本支出就是硬件的支出。
- 对业务流程进行重组所产生的费用。

（3）CRM 系统的收益：

- 通过提供客户满意度来获取更高的产品/服务效益。
- 通过长期客户关系的建立和维持，企业从中获取长期的利益。
- 产生一些新的商业机会。
- 促进企业相关职能活动和业务流程效率的提升。
- 降低企业业务流程的成本。
- 客户也可以通过 CRM 系统来降低产品信息及服务的获取成本。

- 定量化指标：ROI 和客户满意度的变动。

（4）呼叫中心的外包决策：

- 呼叫中心（Call Center）目前是企业 CRM 系统中的重要组成部分。
- 商业目的主要在于降低成本和增加业务收入。
- 许多企业以呼叫中心的引入作为公司构建 CRM 系统的切入点。
- 分为自营性呼叫中心和外包型呼叫中心。
- 企业在构建 CRM 系统时需要对呼叫中心是否外包做出决策。
- 降低一次性支出成本。
- 呼叫中心从事的活动是否需要与公司业务流程进行无缝整合。

3. Oracle 公司的 CRM 系统（Oracle CRM 3i）

Oracle 公司的 CRM 系统如图 12.4 所示。在该 CRM 系统中 CRM 软件具有客户智能、与客户交流的统一渠道和基于 Internet 技术的应用体系结构，且 Oracle CRM 由 5 个功能组件构成，包括集成的销售、市场、服务、电子商务和电话中心应用软件，其中银行电话中心是 CRM 的一个重要应用领域，在 Oracle CRM 解决方案中电话中心作为 CRM 的一个组成部分。

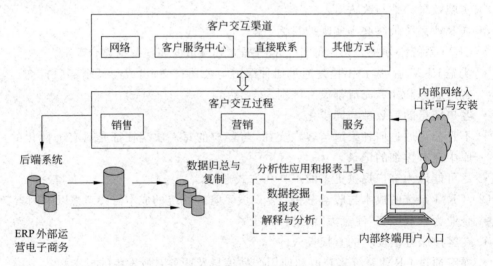

图 12.4　Oracle 公司的 CRM 系统（Oracle CRM 3i）

12.2.3　客户关系管理的未来发展趋势

1. 理念的发展

1）CRM 向 XRM 发展

将扩展客户的理解范围，包括员工和伙伴等其他关系的对象，也就是说一个人或组织只要他们对企业的发展有贡献都称为客户，这样建立起来的"企业关系管理"的概念不再是传统意义上的客户。

2）CRM 向客户管理的关系（Customer Managed Relationship，CMR）转变

企业采用 CRM 几乎是以企业利益为中心的，企业基本上主导着关系的发展和维持。而我们知道关系是双方的，只有合作互利才可以将关系长久化，关系的双方没有谁大谁小的问题。

2. 应用技术上的发展趋势

（1）各应用模块之间进一步加强整合。

（2）技术上以 Web 为主。

（3）充分利用业务流程管理（BPM）技术。

（4）强调与其他应用（ERP、SCM、XML）的整合。

（5）无线移动应用空间大。

（6）呼叫中心从传统呼叫中心转变为多渠道客户联络中心。

12.3　电子商务系统

12.3.1　电子商务的含义及产生背景

1. 电子商务的含义

1）商务的含义

商务是以实现商品或服务的交易而开展的一系列经营管理活动的总称。

2）商务活动

商务活动包括采购、生产、销售、商贸磋商、价格比较、经营决策、营销策略、推销促销、公关宣传、售前/售后服务、客户关系、咨询服务等。

3）电子商务的定义

到目前为止还没有一个统一的、具有权威性的表述，国内外不少有关组织、专家从不同的角度对电子商务下了定义，这里选取几个有代表性的来说明。

（1）OECD 的定义（Electronic Commerce，EC）：电子商务是发生在开放网络上的包括企业之间、企业和消费者之间的商业交易。

（2）全球信息基础设施委员会电子商务工作组：电子商务是运用电子通信作为手段的经济活动，通过这种方式人们可以对带有经济价值的产品和服务进行宣传、购买和结算。

（3）欧洲议会：电子商务是通过电子方式进行的商务活动。

（4）加拿大电子商务协会：电子商务是通过数字通信进行商品和服务的买卖以及资金的转移，它还包括公司间和公司内利用电子邮件、电子数据交换、文件传输、传真、电视会议、远程计算机联网所能实现的全部功能（如市场营销、金融结算、销售以及商务谈判）。

（5）美国（全球电子商务纲要）：电子商务是指通过 Internet 进行的各项商务活动，包括广告、交易、支付、服务等活动，全球电子商务将涉及世界各国。

（6）IBM（Electronic-Business）：电子商务是在 Internet 的广阔联系与传统信息技术系统的丰富资源相互结合的背景下应运而生的一种在互联网上展开的相互关联的动态商务活

动,有广义和狭义之分。

(7) 权威学者(美国,瑞维·卡拉科塔和安德鲁·B·惠斯顿):广义地说,电子商务是一种现代商业方法。这种方法通过改进产品和服务质量及提高服务传递速度满足政府组织、厂商和消费者的降低成本的需求。

(8) 综合定义:企业利用网络信息技术和电子技术从事的外部经营和营销活动以及与这些活动相关的外部环境。其中,外部在线商务活动主要包括采购、销售、商贸磋商、价格比较、经营决策、营销策略、推销促销、公关宣传、售前/售后服务、客户关系、咨询服务等;外部环境主要有安全认证、清算结算、物流配送、信用体系、技术标准、支付体系等。

2. 电子商务的特点

(1) 高效性。
(2) 方便性。
(3) 安全性。
(4) 集成性。
(5) 可扩展性。

3. 电子商务的功能

(1) 企业网上调查。
(2) 网上广告宣传。
(3) 企业网上招投标。
(4) 网络营销(网上订购和支付)。
(5) 网上服务(产品的意见征询、技术支持和售后服务)。
(6) 网络财务管理。

4. 电子商务的发展历程

通常把电子商务的发展分为两个阶段,即始于20世纪80年代中期的EDI电子商务和始于20世纪90年代初期的Internet电子商务。这里所讲的电子商务主要是指在网络环境下(特别是在Internet上)所进行的商务活动。

未来的电子商务模式将以买方市场为导向,以用户需求为中心,以业务竞标为手段,依托因特网和快捷的物流布局向全球化高速发展。未来20年内1/3的全球国际贸易将以电子商务的形式来完成。

5. 我国电子商务的现状和发展趋势

近年来,在全球经济保持平稳增长和互联网宽带技术迅速普及的背景下世界主要国家和地区的电子商务市场保持了高速增长态势。以美国为首的发达国家仍然是世界电子商务的主力军;而中国等发展中国家电子商务异军突起,正成为国际电子商务市场的重要力量。

2008年,中国电子商务市场前期延续了2007年电子商务持续高速增值的势头,后期则受全球金融危机和发展瓶颈影响,交易额增长放缓。但总体来说,中国电子商务市场的发展仍在稳步前行。据中国电子商务研究中心发布,仅 2016 年上半年,中国电子商务交易额就达到 10.5 万亿元,同比增长 37.6%,其中 B2B 市场交易规模达 7.9 万亿元,网络零售市场交易规模达 2.3 万亿元。

随着国内 Internet 使用人数的增加,利用 Internet 进行网络购物并以银行卡付款的消费方式已渐流行,市场份额也在快速增长,电子商务逐渐成为业界热议的一个焦点话题,相关的电子商务网站也层出不穷。

12.3.2　电子商务发展中的法律问题

由于电子商务在国内乃至于世界都是一个新兴的交易方式,全球对于电子商务都没有标准的法律文献,需加快关于电子商务中保护消费者权益的立法。

1. 电子商务发展带来的法律问题

1) 电子合同的法律效力问题

任何商务活动,参与交易的个人、企业或政府之间需要有一个合同,用来标明各方的义务和利益,以此作为交易中约束和支持各方的法律依据。电子商务中的合同要解决两个问题,一是要使电子交易合同与传统的纸质合同具有同样的法律效力,能够同样地获得有关合同法和消费者权益法的保护;二是如何有效处理合同管辖区域的问题。无论电子商务的各种交易是在国内还是在国外,它们都要求电子市场中的跨边境交易具有统一性及法律上的确定性。

2) 知识产权的保护问题

电子商务以开放的 Internet 为基础环境,使一些无形商品的内容可以在网上以电子形式传送,给数字化产品的传播和销售提供了成本低廉、迅速方便的手段,使消费者和商家都得到了很大的实惠。同时,这种便利也带来了知识产权被侵犯的问题,在 Internet 上存在的大量电子书籍被任意下载、网上大量的无授权软件随意被下载以及一些不负责任的人把并非自己财产的正版软件随意上传以供他人共享的行为都毫不例外地侵犯了原著作者的版权,掠夺了软件开发者的劳动成果,这些不正当的行为严重打击了网上软件市场和网络服务行业。

3) 网上隐私权的保护问题

网上隐私权是指公民在网上享有的私人生活安宁与私人信息依法受到保护,不被他人非法侵犯、知悉、搜集、复制、利用和公开的一种人格权;也指禁止在网上泄露某些与人相关的敏感信息,这些信息的范围包括事实、图像,以及毁谤的言论等。目前,网上隐私权保护遇到的主要问题是个人数据被过度收集、个人数据被二次开发利用和个人数据交易等。

4) 电子商务安全的法律问题

现在通过 Internet 非法窃取商业秘密、篡改和破坏商业信息的事件屡屡发生,"黑客"已成为与 Internet 一样流行的词汇。为此,各国的计算机专家从各个角度开发了许多保证电子商务安全的技术措施,以保证信息的保密性、完整性和不可抵赖性。但是,纯粹依赖技术手段来抵御各种类型的非法访问和恶意攻击几乎是不可能的,目前比较有效的方式是政府参与管理,通过指定维护协调电子商务活动运作的法律和管理规则对各类电子商务系统提出相应的安全要求,对安全技术标准、安全产品的生产与选择,电子商务管理机构和安全机构的权利、义务和责任,安全管理制度的建立与执行等做出规定,把行之有效的采用安全技术和实施安全管理的原则规范化,并强制性执行。

2. 国外电子商务法律法规建设的概况

1) 国际组织和机构所做的工作

电子商务是全球性的商务活动,而不仅仅是某个国家的国内义务,所以电子商务的法制建设既要考虑国内的情况,又要考虑和国际接轨的问题。目前,一些国际组织和机构陆续发布了一些与电子商务有关的建议和规则用来指导各国电子商务法律法规的建设。

2) 美国政府的政策和所做的工作

美国政府在围绕电子商务指定政策时采取非限制性、面向市场的做法,努力为电子商务活动创造一个透明的、和谐的法制环境,以促进 Internet 上电子商务的增长。1997 年由克林顿总统签署、美国 19 个政府部门共同起草的《全球电子商务政策框架》文件对各国的电子商务起到了极大的推动作用。该文件中所提出的有关电子商务发展的原则,即"私营企业应起主导作用;政府应当避免对电子商务做不恰当的限制;政府应支持和加强一个可预测的、最简单的和前后一致的商业法律环境;政府应当认识 Internet 的独特之处,应当在国际范围内促进 Internet 上的电子商务",已经成为各国制定电子商务政策的指导方针。

3) 欧洲及世界其他地区国家的情况

随着电子商务在全球范围的迅速普及,1997 年 4 月 15 日欧盟 15 国共同提出了《欧盟电子商务行动方案》,对信息基础设施、管理框架和商务环境等方面的行动原则进行了规定,以促进欧洲电子商务的发展,提高欧盟在全球的竞争力。欧盟的其他成员国也不甘示弱,纷纷行动起来,构建符合欧盟法律框架原则的国家电子商务法律体系。

3. 构建我国电子商务法律环境

1) 我国电子商务法制建设应遵循的原则

(1) 体现国家意志,把国家利益放在第一位,这是一切法律法规共同遵守的首要原则。

(2) 与国家宪法和其他已存在的法律法规及我国认同的国际法一致。

(3) 要有利于电子商务的进一步发展,加快相关科学技术和产业的提高,推动社会和经济进步。

(4) 要优先考虑制定纲领性、基础性、紧迫性的法律法规。

(5) 随着我国电子商务的进一步深入必然会不断遇到新的问题,出现新的挑战。在立法时应尽可能看得远一些,要有前瞻性,这样才能使制定的法律法规更具有科学性和可操作性。

2) 我国电子商务法制建设的现状

目前,我国关于计算机领域的法律法规有《中华人民共和国计算机信息系统安全保护条例》《中华人民共和国计算机信息网络国际联网管理暂行规定》《中国公众多媒体通信管理办法》《计算机信息网络国际联网管理保护办法》《计算机信息网络国际联网保密管理规定》《计算机病毒防治管理办法》等。我国从 20 世纪 90 年代初开始相继颁布并实施了《中华人民共和国著作权法实施条例》《计算机软件保护条例》《计算机软件著作权登记办法》《软件产品管理暂行办法》《电子出版物管理规定》《中国互联网域名注册暂行办法》《高等学校知识产权保护管理规定》等一系列旨在保护知识产权和软件产业的法律法规,还有一些相关的法律(如《专利法》《中国商标法》《反不正当竞争法》以及《合同法》等),它们从不同的角度来保护电子商务中的知识产权,使我国计算机软件的版权、作家的著作权、发明者的专利权、商品的商标以及企业的域名网址均在一定程度上受到法律的保护。

随着我国电子商务的飞速发展,网络欺诈、电商价格战、虚假促销、售后服务不当、个人信息泄露等问题相继出现,同时合同问题、知识产权问题、信息安全问题、纳税问题也涌现出来。因此迫切需要制定我国的《电子商务法》来规范网上交易各方的行为,保护消费者的合法利益。《电子商务法》是以电子商务活动为其规范对象的法律领域,还包括所有以电子信息方式进行的商务交易行为的法律规范,也是政府调整、企业和个人以数据电文为交易手段,通过信息网络所产生的,因交易形式所引起的各种商事交易关系,以及与这种商事交易关系密切相关的社会关系、政府管理关系的法律规范的总称。2013 年 12 月 7 日,全国人大常委会在人民大会堂召开了《电子商务法》第一次起草组的会议,正式启动了《电子商务法》的立法进程。目前,《电子商务法草案》已经形成,并向全国公开电子商务立法征求意见。该法案的通过必将促进电子商务的持续健康发展。

12.3.3 电子商务发展中的税收问题

1. 电子商务引起的税收问题

(1) 对纳税主体判定的问题。

(2) 商务交易过程的可追溯性问题。

(3) 电子商务过程的税务稽查问题。

2. 国外有关电子商务的税收政策和主张

(1) 新的税收体系应该是公平的。

(2) 新的税收体系应力求简化,最大程度地降低税收部门的管理费用及纳税人的有关费用。

(3) 对于纳税人来说,新的税收方法应具有确定性,从而使纳税人能预先确定一项交易所产生的税收后果。

(4) 新的税收体系应有较高的效率,从而最大程度地制止逃、漏税。

(5) 新的税收体系应力求避免产生经济扭曲,公司的决策者在制定各项决策时应该主要考虑商业因素而非考虑税收的驱动。

(6) 新的税收体系应具有较好的适应性,以便跟上技术与商业的发展。

(7) 新的税收体系应确保网上交易税收在国与国之间的公平分配,特别是发展中国家与发达国家的公平分配。

3. 电子商务发展中我国税务部门应采取的措施

(1) 制定和完善税收政策。

(2) 采取有效措施对实行网络贸易的企业加强监管。

(3) 积极参与制订关于电子商务的法律和法规。

(4) 培养面向"网络时代"的税收专业人才。

12.3.4 电子商务发展中的安全问题

1. 电子商务安全的构成要素

(1) 数据的准确性。

(2) 数据的完整性。

(3) 数据的保密性。

(4) 数据的可靠性。

(5) 不可抵赖性。

(6) 身份认证。

2. 电子商务面临的安全威胁因素

(1) 信息在网络传输过程中被截获(信息泄露)。

(2) 传输的文件可能被篡改(信息篡改)。

(3) 伪造电子邮件。

(4) 假冒他人身份。

(5) 不承认已经做过的承诺(抵赖行为)。

(6) 信息被破坏。

3. 电子商务中安全问题需完善的技术手段

(1) 需要建立一个电子商务系统安全的评估标准和评估机构。

(2) 需要建立为安全通信而设计的电子商务系统内部运行的多种网络协议。

(3) 应用服务的安全。

(4) 防火墙的安全性能的进一步改善。

(5) 操作系统的安全性能的进一步改善。

目前,信息安全体系、社会信用体系不健全,银行电子支付体系尚未完全建立,配送体系不健全,消费者上网交易的信心不足。

4. 电子商务安全的技术与法律保障

(1) 网络安全技术:虚拟专用网(VPN)技术、防火墙技术。

(2) 电子商务安全交易体系(如图12.5所示):信息加密算法、安全认证技术、安全交易协议。

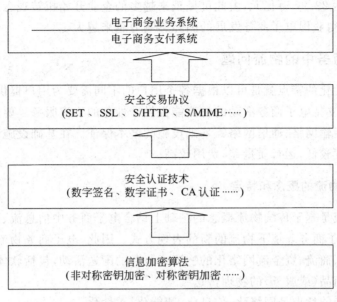

图 12.5 电子商务安全交易体系

（3）电子商务安全的法律保护：第一，电子商务交易首先是商品交易，其安全问题应当通过民法加以保护；第二，电子商务交易是通过计算机及其网络实现的，其安全与否依赖于计算机及其网络自身的安全程度。

12.3.5 电子商务发展中的观念问题

电子商务虽然在我国已开始形成高潮，但作为推动电子商务原动力的企业却对此多数采取观望态度，其中主要原因就是观念滞后，看不到电子商务将给企业带来巨大的商机。观念落后是我国许多企业不能领先世界水平的一个主要原因。

2001 年 11 月 22 日，国际数据公司发布研究报告称在中国加入世界贸易组织后国内电子商务将会呈现出快速增长的势头。到 2004 年，中国的电子商务交易额将会从 2000 年的 220 亿美元上升到 600 多亿美元，其中 B2B 电子商务将会占据 75% 的份额。经过 10 多年的发展，我国电子商务呈现出巨大的活力，如图 12.6 所示，截至 2016 年底，我国电子商务的

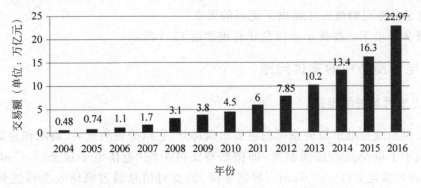

图 12.6 2004～2016 中国电子商务交易额变化趋势

总交易额已经高达 22.97 万亿元,由此可见越来越多的企业开始扭转观念,将业务拓展至电子商务领域,这使得我国电子商务发展的国际影响力越来越大。

12.3.6　电子商务中的物流问题

电子商务个性化的特点就是可以根据各个用户的不同需要为用户提供不同的产品和服务,这就要求作为支持电子商务活动的物流能提供个性化的物流服务。要达到这一目标,需要有良好的交通运输网络、通信网络等基础设施的基本保证。在基础设施建设方面,目前中国网络带宽及速度较低,运行质量差,费用较高。

1. 电子商务物流的概念和特点

电子商务物流是基于传统物流概念的基础上结合电子商务中信息流、商流、资金流的特点而提出的,是电子商务环境下物流的新的表现方式。因此,电子商务物流的概念可以表述为"指基于信息流、商流、资金流网络化的物资或服务的配送活动,包括软体商品(或服务)的网络传送和实体商品(或服务)的物理传送"。

电子商务物流的特点是网络化、信息化、智能化、柔性化。

2. 物流在电子商务中的作用

(1) 物流是实现电子商务的保证。

(2) 物流影响电子商务的运作质量。

(3) 物流是实现电子商务企业盈利的重要环节。

3. 电子商务对物流的影响

物流在电子商务中起着十分重要的作用,同样电子商务也影响着物流的发展,主要表现在以下几个方面:

(1) 电子商务改变传统的物流观念。

(2) 电子商务改变物流的运作方式。

(3) 电子商务改变物流企业的经营形态。

(4) 电子商务促进物流基础设施的改善和物流技术与物流管理水平的提高。

(5) 电子商务对物流人才提出了更高的要求。

电子商务环境下的物流企业信息化管理如图 12.7 所示。

12.3.7　电子商务中的支付问题

1. 网上支付系统的定义

网上支付系统是电子商务系统的重要组成部分,它指的是消费者、商家和金融机构之间使用安全电子手段交换商品或服务,即把新型支付手段(包括电子现金(E-Cash)、信用卡(Credit Card)、借记卡(Debit Card)、智能卡等)的支付信息通过网络安全传送到银行或相应的处理机构来实现电子支付。

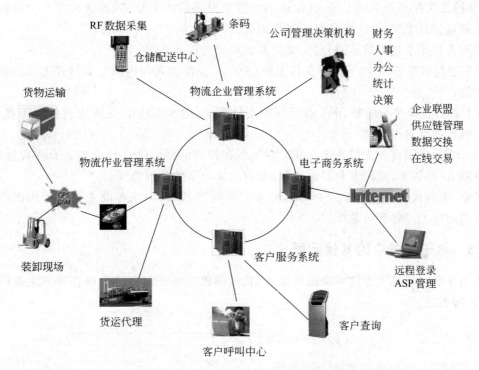

图 12.7　电子商务环境下的物流企业信息化管理

2. 网上支付系统的功能

(1) 使用数字签名和数字证书实现对各方的认证。

(2) 使用加密技术对业务进行加密。

(3) 使用消息摘要算法以确认业务的完整性。

(4) 当交易双方出现异议、纠纷时保证对业务的不可否认性。

(5) 能够处理贸易业务的多边支付问题。

3. 网上支付系统的类型

目前,世界通用的支付系统有几十种,根据在线传输数据的种类(加密、分发类型)可以将其粗略地分为三类:

第一类是使用"信任的第三方"(Trusted Third Party)客户和商家的信息,比如银行账号、信用卡号都被信任的第三方托管和维护。

第二类是传统银行转账结算的扩充。在利用信用卡和支票交易中敏感信息被交换。例如,如果客户要从商家购买产品,客户可以通过电话告知其信用卡号以及接收确认信息,银行同时也接收同样的信息,并且相应地校对用户和商家的账号。如果这样的信息在线传送,必须经过加密处理。

第三类是包括各种数字现金(Digital Cash)、电子货币(Electronic Money and Electronic Coins)的支付系统。这种支付形式传送的是真正的"价值"和"金钱"本身。在前面两种交易中,信息的丢失往往是信用卡号,被伪造的信息也只是信用卡号等;而这种交易中被偷窃信息不仅仅是信息丢失,往往也是财产的真正丢失。

根据支付体系结构的不同分类,支付系统可分为以下几类。

(1) 银行卡非 SET 电子商务支付系统(SSL):此类型是国内网上支付普遍采用的网上支付方法。

(2) 银行直接参与的非 SET 电子商务支付系统(类 SSL):该系统支付信息不经商家,直接到银行站点支付,风险较小。

(3) SET 电子商务支付系统:SET 是实现在开放的网络(Internet 或公众多媒体网)上使用付款卡(信用卡、借记卡和取款卡等)支付的安全事务处理协议。

目前,中国银行的网上银行中的支付方式是基于 SET,中国各商业银行推出的网上支付都可归到以上三种支付系统。

12.3.8 电子商务中的其他问题

我国互联网信息中心的调查报告显示,我国网民对电子商务的发展存在的主要问题如图 12.8 所示。

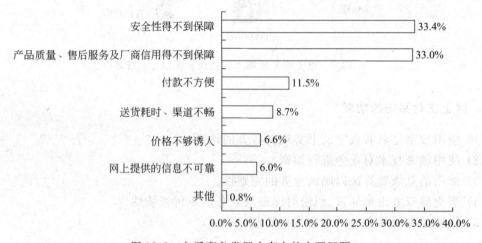

图 12.8　电子商务发展中存在的主要问题

12.4　电子政务系统

12.4.1　电子政务的含义

1. 电子政务的定义

自 20 世纪 90 年代电子政务产生以来,关于电子政务的定义有很多,并且随着实践的发展不断更新。

联合国经济社会理事会将电子政务定义为政府通过信息通信技术手段的密集性和战略性应用组织公共管理的方式,旨在提高效率,增强政府的透明度,改善财政约束,改进公共政策的质量和决策的科学性,建立良好的政府之间,政府与社会、社区以及政府与公民之间的关系,提高公共服务的质量,赢得广泛的社会参与度。

世界银行则认为电子政务主要关注的是政府机构使用信息技术(比如万维网、互联网和移动计算),赋予政府部门以独特的能力,转变其与公民、企业、政府部门之间的关系。这些技术可以服务于不同的目的,例如向公民提供更加有效的政府服务,改进政府与企业和产业界的关系,通过利用信息更好地履行公民权,以及增加政府管理效能,因此而产生的收益可以减少腐败,提高透明度,促进政府服务更加便利化,增加政府收益或减少政府运行成本。

据美国锡拉丘兹大学市民社会与公共事务教授波恩汉姆(G. Matthew Bonham)和美国国会图书馆研究员赛福特(Jeffery W. Seifert)等人对发达国家电子政务的研究综述,电子政务对于不同的人来说意味着不同的事物,它可以通过行为进行阐述,比如公民通过政府所提供的信息获取创业、就业信息;或者通过政府网站获得政府所提供的服务;或者在不同的政府机构之间创造共享性的数据库,以便在面对公民咨询的时候能够自动地提供政府服务。这种行为方式的描述意味着电子政务对于不同的受益者而言是不同的,从共性上来看它整合的是政府服务体系和服务手段,是政府服务形态在通信信息技术革命情况下的自然演化和延伸。

因此可以将电子政务界定为运用计算机、网络和通信等现代信息技术手段,实现政府组织结构和工作流程的优化重组,超越时间、空间和部门分隔的限制,建成一个精简、高效、廉洁、公平的政府运作模式,以便全方位地向社会提供优质、规范、透明、符合国际水准的管理与服务。

2. 电子政务的实质

在信息时代人民将与政府"直接沟通",人民和政府之间将形成真正的"鱼水关系",这就是电子政务的深层含义。

电子政务遵循的是政务边际成本递减法则。

社会化任务越重,管理范围越大,相对的管理成本越低。按照科斯理论,用建立制度的成本与它节省的成本比哪个更大,从而决定制度的稳定性。

电子政务就是各级政府机构的政务处理电子化,其包括内部核心政务电子化、信息公布与发布电子化、信息传递与交换电子化、公众服务电子化等,如图 12.9 所示。

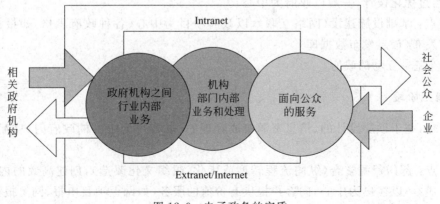

图 12.9 电子政务的实质

3. 实施电子政务的意义

在世界各国积极提倡的"信息高速公路"的 5 个应用领域中"电子政府"列为第一位,可见政府信息化在社会信息化中的重要作用。

从目前的发展来看,所谓电子化政府是指政府有效利用现代信息和通信技术,通过不同的信息服务设施(如电话、网络、公用电脑站等)对政府机关、企业、社会组织和公民在其更方便的时间、地点及方式下提供自动化的信息及其他服务,从而构建一个有回应力、有效率、负责任、具有更高服务品质的政府。

推行电子政务的现实意义巨大,可以带来多种社会效益,主要体现在以下几个方面:

(1) 提高政府的决策理性和公共政策的品质。

(2) 促进信息流通利用和平等共享。

(3) 提高政府的反应能力和社会回应力,扩大公民的参与。

(4) 实现政府信息化,为政府管理导入全新的观念,带来政府办公模式与观念上的一次革命。

(5) 公开政府信息,实现开放政府。

12.4.2　电子政务的发展阶段

电子政务的发展可分为 4 个阶段:

1. 第一阶段

数字化/电子化,从电脑打字到办公自动化,到政府上网。

关注点:政府域名的申请,简单访问(电子邮件、资料查询等),政府静态信息(政策法规、办事指南、机构设置等)。

政府形态:在线的政府。

2. 第二阶段

Web 化,不断演进,进一步完善政府信息的单向动态发布功能,开始出现政府门户网站(但没有经过优化设计,一般以政府为中心)。

关注点:基础设施建设(网络互联),以政府项目为中心(各种政府表格,如报税单等),动态信息发布(信息发布数据库)。

政府形态:互动的政府。

3. 第三阶段

资源化,基于顶层设计的、信息资源集成管理的、以客户为中心的政府门户(互动)网站(群)出现。

关注点:部门资源整合(纵向流程转型或优化、组织文化改造),创建高效的内部流程,降低运行成本;以客户为中心,向客户提供有价值的服务(如网上项目申报、网上报税),同时政府在网上征询公众意见,与公众互动,鼓励公众参政。

政府形态：整合的政府。

4. 第四阶段

平台化，以模块化业务组件和 IT 技术组件化的"一站式"服务平台出现，实现跨政府部门甚至公共机构与赢利性企业之间的整合。

关注点：跨边界的横向流程整合，提供"一站式"网上事务处理平台，优化的价值链，合作式的项目开发。

政府形态：随需应变的政府（虚拟政府）。

12.4.3　电子政务的应用模式

1. G2G 模式（Government to Government）

政府与政府之间互动的电子政务，它的使命是打破部门间的条块分割，实现互联互通，政府资源共享，组织机构重组，业务流程优化，实现政府部门间协作一体化办公与服务，使政府机构更精简、更合理，使政府的活动更富有成效。

这里的互动包括中央政府与各级地方政府之间、政府的部门之间、政府与公务员和其他政府工作人员之间的互动。

2. G2B 模式（Government to Business）

政府与企业互动的电子政务发展模式主要包括政府面向企业的电子政务与企业面向政府的电子政务。

政府面向企业的电子政务主要包括政府及其职能部门向企业单位提供政策法规、行政规定，向企业单位颁发的营业执照、许可证、合格证、质量认证等电子化服务，即向企业提供的各种公共服务及其服务电子化。

其目的是构造一个良好的投资和市场环境，维护公平的竞争秩序，协助企业、帮助企业进入国际市场和加入国家竞争。

企业面向政府的电子政务主要包括企业通过网络应向政府交纳各种税款及企业报表年审（电子税务）、接受网上政府监管（电子工商）、参加政府项目投标及采购供货服务（电子招投标）等，以及就政府如何创造良好的投资环境和经营环境提出企业意见和希望，反映企业在经营活动中遇到的困难，或向政府申请可能的援助。

3. G2C 模式（Government to Citizen）

政府与公众互动的电子政务发展模式指政府面向公众的电子政务，主要包括转变工作作风，政务公开、公平、公正、高效和透明，使政府的活动更透明、更置于公众的监督之下；提供便民服务，政府公共部门（如医疗、社保、公安等部门）还提供"电子医保""电子社保""电子证照"等服务。

4. IEE 模式（Internal Efficiency and Effectiveness，政府内部有效性和效率）

通过内部业务过程优化或重组，并实现业务过程的网络化、数字化、电子化，减少行政程序和管理经费,提高工作质量和工作效率。

通过内部绩效考核,并以考核客户满意度为评估标准,提高服务质量和服务效率。

通过不断学习和培训提高公务人员的素质(包括行政文化理念和工作技能),以改善政府机构的有效性和效率。

以上几种模式的具体特点如表 12.1 所示。

表 12.1 四种电子政务模式特点

模式	政府对政府(G2G)	政府对企业(G2B)	政府对公众(G2C)	内部效率(IEE)
对象	政府	企业	公众	内部
服务内容	电子政策法规	电子采购与招标	就业服务	规章制度
	电子司法档案	电子税务	劳动保险服务	电子办公系统
	电子财政管理	电子工商	教育培训服务	电子公文系统
	电子办公系统	电子证照办理	电子医疗服务	电子培训系统
	电子公文系统	信息咨询服务	公民信息服务	政务简报系统
	电子培训系统	中小企业服务	交通管理服务	信息发布系统
	业绩评价系统	……	公民电子税务	业绩评价系统
	……		电子证件服务	……
			电子参政、议政	
			……	
价值取向	加快部门协作、应急联动政务公开、资源共享、业务重组、职能转变,提高综合服务质量和办公效率,办公服务一体化	与企业互动,缩短企业纳税、工商办理、报表申报等时间,提高对企业服务的质量与效率	政务为民,提高电子便民服务质量和政府为民办事效率,改善生活环境,提高生活质量;与公众互动,鼓励公众参政、议政,提高公民素质	转变行政文化理念,政务公开、高效廉洁,及时发布信息,优化办公业务流程,提高办公与管理效率,提高领导决策管理水平
价值目标	公务员素质、办公效率、公务员满意度	企业素质、经济增长、企业满意度	公民素质、客户满意度	公务员素质、办公效率、公务员满意度

12.4.4 电子政务建设面临的主要问题

1. 环境问题

1) 数字鸿沟越来越大

数字鸿沟一般也被称为信息富有者和信息贫困者之间的鸿沟。它实际上指不同主体在当代信息技术领域存在差距的现象,既存在于信息技术的开发领域,也存在于信息技术的应用领域,特别是指由于网络技术产生的差距。

2) 市场准入条件越来越高

电子政务建设引起越来越多的政府机构的重视,不断加强管理。但是针对电子政务,面向 IT 企业的各种资质认证要求却越来越多、越来越高,市场准入正变得越来越难。

3)IT 企业恶性竞争时有发生

企业间的竞争是正常的,且有利于科学技术的发展。创造和维护一个公平、公正的市场竞争环境是政府的职责。不幸的是有些企业间的恶性竞争已经发生,使电子政务蒙受损失。一是盲目杀价、盲目承诺,在明知无法完成任务的情况下不顾企业的信誉先拿下合同再说。这种做法的工夫不是花在电子政务方案上,而是花在公关上,到头来无法按时、按质量完成合同任务,使政府最终蒙受损失。二是不讲职业道德,为了拿下合同而不择手段,攻击、诋毁竞争对手,甚至不惜陷害竞争对手。这些现象的出现表面上看是个别企业的错误行为,而深层的问题则是政府管理与引导不够,是市场和谐环境的建设问题。

4)人力资本严重短缺

目前我国已进入了信息化建设的关键时期,需要大量的专业技术人才和提高公务员的计算机技能水平。但是我国在这方面现正面临着专业人才紧缺和公务员计算机技能水平较低的严峻的挑战。首先,我国大量的高科技人才流失非常严重。一方面中国的发展急需大批优秀人才;另一方面又是源源不断的人才涌向国外。其次,我国公务员的信息知识和运用信息工具的水平较低,难以适应电子政务发展的要求。一些学历较高的公务员对计算机操作方面的技能仍然较差。

5)信息资源集成共享度不高

当前信息化建设存在数据资源较为分散、信息集成共享度不高的问题。城市信息化建设是一个体系,需要资源部门的参与和全力配合,在建设过程中一方面存在认识滞后和意识壁垒,致使信息资源难以整合,信息化建设各自为政的情况较为突出。另一方面,现有信息网络和应用网络之间缺乏互联,进一步造成信息隔阂,大量有价值信息闲置。此外,目前信息资源尤其是大型的公共数据库和专用数据库开发滞后(如地理信息数据库等),社会可利用的信息资源不足,将成为今后信息化进一步建设的主要难点。

6)基础条件薄弱,缺乏资金支持

经过从计划经济到市场经济的巨变,我国政府机关工作作风及办事效率已有很大的转变和提高,但总体上看,许多政府机关管理意识淡薄,管理手段原始,基础数据缺乏,很难实现政府从低层次的感官管理模式迅速转变到高层次的信息化管理模式的理想状态。

2. 建设的总体效益问题

1)体制改革没有全面跟进

我国政治体制改革还处于转型期,政府职能转变还任重道远。目前我国政府行政管理体制是从计划经济体制下继承而来的,虽然经过了 20 多年的行政体制改革,政府职能正由管理型向服务型转变,取得了可喜的成绩,但是一些深层次的问题仍然没有得到根本解决。如机构设置不合理,政府各部门职能交叉、重叠,行政流程不合理,行政效率有待提高,透明度较低等。这些都是电子政务发展和建设的重要障碍。

2)重复建设问题突出

重复建设严重,缺乏统一的信息技术平台。我国电子政务建设中已经运用的信息技术平台大多数是离散孤立的,各部门之间相互封闭、互不相通,构成一种以自身职能为出发点,以垂直行业管理体系为主导的电子政务框架。

3）"信息孤岛"大量存在

"信息孤岛"指的是网络之间的信息交流少、共享率低,整个网络的使用效率低下,服务面窄,专用性强,保密要求高,不能满足服务公众的需要。"孤岛效应"给我国的电子政务发展带来了严重的阻碍。电子政务的基础是土地、人口、法人等社会经济的基本数据,随着电子政务的推进,有的部门却把自己掌握的相关数据当成"独家秘籍",不愿意共享。在数据库、应用系统的建设上不考虑同其他部门的互联互通、协同办公。所谓"信息孤岛"现象,就是由各级政府部门自行建设的信息系统与网络最终成为了一个个相对封闭的体系,其结果与提高政府工作效率的初衷大相径庭。

4）缺乏可操作的战略规划

电子政务良性发展,必须要搞好战略规划,明确电子政务的使命是什么、发展战略是什么、关键要素是什么等,这是国外发展电子政务的普遍经验。但是,我国目前对这样一系列战略要素还有待充分的研究与认识,在整体上缺乏可操作性的规划。虽然《2006—2020年国家信息化发展战略》对电子政务建设具有重要的战略指导意义,是一部具有里程碑性质的纲领性文件,但是由于缺乏指导具体设计与实施工作的总体规划,各地各部门只能根据各自的理解进行探索和设计,从而难免出现认识上的偏差,更难以形成有效的外部约束。

3. 信息安全问题

1）窃取信息

由于未采用加密措施,调制解调器之间的信息以明文形式传送,入侵者使用相同的调制解调器就可以截获传送的信息。同时,政府机关内部人员更是可以十分轻松地将一些机要信息泄露出去,此谓"监守自盗"。

2）篡改信息

当入侵者掌握了信息的格式和规律之后,通过各种方式在原网络的调制解调器之间增加两个相同类型的调制解调器,将通过的数据在中间修改,然后发向另一端,这便严重地破坏了原信息的完整性与有效性。

3）冒名顶替

由于掌握了数据的格式,并可以篡改通过的信息,攻击者可以冒充合法用户及送假冒的信息或者主动获取信息,而远端用户通常很难分辨。同时,由于内部权限分配不明或者滥用他人名义实施违法活动,极有可能造成"栽赃嫁祸"。

4）恶意破坏

由于攻击者可以接入网络,则可能对网络中的信息进行修改,掌握网上的机要信息,甚至可以潜入两边的网络内部,其后果是非常严重的。如果政府内部人员与外部不法分子勾结或者由于发泄私愤从而破坏重要信息的数据库或其他软/硬件,后果更是不堪设想。

5）失误操作

由于缺乏明确的操作规程和必要的备份措施,加上部分工作人员的安全意识不强和安全技术有限,一旦出现失误操作,重要的信息将无法恢复。

4. 法律问题

目前我国的电子政务立法采用的是分散模式,有关电子政务的法律规范分布在计算机法、计算机软件保护法、电信法、互联网法、行政许可法、电子签名法等单行法律之中,没有统一的原则和标准,规范之间相互冲突的现象严重,电子政务的特性不能突出,实施效果差,与发达国家体系化、计划化和重点化的立法状况形成了鲜明的对比。从整体情况看,我国电子政务立法目前还处于一个"无纲领性立法,无明确的立法规则,无有效的立法评价及监督机制"的三无状态。

12.4.5 我国电子政务的发展现状及趋势

1. 我国电子政务还处于初步发展阶段

我国电子政务还处于初步发展阶段,存在一些亟待解决的问题,主要是部门间信息共享和业务协同程度低,盲目建设导致的浪费现象突出,业务系统相互分割的情况依然存在,面向公共服务、协同监管和决策支持的应用水平不高,绩效评价机制亟待建立,重建设轻应用的状况没有得到根本转变;相关法律法规尚不健全,标准化工作滞后,安全保障能力有待提高,电子政务建设对我国信息产业的拉动作用不够。

2. 我国电子政务建设的主要任务

(1)利用公共通信资源促进整合,构建完整统一的国家电子政务网络平台。

(2)利用公共通信资源构建形成统一的国家电子政务传输骨干网,统筹协调政务网络资源建设,加大资源整合力度,规范网络管理,提高政务网络支撑业务应用的能力。

(3)按照统一标准规范、统一地址和域名建设党委、人大、政府、政协、法院、检察院的业务网络和内网交换体系,实现互联互通,形成政务内网。

(4)加快建设和完善国家电子政务外网,组织制订外网总体规划、管理办法和标准规范,合理划分网络功能域、安全域,建立和完善统一服务体系,形成政务外网的整体服务能力。

(5)整合已有政务专网,推动其业务应用逐步向国家电子政务内外网迁移,形成完整统一的电子政务网络,为电子政务业务系统的信息共享和业务系统提供支撑。

12.5 "互联网十"时代 ERP 系统的发展之路

12.5.1 ERP 的发展历程

企业资源计划(Enterprise Resource Planning, ERP)由美国 Gartner Group 公司于1990 年提出。由于其能够将企业的物流、人流、资金流、信息流统一起来进行管理,实现资源利用的最大化,自诞生以来很多企业纷纷上线实施 ERP,ERP 系统成为增强企业竞争力的有力工具,形成一股巨大的 ERP 热潮。然而现实却是残酷,持续走低的实施成功率困扰着企业管理者,一时之间"不上 ERP 等死,上 ERP 找死"的论调不绝于耳,甚至有人高歌

"ERP 已死"。

经历了多年的发展以后,随着市场竞争需求不断增强以及企业对于信息化的重视程度越来越高,这些积极的因素加速了企业对信息化建设的需求日益扩大。时至今日,传统的工业时代管理方法已经暴露出其本质上的缺陷。尽管经过 20 多年的发展,但严格来讲,ERP系统仍然不是一个完全成熟的系统,无论从管理思想和内容以及实施过程和实际应用等各个角度观察,ERP 系统都还需要进一步的发展和完善。

面对互联网时代催生出的新型管理模式,新的技术、市场、对手、客户都对 ERP 提出全新的挑战,之前被神话的光环也早已暗淡无光。随着网络技术的发展,尤其是进入"互联网＋"时代,ERP 系统受到很多冲击和影响,ERP 在国内的发展历程中经历过炒作期、成长期、成熟期几个阶段以后,现在的 ERP 似乎已繁华褪尽,国内外知名 ERP 厂商纷纷开始为ERP 寻求变革的出路。

12.5.2 "互联网＋"时代背景下的 ERP 系统变革

1. 企业商业模式的改变与 ERP 系统变革

传统 ERP 系统是源于工业时代的工业企业的商业模式,是在管理模式和业务模型共同驱动下由多个模块构成的信息管理系统,ERP 系统也就围绕着人、财、物的管理解决了如何优化配置企业各种资源,以最低成本和最快速度生产产品的问题。传统 ERP 系统的结构相对固化、应用比较复杂、柔性差,无法及时有效地跟进企业规模扩大带来的业务以及管理创新的脚步,也无法对企业信息量激增进行有效地处理,具有明显的滞后性。

在"互联网＋"时代,由于其互动性和实时性的特点,从商业基础上给传统商业模式带来冲击,对于企业来说现有的经营方式和经营思想发生根本性的改变,在线服务或者其他各种新型的应用模式正在扩充、替代现有的经营。相应地,作为企业管理的神经中枢系统,ERP系统也必然要做相应的改变,以便适应并更好地为企业管理服务。

金蝶 K/3 ERP 升级为金蝶 K/3 Cloud ERP 系统就是金蝶这种改变的实例之一。原有金蝶 K/3 ERP 系统集合了财务管理、供应链管理、生产制造管理、人力资源管理、企业绩效等业务管理组件,以成本管理为目标,以计划与流程控制为主线,通过对成本目标及责任进行考核激励推动管理者应用 ERP 建立企业中人、财、物、产、供、销的完整管理体系,但在灵活性上稍差,不能更好地符合"互联网＋"时代的要求。

金蝶 K/3 Cloud ERP 是一个基于 Web 2.0 技术与云技术的开放式、社会化的新时代企业管理服务平台。对内,金蝶 K/3 Cloud 打破企业各层级、各部门间的壁垒,使原本割裂的信息聚合在一起,全通道式的信息传播得以建立,企业内部的交互变得更自由、更顺畅,充分提高企业内部协作效率;对外,金蝶 K/3 Cloud 打通了企业间的边界,通过开放的平台让企业与客户、合作伙伴乃至员工社群建立更紧密的联系,实现企业间的资源共享、经验互利,让产业链更协同、更敏捷。

2. 云计算与 ERP 系统变革

云计算是指通过网络以按需、易扩展的方式来获得所需的信息服务,因此云计算又常常被称为云服务,云计算技术包含着很多内容,但其中最为关键的是虚拟化和高速网络。基于云计算的产业技术发展趋势日益凸显,与传统的 ERP 系统不一样,云 ERP 提供了大量灵活的、易用的安装设置,而且不必增加成本开销;另外,它还提供了适用于所有业务类型的功能。一批面向云计算运行环境的管理软件也陆续登陆市场。

目前应用 SAP HANA 系统就是典型的基于云计算等技术的新型 ERP 产品代表。在 ERP 领域,SAP R/3 曾经是不二的领袖。从业务角度看,R/3 侧重细致的标准化业务流程,是 C/S 结构基于关系型数据库的杰出产品,现在前端也已经 B/S 化了,但后端随着数据量的飞速变化运算速度显然落后了。于是 SAP HANA 出现了。目前 SAP 已成功转型成为一家由 SAP HANA 驱动的云计算公司,并且正致力于帮助客户在每个业务环节实现化繁为简。

用友公司也在积极探索基于云计算的 ERP 系统变革。云计算对 IT 产业来讲是第三次变革浪潮,第一次是 PC、第二次是互联网,第三次便是云计算。而对于用友来说,云计算是第二次转型。第一次转型是从财务软件到 ERP、管理软件,第二次转型是从管理软件到云服务+管理软件,这次转型通过云服务+管理软件可以为客户提供更大、更多的价值,也是企业本身快速扩大的一个手段。

3. 大数据与 ERP 系统变革

大数据作为实现新 IT 与企业管理创新融合的关键技术是重构企业智慧的灵魂。新 IT 时代的企业信息化的典型特点就是运用互联网思维以大数据重构企业智慧建设以大数据为关键技术的、企业转型与创新的新一代信息化平台。将大数据 ERP 应用到企业的日常工作中可以帮助企业实现决策、人才招聘、产品营销、原料采购等企业价值链各环节的精准化和智慧化。其典型代表有浪潮升级后的 GS、PS、BA、CRM、HCM 全线管理软件。

现在大数据正在改变企业,它对企业资源计划软件也产生了影响。通过数据分析,企业可以改善流程,获得新发现,而这些新发现可以帮助他们增加收入并简化内部流程。ERP 充分利用起各种基础数据,最终有潜力改变企业的业务流程,为企业的各流程服务。

SAP HANA 结合了大量交易与实时分析能力,能够显著优化现有的计划流程、预测流程、定价优化流程等数据密集型流程。借助 SAP 内存数据库能够充分发挥实时数据的潜力。SAP 内存数据库采用改进的数据压缩、多栏式数据存储和内存计算技术,支持新一代企业数据管理。基于 SAP 内存工具的创新型业务分析功能可以使用户获得洞察力。作为一款灵活、多用途且与数据源无关的内存工具,SAP 内存工具(SAP HANA)整合了通过硬件(由 SAP 领先的硬件合作伙伴提供)进行优化的 SAP 软件组件。借助 SAP HANA,企业能够根据大量实时的详细信息分析业务运营状况。

用友 iUAP 在大数据处理和分析方面做出了很多努力,为全球大型企业和组织提供企业互联网开放平台,并打造完整、统一的产业链生态系统。用友 iUAP 是用友公司服务企业信息化以及近几年来助力企业互联网化过程中提炼出的各种模型、框架、工具与服务,并结合互联网技术为企业提供支持企业互联网化全生命周期管理的企业互联网开放平台,帮助企业方便地实现企业内外部的数据整合、O2O 互联,并帮助企业基于互联网构建出产业生态圈,再以生态圈方式实现商业模式和管理创新。

4．移动互联与 ERP 系统变革

随着移动互联网及移动智能终端的快速发展，"移动模式"时代将越来越走近人们的生活和工作，各类企业软件也将逐步服务于移动终端。移动端是 ERP 发展方向中又一重要的领域，ERP 行业移动化的技术发展趋势明显。它将与其他创新技术一起形成提升企业创新管理的新局面，真正帮助企业实现高效管理和智能便捷的企业形态。目前该类新型 ERP 已有多个 ERP 厂商进行深化改革与创新，并得到成功应用。

通过新需求与新技术的融合，新的企业运营管理模式便可以与市场的发展契机相呼应。在新型 ERP 的帮助下企业管理形态将日益优化，企业管理者身上的压力也将得以大大减轻。相信在经过技术与理念的革新后新型 ERP 便会取代传统 ERP 成为市场的主力军。

在移动互联方面，各个 ERP 生产制造商都在致力于引入移动应用，打造全新的工作模式。将 ERP 与移动技术结合起来，通过智能手机、平板电脑等终端设备随时随地处理 ERP 业务已成为企业转型发展的新需求。

金蝶云之家全面集成金蝶 K/3 Cloud 移动应用，帮助企业优化管理。K/3 Cloud 移动工作流提供流程审批提醒、随时随地移动流程审批，不管是高层还是企业管理者都能将时间价值最大化，深入企业业务，加速信息流转，提升决策效率。K/3 Cloud 移动销售为销售人员提供客户信息、销售订单、库存信息、价格信息、客户信用以及收/付款情况的全方位查询，以便销售人员随时随地了解跟踪订单的执行情况。

用友企业级移动应用解决方案是用友为移动互联网背景下企业信息化提供的全新的解决方案，其依托用友对企业应用的多年深入耕耘和专业化的了解，架构产业互联网的技术基因，让商业回归本源，让移动成为企业应用的第一终端。例如用友在 2011 年推出 U8 移动互联网系统，在 4 年时间里 U8 的用户当中有 80% 上了移动应用系统。

12.5.3 "互联网十"企业 ERP 系统的发展策略

企业管理需求不断深化。随着云计算、SOA、物联网、移动互联网、BI、"互联网十"等新技术的发展，企业的管理需求不断深化，不再局限于传统优化内部业务流程、提升运营效率的层面上，CIO 们的眼光更加长远，他们着眼的是企业管理系统能否提供有价值的商业信息，供管理层进行科学决策。

1．依托大数据技术，充分挖掘数据价值

ERP 系统的数据价值亟需挖掘。运转多年的 EPR 系统积累了大量的行业数据，这些数据对于企业的经营决策和预测来说意义重大。如何确保这些数据安全存储和及时运用将影响到企业能否最大化地发挥 ERP 的价值。在"互联网十"时代，数据的深度应用和分析将是企业管理的焦点，未来实时商业分析、实施大数据处理会有巨大的市场机会。

数字化管理从管理思想上为 ERP 系统提供了指导，企业从数字化、网络化、信息化一步步构建整个数据管理的体系。企业管理的解决方案在现有的采购、库存、销售、生产、人事等模式的基础上发生转变，更加注重客户关系、全球销售配送、跨地区生产、人力资源、知识管理等，倡导以数据为基础的管理，提高应变和管理决策的速度，扩大管理层次和范围，完全实

现企业的数据化管理。

根据《信息周刊》的说法公司往往只能分析12％的数据,这就意味着他们错失了88％包含在他们没有办法分析的信息中的潜在洞察力。鉴于ERP平台与业务的许多方面相关联,想想这些系统可能包含的信息都令人激动。当涉及大数据时,有许多不同方面的业务都可以实现以数据为基础的优化。

1) 销售预测

Smart Data Collective网站指出了零售商如何使用大数据分析,利用其ERP系统来预测特定项目的需求。大型零售商,如塔吉特或沃尔玛,在他们的ERP系统中都有重要数据,包括关于产品供应和库存的各类信息。Smart Data Collective表示沃尔玛可以使用其ERP分析旧款iPhone的销售模式,并且预测市场对新机型的需求。

2) 排程

因为实时信息变得更多,所以项目管理和排程只能在大数据系统集成时才有所改善。例如,ERP Focus网站指出公司可以从移动设备上访问实时信息,甚至是远程制造机构。对运营的所有领域有了更好的洞察,公司可以更有效地安排生产、节省时间和资源,而节省下来的资源可以用于其他地方,从而更有效率。

3) 供应链完善

ERP连接地理空间数据来改善供应链物流以提高效率。追踪所有供应链中的在途部件是许多企业面临的最大挑战之一。如果没有更好的洞察,从供应商到制造商的产品流动管理是很困难的。有了实时数据,公司可以优化路线,让产品在这些路线上来回移动,甚至可以看到交通信息和所需的穿梭卡车。这也可以提高供应链的可视性,为公司提供一个关于资产位置的更完整的视图。

4) 人力资源招聘

许多公司已经开始使用大数据来践行更好的招聘实践了。Social ERP指出,公司执行委员会的下属机构SHL获得了世界各地2500万名的雇员数据,通过研究这些数据,将它用于人才收购的目的。利用ERP的人力资源模块确定哪里有人才缺口并且使用大数据解决方案决定去哪里寻找新的人才。

2. ERP与商业职能(BI)充分结合,实现科学决策

传统ERP是面向操作型的,从计划到执行到反馈到战略调整,缺少决策分析及在历史数据上的洞察能力,无法将数据转换成对决策有参考意义的信息。储存大量数据的ERP就好比古时候怀才不遇的英雄豪杰们,空有一身本领,却无法施展抱负。在“互联网＋”时代,ERP终于找到了“伯乐”——商业智能(Business Intelligence,BI),主要通过对ERP中留存的数据进行抽取、挖掘、管理、分析等将数据转化成为对决策过程有重大意义的信息,帮助企业实现从数据到信息、从信息到知识、从知识到利润的转化。通过ERP和BI的完美组合,ERP系统中的海量数据可以被充分挖掘,并进行多维度的分析、横/纵向的剖析和筛选,将大量原始的数据转化成有价值的商业信息,不断地为企业策略的调整提供数据支撑,让ERP系统更好地服务于企业。

3. 以产品制造为核心向以供应链、客户等为核心的 ERP 管理思想的转变

随着因特网经济时代的到来,以制造为中心,以提高生产率、提高产量为目标的传统 ERP 系统已经转向提供供应链管理、客户管理关系为核心的 ERP 整体解决方案。

供应链管理使多个企业能够在一个整体 ERP 系统管理下实现协作经营和协同运作,实现信息和资源共享,从而大大提高该供应链在大市场环境中的整体优势,通过这种供应链 ERP 管理的优化作用达到整个供应链的增值。供应链管理系统面向企业采购、销售、库存管理人员,提供采购管理、销售管理、库存管理等业务管理功能,通过对企业产、供、销环节的信息流、物流、资金流的有效管理及控制全面管理企业内部供应链业务。新型 ERP 系统应提供完整的供应链解决方案,灵活的多组织应用架构,支持多组织的供应链业务,帮助企业持续优化流程与创新,基于 Web 2.0 与云技术的新时代企业管理服务平台,打造高效、敏捷的供应链协作平台。

以满足顾客需求为目标,通过客户需求来拉动产品生产和服务,管理潜在客户,深入挖掘销售线索,涵盖潜在客户挖掘、线索发现、客户 360 度视图、客户金字塔分析等核心业务。数据支持共享、分配和私有控制策略,实现多组织间的业务协作,也为管理决策提供数据支持。

ERP 系统经过多年的发展,同时也是企业与软件厂商不断优化的结果,目前 ERP 系统虽然已步入互联网的深化应用阶段,积极拥抱互联网,实现 ERP 的转型升级是发展的必由之路。但 ERP 系统还有很长的路要走,"互联网+"时代推动 ERP 系统更加智能化,ERP 系统为企业管理创新、成功实现向互联网的转型升级提供有力的支持。

案例与问题讨论

案例1:网上创业

在 2004 年,网上创业成为电子商务发展的新亮点。一年前,某市组织了"4050 网上创业活动",鼓励、帮助 45 岁左右的下岗职工再就业。下岗职工张阿姨和李阿姨积极投入到这一活动,并且都申请到政府提供的两万元创业基金资助。

张阿姨开设了一家经营时尚商品的网上商店,以受教育程度较高的年轻人为销售对象,网上商店为他们提供时尚化妆品、装饰品以及宝宝用品。张阿姨认为在网上做生意诚信最重要。她严格把握进货质量,客观地宣传经营的商品,一般采用货到付款的方式,及时将货物送达订货人。一年过去了,张阿姨的网站生存下来,并且有了盈利。张阿姨说:"下岗曾使我一度陷入痛苦的深渊,互联网使我重新看到了生活的希望。"

李阿姨也开设了一个网上商店。为了丰富商品内容,李阿姨选择了多类商品,按照用户年龄设计了多个不同的商品介绍页面,并请专业人员应用多媒体技术把网页设计得有声有色。李阿姨对定价并不十分重视,也没有刻意拉开商品的价格差距。她说:"价格差距的作用不大。只要喜欢,顾客就一定会买。"半年下来,该网站的点击率在下岗职工同时创办的网站中已名列前茅,但销售额一直上不去。李阿姨最终得出的结论是"开设网上商店的人都说

在网上买商品很方便,但事实不是这样,因为目前网上商店所能提供的条件还不能完全满足客户的要求。比如,在网络上买一件衣服就相当麻烦,因为不能直接接触到商品,所以需要投入很多精力来操作。再加上支付问题、安全问题、配送问题,顾客自然只浏览而不购买了。"现在,李阿姨已经完全退出了网络经营这个领域。

问题讨论:

1. 这是两个"4050"人员创业的实例。比较张阿姨和李阿姨的不同经历,试分析张阿姨成功的主要原因在哪里?李阿姨经营不顺利的主要原因又在哪里?

2. 作为个人创业,在开办网上商店时主要应考虑哪些问题?

案例2:北京移动客户关系管理系统

话费随时查询、业务电话受理、个性化套餐选择、客服主动营销……随着运营商不断加大软系统的投资,特别是电信运营商(包括 BSS/OSS、分析型 CRM 及操作型 CRM 等在内)的运营支撑系统的建设,给电信市场带来了巨大的变化。

电话特别是手机给我们的工作和生活带来更多沟通的畅捷和便利的同时也将任何一个消费者都曾体会过的或多或少的烦恼一扫而光。异地营业厅、网站、短信、大客户经理、1860客服台都成了用户随时随地可以办理业务的"柜台",柜台在某种意义上已经虚拟化了。这种变化有如旧百货公司与现代化的超市两者之间的对比,供给用户的服务已经不再是高高在上的供给型服务,而是一种透明化的服务、主动化的服务。北京移动在这一方面的成功引起广泛的关注。

1. 启动 O-CRM

众所周知,移动通信市场的普及率逐渐饱和,市场竞争异常激烈,用户在网的平均年限变得越来越短,客户利润率也在逐渐降低,这些已成为公认的市场典型现状。而前期建立起来的运营支撑体系各系统相对独立,系统间的共享不充分,较难提供透明化的服务,这就对客户的忠诚度和满意度提出了很大的挑战,这对于未来发展无疑是雪上加霜。

在同质化竞争日趋激烈的今天,只有实现统一客户资料、统一渠道,实现各系统之间的资源共享,提供给客户透明化、交互式、主动式的服务,实现服务水平质的飞跃,真正实现了"客户至上"的服务,才能在激烈的市场竞争中赢得市场。

针对移动运营市场这一现状,北京移动通过对原来业务能力水平现状的分析提出现阶段市场变革迫切的重点集中在实施差异化服务、客户信息管理以及信息知识管理三个方面,而这三个方面是事关能否实现"客户至上"的服务理念。

2. 构筑全业务支撑

为了提高客户关系管理水平,在竞争中继续保持领先优势,北京移动在 BOSS 系统、B-BOSS 系统及分析型 CRM 系统等系统建设的基础上确立基于 CRM 整体规划的操作型一期系统工程的建设要求。这样北京移动构筑了一个全力支撑企业运营的电信产品和服务,充分发掘日益丰富的客户资料,为客户提供更亲切的个性化服务,以树立良好的电信企业形象,提高客户的忠诚度,从而使电信运营企业获得稳步增长的收益。

在项目的建设中,亚信根据北京移动的业务能力情况及其实现服务和业务双领先的战略目标,以市场为导向,以客户为中心,以开发客户洞察力、一体化的营销规划能力、差异化的市场营销执行能力及合作伙伴关系管理能力为实施操作型 CRM 的目的,同时考虑规划中的 CRM 整体需求,以保证项目的连续性和整体性,避免重复投资。

据了解,该系统的建设采用多层系统架构,建置在开放/标准的平台上,采用模块化设计,以满足分步实施的要求,降低系统增加/修改功能的开发和维护成本,同时支持与北京移动 BOSS 系统、B-BOSS 系统、USD 系统、DSS 系统、网站系统、呼叫中心系统、KM 系统等的集成,以及其他所有接口的支持与集成。这样的操作型 CRM 具有高度的可靠性、安全性及可扩展性,满足北京移动客户关系管理现在和今后的容量需求。

在系统第一阶段的建设中主要实现营业厅、呼叫中心与网上营业厅功能和用户界面的统一;实现客户数据库跨系统的整合统一,加强各系统之间信息的共享及流程的顺畅,推动操作型 CRM 与分析型 CRM 系统之间的互动。系统建成后将提升集团客户数据收集及管理能力;提升市场活动跟踪、反馈及分析的能力;有效提升客户差异化的服务能力,特别是有针对性的交叉销售及增量销售能力。

无疑,建成后的系统将实现客户接触渠道的整合,集成目前已有系统的数据,建立完整的客户资料库,加强各系统之间信息的共享及流程的顺畅,推动操作型 CRM 与分析型 CRM 系统之间的互动,为建立市场、服务、销售三大面向客户的系统支撑体系奠定基础。实现在与客户接触的各个环节进行客户生命价值管理,满足并创造客户日益提升的消费需求,不断提升客户的满意度与忠诚度,延长在网客户的生命周期。

3. 实现服务的提升

"操作型 CRM 系统的采用实现了对客户接触渠道的整合,客户信息的完整性和质量都得以提高,这不仅使我们提高了客户满意度,减少了客户流失,而且帮助我们理顺业务流程,提高了企业运营效率。"北京移动的相关负责人这样表示。

事实如此,操作型 CRM 的建成引起客户关系管理上质的变化:由于实现了各系统客户数据库的共享,无论客户选择何种渠道与北京移动进行互动,北京移动的客服代表或客户经理都能掌握完整的客户信息;通过对数据进行集中分析,并改善促销活动流程和系统功能,以获取更丰厚的收入;提供口径一致和快速的服务响应不仅能提升客户的满意度,还能缩短回应客户询问的时间;满足重要呼入客户对服务请求处理速度和时间的要求,提高客户的满意度和忠诚度;为大客户提供更加具有针对性的销售计划及服务。

对于北京移动在打造服务和业务双领先的战略过程中,特别是操作型 CRM 项目建成运行后带来的变化,客户陈先生深有体会,他高兴地说:"这种变化所带来的好处是摸得着的,以前使用大哥大,即使花费再多的电话费,也无法享受优惠服务,更为可气的是每月交电话费都得排队等候。现在这种烦恼没有了,更为可喜的是北京移动不仅使各种业务和服务进一步透明化,同时还会推出各种优惠活动回报客户,例如在去年来电畅听的基础上今年提供了更有吸引力的无限畅听。"

随着移动运营市场的激烈竞争,运营商越来越关注软件系统的建设,这也刺激着对操作型 CRM 解决方案的需求。北京移动操作型 CRM 系统的成功应用一方面标志着国内电信运营商的发展全面进入以客户为导向的时代,同时也证明了亚信在国内电信运营支撑系统领域的领先地位。

问题讨论:

1. 北京移动为什么要实施 CRM?
2. 北京移动是如何实施 CRM 的?
3. 实施 CRM 给北京移动带来了哪些好处?

小　　结

本章主要从基于 WWW 的敏捷制造信息系统、客户关系管理、电子商务、电子政务几个方面阐述了管理信息系统的具体应用和发展方向,并具体介绍了敏捷制造信息系统的概念和特点、AIS 的结构以及基于网络的 AIS 架构;介绍了 CRM 的产生及内涵、CRM 发展中的一些问题,重点阐述了如何构建 CRM 系统;最后介绍了电子商务和电子政务的相关内容。

练习与作业

1. 我国电子商务与电子政务的发展现状如何?
2. 如何解决在电子商务中的安全问题?
3. 如何构建客户关系管理系统?

第13章 管理信息系统开发应用实例

13.1 小型医院门诊就医系统结构化分析与设计

随着现代经济高速发展,人民的生活和工作节奏不断加快,自我保健意识也日益增强,对医疗服务提出了更高的需求。为了从根本上改进服务流程、优化服务环境,医院需要对门诊医疗全过程实行信息化管理,为患者提供文明、高效、快捷的服务。

本系统充分实现信息的存储与共享,以提高信息交流效率为目标,提供医院门诊管理工作功能,实现医院门诊管理工作一体化;利用计算机技术简化人工管理流程,实现信息的一次录入、多方共享,满足医院不同部门对各类信息的需求。同时根据医院门诊管理工作的实际需要科学划分功能模块,使系统具有良好的扩充性、可维护性及可调整性,取得了明显的经济效益与社会效益,提高了医院的现代化管理水平。

本章主要结合结构化系统分析和设计过程将小型医院门诊就医系统的开发过程一一介绍。

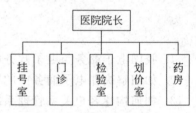

图 13.1 社区医院组织结构图

13.1.1 组织结构调查

小型医院的组织结构简单,主要划分为挂号室、门诊、检验室、划价室和药房等科室,其组织结构图如图 13.1 所示。

13.1.2 系统业务流程分析

本系统的业务流程可按照不同科室的各个职能分别阐述。

1. 挂号室的业务流程图

1)挂号部分的业务流程

病患将个人信息告知挂号室人员,挂号室人员按照其挂号信息向病患收取挂号费,随之将挂号单交给病患。挂号部分的业务流程图如图 13.2 所示。

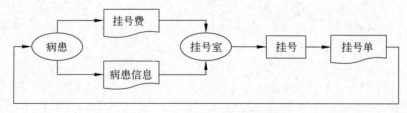

图 13.2 挂号部分的业务流程图

2）退号部分的业务流程

病患向挂号室人员提交退号申请,随之挂号室人员按照挂号信息将挂号费交还给病患。退号部分的业务流程图如图13.3所示。

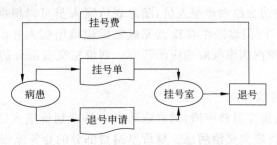

图13.3 退号部分的业务流程图

2. 门诊医生接诊的业务流程图

挂号室将挂号信息提交给门诊医生,门诊医生向各检验室医生提交检验申请,随之检验室医生对病患进行相应检验并将检验结果返回给门诊医生进行查阅,最后门诊医生对病患填写病历和药物清单。门诊医生接诊的业务流程图如图13.4所示。

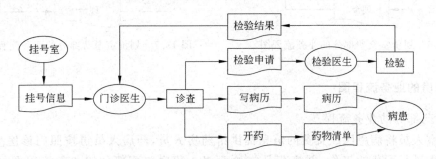

图13.4 门诊医生接诊的业务流程图

3. 检验室医生接诊的业务流程图

门诊医生向检验室医生提交检验申请,划价室人员将交费通知交给检验室医生,随之检验室医生向病患采集标本进行检验,并将检验结果和报告提供给门诊医生进行查阅参考。检验室医生接诊的业务流程图如图13.5所示。

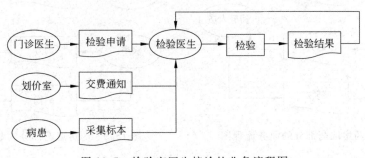

图13.5 检验室医生接诊的业务流程图

4. 划价室的业务流程图

1）交费部分的业务流程

门诊医生将检验申请交给划价室人员,随之划价室人员可以根据检验的内容向病患收取相应的检验费用;另外,门诊医生在检查完成之后应该给病人开出药单并交给划价室人员,划价室人员根据药单向病患收取相应的药费。划价室交费部分的业务流程图如图13.6所示。

2）退费部分的业务流程

病患向划价室人员提交退费申请,随之取药室人员向划价室人员提交此病患未领药的信息,最后划价室人员将现金交给病患。划价室退费部分的业务流程图如图13.7所示。

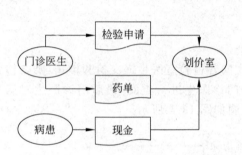

图 13.6　划价室交费部分的业务流程图

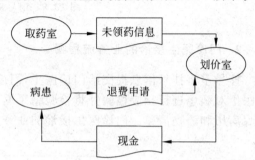

图 13.7　划价室退费部分的业务流程图

5. 药房的业务流程图

1）取药部分的业务流程

划价室人员将病患已经交费的信息提供给药房人员,药房人员再按照门诊医生提供的药方给病患进行配药的工作,并将药品交给病患。药房取药部分的业务流程图如图13.8所示。

2）退药部分的业务流程

病患向药房人员提出退药请求,药房人员从划价室人员得到已交费的信息,随之给病患办理退药手续,收回药物。药房退药部分的业务流程图如图13.9所示。

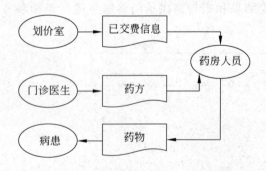

图 13.8　药房取药部分的业务流程图

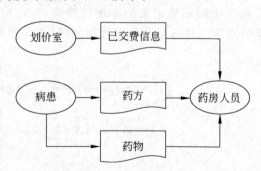

图 13.9　药房退药部分的业务流程图

6. 电子处方处理部分的业务流程图

门诊医生提交病历后病患可以进行查询,将药方提交后药房人员和收费处人员也可以进行相关方面的查询处理。电子处方处理部分的业务流程图如图 13.10 所示。

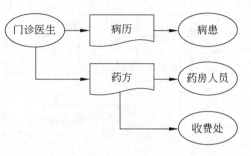

图 13.10　电子处方处理部分的业务流程图

13.1.3　系统数据流程分析

本系统主要是针对小型医院门诊部分进行管理,方便医院门诊医生对病患的各项信息进行查询、修改等,所以我们以医生的需求为主要目的,医生可以通过操作对病患的信息进行查询,也可以进行相应的修改和添加等。每一个功能都可独立实现,同时也可结合多个功能共同分析病患的情况,省时简便,免去了不必要的操作,可以根据自身需要进行功能的实现。

在此通过数据流程图来反映,数据流程图(Data Flow Diagram)简称 DFD,是一种描述"分解"的图示工具。它用直观的图形清晰地描绘了系统的逻辑模型,图中没有任何具体的物理元素,只是描述数据在系统中的流动和处理情况,具有直观、形象、容易理解的优点。

1. 顶层数据流程图

顶层数据流程图如图 13.11 所示。

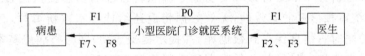

图 13.11　顶层数据流程图

注: F1. 病患信息　F2. 病患检查结果信息　F3. 病患药单信息　F7. 药品　F8. 病历和计价信息

2. 第一层数据流程图

总体来说,这个系统就是围绕着病患的相关信息(包括各种检查结果、病历和药方等)在医院的各个科室之间的传递,并允许相关医生对病历和药方等做出相应修改、添加或者删除的操作。因此,从医院的日常流程来看可以将医院门诊就医系统大体分为 5 个部分,包括挂号、诊断、检验、收费、取药,并且为了方便病患的使用还在系统中添加了查询部分,从而系统总共由 6 个部分构成。与其相关的实体仍然是医生和病患。在挂号部分生成病患基本信息明细表,诊断部分生成病患疾病信息明细表和病患药方信息明细表,检验部分生成病患检验结果明细表。第一层数据流程图如图 13.12 所示。

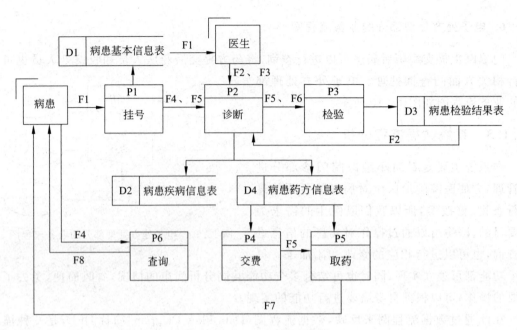

图 13.12　第一层数据流程图

注：F1. 病患信息　F2. 病患检验结果信息　F3. 病患药单信息　F4. 挂号信息　F5. 已交费信息
F6. 检验申请　F7. 药品　F8. 病历和计价信息

3. 第二层数据流程图

1) 挂号部分的数据流程图

根据材料和分析挂号部分可做如下分解：病患将自己的信息提供给挂号室，挂号室将信息输入，由系统审核信息的有效性，无效数据将返还给挂号室重新填写，有效数据则对用户收取挂号费的同时将信息保存到数据库，并提示提交成功；同时将病患基本信息传递至数据库供医院各科室查询。挂号部分的数据流程图如图 13.13 所示。

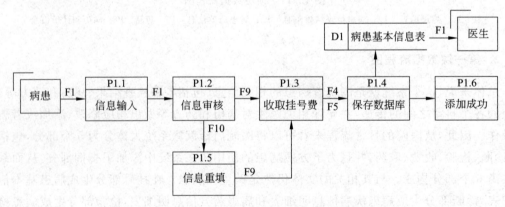

图 13.13　挂号部分（P1）的数据流程图

注：F1. 病患信息　F4. 挂号信息　F5. 已交费信息　F9. 有效数据　F10. 无效数据

2）诊断部分的数据流程图

根据材料和分析诊断部分可做如下分解：系统将挂号信息和已交费信息提供给接诊医生，然后医生输入病患的相关信息，由系统审核信息的有效性，无效数据将返还给接诊医生重新填写，有效数据则允许医生对病患根据情况进行诊断，如有需要可向检验室提交检验申请，待检验结束后医生再根据检验结果对病患进行检验，随后将检验结果和药方保存至数据库，生成病患疾病信息明细表和病患药方信息明细表，并提示提交成功。诊断部分的数据流程图如图 13.14 所示。

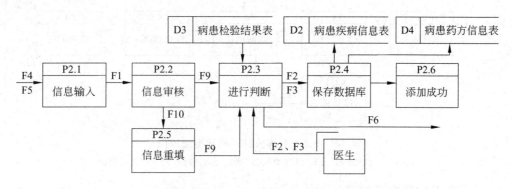

图 13.14　诊断部分（P2）的数据流程图

注：F1. 病患信息　F2. 病患检查结果信息　F3. 病患药单信息　F4.挂号信息

F5. 已交费信息　F6. 检验申请　F9. 有效数据　F10. 无效数据

3）检验部分的数据流程图

根据材料和分析检验部分可做如下分解：系统将已交费信息和检验申请提供给检验室，然后医生输入病患的相关信息，由系统审核信息的有效性，无效数据将返还给医生重新填写，有效数据则允许医生对病患采集检验标本并进行检验，随后将检验结果保存至数据库，生成病患检验结果明细表，并提示提交成功。检验部分的数据流程图如图 13.15 所示。

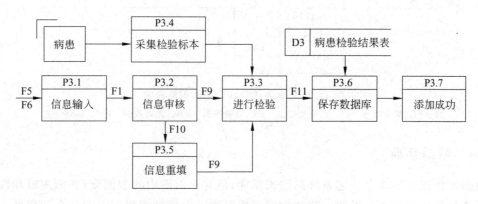

图 13.15　检验部分（P3）的数据流程图

注：F1. 病患信息　F5. 已交费信息　F6. 检验申请　F9. 有效数据　F10. 无效数据　F11. 检验信息

4）交费部分的数据流程图

根据材料和分析交费部分可以做如下具体描述：收费室将病患信息输入系统，由系统审核信息的有效性，无效数据将返还给收费室重新填写，有效信息则收费室根据病患药方信息明细表收取药费，并将已交费的信息保存到数据库中，提示提交成功。交费部分的数据流程图如图 13.16 所示。

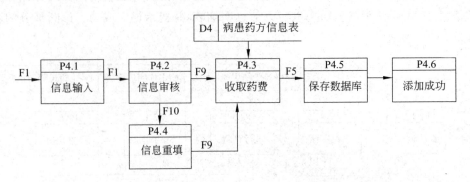

图 13.16　交费部分(P4)的数据流程图

注：F1. 病患信息　F5. 已交费信息　F9. 有效数据　F10. 无效数据

5）取药部分的数据流程图

根据材料和分析取药部分可以做如下具体描述：药房将病患信息输入系统，由系统审核信息的有效性，无效数据将返还给药室重新填写，有效信息则药房根据病患药方信息明细表安排取药，并将取药信息保存到数据库中，提示提交成功。取药部分的数据流程图如图 13.17 所示。

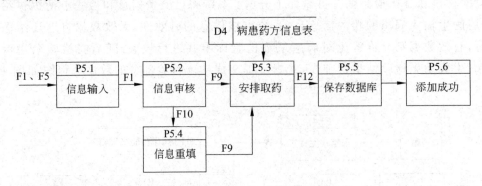

图 13.17　取药部分(P5)的数据流程图

注：F1. 病患信息　F5. 已交费信息　F9. 有效数据　F10. 无效数据　F12. 取药信息

13.1.4　数据字典

数据流程图从整体上描述系统的逻辑功能，但并未对图中的数据流、处理逻辑和数据存储等元素的具体内容加以说明。建立数据字典是为了对数据流程图上的各个元素做出详细的定义和说明。数据流程图加上数据字典就可以从图形和文字两个方面对系统的逻辑模型进行完整描述。

（1）数据流字典如表 13.1 所示。

表 13.1　数据流字典

编号	名　称	来源	去　向	组　成	说　明
D1	病患基本信息表	病患	审核有效性	姓名、挂号单号码、病历号码、挂号类别、日期、性别、年龄	按需求更新
D2	病患疾病信息表	医生	病患病历信息检索和显示	挂号单号码、病历号码、日期、病历、接诊医生、科室	按需求更新
D3	病患检验结果表	医生	病患检验结果信息的显示	挂号单号码、姓名、性别、年龄、日期、检验情况、检验结果、检验员、检验类型	按需求更新
D4	病患药方信息表	医院	病患药方信息检索和显示	挂号单号码、病历号码、日期、药品、个数、单位	修改，需要调整

（2）数据存储字典如表 13.2 所示。

表 13.2　数据存储字典

编号	名　称	流入数据流	流出数据流	组　成
F1	病患信息	输入病患信息	病患信息检索	姓名、性别、年龄日期
F2	病患检查结果信息	输入病历	病历信息检索	挂号单号码、病历号码、日期、病历、接诊医生、科室
F3	病患药单信息	输入药单	药单信息检索和取药处理	挂号单号码、病历号码、日期、药品、个数、单位
F4	挂号信息	挂号信息	挂号信息检索	挂号单号码、挂号类型、日期、挂号费
F5	已交费信息	输入已交费信息	交费信息检索	交费情况
F6	检验申请	提交检验申请	检验申请检索	挂号单号码、日期、检验类型、交费情况
F8	病历和计价信息	输入 F4	病患相关信息检索	挂号单号码、病历号码、日期、病历、药品、个数、单价、总计
F11	检验信息	输入病患信息	病患检验结果信息检索	挂号单号码、病历号码、日期、检验结果、检验类型、检验情况、检验员
F12	取药信息	输入已取药信息	取药信息检索	取药情况

（3）加工条目字典如表 13.3 所示。

表 13.3　加工条目字典

编号	名　称	输　入	处理逻辑	输　出
P1.1	信息输入	病患信息	检验正确性	病患信息
P1.2	信息审核	病患信息	检验其是否有效	有效信息或无效信息
P1.3	收取挂号费	有效信息	显示并收取费用	已交费信息和挂号信息

编号	名 称	输 入	处理逻辑	输 出
P1.4	保存到数据库	输入挂号信息	根据输入的挂号调用数据库中的信息	挂号更新信息
P1.5	重新填写	输入病患信息	处理正确性	有效挂号信息
P1.6	添加成功	输入挂号信息	提示已将信息存放进数据库	信息已提交
P2.3	进行诊断	输入检验结果和诊断结果信息	显示并输入诊断信息	诊断信息
P3.3	进行检验	检验结果	显示、输入检验情况和检验结果	检验信息
P3.4	采集检验标本	检验标本	根据采集的标本进行检验	检验结果
P4.3	收取药费	有效信息	显示并收取费用	已交费信息
P5.3	安排取药	有效信息	显示并发放药品	已取药信息

P2.1、P2.2、P2.4、P2.5、P2.6、P3.1、P3.2、P3.5、P3.6、P3.7、P4.1、P4.2、P4.4、P4.5、P4.6、P5.1、P5.2、P5.4、P5.5 以及 P5.6 与上述 P1 部分处理情况相同,故不重复填写。

13.1.5 开发平台的设计

由于本系统对运行环境的要求不是太高,服务器端在 Windows 2003 Server 以上版本下安装使用,容易操作且维护简单;客户端可以在 Windows XP 以上版本下运行使用。

基于上面软件开发工具的选择并考虑到本系统的性能要求,本系统采用 Windows XP 中文版作为开发、测试和运行平台,硬件选择 CPU 为 Pentium 2.0G、内存 1GB、硬盘 160GB。

13.1.6 模块结构设计

1. 模块的划分

模块的划分应遵循以下几点原则:
(1) 各个模块要具有相对独立性。
(2) 各个功能模块之间数据的依赖性尽量小。
(3) 模块划分的结果应使数据冗余较小。
(4) 各个模块的划分应便于系统分阶段实现。
按照功能划分的原则把医院门诊就医系统划分为挂号处、问诊室、检验室、收费处、取药处以及病患应用 6 个子系统。整个系统的功能模块图如图 13.18 所示。

2. 各模块主要功能的具体分析

(1) 挂号处:针对病患的信息和对其挂号的信息进行添加和删除。
(2) 问诊室:针对病患的挂号信息进行查询,对病患的病历进行添加和修改,对病患的

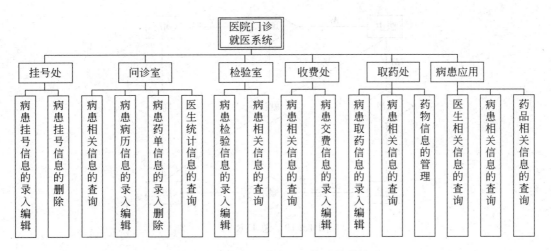

图 13.18 医院门诊就医系统功能模块图

药方进行添加、修改和删除,对医生问诊情况信息进行统计查询。

（3）检验室:针对检验的结果和情况进行添加和修改,对病患的相关信息进行查询。

（4）收费处:针对病患的相关信息进行查询,对交费情况信息进行修改。

（5）取药处:针对病患的相关信息进行查询,对取药情况信息进行修改,并且对药物信息进行添加、修改和删除。

（6）病患应用:针对病患对于医生的工作时间、药品的功能以及病患的病历和划价的查询。

13.1.7　数据库设计

数据库设计的任务就是以数据字典中所列出的基本数据项为原始数据设计出结构优化的数据库逻辑模型和物理模型,并构造能为用户提供高效的运行环境、满足信息系统需求的数据系统。虽然需要建立很多的数据表,各数据表间是互相联系、互相影响的,它们是一个统一体,但不影响各个模块的独立性。为了把用户的数据清晰、明确地表达出来,首先建立一个概念性的数学模型,概念性数学模型是一种面向问题的数学模型,是按用户的观点来对数据和信息建模。最常用的表示概念性数据模型的方法是实体-联系方法。这种方法用 E-R 图描述现实世界中的实体,而不涉及这些实体在系统中的实现方法,该方法又称为 E-R 模型。E-R 图共有三种符号,即实体、属性和联系。通常实体用矩形表示,属性用椭圆或圆角矩形表示,联系用菱形表示。联系又分为一对一、一对多和多对多三种类型。

1. E-R 图的建立

病患、医生、病历、药品、计价等 5 个实体为本系统的主要实体,这 5 个重要实体的 E-R 图描述如下。

（1）总 E-R 图:如图 13.19 所示。

（2）病患实体属性图:如图 13.20 所示。

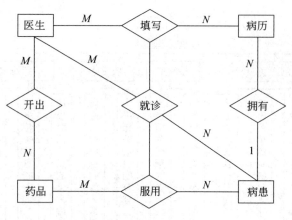

图 13.19　总 E-R 图

（3）医生实体属性图：如图 13.21 所示。

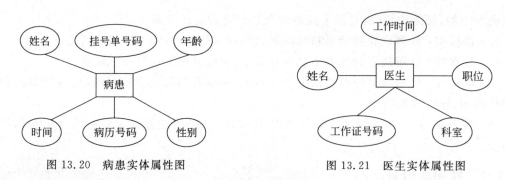

图 13.20　病患实体属性图

图 13.21　医生实体属性图

2. 数据库的详细设计

　　数据库是依照某种数据模型组织起来并存放二级存储器中的数据集合。这种数据集合具有如下特点：尽可能不重复，以最优方式为某个特定组织的多种应用服务，其数据结构独立于使用它的应用程序，对数据的增、删、改和检索由统一软件进行管理和控制。从发展的历史看，数据库是数据管理的高级阶段，它是由文件管理系统发展起来的。

　　数据库系统是一个实际可运行的存储、维护和应用系统提供数据的软件系统，是存储介质、处理对象和管理系统的集合体。它通常由软件、数据库和数据管理员组成。其软件主要包括操作系统、各种宿主语言、实用程序以及数据库管理系统。数据库由数据库管理系统统一管理，数据的插入、修改和检索均要通过数据库管理系统进行。

　　具体设计如下：

　　（1）表 yisheng 的具体设计如图 13.22 和表 13.4 所示。

　　（2）表 binghuan 的具体设计如图 13.23 和表 13.5 所示。

　　其他信息表与以上表类似，这里不做具体描述。

13.1.8　输出和输入设计

　　下面以问诊、开药、收费几个界面说明输出和输入设计。

设计表"yisheng"，位置是"天津和平医院就医系统"中

列名	数据类型	长度	允许空
姓名	nvarchar	50	✓
工作证号码	nvarchar	50	
科室	nvarchar	50	
工作时间	nvarchar	50	✓
职位	nvarchar	50	✓
所属挂号类型	nvarchar	50	✓

图 13.22　表 yisheng 的设计图

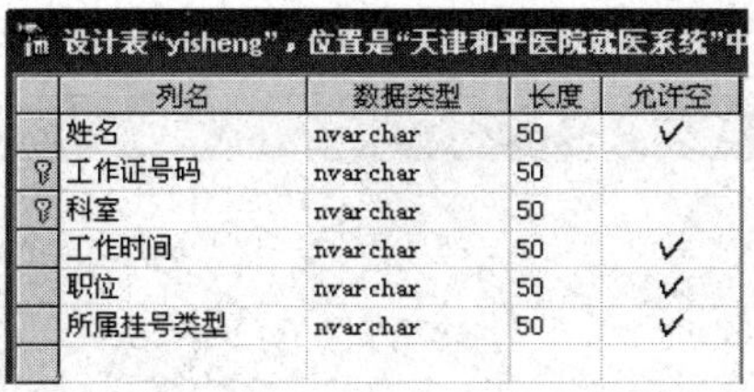

表 13.4　医生信息表

列　名	数据类型	长度	允许空
姓名	nvarchar	50	
工作证号码	nvarchar	50	
科室	nvarchar	50	
工作时间	nvarchar	50	
职位	nvarchar	50	
所属挂号类型	nvarchar	50	

设计表"binghuan"，位置是"天津和平医院就医系统"

列名	数据类型	长度	允许空
姓名	nvarchar	50	✓
挂号单号码	nvarchar	50	
病历号码	nvarchar	50	✓
挂号类别	nvarchar	50	✓
性别	char	10	✓
年龄	char	10	✓
挂号费	money	8	✓
日期	datetime	8	

图 13.23　表 binghuan 的设计图

表 13.5　病患信息表

列　名	数据类型	长度	允许空
姓名	nvarchar	50	
挂号单号码	nvarchar	50	
病历号码	nvarchar	50	
挂号类别	nvarchar	50	
性别	char	10	
年龄	char	10	
挂号费	money	8	
日期	datetime	8	

（1）问诊界面如图 13.24 所示。

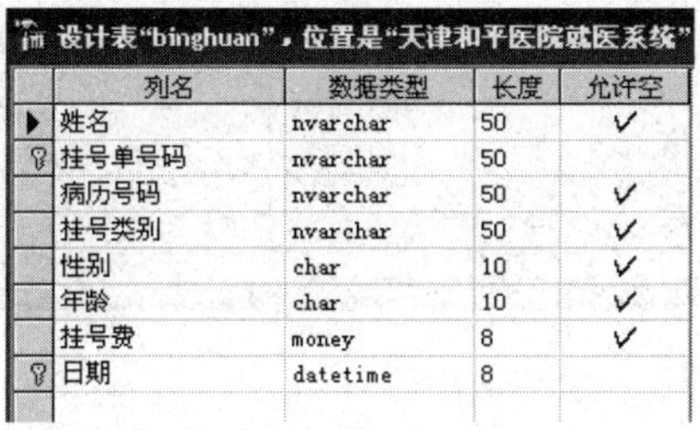

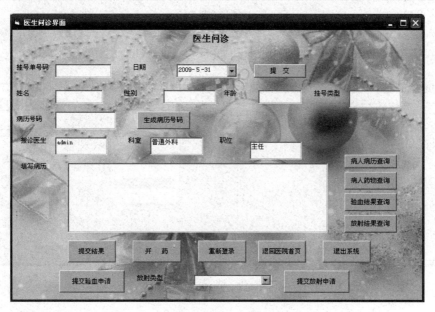

图 13.24　问诊界面

（2）开药界面如图 13.25 所示。

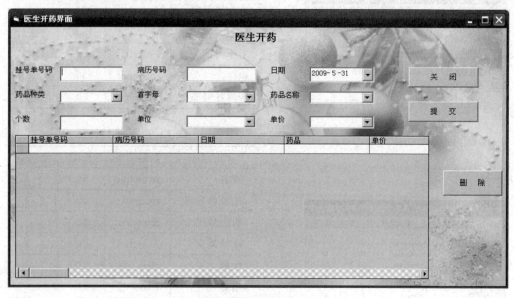

图 13.25　开药界面

（3）收费部分界面如图 13.26 所示。

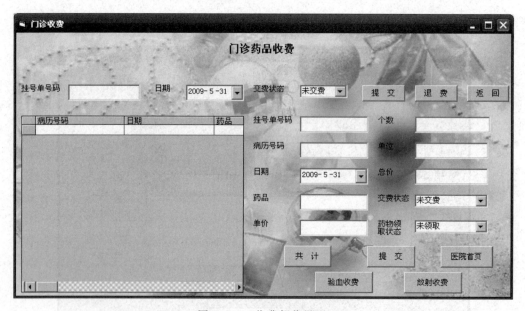

图 13.26　收费部分界面

(4) 药物管理界面如图 13.27 所示。

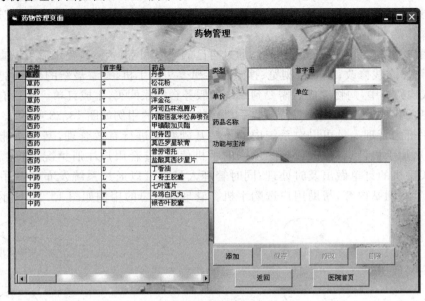

图 13.27　药物管理界面

13.2　手机销售系统的面向对象分析与设计

13.2.1　系统需求描述

　　随着社会的发展,互联网已经成为人们日常生活、学习办公中不可缺少的一部分,并在各个领域发挥着越来越重要的作用,特别是在网络交易、信息发布、应用频繁的经济流通领域的发展尤为迅速。随着国家经济的不断发展,人们已经进入了一个全新的信息时代。

　　随着人们生活质量的不断提高,手机早已进入了平常百姓之家,而网上手机销售管理系统的出现打破了人们传统的手机销售模式。它凭借其产品信息更新速度快、信息发布量大、安全性高、应用简便等特点为手机购买者提供了一种全新的手机购买方式,使手机购买者足不出户便可查询和购买自己喜欢的手机样式。手机供应商也可通过手机销售管理系统在网上发布最新的手机款式供客户选择,而且大大方便了手机的销售管理工作,管理人员可以随时查阅库存信息,及时补充手机。

　　所以手机销售管理系统不仅为手机购买者提供了一种全新的购买方式,也为手机销售商提供了一种很好的销售渠道与产品发布平台,并且随着我国经济的不断发展、人民生活水平的不断提高,手机销售管理系统必将在未来的手机销售中发挥越来越重要的作用。

1. 发现和确定用例

　　对于普通的消费者系统应能实现用户注册登录、管理个人信息、查询手机信息、购买手机和查询订单等功能;对于销售人员或管理人员应能实现添加手机、删除手机、手机类别的管理、公告管理、用户管理以及后台订单管理等功能。一个完整的网上交易平台应具备配送、商品配送信息查询、网上银行支付等功能。本系统主要为教学设计,忽略了配送、支付等具有实际操作的功能。

　　普通用户可以在系统注册个人账号,通过自己的账号和密码登录,登录后可以查看自己的账号信息,可以在线修改;在前台浏览、搜索自己想要买的手机,查看最新的公告,把自己喜欢的手机放入购物车中,购物完成后需要到系统的服务台结账购买,生成订单。随后有公司专职人员与用户联络确认订单,用户等待接收手机。普通用户的用例如图 13.28 所示。

　　销售手机的管理人员可以对系统内的一些基础数据进行有效管理,基本功能包括手机管理,用于增加手机信息、修改或删除停产的手机信息;查看用户注册情况,避免恶意注册;对用户购买手机的订单做出及时处理;同时管理人员也可以通过系统发布一些手机销售方面的消息,丰富网站内容,帮助用户选购手机。管理人员总的用例如图 13.29 所示。

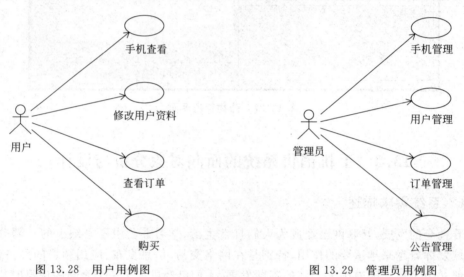

图 13.28　用户用例图　　　　　　　　　　图 13.29　管理员用例图

2. 改进和细化用例

　　为了方便用户挑选和购买,针对不同类型用户的购买特点和喜好对手机查看用例做了进一步细分,如年轻的用户喜欢新款手机,增加了新品查看用例;品牌忠诚度高的用户喜欢专一品牌手机,增加了按条件查看用例,用户可以在这个用例中按照品牌查询手机;学生用户可能更倾向于打折手机,系统会根据市场形势以及库存情况定期发布特价手机;有的用户为了减少搜寻成本,喜欢买销售量大的手机,系统根据手机卖出的数量以及总的金额由多到少进行排序,以方便用户能够快速地了解市场行情。针对上述用户的喜好对手机查看用例扩展了相关功能,如图 13.30 所示。

　　对于管理人员,手机分类详尽,包括国外手机和国产手机两个大类,也可以按照手机品牌进行分类管理,可以增加新品牌手机,对每个大类可按不同品牌型号查看手机信息。管理人员进入系统后台进行相关手机信息的上传以及修改。前台用户可以看到各类手机品牌型号,查看手机详细信息。管理人员的手机管理如图 13.31 所示。

　　管理人员也可以对注册用户进行管理,对于恶意注册和胡乱操作的用户,管理人员可以及

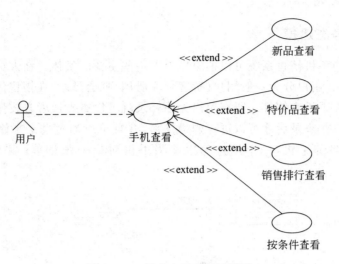

图 13.30 用户查看手机用例图

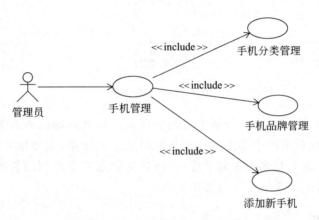

图 13.31 管理员手机管理用例图

时冻结账户,取消其使用资格。如果是管理人员的误操作而冻结了某一账户,可以对冻结账户解冻,因此对管理员的用户管理用例扩展了冻结账户和解冻账户两个用例,如图 13.32 所示。

对管理员的公告管理也做了进一步细分,主要包括增加公告信息和删除公告信息,方便管理员对公告做出及时的调整,如图 13.33 所示。

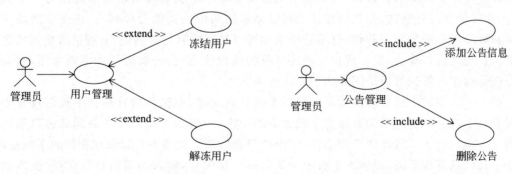

图 13.32 管理员用户管理用例图   图 13.33 管理员公告管理用例图

13.2.2　初步静态建模

对设计开发的手机销售系统可以抽象出以下一些主要的实体。在人员信息方面有用户实体、管理员实体。用户分为一般用户（游客）、注册用户（会员）。在销售信息管理方面有订单实体、公告实体、手机实体等。所有用户无须登录就可以查看或者查找搜索所需的手机信息。只有注册用户在登录后才可以进行购物操作，并且可以通过登录来修改个人信息。一个用户可以购买多部手机，一个用户每次购买手机对应一张订单。系统的初步类图如图 13.34 所示。

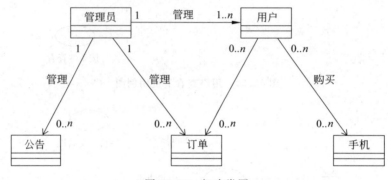

图 13.34　初步类图

在定义了类之后需要进一步分析类之间的联系。类之间的联系有关联、聚集、继承、依赖等多种类型。关联表示两个类之间存在某种语义上的联系，例如用户类和手机类之间的购买关联，在数量关系上是多对多的关系；管理员类和用户类之间的管理与被管理、服务与被服务的关联，在数量关系上是一对多的关系。

13.2.3　动态建模

1. 建立活动图

手机销售管理系统可以建立多个不同的活动图，下面仅举例介绍有代表性的活动图。

手机销售系统应提供后台管理功能，管理员进入到后台登录页面输入正确的用户名和密码即可登录到网站后台管理，在管理员的主要活动中手机管理可以对系统已有手机的价格、简介等信息进行修改；会员管理活动可以显示网站中注册的会员列表，在这个活动中有冻结和解冻用户账号两个动作；订单管理活动可以看到所有订单列表，管理员可根据顾客留下的信息与之进行确认，发货成功后更改订单的执行状态；公告管理活动可以添加、删除网站公告等动作。管理员活动图如图 13.35 所示。

图 13.35 中的手机管理活动可以包括手机分类管理、手机品牌管理和手机信息管理等子活动。手机分类管理活动有添加手机大类的动作，一般分为国产手机品牌和进口手机品牌两个大类。对于手机品牌管理活动，在国产与进口两个大类下可以添加相应的手机品牌。对于手机信息管理活动，添加新手机的相关信息以及图片，输入相关信息后保存，新添加的手机根据"是否新品""是否特价"两项出现在网站的相关位置，如图 13.36 所示。

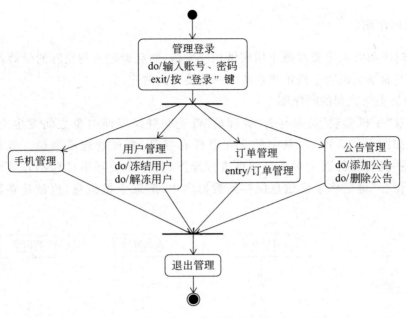

图 13.35　管理员活动图

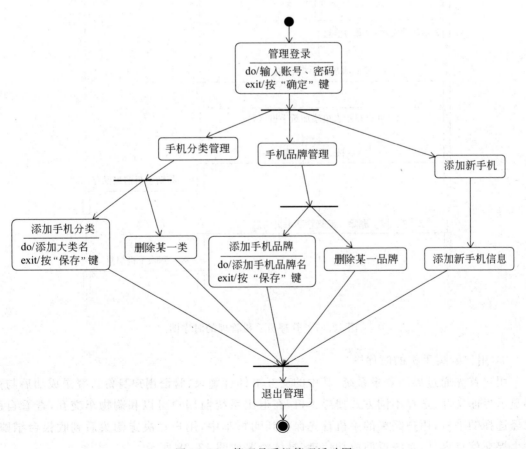

图 13.36　管理员手机管理活动图

2. 建立时序图

在绘制时序图时首先要对每个用例做相应分析,然后确定参与交互的活动者、对象以及交互事件。下面举例说明手机销售系统的一些重要的时序图。

1)管理员手机管理的时序图

用例场景"手机管理"是参与者"管理员"首先和登录界面对象之间发生交互,可以绘制的时序图如图 13.37 所示,其中的交互事件有登录、验证管理员身份。登录成功后管理员可以在手机管理界面上对手机信息进行操作,具体的交互事件包括在界面上添加手机信息,按"保存"键后将手机信息保存到数据库中;删除手机信息,也就是在数据库中删除具体内容。

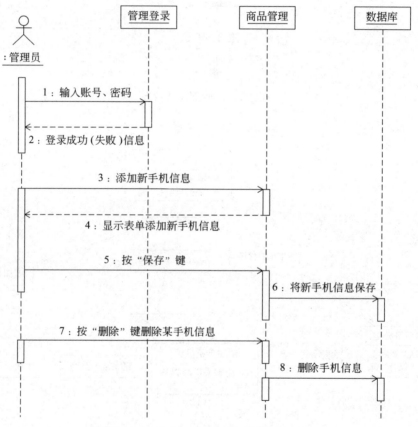

图 13.37　管理员手机管理的时序图

2)用户购买手机的时序图

用户首先通过界面登录系统,其中的交互事件有登录、验证用户身份。登录成功后与商品显示界面交互,选择不同方式搜寻手机,在退出系统前用户可以和购物车交互,查看自己已经选择的手机,用户购买的手机首先保存到购物车中,用户在决定购买后到收银台结账,发生提交信息事件,系统返回成功信息,具体情况如图 13.38 所示。

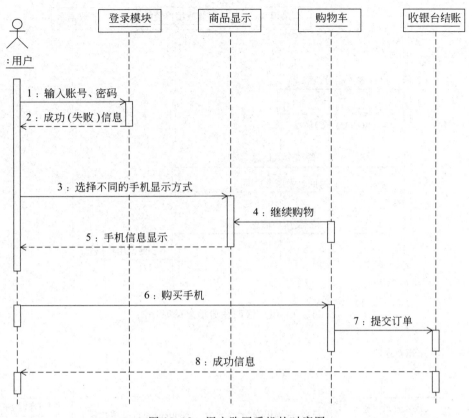

图 13.38　用户购买手机的时序图

3）用户修改注册信息的时序图

用户与登录界面交互发生的事件包括输入账号、密码，系统返回成功（失败）信息，登录成功后用户与修改用户资料界面交互，修改自己的注册信息，发生的事件包括输入新的个人信息，在提交新信息的同时界面与数据库交互，将用户的新信息提交到数据库，系统返回修改成功提示，具体情况如图 13.39 所示。

3. 建立状态图

状态图表现一个对象（类）的生命史。对于一些实现重要行为动作的对象应当绘制状态图。绘制状态图需要确定一个对象在生命期可能出现的全部状态，以及哪些事件引起状态的转移，对象（类）在这个状态内会发生哪些动作。

对于手机销售管理系统来说，用户的主要状态包括登录、注册、选手机、查看购物车、结账等状态。在查看购物车状态中有修改数量、清空购物车、结账、继续购物等动作。如果用户的账号、密码正确，提交后可以由登录状态转变成选手机购物状态，在此期间用户可以查看自己的购物车，选择完手机后进入收银台结账状态，核对自己的地址等信息，具体情况如图 13.40 所示。

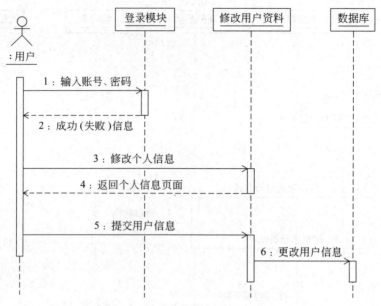

图 13.39 用户修改注册信息的时序图

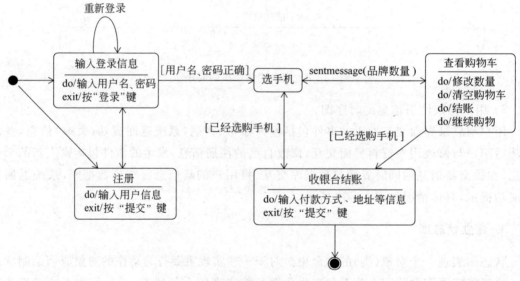

图 13.40 用户状态图

13.2.4 静态建模的进一步分析

根据动态模型的分析有必要对类模型做进一步的分析和完善。对于用户类,用户注册信息时从页面输入的内容最终要提交给后台的数据库,可以在用户类中增加方法,用于连接数据库、在数据库的表中增加用户信息记录,但这样设计增加了用户类的负担,影响系统速度,所以将用户类和用户相关信息的执行分开,形成用户类和用户执行类,这样用户类专门用于提取页面表单中的信息,用户执行类专门负责数据库的相关操作。同样,手机类也采用同样的分析思路,形成手机类和手机执行类。在手机管理用例中,由于要对手机的大类和类型进行管理,所以设计了手机大类类和手机品牌类。同样,对这两个类也分别增加了执行类。因为所有的操作都要进行数据库的连接,因此增加了专门的数据库连接类,在所有的执行类中创建数据库连接类的对象,这样执行类只负责相关的执行操作,数据库的连接统一进行。为防止页面出现中文乱码,增加了解决中文乱码类。

此时还要对类属性和方法进一步分析,如手机类的属性包括所属大类、所属品牌、手机型号、手机简介、市场价格、优惠价、是否优惠、图片等内容。用户类的属性包括用户名、真实姓名、密码、地址、邮编、电话、证件号码、证件类别、E-mail 等。公告类的属性包括标题、内容。具体结果如图 13.41 和图 13.42 所示。

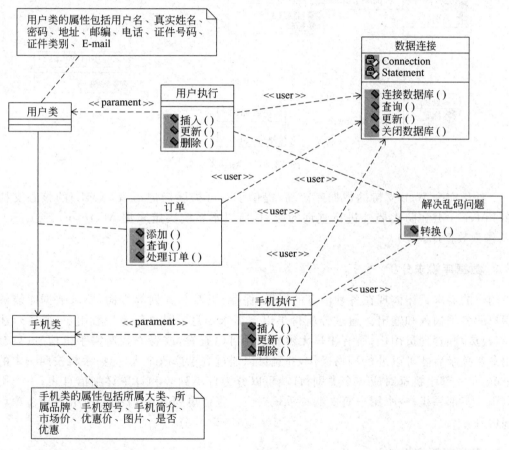

图 13.41 类图 1

13.2.5 数据库设计

数据库设计是项目开发中非常重要的一个关键环节,就像建设高楼大厦的根基一样,如果设计不好,在以后的系统变更和功能扩充时将会遇到非常大的困难。

考虑到手机销售管理系统的数据库对 Web 支持的需求,而 Microsoft SQL Server 2000

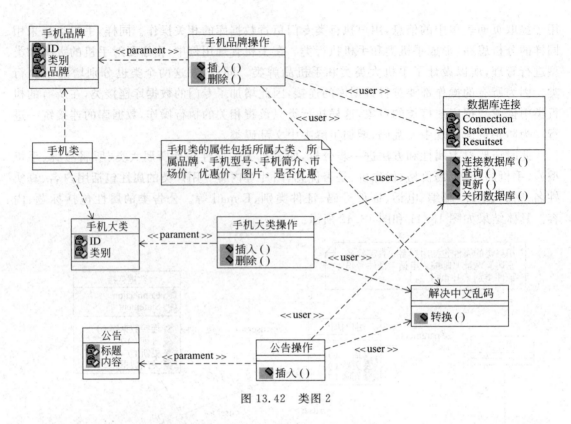

图 13.42　类图 2

是一个具备完全 Web 支持的数据库产品,提供了对可扩展标记语言(XML)的核心支持以及在 Internet 上和防火墙外进行查询的能力,所以本系统决定采用 Microsoft SQL Server 2000 作为数据库。

1. 数据库需求分析

用户的需求具体体现在各种信息的提供、保存、更新和查询等方面,要求数据库能够满足用户的各种输入和输出。通过分析得出以下需求信息:用户分为一般用户(游客)、注册用户(会员)和管理员用户;所有用户无须登录就可以查看,或者查找所需手机信息;只有注册用户在登录后才可以进行购物操作,并且可以通过登录修改个人信息;手机按照一定的类别分类,每一部手机都对应一个类别;订单可以分为订单列表和订单详细信息表;一个用户可以购买多部手机;一个用户每次购买手机对应一张订单列表;一个订单列表对应多项订单详细信息。

2. 数据库概念设计

根据数据项和数据结构的分析,在数据库概念结构设计部分可以设计出满足用户需求的各种实体以及实体之间的关系,为逻辑结构设计打下基础。实体包含各种具体信息,通过相互之间的作用形成数据流动,E-R 模型是概念设计的有力工具。

本系统数据库中包含的实体有会员实体、订单实体、管理员实体、手机实体、公告信息实体。实体之间的关系如图 13.43 所示。

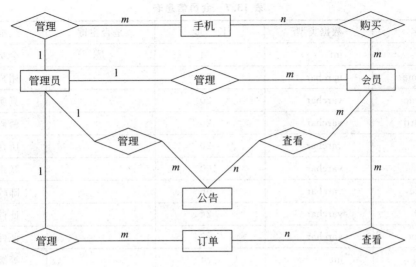

图 13.43　实体之间的关系 E-R 图

3. 数据库逻辑设计

基于上述 E-R 设计,本系统需要设计多个表,这些表之间相互关联,共同存储着系统所需要的数据,如表 13.6 所示。

表 13.6　数据库表总览

数据库表	数据库表名称	数据库表	数据库表名称
tb_manager	管理员信息表	tb_goods	手机商品信息表
tb_member	会员信息表	tb_order_detail	订单明细表
tb_BBS	公告信息表	tb_order	订单信息主表
tb_superTupe	手机分类信息表	tb_rebate	折扣表
tb_subType	手机品牌信息表		

对于上述的每个表应设计其包含的数据项和数据项类型。这里仅以会员信息表为例说明表的设计细节,会员信息表主要用来存储所注册的会员的信息,结构如表 13.7 所示。

13.2.6　建立物理模型

本部分主要对系统的硬件结构进行设计,应该定义系统的物理模型,包括构件图和配置图,用来显示系统实现时的一些特性,包括源代码的静态结构和运行时刻的实现结构。其中构件图显示代码本身的结构,配置图显示系统运行时的结构。

1. 系统体系结构设计

手机销售管理系统主要采用 B/S 结构,即 Browser/Server(浏览器/服务器)结构,只安装维护一个服务器(Server),而客户端采用浏览器(Browser)运行软件。它是随着 Internet 技

表 13.7 会员信息表

字段名	数据类型	长 度	是否主键	描 述
ID	int	4	是	会员 ID
userName	varchar	20		用户名
trueName	varchar	20		真实姓名
passWord	varchar	20		密码
city	varchar	20		所在城市
address	varchar	100		联系地址
postcode	varchar	6		邮政编码
cardNO	varchar	24		证件号码
cardType	varchar	20		证件类型
grade	int	4		等级
Amount	money	8		消费额
tel	varchar	20		电话
email	varchar	100		E-mail 地址
freeze	int	4		是否冻结

术的兴起对 C/S 结构的一种变化和改进。B/S 体系结构采用三层(客户层/中间层/服务器)结构,在数据管理层(Server)和用户界面层(Client)增加了一层结构,称为中间层。三层结构是伴随着中间件技术的成熟而兴起的,核心概念是利用中间件将应用分为表示层、业务逻辑层和数据存储层三个不同的处理层次。

在 B/S 体系结构系统中,用户通过浏览器向分布在网络上的许多服务器发出请求,服务器对浏览器的请求进行处理,将用户所需的信息返回到浏览器。而其余如数据请求、加工、结果返回以及动态网页的生成、对数据库的访问和应用程序的执行等工作全部由 Web Server 完成。随着 Windows 将浏览器技术植入操作系统内部,这种结构已成为当今应用软件的首选体系结构。显然,B/S 结构应用程序相对于传统的 C/S 结构应用程序是一个非常大的进步。B/S 结构的主要特点是分布性强、维护方便、开发简单且共享性强、总体拥有成本低。在本系统中界面采用 JSP 动态网页设计,Tomcat 服务器和 Microsoft SQL Server 2000 配合完成服务器配置。

2. 建立系统组件图

系统实现的源代码、二进制码、执行码可以按照模块化的思想用组件分别组织起来,明确系统各部分的功能职责和软件结构。组件图显示编译、连接或执行时组件之间的依赖关系,有助于用户分析和理解组件之间的相互影响程度。一般来说软件组件就是一个实际文件,可以是源代码文件、二进制代码文件和可执行文件等。

图 13.44 所示的手机销售管理系统的构件图,普通用户和管理员通过 JSP 界面登录和连接相应功能,各个界面调用各自的 JavaBean 与后台数据库连接。数据库的信息也通过

JSP 界面显示。

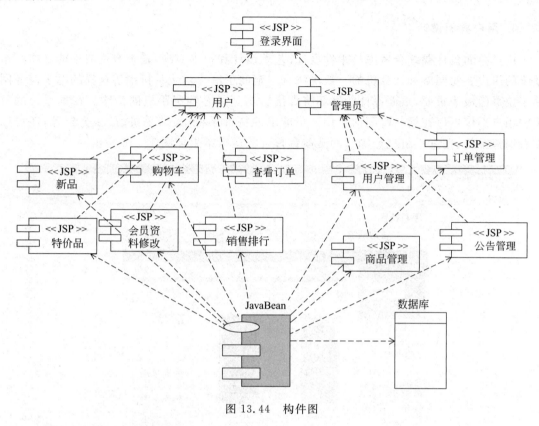

图 13.44 构件图

3. 建立部署图

配置图描述系统硬件的物理拓扑结构以及在此结构上执行的软件,常用于帮助理解分布式系统。配置图可以显示实际的计算机和设备(用节点表示)以及它们之间的连接关系,也可显示连接的类型及部件之间的依赖性,还可以显示网络之间的通信路径。在节点内部可以放置可执行部件和对象以显示节点与可执行软件单元的对应关系。配置图中的节点代表一个物理设备以及在其上运行的软件系统,节点之间的连线表示系统之间进行交互的通信路径,在 UML 中被称为连接。

图 13.45 所示为手机销售管理系统的配置图,数据库服务器和应用服务器配置可以放在同一个节点上,也可以放在不同的节点上。用户计算机则配置在不同的节点上,数据库服务器向应用服务器提供数据服务,用户和管理员通过浏览器访问应用服务器获得相关信息。这种 B/S 结构能充分利用服务器资源。系统提供一个跨平台的简单、一致的应用

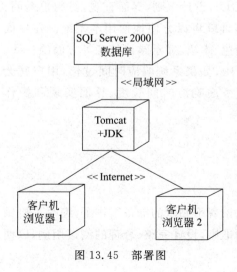

图 13.45 部署图

环境,实现了开发环境和应用环境的分离,具有易于维护、信息共享度高、扩展性好等优点。

4. 用户界面设计

用户界面设计要综合考虑易用性设计、艺术设计和技术实现,是很有挑战性的工作。本系统的用户要对网络和计算机的一般用法有一定的了解。对于手机销售这样的电子商务网站来说页面极为重要,页面设计的好坏将直接影响到顾客购买手机的情绪。在本系统的首页中用户不仅可以在第一时间内看到公司推出的特价手机、最新手机、最新公告等,还可以查看销售排行、搜索手机型号等。网站前台首页的运行结果如图 13.46 所示。

图 13.46　系统界面

因此,本系统用户界面设计坚持图形用户界面(GUI)设计原则,界面直观,对用户透明:用户对网上界面对应的功能一目了然,不需要多少培训就可以方便地使用本系统。在界面设计中保持各界面的一致性,包括字体、标签风格、颜色、术语、显示错误信息等方面的一致。此外,由于采用 B/S 体系结构,系统响应时间应该适中,如果系统响应时间过长,用户就会感到不安和沮丧。因此,在系统响应时间上要综合考虑响应时间长度、界面实现和操作设计。

13.2.7　系统的测试与评价

1. 系统测试

当 JSP 界面和 JavaBean 编写工作完成以后就应该着手测试的准备工作了,编写手机销售管理系统测试大纲,明确测试的内容和测试通过的准则,设计完整、合理的测试用例,以便系统实现后进行全面测试。

在对程序的正确性进行验证后可以开始组织测试,测试一般可按下列方式组织:

1) 明确开发过程中的各类文档

进一步理解手机销售管理系统在开发过程中生成的有关资料,包括规格说明、设计文档、使用说明书,以及在设计过程中形成的测试大纲、测试内容和测试的通过准则,全面熟悉系统,编写测试计划,设计测试用例,做好测试前的准备工作。

2) 合理划分测试阶段

为了保证测试的质量,将测试过程进行划分,针对手机销售管理系统的特点将测试过程划分为代码审查和验收测试两个阶段。

3) 代码审查

一般的软件测试应该进行代码会审。代码会审是由一组人通过阅读、讨论和争议对程序进行静态分析的过程。会审小组由组长、2~3 名程序设计和测试人员及程序员组成。会审小组在充分阅读待审程序文本、控制流程图及有关要求、规范等文件的基础上召开代码会审会,程序员逐句讲解程序的逻辑,并展开热烈的讨论甚至争议,以揭示错误的关键所在。

针对本系统的开发特点再一次对所编写代码进行审查。实践证明,当再一次进行阅读和讲解时确实可以发现许多自己原来没有发现的错误。

4) 验收测试

验收测试的目的是向未来的用户表明系统能够像预定要求那样工作。经集成测试后已经按照设计把所有的模块组装成一个完整的软件系统,接口错误也已经基本排除了,接着就应该进一步验证软件的有效性,这就是验收测试的任务,即软件的功能和性能如同用户合理期待的那样。

经过上述测试过程对软件进行测试后软件基本上满足开发的要求,测试宣告结束,经验收后软件可投入使用。

2. 系统评价

1) 功能评价

本系统主要为教学演示设计,只是实现了网络手机销售的基本功能。用户可以在网上直接选择手机,新品上市和特价商品模块可以直观地将最好的商品展示给用户;主页公告可以显示网站的最新动态,更好地服务用户;管理员的管理功能集中在左侧边条显示,更直观、更方便。

2) 系统不足

在架构设计方面 JSP 直接处理 Web 浏览器送来的请求,并辅以 JavaBean 处理应用相关逻辑。这种架构编写比较容易,但在 JSP 页面可能同时肩负视图与控制角色,两类程序代码有可能混杂而不易维护。

在系统功能上图片上传功能不完善,只能通过输入的绝对路径方式上传图片,并且对中文的支持薄弱;主页特价商品和新品上市推荐模块只能显示 2~3 个商品,其他的还需要进入下一级网页查看;在商品修改中需再次上传原图才能修改成功。

13.3 物流管理信息系统的应用

13.3.1 物流管理信息系统的目标

物流管理信息系统的最终目标是提高对客户的服务水平和降低物流的总成本,以Speed(速度)、Safety(安全)、Surely(可靠)和Low(低费用)的3S1L原则提供最好的物流服务。

物流管理信息系统要解决的主要问题包括缩短从接受订货到发货的时间,库存适量化,提高搬运作业效率,提高运输效率,使接受订货和发出订货更为省力,提高订单处理的精度,防止发货和配送出现差错,调整需求和供给,回答信息咨询;同时加强对物流各操作环节的监控,通过对各物流环节的有效组合降低综合物流成本,提高对客户的服务水平。

物流管理信息系统由物流作业系统、物流控制系统组成。启动物流作业系统是从物流控制系统得到相应的信息,只有这两个系统很好地结合成为一个总体系统才能完成一个真正的物流管理信息系统。

物流作业系统的目标是在运输、保管、搬运、包装、流通加工等作业环节中使用种种先进技能和技术,并使生产据点、物流据点、输配送路线、运输手段等网络化,从而提高各物流活动的效率。

物流控制系统的目标是在保证订货、进货、库存、出货、配送等信息通畅的基础上使通信据点、通信线路、通信手段网络化,提高物流作业系统的效率。

13.3.2 第三方物流信息系统的运作流程

1. 第三方物流的概念

第三方物流(Third Party Logistics,3PL)的概念源自于管理学中的Out-sourcing,意指企业动态地配置自身和其他企业的功能与服务,利用外部的资源为企业内部的生产经营服务。将Out-sourcing引入物流管理领域就产生了第三方物流的概念。所谓第三方物流是指生产经营企业为集中精力搞好主业把原来属于自己处理的物流活动以合同方式委托给专业物流服务企业,同时通过信息系统与物流服务企业保持密切联系,以达到对物流全程的管理和控制的一种物流运作与管理方式。因此,第三方物流又叫合同制物流(Contract Logistics)。提供第三方物流服务的企业,其前身一般从事运输业、仓储业等物流活动及相关的行业。从事第三方物流的企业在委托方物流需求的推动下从简单的存储、运输等单项活动转为提供全面的物流服务,其中包括物流活动的组织、协调和管理,设计最优的物流方案,物流全程的信息搜集、管理等。

根据2001年4月17日发布的《中华人民共和国国家标准·物流术语》,第三方物流是指由供方与需方以外的物流企业提供物流服务的业务模式,即由专业化物流组织所进行的物流。所谓专业化物流组织,一般指的是独立的,同第一方和第二方物流组织相比具有明显资源优势的物流公司。在我国主要指的是由传统储运企业转型后实现了功能整合的物流公司。

2. 第三方物流中心运作流程

第三方物流是合同导向的一系列物流服务,它的正常运作是建立在现代化电子信息技术基础上的。完善物流管理从供应链角度讲要求各参与方密切合作,整条供应链上的制造、存货、运输、选址等一系列活动要有序安排、统筹考虑。由于供应链范围广泛,起初 3PL 企业可能只为顾客在物流系统中的某几个环节提供服务(比如仓储环节和配送环节),但应通过组织和策划努力把这些单项服务有机地结合起来,使顾客接受全套解决方案并实现价值的增加,尽量达到"按需运送、零库存、短在途时间、无缝隙传输"的物流理想状态。

第三方物流中心作为物流服务的提供商,其物流作业涉及制造厂商、原材料供应商、分销商、零售商、消费者等之间的物流活动,因此其信息系统需要涉及从供应方到最终消费者的各个层面。

在物流从供应方到需求方的过程中,一般业务流程需经过入库的配送(货物受理)、入库、在库管理、出库、面向需求方的配送 5 个环节,如图 13.47 所示。

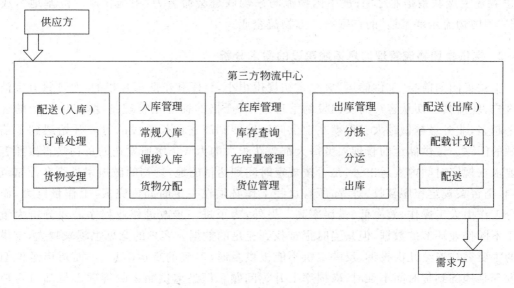

图 13.47 第三方物流中心业务流程

基于仓储配送的物流中心,其入库的配送环节中主要的物流作业为货物受理,包括接单、验货、信息输入等;之后进入入库环节,物流信息系统要对需要入库的货物进行分配、搬运等,将产品入库并合理地分配货位;库存管理环节有库存查询、盘点、移位、货物在库量管理以及货位管理等过程;出库环节有分拣、包装、分运、出库等;出库的配送环节有车辆调度、定制配载计划等流程。

从以上的流程分析可以看出仓储和配送是第三方物流管理的两个基本内容,其他作业环节是伴随着这两项内容发生的,现代物流管理的目标诸如规范化流程、快速反应、提高服务质量等也是以这两项内容为基础。在构筑物流信息化平台的过程中围绕着仓储和配送逐步扩展,可以使信息系统和作业流程有机地结合起来。

13.3.3 宝供物流管理信息系统的建设

1. 宝供集团简介

广州宝供物流企业集团有限公司(简称宝供集团)成立于 1999 年,其前身是成立于 1994 年的广东宝供储运有限公司,经过 10 多年的发展,宝供已经成为中国第三方物流业的领先企业。目前宝供集团公司为全球 500 强中 50 多家企业及国内大型制造业提供物流服务,其中有宝洁、飞利浦、雀巢、沃尔玛等。宝供已经在澳洲、泰国、中国香港及国内主要城市设有 40 多个分公司或办事处,构筑起覆盖中国并已跻身于国际市场的物流运作网络。宝供集团又在全国沿海及主要内地城市兴建了 10 个面积在 5 万~70 万平方米的大型现代化物流基地,采用现代化的仓储管理系统(WMS)和先进的 IT 技术、货架系统、条形码技术、数字式终端设备等现代物流技术和设备。

宝供集团被原国家内贸部确定为发展商品物流配送的重点企业;被国家经贸委确定为 34 家物流发展联系企业之一;被中国物流与采购联合会命名为"中国物流示范基地",成为入选"中国物流示范基地"的首家第三方物流企业。

2. 宝供集团物流管理信息系统建设的需求分析

宝供集团的前身"宝供储运"成立之初规模很小,仓库和车队都是租的,而且只有宝洁一家客户,凭借其一切从客户需要出发的管理理念,严格的标准化管理制度,宝供储运的客户越来越多,业务量越做越大。但就在宝供储运发展到高速成长阶段的时候开始遇到了信息瓶颈的问题。宝供储运的管理人员每天都要花很大的力气了解所发送的货物是否按照客户的要求在规定时间内发运出去,是否按规定时间到达目的地,货物的破损率是否在控制范围之内,是否按规定程序签收,等等,所有这些工作必须在一定时间内完成,工作量巨大,而大部分工作由人工操作,效率低、错误率高。另外,为了进一步改进作业程序需要分析大量来自于不同作业环节的数据,但是当时很难找到充足的数据。客户的意见也越来越大,宝供储运的主要客户连续几次投诉,反映宝供不能提供及时、准确的货运信息,进而指出经他们统计发现某地的到货时间不准时、破损率上升等问题。但是宝供储运的管理人员却对客户反映的问题知之甚少,经过仔细调查发现,原来有些分公司的人员利用"信息瓶颈"瞒天过海,报喜不报忧,费了很大力气统计上来的信息竟然有不少水分。

通过这些情况,宝供储运的管理人员意识到客户不仅要求提供安全、准确、及时、可靠的储运服务,还对在整个物流各个环节产生的信息非常关注。日益凸现的信息瓶颈越来越不能适应宝供储运不断扩大的企业规模的需要,越来越不能满足客户不断提出的更高的服务目标、更新的要求的需要,建立现代化的物流管理信息系统势在必行。

3. 宝供集团物流管理信息系统建设

宝供集团对自身的定位是"联盟的、网络的、集成的、供应链一体化的、信息驱动的第三方物流公司"。这就意味着宝供要为整个供应链提供服务,在这个时候宝供不仅要提升自己的服务高效性,而且还要有一种手段帮助合作伙伴提高效率。宝供的信息系统不仅要管理好自己的业务,更关键的是在这个信息系统平台上向客户提供信息服务,以使宝供的客户甚至客户的客户能够更有效地作业。

信息化建设应该是循序渐进的,要以效益、需求为准则。宝供集团的物流管理信息系统建设正是基于上述思路开展的。其物流管理信息系统分为以下三个子系统。

(1) 服务于基础交易的物流管理信息系统:向客户开放,实现了与客户间的信息共享。

(2) 服务于物流管理控制的物流管理信息系统:将信息技术及网络技术向企业管理各领域、各层次更深入地渗透,借助 VPN 平台,运用 XML 技术实现了与客户方的电子数据交换,同时在运输车队和仓库采用了 GPS 系统及条码技术。

(3) 服务于决策分析的物流管理信息系统。

4. 基于物流管理的信息系统建设的具体介绍

1) 服务于基础交易的物流管理信息系统的建设

基础交易子系统是整个物流管理信息系统的基础。基础信息系统是接受客户指令和接受交易指令的系统,对第三方物流公司,其基础信息系统需要与客户的信息系统集成,并与客户共享物流信息,获得物流运作的基础信息。这一系统是第三方物流管理信息系统启动物流活动的最基本的层次,它从客户系统获取订货内容、安排存货任务、选择作业程序、装货、搬运、开票及进行订单查询与处理等。其系统特征是格式规格化、通信交互化、交易批量化、作业逐日化、信息标准化。基础信息既要方便与客户的信息系统集成和通信,又要有较强的安全保密措施。基础交易子系统侧重于物流管理信息系统硬件设施建设以及基本操作系统的使用。

(1) 需求分析:随着宝供集团业务范围的扩大、业务量的增加,信息瓶颈问题日益凸现。

① 信息处理量陡增,超出人工处理系统的处理能力:随着宝供储运的作业规模越来越大、作业范围不断扩展,为了保证物流业务的运作质量,宝供储运的管理人员每天都要花相当的精力去了解每一单业务的执行情况,例如所发送的货物是否按照客户的要求在规定时间内发运出去,是否按规定时间到达目的,货物的破损率是否在控制范围之内,是否按规定程序签收,等等,所有这些工作必须在一定时间内完成,工作量巨大,而大部分工作由人工操作,效率低、错误率高。

② 信息处理质量低下:随着服务内容的增加,物流作业程序日趋复杂,为了进一步改进作业程序,提高整体运作水平,需要分析大量来自于不同作业环节的数据,但是依靠人工处理信息系统很难在需要的时候找到需要的、充足的数据,以至于当客户反映作业出现问题的时候公司竟然不知所以,对如何改进更是无从谈起。

③ 不能满足客户日益提高的服务要求:宝供集团不断加深在客户供应链中的渗透,客户不仅要求提供安全、准确、及时、可靠的储运服务,还要求宝供能够根据客户要求及时提供所涉及环节上的具体信息。对于客户的这种要求,在宝供自己还不能满足自己信息需要的条件下是根本做不到的。

④ 缺乏有效组织跨地区业务的能力:作为物流企业,其核心的业务在于对物流进行有

效的管理。宝供集团的大部分客户是面向全国市场的大公司,要求的物流服务遍布全国各地,多数物流业务需要跨越不同地区、采用多种运输方式,其间的经办人员隶属不同地区、不同公司的不同部门,要求物流管理信息系统能够通过有效的网络准确地把其间的物流信息传达到相关部门。

⑤ 通信费用高:物流企业的业务具有跨地域广的特点,传统的联系方式都是采用电话和传真进行信息的交流,但是电话不能存底,传真的文字不能用于数据处理,而且由于需要所进行的长途通信费用对于物流企业来说是非常巨大的。采用 Internet 网络构架的信息交流系统由于采用互联网进行信息的交流,通信费用可以大大地降低。为了降低通信费用,要求建立基于 Internet 的物流管理信息系统。

(2) 功能设计:这一层次的物流管理信息系统要具备以下功能。

① 及时跟踪货物的运输过程。

② 了解库存的准确信息。

③ 合理调配和使用车辆、库房、人员等各种资源。

④ 为货主提供优良的客户服务:提供实时的信息查询以及物品承运的各种指标数据。

(3) 实施方案:建立基于 Internet 网络构架的信息交流系统,把货物的运输系统分解为接单、发运、到站、再发运、再到站、签收等环节进行操作。在运输方式方面分为短途运输、公路运输、铁路运输,即将加入内河运输、海运和空运,使得系统能够涵盖所有的运输方式。针对物流企业仓库面积大、分布广的特点,把仓储部分分为仓库管理和货品仓储管理两大部分。通常系统包括以下模块。

① 接单模块:Internet 上的 EDI,货主只要将托运或托管的货物的电子文档 E-mail 给物流服务公司即可完成双方的交接单工作。

② 发送模块:完美的配车功能和凑货功能,辅助管理人员完成发送前烦琐的准备工作。

③ 运输过程控制模块:包括货物跟踪和甩货控制,可以实时反馈货物的在途运输情况,跟踪被甩货物的状况。

④ 运输系统管理模块:对承运人、承运工具的管理信息系统。

⑤ 仓位管理模块:根据优化原则自动安排每种进仓货物的存放位置,自动提示出仓时应到哪个仓位提货,并可以提供实时仓位图。

⑥ 库存及出库管理模块:自动计算仓库中每种货品的库存量及存放位置,并按先进先出原则提货。

⑦ 客户服务模块:为客户提供所有质量评估信息和与自己货物相关的所有信息。

⑧ 储运质量评估模块。

⑨ 统计报表模块。

⑩ 查询模块。

系统采用集中数据存储,各个分公司对于数据的保有权是有时效限制的。所有最终数据的维护均由公司的信息中心负责进行。

(4) 系统特点。

① 开放性:基于 Intranet 技术,采用标准浏览器,客户端无须开发、培训,将系统维护的

工作量降到最低。

② Web 上的 EDI：在 Internet 环境中实现安全的、标准的 EDI 交换。

③ 安全性：使用 SET 技术保证信息传递过程中的安全性。

（5）网络结构。

① VPN(Virtual Private Network)结构：企业内部各分支机构之间、企业和客户之间都使用 Internet 进行通信，不必建立内部专网，减少了投资。

② Intranet/Internet/Extranet 结构：企业拥有自己的企业内部网(Intranet)，通过一个接口与 Internet 连接，实现信息的发布、业务的协作。

2) 服务于物流管理控制的物流管理信息系统的建设

实现管理控制子系统功能的主要途径是功能衡量，功能衡量对于提高物流服务水平和资源利用等管理信息反馈来说是必要的，因此管理控制以可估价的、策略的、中期的焦点问题为特征，它涉及评价过去的功能和鉴别各种可选择方案。一般功能衡量包括财务成本分析、顾客服务评价、作业衡量、质量指标等。服务于管理控制的物流管理信息系统如图 13.48 所示。

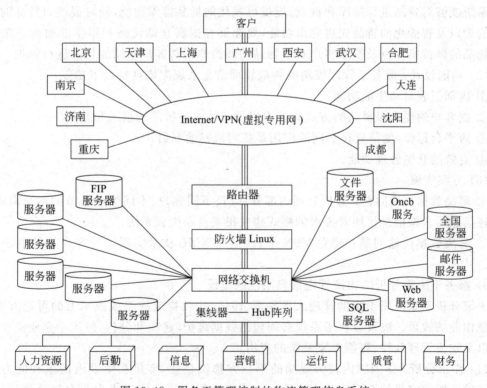

图 13.48　服务于管理控制的物流管理信息系统

（1）需求分析：基础交易子系统能够为公司内部管理人员和外部客户提供大量的物流运作数据，但是还存在几个方面的问题。

① 数据查询程序烦琐：基础交易子系统虽然能够提供大量物流运作数据，但是要查一个数据往往要经过很多烦琐的程序，有时候点击了 6、7 下鼠标还找不到需要的信息，不解决

数据查询问题将大大限制对该系统的应用潜力的挖掘。在客户方面同样也遇到这个问题：客户是通过宝供在互联网上的一个网站为入口来了解自己的货物信息的。每个客户都会被分配一个密码，客户在输入密码后将可以看到自己一个月来（包括昨天）的所有货运和仓储数据。从各个分公司传回来的数据每日更新，数量相当大，这让客户查起来很不方便。

② 物流数据的传输：宝供的客户来自于不同的行业，处于不同的发展状态，各自的信息系统模式、使用情况都不相同。有些客户由于一些原因不能上网查询，比如有的外资公司根本就不上 Internet，只是通过自己的局域网，甚至由自己专线把各地的分公司连起来。宝供通过该系统把宝供的客户、物流作业的各个环节连接在一个多节点的网络中，各节点的物流信息可以认为被包含在一个广义的数据库中，在这种情况下每一个节点企业的物流管理信息系统就是该数据库中的一个数据源。由于不同企业的物流信息和业务组织不尽相同，该广义数据库是异构的，要挖掘并有效利用异构数据需要继承物流网络中所有的数据源，这在实际操作中是很困难的。异构的信息无法在网络中有效传递。

③ 仓储资源利用：仓储设施是从事物流作业必需的基础设施之一，提高仓储设施的利用率是降低物流作业成本和提高物流作业效率的有效途径。高效的仓储管理要求物流管理信息系统能够对货品进行排库和盘点，提供可视化的货品排库功能，同时提供对货品的各种统计查询以及智能化的货品先进先出功能，要能够在提高仓储设施利用率的前提下按照客户对物品的调拨指令以及按照客户对于物品的调拨原则对客户仓储的物品进行管理。

（2）功能设计：服务于管理控制的物流管理信息系统应该具备以下功能：

① 内部报表自动生成功能。

② 据客户的要求以灵活的方式向客户提供各种业务所需的报表和数据。

③ 跨平台运作，使信息在不同的应用系统间流畅地互通。

④ 有效的仓储管理功能。

（3）方案实施。

① 解决数据查询问题：分析公司内部各部门、不同客户、不同作业环节的信息需求，根据上述信息需求按信息使用者要求的格式建立报表自动生成系统。

② 解决数据传输问题：建立 VPN 平台，运用 XML 技术实现了与客户方的电子数据交换。

3）服务于决策分析的物流管理信息系统的建设

决策分析子系统用于协助管理人员鉴别、评估、比较物流战略或战术上的可选方案，保证物流作业的效果。决策分析子系统必须包括数据维护、建模和分析，侧重于企业业务流程重组以及物流管理软件、智能专家系统的应用。

（1）需求分析：作为国内较为成功的第三方物流企业，宝供在短期内的盈利能力还是有保证的。回顾宝供的发展历程：从承包一个铁路货运转运站到成为业内的翘楚，宝供的故事被人当做国内民营第三方物流兴起的典范而广为流传。但是，物流行业的整体利润正日趋摊薄却是不争的事实。企业对物流服务的要求逐渐提高，但所愿意付出的价格却一直在往下降。

另一方面，由于许多企业缺乏对从上游的原材料供应商、自身内部的生产流程到下游的仓库配送商、承运商直到零售商等物流环节的全过程整体规划，致使因在物流的某一环节压缩成本而导致整体成本上升的事情时有发生,许多企业正在为供应链问题付出高昂的代价。国内家电类的企业因供应链不畅而造成的成本损失一般要占到其年营业额的 10% 左右。问题之所在恰恰是市场之所在,说明市场上对供应链管理服务的需求巨大。

此外,随着专业分工的细化,越来越多的企业开始将主要精力专注于自己的核心竞争力,除了主要技术的研发和产品主要部件的生产之外,越来越多的业务正在被外包出去,他们愿意花在上游的原料采购及下游的产品销售环节的精力也在变少。在这种情况下,他们也就更加希望与他们合作的物流公司能以专业公司的身份对他们的整个物流体系提出一个一揽子解决问题的方案,而不需要他们去为这些问题操心。也正是在这种背景下宝供提出了要向供应链方向转型,不再满足于只是充当企业物流规划执行者的角色,进而想成为企业物流规划的参与者甚至是主要的制定者。

实现上述目标要求宝供集团能够确实为客户提供更有效率的供应链解决方案,与之相对应的是宝供集团物流信息必须具备决策分析功能,能够结合客户企业供应链的具体情况(行业特点、企业规模、市场环境、联盟企业等)对物流作业的各个环节进行分析评估,完成物流作业方案的筛选。

(2) 功能设计:服务于决策分析的物流管理信息系统要以客户为中心,以提高物流有效性为目的,集物流作业管理、物流决策于一体,可以满足第三方物流企业以及各种类型的客户企业的需求,应具备以下主要功能。

① 通过与无线射频(如 GPS 和 GIS 等)系统的接口监控运输过程和运送状态,自动生成最为合理的配载方案,选择最佳运送路线,降低运输成本。

② 订单自动跟踪:客户通过系统或者 Internet 随时可以查询了解订单的运作情况,包括物品的储存情况、运送路线、产生的各项费用、各种相关单据的状态、成本的预算,并且可以对订单做适当调整和完成订单的结算。

③ 对物品的进、存、出进行台账管理,根据客户或客户订单查询和统计库存情况,为客户的采购、生产、销售提供合理的依据;依照各种物品的最小库存量、最大库存量、有效时间段等对物品库存进行安全报警和安全控制,对各种非正常因素产生的库存差异进行调节。

④ 根据客户的实际情况和物品特性智能生成储存计划,自动为客户提供最合理的仓库仓位安排;另外,系统跟踪在一定时间段内每个仓库的储存情况自动生成储存计划,对各个仓库的储存做出合理的规划,尽量提高仓库的储存率,降低储存成本。

⑤ 实现网上业务谈判、网上下订单,以取代传统的 FAX、EDI 或 E-mail 的模式,客户可以通过因特网维护自己的资料,查询统计订单数据,实时监控物品储存情况和物品去向,查询统计某一类物品在全国范围内的库存情况,实现网上订单结算,对于涉及海外的业务,系统要提供网上报关功能。

⑥ 通过因特网与 EDI 的方式实现与客户的 MRP Ⅱ/ERP 系统无缝连接,进行数据共享与交换,实现远程数据查询与统计;对于没有相应管理系统的用户,系统要根据客户要求提供 BOM 单,并根据物品库存情况自动制定合理的采购、生产、包装、储存、销售和配送计划。

⑦ 世界经济一体化进程的不断加强要求系统支持多语言,支持多种货币结算方式,使用通用的数据交换格式,适合不同范围的应用。

（3）实施：宝供集团物流管理信息系统经过前两个阶段的建设已经初具规模,这一阶段的实施主要是在利用已建成的系统基础之上补充添置运行 TOM、WMS 等大型管理工具的必要辅助设施,另外一项主要工作是为配合公司向供应链管理方向转移而进行企业流程再造(BPR)。

实施全面订单管理系统(TOM),使得订单处理过程自动化。

实施仓库管理系统(WMS)智能化管理仓库中的库存、产品存放位置和拣货作业。

13.4　Salesforce 客户关系管理解决方案

客户关系管理是一个不断加强与顾客交流,不断了解顾客需求,并不断对产品及服务进行改进和提高以满足顾客需求的连续的过程。

Salesforce 是全球按需 CRM 解决方案(On-demand CRM Custormer Relationship Management)的领导者,Salesforce 利用信息技术和互联网技术实现以客户为核心,注重与客户的交流,为企业的经营以客户为中心而不是传统的以产品或以市场为中心提供了随需而变的客户关系管理与维护软件服务:允许客户与独立软件供应商定制并整合其产品,同时建立他们各自所需的应用软件,对于用户而言,则可以避免购买硬件、开发软件等前期投资以及复杂的后台管理问题,其服务领域涵盖通信、金融、政府、医疗、高科技、生产、媒体、教育、服务、交通和运输等各行各业。目前全球已经有超过 100 000 家公司选择了 Salesforce 的产品和服务。

客户关系已经成为企业最有价值的资产,确切地定位企业的客户,并与之保持良好的联系,了解客户对企业产品、服务的兴趣点,并据此向客户提供服务或出售商品,进行科学的成本核算,都依赖于有效的客户关系管理系统。客户关系管理系统可以从整个组织搜集和集成客户的资料,整理并分析这些资料,然后把结果传递到企业中各个相关的部门和人员,从而为企业提供一个良好的视角了解客户。

13.4.1　Salesforce 为可口可乐德国公司提供的服务

饮料行业巨头可口可乐公司自 1886 年成立,其主要产品"可口可乐"的全世界普及的程度远远超过其他饮料品牌。在可口可乐巨大成功的背后最重要的原因如同其红白商标一样显而易见:可口可乐所追求的远远超出使顾客愉快!

可口可乐公司在 2015 年 6 月表示,可口可乐德国公司选择了 Salesforce 作为提升客户关系的管理平台,将为德国十多个城市的餐馆和面包店提供手机和平板电脑应用"Get Happy",帮助这些小业主更好地与传统大型厂商展开竞争。这些餐馆或面包店可以在系统中自行输入相关信息和价格,把菜单发布到网上,也可以支付一定费用,让可口可乐把它们的信息数字化后发布到网上。然后,这些餐馆就能在网上接收自取和外送订单及预订。

作为回报,餐馆每月需向可口可乐公司支付约 22 美元的固定费用,以及一定比例的销售额分成。利用 Salesforce.com 的技术支持,该应用的早期版本已经能让出售可口可乐产品的餐馆向顾客提供易于管理的数字忠诚卡计划。

德国的可口可乐公司使用 Salesforce 公司的 App Cloud 作为销售和客户服务的主要技

术。借助 App Cloud 可以把可口可乐德国的业务中的多个环节和客户端的应用 App 集成在一起。使用 App Cloud 就像拥有了一个大的工具箱,用它可以快速地为公司中的任何部门构建新的应用。App Cloud 还提供了强大的互联。这是可口可乐德国公司在以前采用的其他客户关系管理系统中没有体验过的。"我们曾经了解过很多系统,但没有哪个真正地实现 100％互联。"可口可乐前 CEO Nehammer 表示。

现在可口可乐公司通过使用 App Cloud 从瓶子的生产地到驻场代表各个部门都会使用 App 在 Salesforce 平台的云端互联,从而公司可以把顾客纳入一个团队进行管理。在此互联平台上每个人都知道我们的顾客现在是什么状况,这对于可口可乐公司非常重要。现在可口可乐德国公司可以把以前需要几天才可以发现的问题理解、发现并解决。"我们把互联的各个部分称为联结点,当一个点的传送出了问题,顾客、销售代表、分销商和我都可以一目了然。"可口可乐前 CEO Nehammer 说。

有了 Salesforce,可口可乐公司的技术中心和修理部门就像一部运转精良的机器。以前呼叫中心和维修部门经常遭受故障,移动应用同步迟缓,顾客的满意度普遍比较低。有了 Service Cloud,呼叫中心的代理可以立即访问顾客的历史,可以把问题记入日志,生成工作订单,并可以通过服务 App 进行现场技术人员服务派遣,所有这些都可以实时进行。甚至移动 App 还可以规划出一天的最优服务请求路线图。

以前公司的上门维修服务是由技师把工作记录到纸上,现在也被纳入到 Service Cloud 提供的服务之中,技师可以在完成维修时向面向顾客的销售代表发出警告。总之,可口可乐德国公司的技术服务部门由于采用了 Salesforce 的 Service Cloud 使生产率提高了 30％。"这对于我们而言是向前迈了一大步",移动应用解决方案和业务过程专家 Andrea Malende 说:"我十分惊讶于它实现的多么快捷而且顺畅。"

集成进 Sales Cloud,客户手机 App 已经成为对可口可乐德国公司影响深远的组成部分,为公司提供的服务赢得竞争优势。由于和关键客户数据完全互联,这不仅仅允许使用这些数据开展日常业务,也同时能够帮助公司为顾客做出更好的决策。"决策最危险的地方就是办公室",Nehammer 表示,"你需要在你的顾客那儿做决策"。零售商也从中感受到便利,携带运行全互联的客户 App 的平板,驻场代表可以为零售商提供个性化服务。除了订货清单,销售代表还需要帮助创建销售最有效的点,经常针对可乐的主要材料的使用请款以及其他问题进行调查。以前调查都是以手工的方式展开,无疑结果出来的会比较慢。但是使用了互联的 App,所有团队相关人员可以立即接收到警告,因而问题可以快速补救。有了 Salesforce 的先进技术更加巩固了可口可乐公司在未来市场中的位置。正如 Nehammer 所说"我们的行动正在变得更为快捷,拥有一个伟大的品牌,又使用伟大的技术,是历史上一个非常重要的时刻"。

正如 Salesforce CEO Marc Benioff 所说,"毫不夸张地说,Salesforce 每天都有几十亿的事务需要处理,Salesforce 真正实现了万物互联、协作和移动。"

13.4.2　Salesforce 为 Honeywell 提供的云端服务

霍尼韦尔在 19 世纪 80 年代发明了煤炉调节方法,现在再次彻底改革了恒温器行业。公司正在构建新一代设备,以便与消费者和承包商建立联系。"如果恒温器可以与消费者以及采暖和制冷专业人士建立联系，那么所有人都能受益"，霍尼韦尔的环境和燃烧控制总裁 Beth Wozniak 说，"App Cloud 正在帮助我们建立这种联系"。

通过霍尼韦尔的联网恒温器，消费者可以在任意地点使用智能手机或平板电脑管理和监控家中的温度和能源使用情况。当客户需要对其采暖和制冷系统进行日常维护时，恒温器会提醒他们，并且会在需要更换过滤器或检测到极端温度时发送提醒。"我们为全球 1.5 亿个家庭提供服务，并且希望尽可能为每个家庭打造最好的体验"，Wozniak 说。

1. 提升客户体验

霍尼韦尔的恒温器不只拥有智能特征，而且还与霍尼韦尔服务技术人员社区建立了联系。"美国有数百万名 HVAC(采暖、通风、空调)专业人士"，Wozniak 说，"通过将房主与他们建立联系，我们可以确保让接受过霍尼韦尔培训的专业人士监督房主的系统并为房主提供服务。这颠覆了我们所处的行业，是其他任何公司都无法提供的"。

建立在 App Cloud 的霍尼韦尔服务将客户(可自由选择)与公司的 HVAC 专业人士网络建立了联系。利用他们通过应用程序获取的信息，这些承包商可以指导客户如何更高效地运行采暖和制冷系统。他们还可以了解电器何时需要维修服务，并提前安排见面。当客户遇到问题时，该应用程序会提醒承包商并帮助他们远程诊断相应问题。承包商可以确保将相应的部件装入卡车，并尽快提供服务。

"过去承包商只在接到报修电话时工作，现在他们可以在我们的社区中与客户建立持久关系，这对于他们各方面的业务都有利"，Wozniak 说。借助 App Cloud，各位承包商可以维护客户信息，并跟踪服务线索和服务请求，从而安排和跟踪特定的维护及维修服务。他们可以查看霍尼韦尔联网恒温器中的实时数据以及通过各个设备与客户进行互动的历史记录，并预测未来的服务需求。通过社区，承包商可以与客户建立紧密的长期关系。

2. 在路途中照料生意

霍尼韦尔员工也与恒温器建立了联系，因此他们能够查看随时间变化的趋势并获得有价值的信息，从而提供更好的产品和服务。Salesforce 还为公司提供了其他方面的帮助。这家资产 400 亿美元的公司在所拥有的 4 个战略业务部门中都使用了 Sales Cloud 和 Service Cloud，并使用 App Cloud 构建了无数自定义应用程序。而且，利用 Salesforce1 Mobile App，每个人都可以在任意地点访问自定义应用程序(例如记录舆论反馈的 Voice of the Customer 应用程序)。

"Salesforce 正在帮助我们转变业务。我们看重的不再仅仅是设备，还有我们建立的互联社区体现出的价值"，Wozniak 说。

参考文献

[1] 黄梯云.管理信息系统[M].3 版.北京:高等教育出版社,2005.

[2] 薛华成.管理信息系统[M].3 版.北京:清华大学出版社,1999.

[3] 陈晓红.管理信息系统[M].北京:高等教育出版社,2006.

[4] 甘仞初.管理信息系统[M].北京:机械工业出版社,2001.

[5] 萨师煊.数据库系统概论[M].北京:高等教育出版社,1997.

[6] 萨师煊,王珊.数据库系统概论[M].北京:高等教育出版社,2000.

[7] 罗超理,李万红.管理信息系统原理与应用[M].北京:清华大学出版社,2002.

[8] 张国锋.管理信息系统[M].北京:机械工业出版社,2001.

[9] 甘仞初.信息系统开发[M].2 版.北京:经济科学出版社,2000.

[10] 岳剑波.信息管理基础[M].北京:清华大学出版社,1999.

[11] 邝孔武.信息系统分析与设计[M].北京:清华大学出版社,1999.

[12] John W. Satzinger,等.系统分析与设计[M].朱群雄,等译.北京:机械工业出版社,中信出版社,2002.

[13] Stair R M,Reynolds G W.信息系统原理[M].北京:机械工业出版社,2000.

[14] 刘风英.管理信息系统[M].北京:经济科学出版社,2007.

[15] 姚策.基于 UML 的管理信息系统实训[M].北京:北京理工大学出版社,2006.

[16] 闪四清.ERP 系统原理和实施[M].4 版.北京:清华大学出版社,2013.

[17] 罗鸿.ERP 原理、设计、实施[M].3 版.北京:电子工业出版社,2005.

[18] 程控.MRP Ⅱ/ERP 原理与应用[M].2 版.北京:清华大学出版社,2006.

[19] 叶宏谟.企业资源规划 ERP——整合资源管理篇[M].北京:电子工业出版社,2005.

[20] 汪国章.ERP 原理、实施与案例[M].北京:电子工业出版社,2003.

[21] 周玉清.ERP 与企业管理[M].北京:清华大学出版社,2005.

[22] 王世文.物流管理信息系统[M].北京:电子工业出版社,2006.

[23] 夏火松.物流管理信息系统[M].北京:科学出版社,2007.

[24] 刘小卉.物流管理信息系统[M].上海:复旦大学出版社,2006.

[25] 罗榜生.管理信息系统[M].重庆:重庆大学出版社,2005.

[26] 黄志华.管理信息系统[M].北京:机械工业出版社,2006.

[27] Rudy Ruggles,DanHoltshouse.知识优势——新经济时代市场制胜之道[M].吕巍,吴韵华,蒋安奕,译.北京:机械工业出版社,2002.

[28] Jibitesh Meshra,Ashok Mohanty.现代信息系统设计方法[M].司光亚,等译.北京:电子工业出版社,2002.

[29] Joseph Schmuller. UML 基础、案例与应用[M].李虎,等译.北京:人民邮电出版社,2004.

[30] Kenneth C. Laudon, Jane P. Laudon. Management Information System:Organization and Technology in the Networked Enterprise[M].北京:高等教育出版社,2001.

[31] McNunlin B.C.,R. H. Jr. Sprague. Information Management in Practice[M]. 4th ed. Prentice-Hall, 1998.

[32] Janice A Klein. Revitalizing Manufacturing:Text and Cases[J]. Richard D. Irwin ,Inc.,USA,

1990：334-387.

[33] Jeffery D. R. ,Lawrence M. J. Systems Analysis and Design,Brunswick,Victoria[M]. Prentice-Hall of Australia Pty Ltd. ,1984.

[34] Burch,John G. System Analysis,Design and Implementation[M]. Boston Massachusetts, Boyd & Fraser Publishing Company,1992.

[35] Cash,Building. The Information-Age Organization：Structure,Control and Information Technology[M]. Irwin,Inc,1994.

[36] 顾新.区域创新系统的运行[J].中国软科学，2001,(11)：104-107.

[37] 顾新,郭耀煌,李久平.社会资本及其在知识链中的作用[J].科研管理,2003,24(5)：44-48.

[38] 陈志祥,陈荣秋,马士华.论知识链与知识管理[J].科研管理,2000,21(1)：14-18.

[39] 杨青,王学军,戴伟辉.企业规划与信息系统规划目标统一建模[J].系统工程学报,2003,2(18)：114-117.

[40] 常荔,邹珊刚,李顺才.基于知识链的知识扩散影响因素研究[J].科研管理,2001,22(5)：122-127.

[41] 顾新,郭耀煌,罗利.知识链成员之间利益分配的二人合作博弈分析[J].系统工程理论与实践,2004,24(7)：24-29,37.

[42] 徐建锁,王正欧,李淑伟.基于知识链的管理[J].天津大学学报(社会科学版),2003,5(2)：133-136.

[43] 罗志清,王润孝,蹇崇军,等.基于IT的虚拟组织管理[J].工业工程,2003,6(4)：15-19.

[44] 向华,李建宇.基于WWW的敏捷制造信息系统[J].工业工程,1999,2(2)：22-25.

[45] 张申生.从CIMS走向动态联盟[J].中国机械工程,1996,7(3)：33-39.

[46] 向华,邹平.全球策略信息系统新思路[J].中国计算机世界周报,1997,5：119.

[47] 张铍.网络时代的人工智能[J].计算机世界,1997,97(2)：105-107.

[48] Bjorn Hermans. Intelligent Software Agents on the Internet：an Inventory of Currently Offered Functionality in the Information Society & a Prediction of Future Developments. http：//www. hermans. org/agents,1996.

[49] Shao Y P, Liao S Y, Wang H Q. A Model of Virtual Organizations[J]. Journal of Information Science, 1998, 24(5)：305-312.

[50] Omar Khalil, Wang S H. Information Technology Enabled Meta-management for Virtual Organizations[J]. International Journal of Production Economics, 2002,75(1-2)：127-134.

[51] Ikujiro Nonaka. The Knowledge-Creating Company[J]. Harvard Business Review, 1991,(11)：94-104.

[52] 梁宏池.基于网络的敏捷制造信息系统的研究与开发[D].福州大学硕士学位论文,2004.

[53] 曹江辉.面向敏捷制造的制造执行系统关键技术研究[D].南京航空航天大学博士论文,2002.

[54] Dove R K. Business Practices Critical to Early Realization of Agile Enterprise[M]. 5th Annual Agility Conf. , Agility Forum, 1996.

[55] http：//www. coco88. com/jjxkc/glxx/shouye/shouye. html.

[56] http：//4a. hep. edu. cn/NCourse/glxxxt/mis_files/preface. htm.

[57] http：//course. cug. edu. cn/cugFirst/info_sys_analysis/kcxx/charpter8/charpter811. htm.

[58] http：//course. cug. edu. cn/cugFirst/info_sys_analysis/kcxx/charpter8/charpter833. htm.

[59] http：//course. cug. edu. cn/cugFirst/info_sys_analysis/kcxx/charpter8/charpter843. htm.

[60] 侯欣逸.信息技术保障北京奥运[J].计算机世界,2008-12-15(B07).

［61］ 佚名.金蝶社区.http：//club. kingdee. com/club/［EB/OL］,2017-03-13.

［62］ 周玉清.ERP 原理与应用教程［M］.北京：清华大学出版社,2014.

［63］ 王云,肖时峰.基于互联网＋企业 ERP 系统的应用研究［J］.人力资源管理,2015(11)：15-16.

［64］ Laura Mayes. Effectively Incorporating Social Media：A Case Study on Coca-Cola. http：//www. american. edu/soc/communication/upload/Laura-Mayes. pdf,2011.

［65］ https：//www. salesforce. com/eu/customers/stories/coca-cola-germany. jsp.

［66］ https：//www. salesforce. com/cn/customers/stories/honeywell. jsp.